城市轨道交通车辆检修
工艺设备及工程车辆

主　编　曹双胜

副主编　葛党朝　纪红波　乔　辉

重庆大学出版社

内 容 提 要

本教材是城市轨道交通运营管理专业的规划教材之一。以项目形式编写,以城市轨道交通系统车辆工艺设备、工程车辆检修岗位所需的理论知识和操作技能为主,对城市轨道交通车辆检修设备及工程车辆进行了较详细、较全面的描述。内容包括城市轨道交通车辆检修工艺设备及工程车辆、列车清洗机、不落轮镟床、地坑式架车机组、移动式架车机组、浅坑式移车台、工程车辆、通用设备、架大修设备共同 9 个项目。以西安地铁为背景,校企合作形成本书。

本教材适合作为设备操作、设备维修、工程车辆维修等设备、车辆检修各岗位人员的培训教材,可作为高等及中等职业院校城市轨道交通及相关专业的教材和教学参考书,也可供从事城市轨道交通运营管理的专业技术人员学习参考。

图书在版编目(CIP)数据

城市轨道交通车辆检修工艺设备及工程车辆/曹双
胜主编.—重庆:重庆大学出版社,2013.12(2021.3 重印)
高等职业教育城市轨道交通专业系列教材
ISBN 978-7-5624-7404-3

Ⅰ.①城… Ⅱ.①曹… Ⅲ.①城市铁路—铁路车辆—
车辆检修—高等职业教育—教材 Ⅳ.①U279.3

中国版本图书馆 CIP 数据核字(2013)第 122684 号

城市轨道交通车辆检修工艺设备及工程车辆
主 编 曹双胜
副主编 葛党朝 纪红波 乔 辉
策划编辑:杨粮菊

责任编辑:李定群 陈 力 版式设计:杨粮菊
责任校对:任卓惠 责任印制:张 策

*

重庆大学出版社出版发行
出版人:饶帮华
社址:重庆市沙坪坝区大学城西路 21 号
邮编:401331
电话:(023)88617190 88617185(中小学)
传真:(023)88617186 88617166
网址:http://www.cqup.com.cn
邮箱:fxk@ cqup.com.cn(营销中心)
全国新华书店经销
POD:重庆新生代彩印技术有限公司

*

开本:787mm×1092mm 1/16 印张:18 字数:449千
2013 年 12 月第 1 版 2021 年 3 月第 2 次印刷
ISBN 978-7-5624-7404-3 定价:48.00 元

序

轨道交通以其快捷、舒适等其他交通工具无法比拟的优越性，成为城市交通发展新的热点和重点。当前我国的城市轨道交通正处在大发展、大建设时期，截至 2012 年年底，全国有 16 座城市共开通运营 70 条线，总里程 2 081.13 千米。

随着城市轨道交通行业的迅猛发展，相应运营专业人才的需求也日益紧迫，尤其是具有理论和实践性的复合型人才尤为紧缺。为适应新形势，近年来，国内的大专院校，尤其是交通职业技术类院校的城市轨道交通专业迅速扩大，早出人才、快出人才、出实用型人才成为学校和业界的共同愿望。通过一系列的调研和准备工作，在重庆大学出版社的倡导下，西安市地下铁道有限责任公司联合多省市交通类高职高专院校（如陕西铁路职业技术学院、广东交通技师职业技术学院等）建立了校企合作联盟，组织具有丰富实践经验的轨道企业技术人员和职业院校的一线教师，与地铁运营实际紧密结合，共同编写了高等职业教育城市轨道交通专业规划教材。

这套规划教材采用校企结合模式编写，结合全国轨道交通发展状况，推出的面向全国、面向未来的教材，既汇集了高校专业教师们的理论知识，也汇聚了城市轨道交通专业技术部门创业者们的宝贵经验。

为做好教材的编写工作，重庆大学出版社专门成立了由著名专家组成的教材编写委员会。这些专家对城市轨道交通专业教学作了深入细致的调查研究，对教材编写提出了许多建设性意见，慎重地对每一本教材一审再审，确保教材本身的高质量水平，对教材的教学思想和方法的先进性、科学性严格把关。

"校企合作"、"理论与实践相结合"是本套系列教材的特点，不但可以满足当前城市轨道交通运营技术管理的需要，也为今后的城市轨道交通运营发展管理提出了新思考。随着运营管理的要求越来越高，以及新技术的不断应用，本系列教材必然还要不断补充、完善，希望该套教材的出版能满足广大职业院校培养城市轨道交通专业人才的需求，能成为城市轨道交通运营技术管理人员的"良师益友"。

建设部地铁轻轨研究中心　　顾问总工
建设部轨道交通建设标准　　主　编
建设部轨道交通专家委员会　专家委员

2013 年 7 月 26 日

前 言

　　城市轨道交通车辆检修工艺设备与工程车辆对于城市轨道交通顺利运营起着至关重要的作用，主要用于城市轨道交通车辆的故障排除、应急救援、维护保养等。为了满足城市轨道交通行业从事车辆检修工艺设备及工程车辆使用、维护的要求，我们特组织理论知识与实践经验丰富的城市轨道交通专业系统工程师，编著了这本教材。

　　本教材针对从事城市轨道交通车辆检修工艺设备与工程车辆操作、维修应掌握的技能，收集了大量理论基础、实践应用的技术资料，并吸收了国内外城市轨道交通行业相关资料，结合编著者的实践经验，着重理论联系实际，重点突出实践操作，强化个人动手能力培养。本书内容通俗易懂，图文并茂，语言简练。在编写过程中，坚持"简明、实用"的原则，课程内容设置合理，课前设置知识准备，课中突出理论知识与实际动手能力，课后设置思考题，反映了新知识、新技能、新工艺，体现了实用性、代表性、实践性，正确处理了理论知识与实做技能的关系。

　　全书共分9个项目，主要内容包括：城市轨道交通车辆检修工艺设备与工程车辆简介、列车清洗机、数控不落轮镟床、地坑式架车机组、移动式架车机组、浅坑式移车台、城市轨道交通工程车辆、城市轨道交通通用类设备、城市轨道交通大架修设备等。书中所介绍的专业知识都是编者根据工作实践精心挑选的，具有较强的实用性、典型性，可作为高校相关专业大学生和从事城市轨道交通相关行业人员的学习参考书。

　　本书由曹双胜任主编，葛党朝、纪红波、乔辉任副主编。编写分工如下：陈军涛编写项目1，姚曙编写项目2、4，胡博编写项目3、8、9，曹建红编写项目5、6，夏国强编写项目7。

1

　　由于本书所设计的知识内容及专业较多,并且专业知识更新和新技术应用速度较快,编者在编写过程中,参考了一些书刊、技术资料等相关文献,得到多位有经验同事和朋友的大力支持和热情帮助,特别是得到了西安铁路职业技术学院相关领导及老师的深切关怀和指导,在本书出版之际,对相关文献资料的作者、同仁及朋友的鼎力相助表示衷心感谢。

　　由于编写时间仓促,编者水平有限,书中不妥和错漏之处,恳请广大同仁和读者给予批评指正。

编　者

2012 年 12 月

目 录

项目 **1**
城市轨道交通车辆检修工艺设备及工程车辆

【项目描述】

车辆检修工艺设备及工程车辆是地铁车辆检修工艺落实的重要保障,直接影响地铁车辆的检修质量。了解城市轨道交通车辆检修设备的基本功能、基本参数以及典型设备简要结构等基本知识,以使对城市轨道交通车辆检修基地的主要检修设备有初步的了解。

【学习目标】

通过本项目及各任务的学习,了解城市轨道交通车辆检修工艺设备及工程车辆的基本知识。

1.城市轨道交通车辆检修设备的分类。

2.城市轨道交通车辆检修设备各大类的基本功能。

3.城市轨道交通车辆检修设备各大类的基本参数。

4.城市轨道交通车辆检修设备各大类的简要结构。

5.城市轨道交通车辆检修设备各大类的其他相关知识。

【技能目标】

能够掌握城市轨道交通车辆检修设备的基本分类,各大类设备包含的主要设备及其基本功能、基本参数以及简要结构。

任务1 认知城市轨道交通车辆检修工艺设备

【活动场景】

在城市轨道交通车辆段检修基地现场教学,或用多媒体等方法认识列车自动外皮清洗机、数控不落轮镟床、地坑式架车机、移动式架车机、浅坑式移车台等设备的功能、参数及简要结构。

【任务要求】

通过本项目及各任务的学习,了解以下几项城市轨道交通车辆检修工艺设备的基础知识。

1.列车自动外皮清洗机的基本功能、基本特征以及典型设备简要结构。

2. 数控不落轮镟床的基本功能、基本特征以及典型设备简要结构。

3. 地坑式架车机的基本功能、基本特征以及典型设备简要结构。

4. 移动式架车机的基本功能、基本特征以及典型设备简要结构。

5. 浅坑式移车台的基本功能、基本特征以及典型设备简要结构。

【知识准备】

1. 列车自动外表面清洗机

列车清洗机是用于对城市轨道列车外表面实施自动洗车作业和进行淋雨试验的专用设备。

城市轨道列车长期在隧道、地面和高架线路上高速运行,车体外表面会吸附很多灰尘或其他污染物,长期累积后影响车辆外表面美观性,应予及时清洗车身两侧(包括车门、窗玻璃、侧顶弧圆面)及车端面(包括端面肩部)。

借助于列车清洗机的供水/排水系统,安装有淋雨试验装置,可用于对车辆进行水密性检验。

图 1.1　列车清洗机外观图

2. 数控不落轮镟床

数控不落轮镟床用于地铁列车整列编组不解列、车下转向架轮对不落轮的条件下,对车辆单个轮对受损或擦伤的车轮踏面和轮缘进行镟削加工;也可用于对已落架的转向架上的单个轮对进行不落轮加工;或对已落轮的单个轮对的踏面及轮缘进行镟削加工。以及在不落轮的条件下,对工程轨道车辆(如内燃机车、网/轨作业车等)单个轮对进行镟削加工。

图 1.2　正在进行作业的列车清洗机

图 1.3　数控不落轮镟床

3.地坑式架车机

地坑式架车机是在不摘钩状态下,对整列车、单元车组、单辆/多辆车(连同转向架)实施同步升降作业。在不摘钩状态下,对整列车、单元车组、单辆/多辆车的车体实施同步升降作业。

固定式架车机一般安装在车辆段大/架修库内。除地面操作控制台外,架车机安装在地下基础坑内。架车/落车作业完成后,设备全部降入地坑,地坑表面设置盖板,机库地面平整无障碍。

地面固定式架车机在铁路机务段、轨道交通车辆段内广泛使用,为比较固定的单台机车或单台客、货车辆架车所用。因机务段、车辆段检修工作量大,故此设备的使用频率很高。

图 1.4　地坑式架车机

4.移动式架车机

移动式架车机组是车辆段与综合基地的配套设备。该设备用于定临修库内临修台位的架车作业,是 6 辆及以下多节车辆、单节车辆实施架升/落车作业的专用设备,以便对车体、转向架及其他部件进行维修和更换作业,也可用于架升平板车、网轨作业车、内燃调车机等工程车辆。

（a）移动式架车机（沿轨道移动）　　（b）动式移动式架车机（非轨道式）

图 1.5　移动式架车机

5.浅坑式移车台

浅坑式移车台主要用于车辆对检修作业的单节地铁车辆或转向架、其他工程车辆,实施平行转轨作业。

（a）　　　　　　　　　　（b）　　　　　　　　　　（c）

（d）　　　　　　　　　　　　　　　（e）

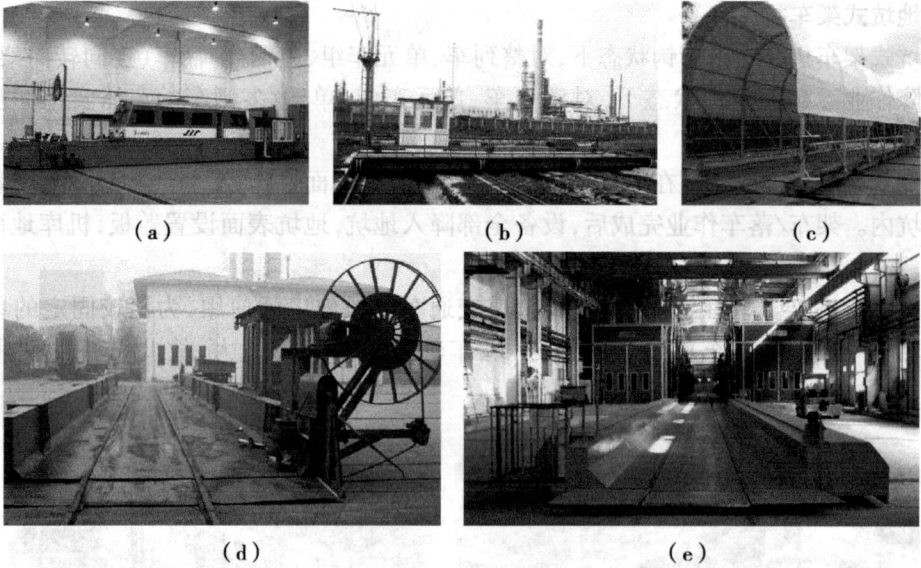

图 1.6　浅坑式移车台外观图

【任务实施】

1.列车自动外表面清洗机

（1）设备基本功能

基本使用功能：

①自动进行列车前端部、后端部、侧面、侧顶弧面、门窗框死角等部位的刷洗和冲洗、烘干（冬季）。整个清洗过程不损坏车辆设备及车体外表面。

②手动清洗、自动清洗或手动和自动相结合的清洗功能。

③各工位手动和点动操作功能。当某工位故障时,应能够由操作人员从系统中将其去除,并不得影响其他工位和系统继续工作。

④选择端洗和不选端洗的功能、自动或手动排水和补水的功能。

⑤清水软化处理功能。

⑥具有列车喷淋检漏试验功能,具有淋雨试验和不进行淋雨试验的选择功能。

⑦具有淋雨、清洗、维护模式的选择功能。

⑧安全及故障诊断功能。

（2）设备基本参数

设备主要技术参数包括以下几项:洗车速度、洗车能力、洗车时间、新水补充量、清洗剂用量、空气压力、电源安装容量、洗车库环境温度等。

（3）设备简要结构

列车清洗机一般由下列部分组成:喷淋系统、洗刷系统、洗车行车信号指示系统、水循环处理系统、光电信号系统、供气系统、监视及电控及操作台系统。

图 1.7　喷淋系统

①喷淋系统

立柱上装有不锈钢喷水管,在每根喷水管上装有多个喷嘴。喷的水为回用水或清水,喷嘴的流量大小根据不同的工位而有所区别。

②洗刷系统

（a）端洗刷组　　　　　　（b）侧洗刷组　　　　　　（c）顶弧刷组

图1.8　洗刷系统

③行车作业信号系统

由信号机、传感器、报警器和报警灯组成。

④水循环处理系统

洗车污水全部回收,处理后循环使用。清水作为补充用水水源。

主要组成附件:集水坑、回收池、沉淀池、除油池、生化池、生化水池、机械过滤器、回用水池、洗车泵、加药定量泵、洗车用供水管路等。

⑤光电信号系统

系统设有温度、液位、风压、水压传感器,以及列车位置检测传感器、接近开关等。

⑥供风系统

强风吹扫装置:由鼓风机和吹风管道组成。用强风形成风刀直接作用在车体表面,吹去车体表面的附着水,使车体表面水尽快蒸发,从而加快车体表面的干燥速度。

热风烘干装置:热风烘干装置吹出热风,更会加快车体表面的干燥速度。

⑦监视系统

摄像监视系统采用闭路监视系统来实现,能够全面了解洗车的整个过程,并且能够录制并存储洗车录像资料,以备洗车过程的查看,一旦发生事故,能够及时反映事故当时的真实情况。

（4）其他

列车清洗机在北方和南方都会使用,由于使用地域环境的不同,可分为库内安装(一般为北方库)和棚内使用(一般为南方库)两种情况。在寒冷地区,零度以下低温会对没有防护的管道造成伤害。为了避免车门和其他运动部件结冰,在0 ℃以下的天气里不能进行洗车作业,结冰会使车门不能开闭,会造成列车不能投入使用。

洗车库因在不同地域使用,所以对于部分设备的要求也不同。如北方洗车库一般设置强风吹扫和烘干机,以用于冬季吹扫车体表面的水;而南方洗车库根据具体情况可以灵活设置所需设备。

典型洗车工艺流程如图1.10所示。

（a）北方洗车库　　　　　　　　　（b）南方洗车库

图1.9　洗车库布置

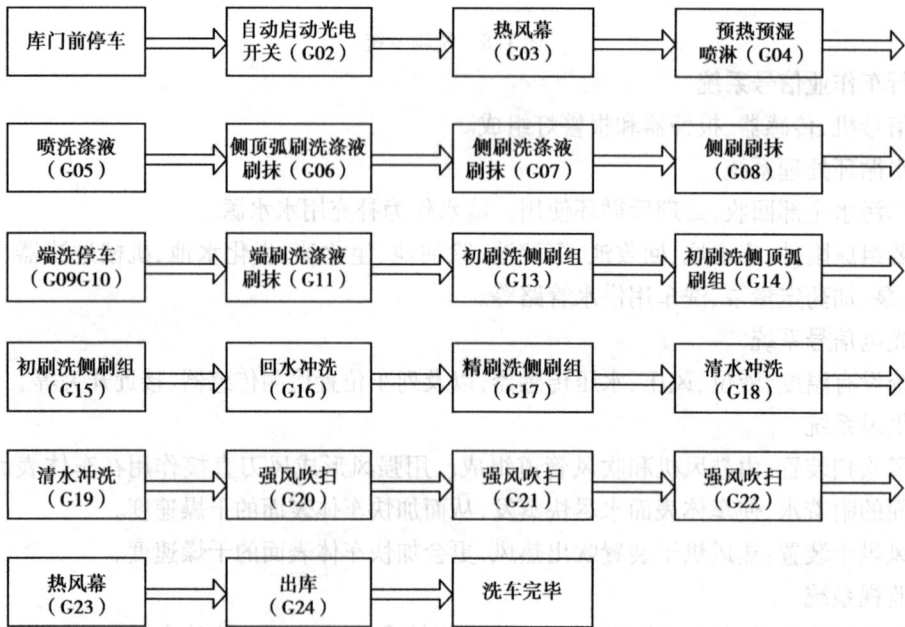

图1.10　典型洗车简要工艺流程图

2. 数控不落轮镟床

（1）设备基本功能

①数控（CNC）加工闭环控制功能、PLC 程序控制功能。

②机床控制系统具有"加工建议"及建议更正优化功能。

③双滚轮支撑系统对加工轮对具有抬升/径向定位功能、摩擦驱动形成切削运动功能、摩擦驱动轮独立浮动功能。

④被加工轮对的轴线位置在加工中固定不动，具有保持、锁定功能，以保证定位精度。

⑤机床对被加工轮对轴向位置具有定置保持功能。轮对在机床上轴向定置后，数控系统控制机床刀具对轴向定置的轮对位置具有自动定心切削功能。

⑥具有多种车轮轮廓形状曲线的编程及存储功能。

　　⑦具备自动测量功能。可自动测量轮对内侧距、车轮直径、轮缘高度、轮缘厚度以及轮廓磨耗。

　　⑧有铁屑自动收集、破碎及排送功能。

　　⑨切削加工时的集尘和排烟功能。

　　⑩防误操作功能及选择动作不能在现行状态实施时的报警显示功能。

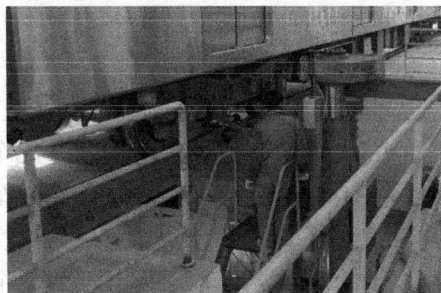

图 1.11　进行镟修作业的不落轮镟床

　　(2)设备基本参数

　　①加工范围参数:包括轨距、轮对直径加工范围、轮对内侧距、轮对轴长范围、车轮宽度、最大轴负重等。

　　②切削用量及刀具:包括切削速度范围、进给量范围、进给速度范围、最大切削(直径方向)深度、最大切削断面面积(每刀)、进刀量显示精度、刀块(片)截面尺寸(长×宽)、最小设定单位等。

　　③定位及夹紧参数:包括径向定位摩擦驱动轮参数、外轴箱支承参数、压下装置数量、轴向定位轮参数。

　　④加工精度技术参数:包括同轴车轮滚动圆直径差、同转向架车轮直径差、径向跳动、端面跳动、轮廓度、轮缘高度允差(踏面至轮缘顶)、轮缘宽度允差、表面粗糙度、轮对两次装夹测量误差。

　　⑤机床其他参数:包括工作电压、交流控制电压、直流控制电压、机床用电容量、机床生产率、机床质量、设备最大噪声等。

　　(3)设备简要结构

　　①支撑立柱和床身。

　　②摩擦驱动滚轮支撑装置。

　　③轮对卡紧系统。

　　④轮对轴向定位装置。

　　⑤测量装置。

　　⑥数控刀架系统。

　　⑦机床轨道系统。

　　⑧数控系统/操作系统。

　　⑨液压及气动系统。

　　⑩铁屑破碎及排送装置和吸/排烟尘装置。

　　⑪带空调装置的电柜。

　　⑫故障自动诊断及远程通信诊断系统。

　　(4)其他

　　目前国外生产厂家主要分布在日本、俄罗斯、美国、西班牙、意大利、德国等国;国内厂家主要分布在青海、湖北等省。

3. 地坑式架车机

（1）设备基本功能

基本使用功能：

①在不摘钩状态下，对整列车、单元车组、单辆/多辆车（连同转向架）实施同步升降作业。

②在不摘钩状态下，对整列车、单元车组、单辆/多辆车的车体，实施同步升降作业。

③用于对一台或多台转向架实施更换作业，或对车下电箱等设备实施拆装作业。

④有的固定式架车机还可用于对单个轮对进行拆装作业。

（2）设备基本参数

设备主要技术参数如下：轨距、转向架（车辆）架升装置参数、车体架升装置参数、立柱间横向最小净宽、起升同步精度（同一转向架、同一辆车、相邻两辆车、全列车）等。

（3）设备简要结构

地坑式架车机一般由以下部分组成：

①基坑、机座/基础与盖板。

②架升机械系统。

③转向架活动轨桥。

④导向滚轮。

⑤辅助轨。

⑥同步系统。

⑦电气控制系统。

⑧润滑系统。

⑨故障自动诊断系统及远程通信诊断系统。

⑩设备安全与防护系统。

（4）其他

设备的基本工作模式：

①全列车同步升降工作方式（全列车对应转向架架升柱、车体架升柱的同步和联锁关系）。

②多节车辆同步升降工作方式（多节车辆对应转向架架升柱、车体架升柱的同步和联锁关系）。

③单节车辆同步升降工作方式（单节车辆对应转向架架升柱、车体架升柱的同步和联锁关系）。

④单台转向架同步升降工作方式（单台转向架对应转向架架升柱同步升降及与车体架升柱的联锁关系），用于拆装单台转向架的工作。

⑤单柱非同步工作方式，用于调整和维修阶段。（只有授权的操作及维修人员才有权操作。）

4. 移动式架车机

（1）设备基本功能

基本使用功能：移动式架车机组由 6 组移动式架车机组组成，每组移动式架车机组由 4 台移动式架车机组成。架车机起升时由电控系统进行同步控制，确保各架车机组之间均匀同步架起整列车(6 辆编组)、多节车辆、单节地铁车辆或 1 辆工程车。

（2）设备基本参数

设备主要技术参数包括：每台架车机提升能力、架车机组（4 台）提升能力、提升螺杆螺纹类型、托架提升/下降速度、悬臂托架上承载面最低高度（距轨面）、托架垂直升降行程、托架水平伸缩行程、同一车位 4 台架车机托架承载面同步精度、相邻两车位 8 台架车机托架承载面、相邻三车位 12 台架车机托架承载面、六车位 24 台架车机托架承载面、每台架车机驱动功率/总功率等参数。

（3）设备简要结构

移动式架车机一般由下列部分组成由机架、托架、走行系统、升降驱动传动系统、电气同步控制系统、电气操作控制系统、安全保护系统以及计算机软件和程序系统等组成。

图 1.12　单个架车机结构图

（4）其他

移动式架车机根据机身移动的方式，一般可分为两种：沿轨道移动和使用滚轮移动。使用轨道移动式架车机操作简单，但是灵活性受到很大限制；滚轮移动式相对架车机的作用范围更大，适应性更好，机身移动操作相对复杂。

5. 浅坑式移车台

（1）设备基本功能

基本使用功能：

①浅坑式移车台允许公铁两用车和地铁车辆一起进入工作台实施移车作业。

②移车台自带卷扬装置，放置在司机室对侧，通过滑轮组改变牵引钢丝绳的牵引方向，以便对转向架和车体进行牵引。卷扬机牵引能力（按牵引一辆地铁车辆考虑）最大牵引距离：浅坑式移车台外 120 m，牵引速度：$v = 10$ m/min。

③移车台的运行状态与渡桥的位置状态具有连锁关系。移车台运行时渡桥不能落下；渡桥落下时式移车台不能启动。渡桥的收放通过电动缸动作来实现。

浅坑式移车台具有自动对轨和锁定功能，有自动对轨和手动对轨两种操作模式，对轨精确度为 ±2.0 mm，能满足地铁车辆和公铁两用车上下线要求。为了防止车辆上下时意外动作，电控系统设有互锁装置，当渡桥落下时浅坑式移车台不能启动。

④操作台设有"快进""慢进""快退""慢退""对轨""点动""卷扬机前进""卷扬机后退"按钮，能根据需要方便地进行自动或手动对轨作业。控制系统采用变频器驱动走行电机，实

现多个电机的同步动作。通过为变频器设置加速时间和减速时间来实现浅坑式移车台平稳启动和停止,以提高运行的稳定性和安全性。

⑤可靠性及易维护性好。浅坑式移车台多采用先进的机械、电气、电子元件及优质材料,关键部件均采用国际知名品牌,驱动系统选用三合一减速机,以达到少维修或免维修。

（2）安全及故障诊断功能

①移车台控制系统具有过载、过电流、过热、短路、缺相等保护功能,并能自动显示报警,同时具备电机任意两相的短路保护和对地短路保护功能,电动机的过载和过热保护功能,以及任意一点的保护接地功能。

②浅坑式移车台设有声光报警器。运行前,转动报警器旋钮开关接通报警器,以提示行人和工作人员注意安全。

③浅坑式移车台的司机室和车架四个角上均设置有急停按钮,如遇紧急事故,都可使用急停按钮切断变频器电源停车,同时发出铃声信号,及时实施浅坑式移车台的停车制动。

在浅坑式移车台装有 4 部摄像头,司机室内装有监视器,一部摄像头主要观察运行前(后)方的远景;一部摄像头针对浅坑式移车台旁的近景及当车辆挡住司机视线时用以观察对面的情况。其余两部现场决定安装位置。

④电气控制系统配置的变频器具备过载、过电流、过电压、过热、欠电压、短路、缺相等保护功能以及故障诊断和显示功能,系统出现问题后会自动停止变频器工作,同时发出报警铃声,并在显示器上显示出相应的故障诊断编码,只要查对编码便可知故障性质,即可针对故障性质进行故障排除。

⑤移车台走行具有极限位置保护功能,设置有安全止挡装置,即当移车台运行到极限位置时,保护装置使其自动停止运行。该装置由地面车止挡、橡胶缓冲器钢轨止动角块和限位行程开关 3 级保护组成。当移车台运行到工作场地的两端接近极限位置时,行程开关动作,切断行走电路,使浅坑式移车台停止运行,车止挡为二级保护,钢轨止动角块为三级保护,确保浅坑式移车台及运载车辆的安全。

（3）设备基本参数

设备基本技术参数包括以下几项:外形尺寸、载重、自重、运行速度、电动渡桥(拉力、行程)、操作方式、轨道轨顶高、轨道数量及轨距、最大轮压、设备总功率、自动对位精度等参数。

（4）设备简要结构

移车台一般由下列部分组成:浅坑式移车台主要由主体钢结构、渡桥系统、驱动、传动、走行轮系统、卷扬系统、司机室、操作、控制及电气系统、摄像闭路电视系统、安全防护、卷线器系统组成。

（5）其他

在移车台各部件中,承载轨道设置、供电系统、渡桥系统、卷扬系统、雨棚等系统可根据使用条件的不同灵活选择。

【效果评价】

评 价 表

项目名称	城市轨道交通车辆检修工艺设备及工程车辆		学生姓名	
任务名称	任务1　认知城市轨道交通车辆检修工艺设备		分　数	
项　目			分　值	考核得分
1. 认识列车自动外表面清洗机,了解列车自动外表面清洗机的主要用途及其结构、相关参数			30分	
2. 认识数控不落轮镟床,了解数控不落轮镟床主要用途,掌握其结构及相关参数			30分	
3. 认识地坑式架车机,了解地坑式架车机主要用途及功能,掌握其结构及基本参数			20分	
4. 认识移动式架车机,了解移动式架车机主要用途及功能,掌握其结构及基本参数			10分	
5. 认识浅坑式移车台,了解浅坑式移车台主要用途及功能,掌握其结构及基本参数			10分	
总体得分				
教师简要评语:				
			教师签名:	

任务2　认识城市轨道交通工程车辆

【活动场景】

在城市轨道交通车辆段检修基地现场教学,或用多媒体等方法认识内燃机车、网轨检测车、钢轨打磨车、公铁两用车、轨道平板车(携吊平车)、接触网放线车及接触网作业车、隧道冲洗车等工程车辆的功能、参数及简要结构。

【任务要求】

掌握城市轨道交通工程车辆的基本功能、基本参数以及简要结构组成。

通过本项目及各任务的学习,了解以下几类城市轨道交通常用工程车辆的基础知识。

1. 内燃机车的基本功能、基本特征以及典型设备简要结构。

2. 网轨检测车的基本功能、基本特征以及典型设备简要结构。

3. 钢轨打磨车的基本功能、基本特征以及典型设备简要结构。

4. 公铁两用车的基本功能、基本特征以及典型设备简要结构。

5. 轨道平板车(携吊平车)的基本功能、基本特征以及典型设备简要结构。

6. 接触网放线车及接触网作业车的基本功能、基本特征以及典型设备简要结构。

7. 隧道冲洗车的基本功能、基本特征以及典型设备简要结构。

【知识准备】

城市轨道检修基地的工程车辆主要有以下几类:

①内燃机车。

②网轨检测车。

③钢轨打磨车。

④公铁两用车。

⑤平板车(携吊平车)。

⑥接触网放线车及接触网作业车。

⑦隧道冲洗车。

1. 内燃机车

基本使用功能:

①车辆段内牵引地铁列车进行调车作业(内燃机车加装过渡车钩)。

②牵引轨道平板车/平板吊车、隧道清洁车、网/轨检测车、限界检测车等,进行线路工务作业、设备/物资运输/吊装、隧道清洗(喷水/吸尘)以及网轨/限界检测作业等。

③事故列车的救援牵引。

④内燃机车配置辅助柴油机交流发电机组,为作业提供工作电源。

⑤其他无动力轨道车辆的牵引作业。

图 1.13　内燃机车外观图

2. 网轨检测车

该设备主要用于轨道、限界、接触网检测,一般是连挂在内燃机车或其他轨道工程车辆后部进行工作。

3. 钢轨打磨车

钢轨打磨车设备主要用于线路钢轨表面实施 PLC/CNC 磨削加工,可以打磨直线轨道、曲线轨道、道岔和平交道,是工务部门维护钢轨的重要设备。

图 1.14　网轨检测车外观图

图 1.15　钢轨打磨车

4. 公铁两用车

电动公铁两用车采用蓄电池作为动力源,是既能在铁路上又能在道路上行驶作业的特种车辆,用于在车辆停车场或检修基地准轨线路上进行一般的牵引调车作业,同时也适用于车辆轮对的牵引对位作业以及用作数控不落轮车床准确的牵引对位。

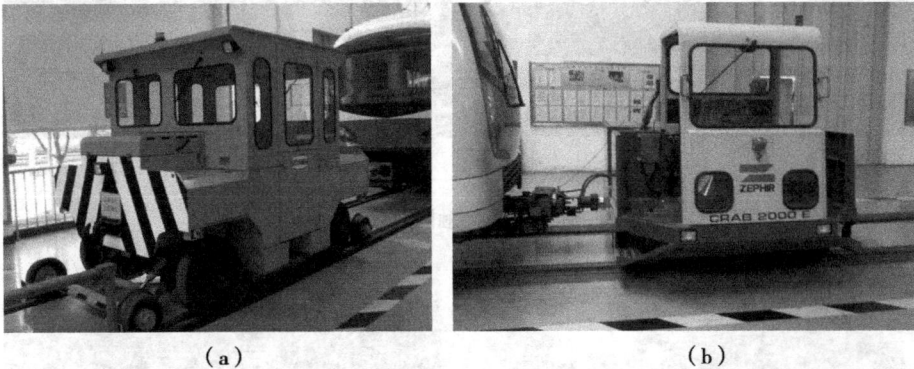

（a）　　　　　　　　　　　　　（b）

图 1.16　公铁两用车

5. 轨道平板车(携吊平车)

平板车(携吊平车)主要用于工程施工,可在内燃机车或轨道车的牵引下进行运输线路施工、检修或救援用的物资、器材、设备等的运输工作。

（a）轨道平板车　　　　　　　　（b）携吊平车

图 1.17　平板车(携吊平车)

6. 接触网作业车及接触网放线车

接触网作业车主要用于城市轨道交通线路接触网上部设备的安装、维修、检测及日常检查、保养,也可兼作牵引车辆。接触网放线车则主要用于城市轨道交通线路接触网施工、抢修与维护作业,可进行接触导线或承力索的接触导线和承力索的架设。

（a）

（b）

图 1.18　接触网作业车

（a）

（b）

图 1.19　接触网放线车

（a）

（b）

图 1.20　编组作业的接触网作业车、接触网放线车

7. 隧道冲洗车

隧道冲洗车主要用于隧道及轨道维护。采用吹扫、吸尘、高压水洗或单独水洗等方式对地铁线路轨道、道床、接触网绝缘子和隧道壁进行全截面清洁作业,从而保证线路清洁和安全的行车环境,是地铁隧道及轨道维护的重要特种设备。

图 1.21　隧道冲洗车

【任务实施】

1. 内燃机车

(1)设备基本功能

基本使用功能：

①车辆段内牵引地铁列车进行调车作业(内燃机车加装过渡车钩)。

②牵引轨道平板车/平板吊车、隧道清洁车、网/轨检测车、限界检测车等,进行线路工务作业、设备/物资运输/吊装、隧道清洗(喷水/吸尘)以及网轨/限界检测作业等。

③事故列车的救援牵引。

④内燃机车配置辅助柴油机交流发电机组,为作业提供工频电源。

⑤其他无动力轨道车辆的牵引作业。

(2)设备基本参数

设备主要技术参数包括以下几项:轮径、轨距、单机最高运行速度、持续速度、回送速度、传动方式、制动方式、单机制动距离、车钩型式、车钩中心高度(距轨面)等。

(3)设备简要结构

内燃机车主要由动力及传动系统、车体、车钩及缓冲装置、转向架、制动系统、司机室、电气及控制系统、辅助发电机组等组成。

2. 网轨检测车

(1)设备基本功能

基本使用功能:主要用于工程接触网、轨道、隧道限界等项目检测,并为其他项目检测设备预留接口。检测车自身不带动力,由轨道车牵引进行检测作业,也可由其他内燃动力的轨道车辆牵引。

网轨检测车功能:

①与内燃机车联挂进行轨道检测。

②与内燃机车联挂进行接触网的检测。

③与内燃机车联挂进行轨道、接触网的检测。

④限界检测。

⑤可实现对内燃机车进行操纵控制、制动控制。

⑥受电弓检测。

⑦隔离变压器检测。

(2)设备基本参数

设备主要技术参数包括:车辆整备质量、轴重、两转向架中心距、轴距、通过最小曲线半径(水平)、车钩型式及高度、车辆最高运行速度、车辆构造速度等。

(3)设备简要结构

网轨检测车(WGJ 型)主要由车体、排障器、走行部、车钩装置、电气系统、制动系统和发电机组、空调等组成。

走行部包括转向架构架、轮对、车轴轴承箱、弹性悬挂装置和牵引装置等。

3. 钢轨打磨车

(1)设备基本功能

基本使用功能为消除钢轨表面锈蚀、疲劳裂纹、不平顺、波浪、磨损、变形、飞边等缺陷,改善轮轨接触,减少噪声,保证列车的安全正常运行。

(2)设备基本参数

设备主要技术参数包括:外形尺寸、装车功率、最低持续自行速度、车轮踏面形式、制动方式、磨头功率、转速、最高打磨作业速度、磨头角度调整范围、轨廓精度、轨面粗糙度等。

(3)设备简要结构

①车体、走行系统。

②司机室、柴油发动机系统。

③牵引传动、制动系统。

④压缩空气系统。

⑤打磨动力系统。

⑥钢轨打磨、测量系统。

⑦控制系统、电气系统、监控与故障自动诊断系统。

⑧集尘系统、喷水/消防系统。

⑨冷却/润滑系统。

⑩设备安全与防护系统。

(4)其他

目前城市轨道系统使用的钢轨打磨车基本以进口为主。目前主要生产厂家分布在美国、意大利、西班牙等国。

4.轨道平板车(携吊平车)

(1)设备基本功能

基本使用功能:主要用于工程施工,可在内燃机车或轨道车的牵引下进行运输线路施工、检修或救援用的物资、器材、设备等的运输工作。

(2)设备基本参数

设备主要技术参数包括:轮径、最小过曲线半径、最高运行速度、载重、制动方式、车钩缓冲器型式、车钩高度、轴重、车架面积、外形尺寸、限界。

随车起重机主要技术参数:最大起升质量、最大起重力矩、最大工作半径、最大工作幅度时的起质量、最大提升高度、最大提升速度、回转范围。

(3)设备简要结构

轨道平板车(携吊平车)主要由车架、转向架、制动系统、车钩缓冲装置、随车起重机(携吊平车)、动力系统(携吊平车)等组成。

5.公铁两用车

(1)设备基本功能

①用于标准轨距线路上牵引一列或一辆电动客车作地面调车运行。

②轨道作业完成后可在铁路与道路交叉的道口处下道,在公路上行驶。

③转线作业可不经道岔,调头时无需转盘或三角线,使调车作业方便、灵活、省时。

④车辆上下移车台的牵引设备。

(2)设备基本参数

设备主要技术参数包括:整备质量、最大启动牵引力、平直线路最小牵引吨位、单机最大速度、通过最小曲线半径、车钩型式、车钩高度、铁路公路转换作业时间。

（3）设备简要结构

车主要由驱动系统、控制系统、车架及行走系统、导向空气系统、液压系统、制动系统、车钩牵引装置、遥控系统及车体等组成。

6.接触网作业车及接触网放线车

（1）接触网作业车

主要用于城市轨道交通线路接触网上部设备的安装、维修、检测及日常检查、保养,也可兼作牵引车辆。

设备主要技术参数包括:轨距、轴重、构造速度、最高运行速度、轮径、通过最小曲线半径、传动方式、制动方式、制动距离、车钩、车钩中心线高等。

设备简要结构:

①动力和传动系统。

②车架走行部。

③制动系统。

④作业操纵系统。

⑤司机室车体及车内布置。

⑥电气系统。

⑦液压升降回转平台。

⑧随车起重机。

⑨接触网检测装置。

⑩其他设备:空调、发电机组、探照灯等。

（2）接触网放线车

接触网放线车主要用于城市轨道交通线路接触网施工、抢修与维护作业,可进行接触导线或承力索的接触导线和承力索的架设。

设备主要技术参数包括:轨距、轮径、轴距、定距、平车载重、自重、最高运行速度、通过最小曲线半径、制动方式、线盘数量、最大放线张力、外形尺寸、车钩及车钩中心线距轨面高度等。

设备简要结构主要包括轨道平车、线盘架、休息室等。

7.隧道清洁车

（1）设备基本功能

隧道清洁车主要用于隧道及轨道维护。采用吹扫、吸尘、高压水洗或单独水洗等方式对地铁线路轨道、道床、接触网绝缘子和隧道壁进行全截面清洁作业,从而保证线路清洁和安全的行车环境,是地铁隧道及轨道维护的重要特种设备。

（2）设备基本参数

设备主要技术参数包括:动力室总功率、作业行车速度、一次加油运行时间、一次整备连续工作时间等。

（3）设备简要结构

①轨道平车。

②高压清洁系统(包含自动和手动部分)。

③动力控制系统。

④控制室。

⑤照明系统。

【效果评价】

评 价 表

项目名称	城市轨道交通车辆检修工艺设备及工程车辆		学生姓名	
任务名称	任务2　认识城市轨道交通工程车辆		分　数	
项　目			分　值	考核得分
1.认识内燃机车,了解内燃机车的基本功能、基本特征以及典型设备简要结构			30分	
2.认识网轨检测车,了解网轨检测车的基本功能、基本特征以及典型设备简要结构			20分	
3.认识钢轨打磨车,了解钢轨打磨车的基本功能、基本特征以及典型设备简要结构			20分	
4.认识公铁两用车,了解公铁两用车的基本功能、基本特征以及典型设备简要结构			5分	
5.认识轨道平板车(携吊平车),了解轨道平板车(携吊平车)的基本功能、基本特征以及典型设备简要结构			5分	
6.认识接触网放线车及接触网作业车,了解接触网放线车及接触网作业车的基本功能、基本特征以及典型设备简要结构			10分	
7.认识隧道冲洗车,了解隧道冲洗车的基本功能、基本特征以及典型设备简要结构			10分	
总体得分				
教师简要评语:				

教师签名:

任务 3   认识城市轨道交通车辆检修通用及大架修设备

【活动场景】

在城市轨道交通车辆检修现场或设备维修现场教学,或用多媒体展示城市轨道交通车辆检修通用及大架修设备的基本项目、分类以及区域布置。

【任务要求】

通过本项目及各任务的学习,了解城市轨道交通车辆检修通用及大架修设备的基本知识。

1.车辆检修通用设备主要包括项目。

2.车辆大修设备主要包括项目。

3.车辆架修设备主要包括项目。

4.车辆大架修设备分类及主要项目认知。

5.大架修设备与检修区域划分关系。

【知识准备】

1.车辆检修通用设备

车辆检修通用设备指车辆段车辆检修使用的一般类通用设备,这类设备种类多,通用性强,涉及生产厂家多,选择范围广。

该设备一般包括以下设备项目:空压机类、金属机床设备、电气焊设备、钳工设备、起重机、汽车、叉车、搬运车、静调/周检月检电源设备、充放电设备、稳压电源、工务设备、通用机械类等。

2.车辆大架修设备

车辆大架检设备一般指车辆段车辆进行大架修所使用的专业设备。其作用是主要配合完成城市轨道交通车辆的大架修作业。

大修:对车辆备部件和系统包括车体在内进行全面的分解、检查及整修,结合技术改造对部分系统进行全面的更换,对车辆各系统进行全面检测、调试及试验。

架修:对车辆的重要部件,特别是转向架及轮对、电机、电器、空调机组、车钩缓冲器装置、制动系统等进行分解、清洗、检查、探伤、修理,更换报废零部件。对电子部件进行清洗及测试。对蓄电池进行清洗及充放电作业。对车辆各系统进行全面检测、调试及试验。

【任务实施】

1.大架修设备分类及主要设备项目

大架修设备一般分为以下几类。

(1)专用工艺装备

车辆轮廓限界检测装置、线路设备限界检测装置、工艺转向架、转向架提升台、移动式液压升降平台、移动式车钩架托机、转向架转盘、轮对转盘、移动式作业平台、移动式车体支座、单柱式校正液压机、吊具(转向架/空调/受电弓)等。

(2)仪器仪表及电器/电子检测设备

静调仪器仪表、月检库检测设备、接地兆欧表、示波器、单双臂两用电桥、速度表及传感器试验台、压力表及传感器试验台、转速传感器试验台、电量传感器试验台、仪表检测及试验设备、主断路器试验装置、电器开关元件综合试验台、司机控制器试验台、电子检修综合试验台、移动式耐压试验台、电热鼓风干燥箱、电热干燥箱。

该设备包括设备项目有:空压机类、金属机床设备、电气焊设备、钳工设备、起重机、汽车、叉车、搬运车、静调/周检月检电源设备、充放电设备、稳压电源、工务设备、通用机械类等。

(3)清洗设备

清洗设备包括车下吹扫设备、高压喷射清洗机、构架清洗机、轮对清洗机、轴箱清洗机、轴承清洗机、超声波清洗机。

(4)转向架检修/检测设备

转向架检修/检测设备主要包括构架探伤设备、轮对探伤设备、轴承探伤设备、轴箱拆装机、轴箱压装机、退轮高压油装置、轮对压装机、构架检测平台及专用工装、转向架静载试验机、轴承检测仪器设备、轴承检测平台、轴箱检测平台、轮对跑合试验台、轮对动平衡机、数控轮对车床、数控立式车床、数控车轴车床、构架翻转机、构架喷漆装置、漆雾净化装置。

2. 大架修设备与检修区域划分关系

根据车辆大、架修的工艺流程,大、架修库房按照各部件的检修分为架车区、转向架检修区、轮轴检修区、电机检修区、车体检修区、电气检修区、空调检修区,制动/空压机检修区、受电弓(集电靴)检修区和钩缓检修区等,在各检修区的设备配置是不同的。

(1)架车区

架车区配备的主要设备为固定式架车机或移动式架车机。

(2)转向架检修区

转向架检修区配置的设备主要有:转向架检测靠模、转向架翻转机、转向架清洗间、转向架零部件清洗机,并利用地沟分解、组装转向架。

转向架检修区还可完成构架补焊和修理、转向架静载试验等,该上区需设工艺股道供待修及修竣转向架存放。

(3)轮轴检修区

轮轴检修区主要配备有以下设备:轮对超声波探伤机、轮对动平衡试验机、立式数控车床(轮饼镗孔)、轮对压装、拆解机(可压装制动盘),电热炉、车轮车床、轮对试验台、轴箱加热器、轴箱清洗机,轴承检测设备。

(4)电机检修区

电机检修区配备有电机拆装设备、带除尘的空气过滤器(电机清扫装置)、电机加热炉、电机零部件清洗设备、相关检测仪器仪表、电机试验装置、牵引电机空转试验台,以及必要的起重运输设备等。

(5)车体检修区

车体检修区配置有扭力扳手、打磨机等设备。

(6)电气检修区

电气检修区配置的主要设备有逆变器试验台、电器综合试验台、高速断路器试验装置等。

(7)空调检修区

空调检修区设空调试验间和空调清洗间,并考虑立体式空调存放架。

（8）制动/空压机检修区

制动/空压机检修区包括模块制动试验台、制动试验台、干燥器试验台、空压机试验台等设备。

（9）受电弓（集电靴）检修区

受电弓（集电靴）检修区配置有受电弓（集电靴）检修区受电弓（集电靴）修理、特性试验设备。

（10）钩缓检修区

钩缓检修区配置的设备有车钩分解平台、车钩检测仪、压力试验机、车钩连挂试验台等设备。

【效果评价】

评价表

项目名称	城市轨道交通车辆检修工艺设备及工程车辆		学生姓名	
任务名称	任务3　认识城市轨道交通车辆检修通用 及大架修设备		分　数	
项　目			分　值	考核得分
1. 认识车辆检修通用设备，了解车辆检修通用设备的主要包括项目			20分	
2. 认识车辆大修设备，了解车辆大修设备的主要包括项目			20分	
3. 认识车辆架修设备，了解车辆架修设备的主要包括项目			20分	
4. 认识车辆大架修设备分类及主要项目，了解车辆大架修设备分类及主要项目认知			20分	
5. 认识大架修设备与检修区域划分关系，了解大架修设备与检修区域划分关系			20分	
总体得分				
教师简要评语： 　　　　　　　　　　　　　　　　　　　　　　　　　教师签名：				

项目小结

车辆检修工艺设备及工程车辆是城市轨道交通车辆检修基地(车辆段)车辆检修各级修程必备的设备。对城市轨道交通车辆系统来说,可靠性是关键,而定期的检查和维护则是获得可靠性的最重要因素。因此,现代化的城市轨道交通车辆维修基地,应具有合理化的布局和先进的检修工艺装备,以缩短列车的检修停运时间,降低维护成本,提高车辆运营的可靠性,保证车辆在线路上具有良好的运行状态。

根据目前国内外检修基地的车辆检修工艺设备配置经验,一般包含以下3大类车辆检修设备:车辆检修专用设备;工程车类;通用及大架修设备。各类设备使用的频率及范围均不相同,需互相配合和补充,以完成车辆检修的各级修程需要。

思考与练习

1. 简述城市轨道交通车辆基地车辆检修工艺设备的主要分类。
2. 简述车辆检修专业设备的分类及其特点。
3. 简述城市轨道交通车辆基地工程车辆的分类及其特点。
4. 简述城市轨道交通车辆基地通用及大架修工艺设备主要包括的设备项目。
5. 试述列车自动清洗机洗车的简要流程。
6. 简述内燃机车和其他各类工程车配合关系。
7. 简述内燃机车的主要结构。
8. 简述大架修设备与检修区域划分关系。

项目 **2** 列车清洗机

【项目描述】

列车清洗机是地铁车辆段五大车辆检修工艺设备之一，主要用于地铁列车车体外表面的自动清洗及车辆密封性淋雨试验。本项目对列车清洗机的功能用途、组成结构、操作使用、调试维护等进行了介绍，通过介绍使读者对列车清洗机能够有比较深入的了解，并掌握一些操作使用、维护保养的技能。

【学习目标】

通过本项目及各任务的学习，使大家了解、掌握以下基本知识：

1. 了解列车清洗机的功能、现状、用途、接口专业等。

2. 熟悉列车清洗机的主要组成及技术参数。

3. 掌握列车清洗机的操作使用方法。

4. 掌握列车清洗机的安装调试及简单故障处理方法。

【能力目标】

1. 掌握列车清洗机的控制原理、性能、使用操作。

2. 掌握列车清洗机在使用过程中出现的常见故障的处理方法。

图2.1

任务1　了解列车清洗线

【活动场景】

利用多媒体学习或实地参观地铁车辆段列车清洗线，了解洗车线（洗车库）设置、洗车线各相关专业设备设施情况。

【任务要求】

了解洗车线设置原则及要求、洗车机用途、洗车机的接口专业、国内洗车机发展现状等知识。

【知识准备】

列车自动清洗机（简称洗车机），是为地铁列车外表面提供清洗服务的专用设备。根据地铁设计规范要求,车辆段应设置机械洗车设施,配属车超过12列的独立停车场可设置机械洗车设施。机械洗车设施应包括洗车机、洗车线和生产房屋,其设计应满足以下要求。

1)洗车机宜采用在通过时,其功能可满足车辆两侧和端部(驾驶室)清洗及化学洗涤剂的洗刷要求。

2)洗车线宜布置在入段线运用库库前咽喉区前部,并与入段线并联设计。当地形受限制时,洗车线可按尽端式布置。

3)北方严寒地区及风沙地区应设置洗车库,其他地区洗车机宜按露天设置,必要时可加棚。洗车库的长度、宽度和高度应该根据洗车设备的要求确定;洗车线在洗车机前后一辆车长度范围内应为直线;北方寒冷地区的洗车库应有采暖设施。

4)洗车线有效长度应按下列公式计算确定。

①尽端式洗车线有效长度:

$$L_{sj} = 2L + L_s + 10$$

式中　L_{sj}——尽端式洗车线有效长度,m;

　　　$2L$——洗车机设备前后各一列车长度,m;

　　　L_s——洗车机长度(包括连锁设备),m;

　　　10——线路终端安全距离为10 m。

②贯通式洗车线有效长度:

$$L_{st} = 2L + L_s + 12$$

式中　L_{st}——贯通式洗车线有效长度,m;

　　　$2L$——洗车机设备前后各一列车长度,m;

　　　12——信号设备设置附加长度为12 m。

5)洗车线应根据洗车设备的要求配备辅助生产房屋。

6)洗车线宜在适当的位置设置人工洗车台,人工洗车台高度宜为600~1 000 mm,长度不宜小于一个单元车长度。

洗车机的主要用途是对运营服务、检修维护的地铁车辆进行自动清洗,该设备可对地铁列车的两侧面、两端外表面(司机驾驶室)、侧顶弧进行清洁,采用旋转的刷毛、低压喷水、洗涤液的物理作用和化学作用,清除列车在运营及检修过程中产生的灰尘、油污等其他影响车辆外观、卫生的污渍,使地铁列车保持洁净外表。列车车体下部由于安装有大量的牵引装置、制动装置、辅助电源装置等电气控制设备,不能使用洗车机进行清洗;车辆顶部由于安装有受电弓、空调也不宜使用洗车机进行清洗。目前,国内大多数地铁车辆顶部、车体下部、客室内的卫生清洁工作使用人工方式进行清洁。

洗车机是一套综合系统,它与轨道、接触网、低压配电、信号、给排水等专业之间存在接口关系。洗车线的接触网采用柔性接触网设置,目前,对洗车线接触网的铺设有两种方式,一种是在洗车线上方接触网全线带电,为有线有电区;另一种是在洗车区设置大约20 m的无电区。

20世纪90年代,由于国内地铁建设还处于起步阶段,同时受科技水平和技术创新等因素影响,国内新建地铁的洗车机基本上采用国外进口设备,例如,广州地铁1号线洗车机采用了德国WESUMAT生产的洗车设备,广州地铁2号线洗车机采用了英国Smith Bros & Webb Ltd公司生产的洗车设备。近年来,随着地铁设备国产化要求和国内技术水平的发展,国内厂家生产、制造的洗车机被地铁车辆段、动车基地广泛采用。目前,国内比较知名的、具有成熟产品的洗车机厂家有北京沃尔新自动设备有限公司(Washing(Beijing)Automatic Equipment Co.,Ltd)、哈尔滨威克科技股份有限公司(Harbinv Veic Technology Co.,Ltd)等。

本项目主要以西安地铁 2 号线列车自动清洗机为例,介绍洗车机功能、使用操作及维护方面的知识。

西安地铁 2 号线洗车机设置于车辆段运用库北侧的 L16 道,洗车机设置了专用的洗车库用房,洗车线为贯通式设置,列车通过运用库西侧咽喉区股道可转轨至 L16 道洗车线,洗车作业完成后,再通过 L15 道回运用库。洗车库内上方的接触网设置了 30 m 的无电区,两侧库门外的接触网分别设置了隔离开关。

【知识链接】

根据地铁运营需要,地铁车辆段须设置洗车线用于对运营列车进行清洗作业。洗车线的设置根据车辆段地形可设置为尽端式或贯通式。广州地铁 1、2 号线车辆段洗车线均设置为贯通式,3 号线由于受地形影响设置为尽端式。

【任务实施】

洗车线的了解:

1. 了解洗车线的设置形式。

2. 掌握与洗车线相关的接口专业、洗车机的主要用途。

3. 了解国内洗车机的主要生产厂商及其洗车设备的不同之处。

【效果评价】

评 价 表

项目名称	列车清洗机		学生姓名	
任务名称	任务 1 了解列车清洗线		分 数	
项 目			分 值	考核得分
1.《地铁设计规范》关于洗车线设置资料的搜集、准备			10	
2. 是否有小组计划			5	
3. 国内洗车机主要生产厂商及其洗车设备的不同点			20	
4. 洗车线设置形式、相关接口专业的掌握			50	
5. 编制学习汇报报告情况			10	
6. 基本素养考核情况			5	
总体得分				
教师简要评语:				
			教师签名:	

任务 2 列车清洗机认知

【活动场景】

利用多媒体学习或实地参观地铁车辆段列车清洗库,掌握地铁车辆段洗车机的功能设置、主要组成结构及技术参数。

【任务要求】

掌握洗车机行车信号系统、光电信号系统、洗刷系统、喷淋系统、水循环处理系统、气源供给系统、电气控制系统等。

【知识准备】

西安地铁 2 号线列车清洗机主要包括洗车信号系统、喷淋系统、洗刷系统、吹扫烘干系统(热风幕系统)、水循环处理系统、气源供给系统、电气控制系统等。

1. 洗车机的功能设置

①具有洗车模式选择功能:可选择是否要端洗、是否要加洗涤剂清洗或只用水清洗的几种模式。

②对被清洗列车的车号、洗车次数及洗车日期,以及洗车机故障情况等数据的记录和打印功能,能显示每列车洗车记录,实现联网传输。

③手动控制和自动控制相结合的清洗功能:可任意切换,方便灵活。

④丰富和可靠的洗车流程工况实时动态显示及故障显示功能:对系统的状态进行全面的、实时的监控和显示报警,并对故障部位和故障类型作出正确判断。

⑤具有完备的保护功能:有完善的联锁保护,发生故障时,能紧急停车、声光报警、设备退回原位。

⑥具有自动防失水和手动排水功能:水泵有自吸补水功能,并有手动排水功能。

⑦清洗列车的用水全部回收,经过水处理系统处理后循环使用,循环水的利用率大于80%。

⑧端洗仿形刷组设有安全锁,洗车机在休班时可以停机,实现设备无人值班。

2. 洗车机的组成及参数

(1)行车信号系统

行车信号系统主要包括入库信号灯、前端洗信号灯、反向入库信号灯和后端洗信号灯。

①入库信号灯

当入库信号灯为红色时,表示列车不能入库进行洗车作业;当入库信号灯为绿色时,表示洗车机准备就绪,可以入库进行洗车作业。

②前端洗信号灯

当操作人员选择自动有端洗时,列车到达前端洗位置,前端洗信号灯由绿色变为红色,告诉列车司机停车,进行前端洗作业。当操作人员选择自动无端洗时,前端洗信号灯

图 2.2

为绿色。

③反向入库信号灯

反向入库信号灯在正常情况下均为红色,表示禁止列车反向通过洗车库。

④后端洗信号灯

当操作人员选择自动有端洗时,列车到达后端洗位置,后端洗信号灯由绿色变为红色,告诉列车司机停车,进行后端洗作业。当操作人员选择自动无端洗时,后端洗信号灯为绿色。

(2)光电信号系统、测速系统

①光电信号系统

光电信号系统主要包括安装于西侧库门的入库光电信号柱(2个)上的用于控制自动洗车开始光电开关、安装于库内前后端洗光电信号柱上的用于控制前后端洗光电开关和安装于东侧库门外光电信号柱(2个)的用于控制自动洗车结束光电开关。轨道两侧的光电信号柱上分别安装有对射式光电开关的发射器和接收器,发射器发出的光线直接进入接收器。当地铁车辆经过发射器和接收器之间时,会阻断发射器与接收器之间的光线,光电开关就产生了开关信号,同时将信号传给控制系统。

洗车机操作人员准备就绪后,入库信号灯变绿,司机根据行车信号驾驶列车进入洗车库,当列车到达并遮挡洗车开始信号柱时,洗车作业开始;当列车头部到达前端洗信号柱时,洗车机开始进行前端洗,前端洗结束后,前端洗信号灯变为绿色,司机驾驶列车继续前进;当列车尾部越过前端洗信号柱(未越过后端洗信号柱)时,洗车机开始后端洗,后端洗完成后,后端洗信号灯变为绿色,司机继续驾驶列车前进;当列车尾部越过洗车结束光电信号柱时,洗车作业完成。在进行端洗作业时,侧刷组将停止工作。

图2.3

光电开关的型号为:欧姆龙(Omron)E3Z-T61透过型

测量距离:15 m　　　　IP-67

②测速系统

测速系统主要由安装于两侧库门外的光电信号柱底部的光电传感器组成,每组测速装置包括2对光电传感器。当地铁车辆经过两个相邻的光电信号柱时,车轮会遮挡到光电传感器的信号,控制系统根据接收到的时间间隔与2对光电传感器之间的距离,可以换算出列车当前的行驶速度,并将此速度信号传送至主控制台的数字速度显示仪表。测速装置对列车的运行速度进行实时监控,当列车超速行驶时,洗车机操作人员可以通过无线电通知司机按规定速度运行。为了取得较好的洗车效果,列车通过洗车线进行洗车作业时,应将列车行驶速度控制在3 km/h左右。目前,为了在洗车时可以使列车保持3 km/h的速度运行,多数地铁车辆设置了洗车运行模式,当列车要进行洗车作业时,司机可通过选择洗车模式来使列车保持匀速行驶,以达到较好的洗车效果,西安地铁2号线列车具有洗车运行模式功能。

3.喷淋装置

喷淋装置包括预湿喷淋管、药液喷淋管、安装于各刷组的喷管、清水喷管、淋雨试验喷管。喷管采用不锈钢材质,在各喷管上安装有不同数量的扇形扁平喷头(嘴),喷头喷出的水为圆形,通过喷头将喷管里的水均匀地喷洒在车体表面,同时可减小水压对车体表面的损伤。

(1)预湿喷淋管

预湿喷淋管安装于洗车库入库处的热风幕之后,轨道两侧各有一个,每个喷淋管上装有4个喷头(嘴)。预湿喷淋管所喷出的水通过安装在回用水池的水泵 P1 供给,主要对列车表面进行预湿、调温。

(2)洗涤液喷管

洗涤液喷管安装于预湿喷管之后,轨道两侧各有一个,每个喷管上装有4个喷头。洗涤液喷管主要用于将通过药液泵抽来的药液(酸性、碱性、中性)与通过安装于回用水池的水泵 P2 抽来的水混合,喷洒在车体表面,通过药液与车体表面油污等化学反应去除污渍。

(3)一号侧刷喷管

一号侧刷喷管设置在洗涤液喷管之后,安装于一号侧刷组上,喷管上装有4个喷头。通过安装于回用水池的水泵 P3,将药液与回用水池水喷洒至车体表面。

(4)一号侧顶弧及二号侧刷喷管

一号侧顶弧刷组设置于一号侧刷组之后,二号侧刷组设置于一号侧顶弧刷组之后,一号侧顶弧喷管安装于一号侧顶弧刷组上,二号侧刷组喷管安装于二号侧刷组上,一号侧顶弧喷管安装有2个喷嘴,二号侧刷喷管安装有4个喷嘴。通过安装于回用水池的水泵 P4,将药液与回用水池水喷洒至车体表面。

(5)端刷喷管

端刷喷管安装于端洗刷组之上,每侧端刷上包括2组喷管,每组喷管上有4个喷头。通过安装于回用水池的水泵 P5,将药液与回用水池水喷洒至列车司机室端面及侧面。

(6)淋雨试验喷管

淋雨试验喷管由安装于端洗刷组之后的龙门架上的2组喷管组成,上部喷管上安装有9个喷嘴,两侧喷管安装有30个喷头。通过安装于回用水池的水泵 P6,将回用水池水喷洒至车体表面。喷淋试验装置用于检测地铁列车车体、贯通道的密封、防水性能,特别是在经过大架修、贯通道更换等之后进行的车辆密封、防水试验。

(7)三号侧刷喷管

三号侧刷喷管设置在淋雨试验装置后,安装在二号侧刷组上,每组喷管上各有4个喷头。通过安装于回用水池的水泵 P7,将回用水池水喷洒至车体表面,进行回用水冲洗。

(8)二号侧顶弧喷管和四号侧刷组喷管

二号侧顶弧刷组设置于三号侧刷组之后,四号侧刷组设置于二号侧顶弧刷组之后,二号侧顶弧喷管安装于二号侧顶弧刷组上,四号侧刷组喷管安装于四号侧刷组上,二号侧顶弧喷管安装有2个喷嘴,四号侧刷喷管安装4个喷嘴。通过安装于回用水池的水泵 P8,将回用水池水喷洒至车体表面,进行回用水冲洗。

(9)回用水喷管和五号侧刷组喷管

为了对经过清洗的列车进一步进行冲洗,在四号侧刷组之后,设置了1组回用水喷管,每个喷管上装有4个喷头。回用水喷管之后是五号侧刷组,每个喷管上也装有4

图 2.4 清水喷管

个喷头。通过安装于回用水池的水泵 P9,将回用水池水喷洒至车体表面,进行回用水冲洗。

(10)清水喷管

清水喷管用于对列车进行清水漂洗,包括 2 组喷管,由安装于清水池的水泵 P10、P11 将清水池的经过软化处理的水喷洒至车体表面进行最后的冲洗。

4.洗刷系统

洗刷系统包括侧刷组(5 对)、侧顶弧刷组(2 对)和端洗刷组(1 对),在洗车作业时,通过刷组上安装的刷毛高速旋转,加快车体外表面洗涤液与污渍的化学反应,同时将附着在车体表面的杂物刷掉。刷毛采用西班牙进口产品,具有自动分叉功能,当刷毛磨损、折断时,刷毛端部自动分叉,以减小转动时与车体表面的摩擦,防止损伤车体表面。

(1)侧刷组

侧刷组包括 5 对,端洗刷组前设置了 2 对,端洗刷组后设置了 3 对,每个侧刷上都安装有喷管、刷毛、气动马达、电机(减速机)、接近开关等。

气动马达安装于刷组的顶部,通过电磁阀与气源相连接,气动马达与气源中间还安装有起过滤、润滑作用的气动三联件。

刷毛紧固在刷滚上,刷滚固定在转轴上,转轴上端与气动马达连接,下端通过轴承紧固在刷组支架上。气动马达充气时,通过转轴的转动,使刷滚摆出到正常的工作位置。刷滚底部安装了驱动刷滚转动的电机(减速机)驱动装置。

转轴底部还安装有用于检测刷组摆出或回位的接近开关,通过接近开关的检测信号可以将刷组的位置信息传给控制系统。转轴底部的限位螺栓,可以对刷组摆出的位置

图 2.5 侧刷及侧顶弧刷组

进行调节,避免由于刷毛的不断磨损,导致刷毛变短,影响洗车效果。

(2)侧顶弧刷组

洗车机设置了 2 对侧顶弧刷组,用来对车体与车辆顶部圆弧过渡位置进行清洗。侧顶弧刷组的结构、工作原理类似于侧刷组。

(3)端洗刷组

端洗刷组设置于洗车库的中间位置,通过地面单独设置的轨道和库顶的轨道进行固定,端洗刷组可沿轨道做前后运动。每个端刷由电机(减速机)驱动装置、平行于地面的刷滚、气动马达、接近开关、限位挡块、喷管、链条、手动锁闭挡块等组成。端刷底部的电机用于驱动端刷前进、后退,刷滚后部的电机用于驱动刷滚正反转,刷组顶部的电机用于刷滚的上升、下降。气动马达包括刷组顶部的气动马达及刷组底部的 2 个小型气动马达,顶部气动马达用于刷组的推出及回位、底部的 2 个分别用于前端洗和后端洗的刷组限位。刷组底部的手动锁闭挡块用于在洗车结束后,将刷组限制的回位的位置,防止在无端洗时,端刷组碰伤列车。前后端洗时,列车车头与前后端洗光电信号柱有 0.5 m 的余量,利于司机停车对位。

端洗具有自动仿形功能,在端洗作业时,端刷通过变频器反馈的电流值进行自动调节,端刷可根据车辆端面的形状自动调节与车辆端面的间隙。

端刷技术参数:

①行走小车

行走电机	0.55 kW
减速机	RV75 60-0.55

②端刷机构

刷毛展开尺寸	920 ~ 1 320 × 1 800 mm
刷轴转速	100 r.p.m
刷毛直径	1.0 mm 断面为四棱形,西班牙进口
吃毛量	100 ~ 200 mm
喷水管	DN15 不锈钢管 2 根
电机	1.5 kW　ABB
减速机	RV75　15-1.5
摆动马达	MB200-270

③提升机构

提升高度范围	900 ~ 4 800 mm
电机	0.75 kW
减速机	RV75　50-0.75

5. 强风吹扫、热风幕

(1)强风吹扫系统

吹扫烘干系统设置在洗车库清水冲洗喷管之后,通过吹扫系统吹风机组的强风加快车体表面残留水的挥发,特别是在冬季进行洗车作业时,由于洗车库外温度较低,可有效防止由于车体表面残留水渍而结冰。

(2)热风幕

在洗车库两侧库门内安装了用于保持库内温度,防止由于洗车时库门打开导致库内温度降低的热风幕系统。热风幕由散热片、内置风机组成,散热片通过暖气管道将热风幕内的气温升高,两侧热风幕内置的风机进行对吹,从而使洗车库库门附近保持较高的温度。

6. 气源供给系统

由于洗车机各刷组的推出、回位是由安装于刷组顶部的气动马达来实现的,因此洗车机设置了一套启动供给系统,包括一台螺杆式空气压缩机、一个储气罐、空气管路。气源供给系统对安装于刷组上的气动马达供气,使刷组摆出至工作位,同时还将气源连接到供水系统的管路,在冬季洗车完成后,可以通过高压气体将供水管路内的剩余水排出,防止在气温较低的情况下,供水管路内剩余水结冰而导致供水管路破裂或者喷淋管上的喷嘴堵塞。洗车机各刷组正常工作的气压为 0.4 MPa。

①空压机 1 台

参数:单螺杆空压机,排量 1.1 m³/min,压力 0.85 MPa。

②储气罐 1 台

参数:外形尺寸 800 mm × 2 407 mm,工作压力 1 MPa,容积 1 m³。

图 2.6　空压机及储气罐

7. 水循环处理系统

水循环处理系统主要由清水供给系统、污水回收处理系统组成。清水供给系统用于向清水池加注经过软化、过滤的纯净水用于对列车进行清水漂洗;污水回收处理系统对经过回收的洗车污水进行沉淀、除油、生化过滤等处理,最后排放至回收水池用于列车清洗的预湿喷淋、洗刷。

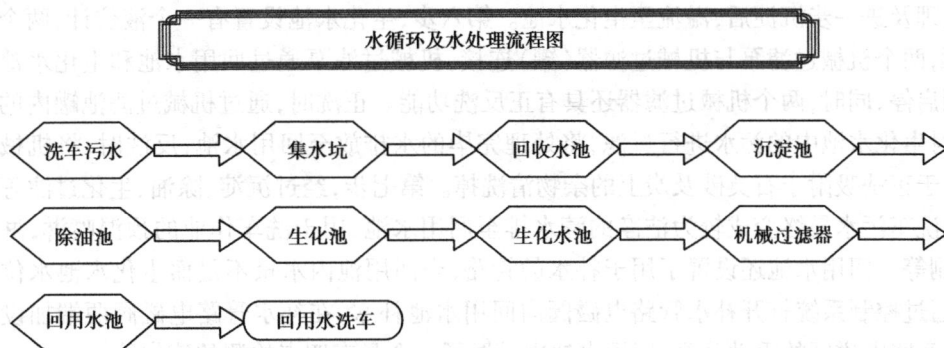

水循环及水处理流程图

洗车污水 → 集水坑 → 回收水池 → 沉淀池

除油池 → 生化池 → 生化水池 → 机械过滤器

回用水池 → 回用水洗车

图 2.7　水循环及处理流程图

（1）清水供给系统

清水供给系统主要包括两个进行水软化、过滤的过滤器和一个清水池（安装有两个清水泵），过滤器由罐体、多路阀控制器组成,罐体内装有树脂颗粒,同时为了达到良好的软化效果,还配备有一个用于存放盐的盐罐,通过管路与控制器多路阀连接。清水池用于存放经过软化处理的纯净水,并通过供水主管路连接了两条供水管路,一条管路安装有电磁阀,控制系统通过清水池内的液位计对清水池内水位进行监控,当清水池内水位过低时,控制系统发出指令,使电磁阀得电打开,对清水池进行补水;另一条管路安装有手动球形阀,当电磁阀故障或清水池水量不满足洗车作业要求时,可通过打开球形阀,直接将自来水补加至清水池内。

图 2.8　水软化系统

（2）污水循环处理系统

为了使洗车污水可以进行循环利用,达到降低洗车成本、节约用水、环境保护等目的,洗车机设置了用于对洗车污水进行循环处理的系统,主要有液位计系统、污水泵、生化过滤系统等。

污水循环处理过程为:首先,洗车污水经过洗车库内轨道两侧的水沟回收至集水坑,集水坑内安装有一个液位计和一个潜污泵,液位计设置一个高点、一个低点,当集水坑内水位超过高点时,控制系统发出信号,潜污泵启动,通过管路将污水抽至回收水池;当集水坑内水位降至低点时,潜污泵停止运行。第二步,回收水池内设置一个液位计和一个潜污泵,液位计设置一个高点、一个低点,当回收池内水位超过高点时,潜污泵启动,通过管路将回收水池污水抽至沉淀池,当水位降至低点时,潜污泵停止运行。第三步,沉淀水池由三个相同大小的水池组成,三个水池中间墙壁各有一个缺口,用于污水流动,缺口呈"S"形设置,在第三个沉淀池与除油池之间,经过沉淀处理的污水通过墙壁上方的溢流口溢流至除油水池,从而达到沉淀污水中杂质的效果。第四步,除油水池与生化过滤池通过墙壁底部的过水孔相连,由于油的密度小于水的密度,经过沉淀、除油的洗车污水经过除油池与生化过滤池墙壁底部的过水孔流至生化过滤池,除油池内设置有一个潜污泵,通过管路连接至集水坑。第五步,生化过滤池内放置有用于对水质进行生化处理的浮球,同时在地面设置一个用于向生化过滤池内供气的风机,通过风机增加生化过滤池氧气的含量,从而增加生化处理的效果;生化过滤池中的水经过生化处理及进一步沉淀后,溢流至生化水池。第六步,生化水池设置有一个液位计、两个机械过滤泵,两个机械过滤泵与机械过滤器(罐)连接,机械过滤泵通过回用水池和生化水池内水位控制启停,同时,两个机械过滤器还具有正反洗功能。正洗时,通过机械过滤池罐内的石英砂、炭对生化水池中的污水进行过滤,将处理完毕的水排放至回用水池;反洗时,将机械过滤罐内由于正洗吸附于石英砂及炭上的杂物清洗掉。第七步,经过沉淀、除油、生化过滤等步骤处理的洗车污水最终变成较为洁净的清水排至回用水池,用于洗车作业的预湿喷淋、淋雨试验、洗刷等。回用水池还设置了用于补水的管路,当回用池内水量不足而生化水池水位也不足时,通过控制系统打开补水管路电磁阀向回用水池补水,在补水管路电磁阀两端加设了一个用于旁路电磁阀的手动球阀,回用水池内设置了一个具有四点检测的液位计。

①集水坑

a.结构:混凝土水池,内壁做防水、防腐处理,池内设置一个污水泵。

b.功能:用于收集洗车后的污水。

c.参数:污水泵型号为 50 WQ20-15-2.2,$Q = 20 \ m^3/h$,$H = 15 \ m$,$P = 2.2 \ kW$,水池尺寸为 1 600 mm × 3 500 mm × 2 500 mm。

②回收水池

a.结构:混凝土水池,池内设置一个污水泵。

b.功能:将洗车水收集与回收池内,再用泵定量送至沉淀池,水泵自动启停。

c.参数:污水泵型号为 50 WQ 20-15-2.2,$Q = 20 \ m^3/h$,$H = 15 \ m$,$P = 2.2 \ kW$,水池尺寸为 1 600 mm × 3 500 mm × 2 500 mm。

③沉淀池

a.结构:混凝土水池,由 3 个隔断组成,内壁做防水、防腐处理;开有溢流孔,以便排除多余的回用水。

b.功能:将洗车水按设定量加入沉淀池内,将杂质进行沉淀,上清液流入除油池。

c.参数:污水泵型号为 QW 50-20-15,$Q = 20 \ m^3/h$,$H = 15 \ m$,$P = 2.2 \ kW$,水池尺寸为 5 200 mm × 3 500 mm × 2 500 mm。

④除油池

a.结构:混凝土水池,内壁做防水、防腐处理,池内设置一个污水泵,隔壁下部开有过流孔。

b.功能:经过沉淀池沉淀后的洗车水流入除油池内,将油隔留在池内,除油后的水从隔壁下孔流入生化池。

c.参数:污水泵型号为 50 WQ 20-15-2.2,$Q = 20 \ m^3/h$,$H = 15 \ m$,$P = 2.2 \ kW$,水池尺寸为 1 600 mm × 3 500 mm × 2 500 mm。

⑤生化过滤水池

a.结构:混凝土水池,内壁做防水、防腐处理,隔壁上部开有溢流孔,最底部装有 24 个曝气头,距底 200 mm 高有一格筛,上面一层填充塑料球。另有一风机向曝气头鼓风。

b. 功能:将除油后的水进行生化处理,除去有机物等杂质,清水从隔壁上孔溢流进入生化水池。

塑料球:80 mm

曝气头:215 mm,24 个

鼓风机:一台

c. 参数:污水泵型号为 25QW8-22-1.1,$Q = 8$ m^3/h,$H = 22$ m,$P = 1.1$ kW,水池尺寸为 2 400 mm×3 500 mm×2 500 mm。

⑥生化水池

a. 结构:混凝土水池,由一个隔壁分为两部分,内壁做防水、防腐处理。

b. 功能:储存生化水用,供机械过滤用。

c. 参数:水池尺寸为 1 700 mm×3 500 mm×2 500mm。

⑦机械过滤器

a. 结构:两台全自动机械过滤器,一台内填石英砂,一台内填活性炭。

b. 功能:两台串联,除去悬浮物和杂质等。

c. 参数:全自动机械过滤器 1 200 mm,处理能力 15 t/h。

⑧回用水池

a. 结构:混凝土水池,内壁做防水、防腐处理。

b. 功能:机械过滤后的水存储,供洗车回用中水。

c. 参数:水池尺寸为 4 300 mm×3 500 mm×2 500 mm。

8. 电气控制系统

洗车机电气控制系统主要包括一个工控机、一套 Siemens S7-400PLC、变频器(6 个)、一套视频监控录像系统等。

工控机可以通过安装的 SCADA 系统对洗车作业进行全程、实时监控,同时还安装有用于和 PLC 通信的软硬件等。

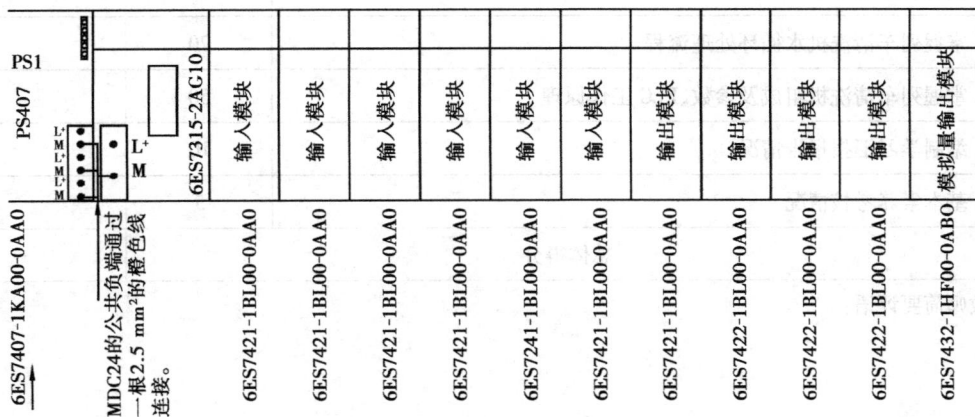

PS1 / PS407	MDC24 的公共端通过一根 2.5 mm² 的橙色负线连接。	6ES7315-2AG10	输入模块	输入模块	输入模块	输入模块	输入模块	输入模块	输出模块	输出模块	输出模块	输出模块	模拟量输出模块
6ES7407-1KA00-0AA0		6ES7315-2AG10	6ES7421-1BL00-0AA0	6ES7421-1BL00-0AA0	6ES7421-1BL00-0AA0	6ES7421-1BL00-0AA0	6ES7421-1BL00-0AA0	6ES7241-1BL00-0AA0	6ES7421-1BL00-0AA0	6ES7422-1BL00-0AA0	6ES7422-1BL00-0AA0	6ES7422-1BL00-0AA0	6ES7432-1HF00-0ABO

图 2.9　PLC 总图

PLC 采用 Siemens S7-400 系列,CPU 采用 S7-412 系列,设置了独立的电源模块(PS407)。Siemens S7 412 系列的 CPU 是功能强大的处理器,CPU 对每个二进制指令的执行时间可短到 0.75 μs,具有最高 65 536 个数字量以及 4 096 个模拟量的输入输出,通过 MPI 可将最多 32 个站连成简单网络,数据传输速率高达 12 Mbit/s,CPU 可与通信总线和 MPI 的站之间建立最多 16 个连接,还具有 PROFIBUS DP 主战接口,可实现分布式自动化组态。

6 个变频器用于控制端洗刷组的前进后退、刷滚上升下降、刷滚正反旋转动作。变频器主要根据 PLC 输出的控制指令驱动端洗刷组进行前、后端洗。

视频监控录像系统可以对洗车库外和库内的实时情况进行监控,洗车机操作人员可以通过监控系统显示器监测洗车作业的全过程,当出现异常情况时,操作人员可以迅速作出反应。录像系统也可对洗车作业全过程进行录像存档,以方便技术人员对洗车作业时出现的故障及异常情况进行查阅。

【知识链接】

1.掌握电工作业知识。

2.掌握可编程逻辑控制器(PLC)、变频器、计算机基础知识。

【任务实施】

列车清洗机认知:

1.了解列车清洗的主要组成部分。

2.掌握列车清洗机各组成部分的主要功能及参数。

3.掌握常用可编程逻辑控制器种类、PLC 编程及调试方法。

【效果评价】

评 价 表

项目名称	列车清洗机	学生姓名	
任务名称	任务 2　列车清洗机认知	分　数	
项　目		分　值	考核得分
1.了解列车清洗机的主要组成		10	
2.是否有小组计划		5	
3.掌握列车清洗机水循环处理流程		20	
4.掌握列车清洗机组成及参数、PLC 工作原理		50	
5.编制学习汇报报告情况		10	
6.基本素养考核情况		5	
总体得分			
教师简要评语:			
			教师签名:

任务 3　列车清洗机使用操作

【活动场景】

利用多媒体学习或实地参观地铁车辆段列车清洗库操作控制室,掌握地铁车辆段洗车机的使用操作方法。

【任务要求】

掌握地铁列车清洗机的操作模式,能独立操作洗车机对地铁列车进行清洗作业。

【知识准备】

列车清洗机具有手动和自动操作模式,手动操作主要用于洗车机的调试、维修作业等,自动模式用于列车清洗作业,自动模式包括自动无端洗和自动有端洗两种操作模式。

1. 操作人员

(1)操作人员的要求

①操作人员必须具备中专以上的文化水平,有电气专业知识。

②操作人员必须具有两年以上电气专业实际工作经验。

③操作人员必须经过设备厂家的培训,并考试合格。

④操作人员必须通过车辆段考核,并持有设备操作证。

(2)操作人员制度

①操作人员必须坚守工作岗位,尽职尽责。

②操作人员上班后,必须对所有设备和控制进行检查,保证设备处于正常状态。

③操作人员在进行洗车操作时,必须严格认真按操作规程进行操作,未经许可不得随意更改。

④操作人员必须严格遵守相关操作规范,保证车体、设备、人员的绝对安全,如遇意外事故必须及时按下急停开关。

⑤操作人员必须对每次洗车情况作好记录并入档。

⑥操作人员必须按规定做好对设备的维护,保持设备完好、正常,如发现异常应立即通知维修人员进行检修。

2. 洗车机的操作模式

在进行日常的洗车作业时,操作人员可以选择自动无端洗或者自动有端洗对列车进行清洗作业。在手动模式下,可通过操作设置于主操作台抽屉中的刷组、水泵、风机等旋钮来操作相应的刷组推出、回位,水泵启动、停止,还可以操作淋雨试验装置对列车进行密封测试。

(1)操作前的准备工作

第一步:将操作台"控制电源"旋钮打到"在线"位置。

第二步:将操作台"空压机"旋钮打到"在线"位置,保证系统工作压力应不低于 0.4 MPa且储气罐出气阀门处于打开位置。

第三步:检查各水池和药液桶的液位是否处于正常液位。

第四步:检查库内端刷控制箱操作旋钮处于"机控"位置。

第五步:检查控制柜内前后各空开是否处于闭合状态。

第六步:检查洗车机操作台 AC24 V,DC24 V 电源指示灯是否正常。

第七步:确定操作台抽屉中所有的手动旋钮处于原始位置,即二位旋钮打到"左边"位置上,三位旋钮打到"中间"位(此操作请务必检查,以免手动时引起误操作)。

第八步:确认所有急停开关全部处于松开状态。

(2)自动无端洗模式

①洗车之前

第一步:操作员将左右端刷锁锁住使其处于锁住状态,操作台锁住指示灯变亮。

第二步:将"清洗车方式"旋钮打到"自动有端洗"模式。

第三步:根据本次洗车要求选择用清水清洗还是用中性药液清洗。将"中性/清水"旋钮打到相应位置。

第四步:确定操作台状态指示灯与功能选择按钮一致后,旋转一下"清洗准备"功能开关,使洗车机处于准备洗车状态,这时"清洗指示"指示灯闪烁,可以随时进行洗车作业。

②洗车开始

第一步:地铁到达洗车库门前"预备位停车"指示牌处停车准备洗车。

第二步:操作员确认地铁具备可以入库洗车后。旋转一次"清洗开始"旋钮,这时"清洗指示"指示灯由闪烁状态变成长亮状态。此时"预备位信号灯"由红灯变为绿灯,司机可以看灯行车进行入库洗车作业。

第三步:此时洗车库中的"前端洗指示灯"和"后端洗指示灯"全部为绿色,司机看灯行车,整个洗车过程不需要停车直接驶出清洗区域。

第四步:当地铁司机到达"清洗结束"指示牌时就可以自行操作,此时地铁的后端面已经离开洗车库,同时洗车机自动复位。

(3)自动有端洗模式

①洗车之前

第一步:操作员将左右端刷锁打开处于解锁状态,操作台解锁指示变亮。

第二步:将"清洗车方式"旋钮打到"自动有端洗"模式。

第三步:根据本次洗车要求选择用清水清洗还是用中性药液清洗。将"中性/清水"旋钮打到相应位置。

第四步:确定操作台状态指示灯与功能选择按钮一致后,旋转"清洗准备"功能开关,使洗车机处于准备洗车状态,这时"清洗指示"指示灯闪烁,可以随时进行洗车作业。

②洗车开始

第一步:地铁到达洗车库门前"预备位停车"指示牌处停车准备洗车。

第二步:操作员确认地铁具备可以入库洗车后,旋转"清洗开始"旋钮,这时"清洗指示"指示灯由闪烁状态变成长亮状态,"预备位信号灯"由红灯变为绿灯。司机可以看灯行车进行入库洗车作业。

第三步:此时洗车机端刷前的喷管及刷组按照时间顺序依次启动。

第四步:地铁到达"前端洗位置"指示牌时司机看准标牌停车,端洗信号灯和蜂鸣器工作。通知操作员"前端洗对位停车准确,可以进行前端洗作业"。操作员在确认停车位置准确后,将"端洗确认"旋钮旋转到"前端"位置之后再旋转一次"端洗开始"旋钮,开始前端清洗。

第五步:前端清洗完毕之后蜂鸣器会响3 s。提示操作员前端洗已经清洗完毕。操作员将"端洗确认"旋钮归位,按下"继续清洗"按钮,同时"前端洗信号灯"由红灯变为绿灯,司机可以看灯行车进行后续清洗。

第六步:此时洗车机端刷后的喷管及刷组按照时间顺序依次启动。

第七步:地铁到达"后端洗停车位"时司机看标牌停车,端洗信号灯和蜂鸣器工作,通知操作员"后端洗对位停车准确,可以进行后端洗作业"。操作员在确认停车位置准确后,将"端洗确认"旋钮旋转到"后端"位置之后再旋转一次"端洗开始"旋钮,开始后端清洗。

第八步:后端清洗完毕之后蜂鸣器会响3 s。提示操作员后端洗已经清洗完毕。操作员将"端洗确认"旋钮归位,按下"继续清洗"按钮,同时"后端洗信号灯"由红灯变为绿灯,司机可以看灯行车进行后续清洗。

第九步:当地铁司机到达"清洗结束"指示牌时就可以自行操作,此时地铁的后端面已经离开洗车库,同时洗车机自动复位。

(4)操作注意事项

①洗车过程中禁止旋转"清洗复位"功能开关。

②洗车过程中发现事故要马上按下"急停"按钮。

③前后端洗时不可以进行暂停操作;端洗出现故障时只能按"急停"按钮。

【知识链接】

1.掌握计算机、视频监控系统的操作使用方法。

2.掌握可编程逻辑控制器(PLC)、变频器、计算机基础知识。

【任务实施】

列车清洗机使用操作:

1.了解列车清洗机的持证操作制度。

2.掌握列车清洗机的操作模式。

3.掌握列车清洗机手动调试模式和自动洗车模式的操作方法。

【效果评价】

评价表

项目名称	列车清洗机		学生姓名	
任务名称	任务3　列车清洗机使用操作		分　数	
项　目			分　值	考核得分
1.了解列车清洗机的持证操作制度			10	
2.是否有小组计划			5	
3.掌握列车清洗机具有的操作模式及使用情景			20	
4.掌握列车清洗机手动、自动操作方法			50	
5.编制学习汇报报告情况			10	
6.基本素养考核情况			5	
总体得分				
教师简要评语:				
			教师签名:	

任务4　列车清洗机调试与维护

【活动场景】

利用多媒体学习或实地参观地铁车辆段列车清洗库,掌握地铁车辆段洗车机的安装调试、维护保养。

【任务要求】

掌握地铁列车清洗机的安装调试内容,能对洗车机进行维护保养,会对洗车机常见的简单故障进行排除、处理。

【知识准备】

1.列车清洗机的调试

洗车机的调试主要包括光电信号系统、刷组吃毛量、喷淋系统、水循环处理系统及控制程序的调试。

光电信号系统的调试应检查光电开关安装位置是否准确,发射器与接收器在垂直和水平面上应保持一致,确保光电信号工作正常。

刷组吃毛量的调试应根据刷毛的长度与刷组推出的位置进行调整,确保刷毛在车体上的吃毛量正常,当刷组吃毛量较小时,可通过调节刷组底部的限位螺栓将刷组推出的位置调大,保持刷组的刷毛能与车体表面充分接触;当刷组吃毛量较大时,可通过调节刷组底部的限位螺栓将刷组推出的位置调小,防止较多的刷毛与车体接触,影响洗车效果及刷组驱动电机的工作性能。

喷淋系统的调试主要对各喷管、喷头的出水情况进行调试。可在手动模式下,通过主控制台的旋钮开关对相应的水泵、喷管出水情况进行检查。检查各喷管出水量是否正常、水压是否足够、喷头出水形状是否正常。当喷管水压异常时,可以通过相应供水泵上的泄压阀进行调节,使各水泵的水压达到 0.4 MPa。

水循环处理系统调试主要是检查各水池与设计是否符合,特别是溢流孔高度是否与设计一致。检查液位计工作是否正常、灵敏,通过强制使液位计浮球处于设置的高度,检查水池中污水泵的工作情况、回用水池补水电磁阀的工作情况、水软化处理装置的启停情况等。

控制程序的调试主要通过 SIMATIC Manager STEP 7 软件进行调试,STEP 7 是一种用于对 SIMATIC 可编程逻辑控制器进行组态和编程的标准软件包。

2.常见故障的处理

(1)刷组不能推出

检查主控制台数字气压表压力显示是否大于 0.4 MPa,如果小于 0.4 MPa,检查空压机工作是否正常以及储气罐压力传感器是否正常;如果大于 0.4 MPa,检查储气罐出气阀门是否打开,刷组气动三联件气压是否正常。

(2)刷组不能转动

检查相应刷组的空气开关是否跳闸,接触器是否工作正常;如果空气开关没有跳闸、接触器工作正常,应检查相应电机是否正常。

（3）喷管不出水

检查相应喷管水泵的空气开关、接触器是否工作正常；如果空气开关及接触器工作正常，则检查水泵是否工作正常（水压是否正常），若水泵工作正常，检查管路是否泄漏、喷头是否堵塞。

（4）自动无端洗不能正常洗车

检查端刷手动锁闭挡块是否处于锁闭状态，若手动锁闭挡块处于锁闭状态，检查洗车开始光电开关是否工作正常。

（5）自动有端洗不能正常洗车

检查端刷手动锁闭挡块是否处于打开状态，若手动锁闭挡块处于打开状态，检查洗车开始光电开关是否正常工作。

（6）自动有端洗模式不能端洗

检查端刷是否处于正常（初始）位置，若位置正常，检查前、后端洗光电信号开关、端刷组各接近开关是否工作正常，若光电开关、接近开关工作正常，检查 PLC 控制程序是否正常。

（7）工控机 SCADA 监控异常

检查 Station Configuration Editor 中第 3 行 CP5611 是否处于 Run（正常）状态，若 CP5611 处于 Run 状态，检查 MPI 总线连接是否正常，若 MPI 总线连接正常，检查 PLC 运行状态是否正常。

（8）PLC 运行异常

检查 PLC 电源、CPU 指示灯状态，PLC 电源、CPU 指示灯（LED）状态含义如下表所示。

S7-400 CPU 各 LED 状态指示灯含义		
状态指示灯	颜色	故障含义
INTE	红色	内部故障
EXTF	红色	外部故障
FRCE	黄色	有输入/输出处于强制状态
RUN	绿色	运行 RUN 状态
STOP	黄色	停止 STOP 状态
BUS1F	红色	MPI/PROFIBUS DP 接口 1 的总线故障
BUS2F	红色	MPI/PROFIBUS DP 接口 1 的总线故障
MSTR	黄色	CPU 处理 I/O，仅用于 CPU 41x-4H
REDF	红色	冗余错误，仅用于 CPU 41x-4H
RACK0	黄色	CPU 在机架 0 中，仅用于 CPU 41x-4H
RACK1	黄色	CPU 在机架 1 中，仅用于 CPU 41x-4H
IFM1F	红色	接口模块 1 故障
IFM2F	红色	接口模块 2 故障
S7-400 电源模块各 LED 含义		
名　称	含　义	
INTE	内部故障	
BAF	电池故障，背板总线上的电池电压过低	
BATT1F 和 BATT2F	电池 1 或电池 2 接反、电压不足或电池不存在	
DC5V 和 DC24V	相应的直流电源电压正常时亮	
FMR	故障解除后用于确认和复位故障信息的开关	
ON/OFF 保持开关	通过控制电路把输出的 DC24 V/5 V 电压切断，LED 灯熄灭。在进线电压没有切断时，电源处于待机模式	
EXT-BATT	外接电池：插口直径 2.5 mm，EXT-BATT 具有反极性保护	

【知识链接】

1.了解检测与传感器技术。

2.掌握 Simatic Step 7 软件的主要功能及使用方法,了解 Siemens PLC 的常用模块。

【任务实施】

列车清洗机调试与维护:

1.掌握列车清洗机的主要调试内容及方法。

2.掌握列车清洗机常见简单故障的排除处理方法。

3.掌握 Siemens PLC 的电源模块及 CPU 各指示灯不同状态表示的含义及利用 Step 7 的对洗车机进行调试。

【效果评价】

评 价 表

项目名称	列车清洗机	学生姓名	
任务名称	任务4　列车清洗机调试与维护	分　数	
项　目		分　值	考核得分
1.掌握列车清洗机的主要调试内容及方法		10	
2.是否有小组计划		5	
3.掌握列车清洗机常见简单故障的排除处理方法		20	
4.掌握 Siemens PLC 的电源模块及 CPU 各指示灯不同状态表示的含义及利用 Step 7 的对洗车机进行调试		50	
5.编制学习汇报报告情况		10	
6.基本素养考核情况		5	
总体得分			
教师简要评语:			
			教师签名:

项目小结

　　列车清洗机作为城市轨道交通车辆检修重要工艺设备之一,主要完成地铁列车外表面自动清洗机车辆密封性试验。由于车型、功能的实现方式、用户要求不同,列车清洗机结构也不尽相同。通过本项目的学习,了解列车清洗机用途、接口以及列车清洗机结构及功能等,并在此基础上掌握列车清洗机操作、调试及维护等,并对列车清洗机的常见故障处理有一定的了解。初学者在具备上述理论的基础上,掌握列车清洗机的操作方法及操作流程,学会列车清洗机调试及维护保养,能够处理一般情况下的列车清洗机机械及电气故障。

思考与练习

1. 列车清洗机涉及的专业接口主要有哪些?
2. 列车清洗机机械及电气控制部分主要由哪些部分组成?
3. 阐述列车清洗机水循环系统结构及工作原理。
4. 列车清洗机洗车操作模式主要有哪些? 阐述各种模式下的操作方法及操作流程。
5. 列车清洗机的常见故障主要有哪些? 各有哪些处理方法?

项目 **3**

不落轮镟床

【项目描述】

不落轮镟床是进行地铁车辆检修作业的一项重要工艺设备,主要用于在不拆解地铁车辆轮对的情况下,对车轮踏面经行加工、修整。通过本项目的学习,从其性能、结构以及特点等方面,对设备进行全面的了解。

图3.1　不落轮镟床

【学习目标】

通过本项目的学习,要求掌握以下基本知识:

1.了解不落轮镟床的功能及用途。

2.熟悉不落轮镟床的组成及结构。

3.掌握不落轮镟床的主要技术参数及加工方式。

4.掌握不落轮镟床的镟修工作流程。

5.熟悉不落轮镟床安装、调试的方式。

【技能目标】

1.会分析不落轮镟床的基本结构。

2.掌握不落轮镟床常见故障的一般处理方法。

任务1　了解不落轮镟床

【活动场景】

使用多媒体展示不落轮镟床的使用与生产。

【任务要求】

掌握不落轮镟床设备的功能、用途、组成及特点。

【知识准备】

1.设备的用途

电客车在长时间运行后,与钢轨接触的轮缘踏面会产生磨损和变形,需要进行车削加工恢复尺寸,不落轮镟床是地铁车辆轮对加工的专用设备,主要用于城市轨道列车在不进行解

42

编、不需要任何拆卸的情况下,对受损的车轮踏面、轮缘进行切削加工、修复的工作,一般设置在城市轨道交通车辆检修基地内的专用镟轮轨道线路上,安装于地面以下的基坑中。

2. 设备的功能

不落轮镟床是用于加工具有外置轴箱轮对的车辆,通过遥控公铁两用车牵引或者牵车器牵引地铁列车、车辆,使待镟修的车辆轮对运行到机床上,待被加工轮对与机床对位后,机床顶轮机构将被加工轮对两轴端顶起使之悬离轨道,将机床上方的一段活动轨道取下,由机床电机经传动齿轮带动被加工轮对转动,机床刀具即可对轮对轮缘踏面进行加工。新一代的数控系统、结构紧凑的液压系统,在加工车削时可以同时加工两侧车轮,并且通过先进的测量装置对车轮的轮缘和轮对的踏面预加工自动测量和最终加工完成的数据测量,即同时测量、加工、采集加工数据。

其设备主要功能如下(见图 3.2)。

（a）　　　　　　　　（b）　　　　　　　　（c）

图 3.2　不落轮镟床的主要功能

①在列车整列编组不解列、转向架轮对不落轮的条件下,对车辆单个轮对受损或擦伤的车轮踏面和轮缘进行镟削加工。

②对已落架的转向架上的单个轮对进行不落轮加工;或对已落轮的单个轮对的踏面及轮缘进行镟削加工。

③在不落轮条件下,对工程轨道车辆(如内燃机车、接触网作业车等)单个轮对踏面和轮缘进行镟削加工。

3. 设备的组成

不落轮车床有两套数控系统及机械装置对称布置,可同时或分别加工轮对的两个车轮。主要由数控系统、机械传动机构、垂直顶轮机构、液压系统和防窜装置、整流电源、机床电控系统等部分组成,见图 3.3。数控系统根据加工程序和操作指令控制刀具的运行轨迹,完成轮缘曲线的加工;机械传动机构由齿轮变速箱、滚珠丝杆传动装置构成,将两个垂直方向的由数控系统的电机动力传递给刀具;垂直轮机构由蜗轮蜗杆构成,将被加工轮对顶起,使之悬空转动;整流电源作为机床的辅助设备,为被加工机车轮对牵引电机提供动力,驱动轮对转动;液压系统为 45°斜向液压顶轮装置提供动力,斜向顶轮装置在加工中对被加工轮对水平方向定位,防止车削加工时轮对产生横向窜动;机床电控系统对以上各部分进行电气控制,并实行安全联锁。

4. 设备的特点

不落轮镟床与普通车床相比,无论从结构上,还是控制上都有很大的差别,具有以下特点。

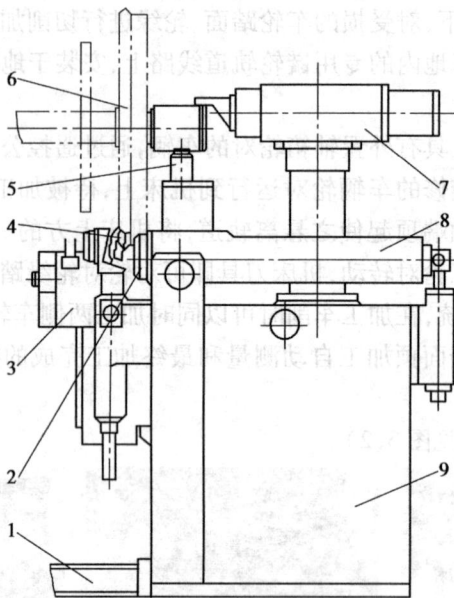

图 3.3　不落轮镟床设备构成

1—床身连接梁；2—摩擦滚轮；3—刀架；4—轴向控制轮；5—外轴箱支承；
6—工件(被加工的轮对)；7—增力压下装置；8—摩擦轮支承架；9—床身

（1）设备结构对称布局

不落轮镟床设备的立柱式床身、主传动系统、刀架、定心定位装置、测量系统等部件，均采用左右对称的布局方式，即左右各1套。这样的布局形式，既便于轮对的装夹，满足轮对左右同时切削加工的需要，又提高了轮对加工的工作效率，同时有利于机床运行时的整体稳定性。

（2）装夹方式以工件定心

不落轮镟床不同于普通车床，具有唯一确定的回转中心，它是一种无心车床，要以每一工件(被加工轮对)的回转中心作为机床的回转中心。而每一轮对在机床上装夹的回转中心变化不定，因此不落轮镟床必须设置可调整的轴箱支撑定心装置。同时，为了保证切削加工中工件不产生轴向移动，不落轮镟床上还要设置轴向定位装置。

（3）采用摩擦传动的方式

不落轮镟床没有卡盘，带动工件(轮对)旋转和切削的转矩由摩擦方式产生。摩擦传动链为主电动机→皮带轮→传动齿轮箱→传动轴(两根)→摩擦滚轮(两个)→工件(车轮)，除主电动机安装在床身上外，其余传动件均安装在摩擦轮支承架上，见图3.4。摩擦传动中为了保证每个轮对始终与两个摩擦滚轮相接触，不致在切削过程中或因车轮不圆时发生脱离，摩擦轮支承架要处于恒压浮动状态。摩擦力的大小与正压力成正比，当车辆轮对的轴负重较轻而不能产生足够的摩擦转矩时，可通过增力压下装置来增加轴负重。

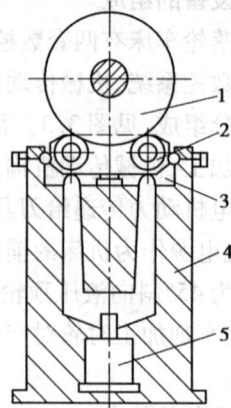

图 3.4　不落轮镟床传动方式简图

1—轮对；2—摩擦驱动轮；
3—摩擦轮；4—床身；5—抬升油缸

（4）刀架垂直布置

不落轮镟床的左、右刀架均为垂直布置,这样既充分利用了有限的空间又便于排屑。同时垂直布置的刀架其主切削力在水平方向内,不会与垂直方向内的轴负重力相抵消而减小摩擦转矩。由于被车削的轮对宽度有限并考虑到刀架立柱的支承刚性,刀架纵向有效行程一般设计在 230 mm 以内;刀架结构一般设计为下层为横向(径向即垂直方向:X 轴)滑板,上层为纵向(轴向即水平方向:Z 轴)滑板。

（5）两侧切削同时进行

车辆的轮形有多种,由多段直线及不同圆弧所组成,因此需要刀架在两个方向(X 轴、Z 轴)的合成运动来完成切削加工。早期的不落轮对车床一般采用液压仿形,其中纵向为电液比例控制,横向为机液伺服控制。现在的不落轮对车床基本上为数控型,其中中低档次的数控不落轮对车床采用两套车床数控系统分别控制左、右刀架;而高档次的数控不落轮对车床则由一个多通道的具有较完善 PLC 功能和较强计算、通信功能的数控系统来完成两个刀架的控制及所有测量数据的采集与集中处理。

（6）多种测量方式

一方面由于每个被加工工件(轮对)在不落轮对机床上的位置要随机调整和确认;另一方面在保证车辆运行安全、贯彻好相关标准和规程的前提下,轮对在切削加工中要以最少的金属去除量来保留最大的踏面直径以便获取最大的经济效益。因此,要对工件机床绝对坐标系中的位置、加工前的直径及磨损状况、加工过程中直径的变化等随机参数进行自动测量,以便控制系统计算、比较后自动形成最佳切削参数。上述功能是高档次数控不落轮对车床必须具备的功能。目前的不落轮对车床具有定位测量(也称对刀测量)、直径测量及轮形磨损测量等测量功能。

【任务实施】

不落轮车轮机床是地铁车辆段车辆维修的主要设备之一,国内的生产厂家主要有青海重型机床厂、江西重机(与德国 Hegenscheidt 公司合作生产)、武汉善福等。在国际上生产不落轮机床比较著名的有德国 Hegenscheidt 公司、美国的 Simmons 公司,以及欧洲的 Hoesch 公司和 Talgo 公司在这一领域也占有一席之地。可以这样说,这些公司在生产车辆不落轮车轮成形机床方面,融合了最现代化的技术,代表了当今世界计算机数控切削机床的最高水平。

不落轮镟车床的技术条件需符合《机床数控系统通用技术条件》(JB/T 8832—2001)、《金属切削机床通用技术条件》(GB/T 9061)、《机械电气设备通用技术条件》(GB 5226.1—2002)、《液压系统通用技术条件》(GB/T 3766—2001)、《金属切削机床安全防护通用技术条件》(GB 15760)等技术规范及标准的要求。

【知识链接】

不落轮加工车辆轮对的方式主要有车削和铣削两种。

①车削的刀具是车刀,一般刀头上有 2 个刀片(但处于工作状态的只有 1 片),一片切削踏面和相邻的轮缘面,另一片削轮缘的另一侧面。车轮在驱动托轮的带动下快速转动,刀片则仿照轮缘踏面的形状运动——可直接按仿板型或按计算机程序仿型切削。

②铣削的刀具是铣刀,每组全轮廓仿形铣刀有多个环绕交错嵌入的硬质合金刀片,铣削时依次接触整个轮缘踏面。铣刀轮盘上有 10～16 个切削刃片,每个刃片上嵌入 12 个左右的硬质合金刀片,非线形切削长度可保持低负荷和高切削量的切削状态。

【效果评价】

评 价 表

项目名称	不落轮镟床	学生姓名	
任务名称	任务1 了解不落轮镟床	分 数	
项 目		分 值	考核得分
1.不落轮镟床系统的相关知识、图片的搜集、整理		10	
2.是否有小组计划		5	
3.不落轮镟床的用途及功能的认知情况		10	
4.不落轮镟床结构组成及特点的认知情况		20	
5.编制学习汇报报告情况		50	
6.基本素养考核情况		5	
总体得分			
教师简要评语：			
		教师签名：	

任务2 不落轮镟床的认知

【活动场景】

在不落轮镟床设备的组装车间或设备的使用现场组织教学（或使用多媒体展示设备的系统组成）。

【任务要求】

掌握不落轮镟床设备的基本结构及主要技术参数。

【知识准备】

目前,各厂家生产的不落轮镟床多采用单元模块化设计结构,主要由下列各部分组成:床身、轨道系统、轮对轴向定位及驱动系统、轮对卡紧系统(包括外轴箱支撑装置和轴箱压下装置)、测量系统、数控刀架系统、数控系统/操作系统、碎屑排送装置、吸尘排烟装置,如图3.5所示。

1. 机床床身

不落轮镟床的床身是安装和连接设备其他组件的基础,其材料多为耐用铸铁,采用厚壁大、加强筋的结构形式,并经过了适当的热处理工序,可使机床在最大的静、动态负荷条件下保证其刚度,以保证其在设备的使用周期内不变形。

46

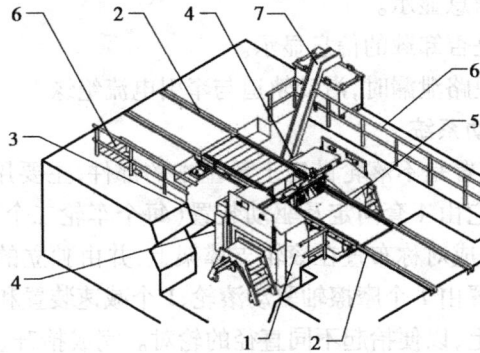

图 3.5　不落轮镟床系统图

1—床身;2—轨道系统;3—驱动系统;4—轮对卡紧系统;

5—主控制面板;6—步梯、围栏;7—铁屑处理系统

床身的支撑部件主要由 2 根立柱和 1 根导轨横梁组成,其中 2 根立柱相对而立,通过专用的水平调整垫铁固定于设备基础上,主要用于支撑轮对的质量;导轨横梁与镟床床身相连接,为刀架及镟床的测量装置提供固定位置。

2. 轨道系统

不落轮镟床的轨道系统主要由固定式、活动式轨道两部分组成,在镟床中心的上方,由活动式轨道将两段固定式轨道相连接。活动式轨道连接后被加工车辆在牵引设备的牵引下,使待加工轮对运行至镟床加工位置,通过摩擦驱动轮将车辆的轮对顶起。此时活动式轨道从车轮下方撤离,为镟床进行轮对测量及切削加工提供工作空间,如图 3.6 所示。

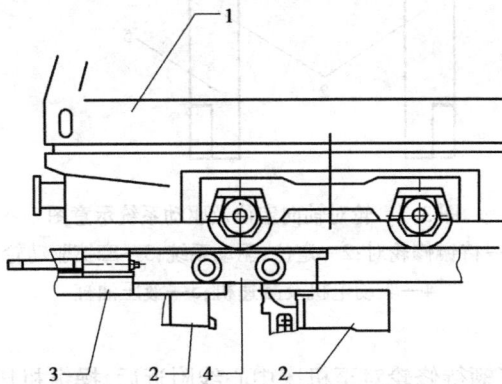

图 3.6　轨道系统图

1—床身;2—轨道系统;3—驱动系统;4—轮对卡紧系统

活动式轨道可承载全部的车体质量,具有耐磨性能好,移动动作灵活、可靠、安全,并设置有:

(1)活动式轨道移动导向装置,防止轨道在活动时跑偏。

(2)活动式轨道在行程两端位置设有行程开关,确定轨道状态。

(3)安装有专门的锁定机构,防止轨道误伸缩,或在车轮摩擦力的作用下抽出。

(4)车轮运行监控装置。当滑动轨将轨道封闭时,车轮运行监控功能自动启动,方便轮对的轨向初始定位。

(5)轨道是否封闭的信息显示。

(6)机床的车辆荷载是否卸载的信息显示。

(7)出现故障和接地短路泄漏时,滑动轨道与牵引电流绝缘。

3. 轮对轴向定位及驱动系统

轮对的轴向定、驱动装置是不落轮镟床上最基本的部件,主要用于实现轮对的抬升定心及驱动轮对旋转的动作。它由4套向定及驱动装置(每个车轮二个)组成。每套向定及驱动装置分别安装在机床两侧,成对称布置在滚轮支撑架上,并由独立的异步电机驱动,如图3.7所示。每套向定及驱动装置由1个摩擦轴驱动滚轮、1个减速装置和1个交流电机组成,安装在一倾斜的支撑滑动装置上,以便抬起不同直径的轮对。完成抬升、定心操作后,考虑到待加工车轮型面的不圆度,则必须保证车轮与其驱动滚轮始终保持接触而不改变加工过程中的负载,为此,整套向定及驱动装置的支架均设有液压油缸,该油缸可保证在车轮与驱动滚轮之间始终保持恒定的压力。

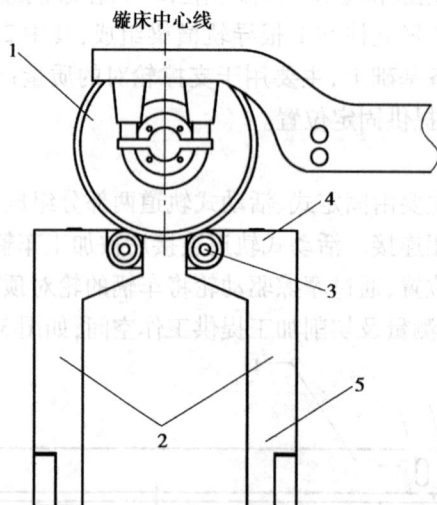

图3.7 轮对轴向定位及驱动系统示意图
1—待镟修轮对;2—定位、驱动系统;3—摩擦驱动轮;
4—驱动电机及减速机;5—液压油缸

(1)轮对的定位对中

当公铁两用车牵引车辆待修轮对至机床中心线附近后,操纵机床的数控系统使2个摩擦驱动轮上升与待镟修轮对接触,并将待镟修轮对抬起一定的高度,使抬起后的轮对被自动定位在机床的中心位置上。

(2)轮对的驱动旋转

当轮对与机床被定位在机床中心线上后,通过机床的数控系统控制摩擦轮的4个交流驱动电机,使4个交流电机保持同步来获得最大的传动扭矩,由4个摩擦驱动轮通过摩擦力驱动待镟修轮对的旋转。同时,机床的数控系统还具有监控驱动滚轮与车轮之间产生的打滑现象。机床将连续监控待镟修轮对的转速,如果车轮的转速变化较大,数控系统会自动将进给量减少,以恢复车轮及滚轮的设定速度,如果不能恢复,机床会自动的断开刀具与轮对的接触并发出报警。

4.轮对卡紧系统

轮对卡紧系统主要用于实现在镟修轮对的过程中,将轮对卡紧定位在其回转中心线上,该系统主要由轴箱支撑装置、轴箱下压装置及轴向反作用装置三部分组成,如图3.8所示。

图3.8 对卡紧系统
1—轴箱支撑装置;2—轴箱下压装置;
3—轴向反卡装置

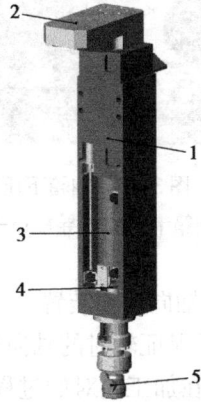

图3.9 轴箱支撑装置
1—外壳;2—支撑块;3—丝杠;
4—螺母;5—液压马达

(1)轴箱支撑装置

待镟修轮对在完成抬起及定位对中动作后,为保证轮对的轴线在切削加工过程中保持位置不变,镟床设置了2个千斤顶装置支撑在待镟修轮对的两个轴箱上。千斤顶装置的升启动作通常是由液压马达或者电机作为驱动,通过丝杠、丝母的传动形式控制千斤顶的上下动作。由于采用丝杠带动丝母的传动形式具有单向的锁紧功能,因此,在切削的过程中,即使有振动产生,千斤顶装置也能与轴箱稳定的接触。如图3.9所示,轴箱支撑装置安装于两个摩擦驱动轮之间,由一个带刹车装置的液压马达作为动力驱动源,它通过连轴器与梯形丝杠连接,由梯形丝杠带动与支撑块结合为一体的梯形螺母,控制支撑块的上下移动。

(2)轴箱下压装置

为防止因加工过程中切削力过大或待加工车轴的负重较轻,轮对自重无法保证其在动态切削力作用下的位置固定,避免因轮对固定不到位造成车轮踏面与摩擦驱动轮的相对滑动问题,镟床设置了1套轴箱下压装置,压在轴箱上以增加轴负重,以保证切削过程中轮对的稳定性。轴箱下压装置主要由轴箱卡爪、导柱、液压油缸等部分组成,在镟床的左右两侧各设置1套,如图3.10所示。

如图3.11所示,在外壳内部安装有液压马达驱动的梯形螺杆,用以控制整套轴箱下压装置的抬起及下压动作;水平螺杆驱动装置内安装有第2套液压马达驱动的梯形螺杆,此螺杆可以控制轴套的前后伸缩,从而控制卡爪头的伸缩。在上述两种运动的组合下,可控制卡爪头放在轴箱上部的适当位置。轴箱下压装置设计有符合轴箱外形的特殊卡爪,用以压紧、固定轴箱;导柱用以控制卡爪的水平伸缩动作,在车辆移动时将卡爪收回至车辆限界外;液压油缸与设备的液压系统相连接,用以提供轴箱垂直方向的恒定压紧力。

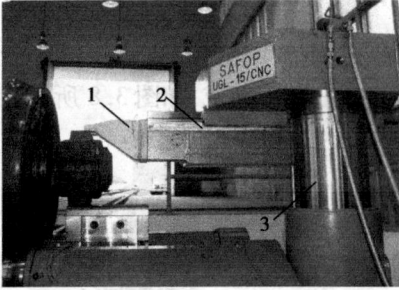

图 3.10　轴箱下压装置
1—轴箱卡爪；2—导柱；3—液压油缸

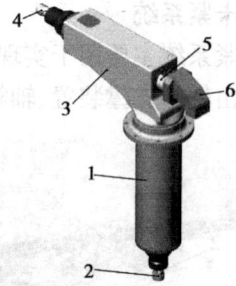

图 3.11　轴箱下压装置示意图
1—外壳；2—液压马达；3—水平螺杆驱动；
4—液压马达；5—伸缩轴套；6—卡爪头

（3）轴向反卡装置

为了保证轮对的轴向位置在切削过程中的定位准确，不落轮镟床设计有 2 套轴向压紧轮，用于在加工轮对的过程中抵消轴向力的作用，防止轴承的轴向窜动。在轮对的加工过程中，由于 2 个轴向压紧轮与轮对内侧面贴合并与轮对通过摩擦的方式持续旋转，通过安装相应的检测探头可时刻监控轮对在加工过程中的转动情况，因此在设计中轴向压紧轮还具有检测轮对与摩擦驱动轮是否出现打滑的功能，见图 3.12。

图 3.12　轴向反作用装置

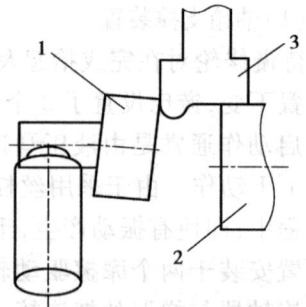

图 3.13　轴向反作用装置示意图
1—轴向压紧轮；2—摩擦驱动轮；3—轮对

5. 测量系统

不落轮镟床的测量系统包括轮对的内侧距、磨耗及直径测量装置（见图 3.14、图 3.15），一般设置有 2 套装置安装在水平刀架两侧外部的边上，每套测量装置经由伺服电动机操纵，并可在水平导承上滑动，利用刀架的纵向（Z 向）和垂向（X 向）运动的配合来完成测量。测量系统应设有全封闭安全防护装置，测量头只在测量时才伸出防护罩，如此能有效防止测量系统被加工时所产生的铁屑破坏。

测量系统可测量的轮对主要几何参数有车轮直径、轮缘高度、轮缘厚度、轮对内侧距、径向跳动和端面跳动等，具体的测量功能如下：

①轮对的定位测量：定位测量由内侧面定位探头及磨耗测量探头共同完成。

②内侧距和内侧面跳动的测量：当测量内侧距时，由左右两个内侧面定位探头在 Z 轴电机的驱动下，分别在两个方向贴住轮对内侧面，同时驱动轮对旋转，由于该测头是设计为弹性结构的，因此在轮对旋转过程中，测头能随轮对内侧面而伸缩跳动，通过位移编码器来测量跳动量，其跳动量就是轮对的内侧面跳动，而轮对内侧距则可通过公式由计算得到。

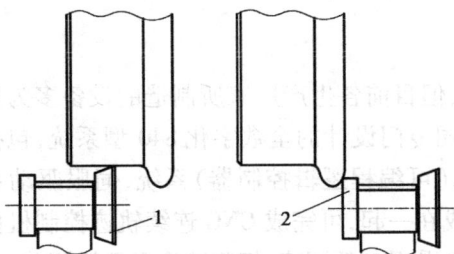

图 3.14 内侧距及磨耗测量装置示意图
1—磨耗测量探头;2—内侧面定位探头

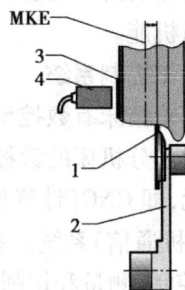

图 3.15 直径测量装置示意图
1—直径测量轮;2—摆动支架;
3—反光片;4—光电探头

③磨耗测量:磨耗测量由磨耗测量头单独完成,用于轮对踏面及轮缘部分的检测。测量时由轮缘顶部自内向外测量,在车轮廓形上滑移的同时,保持磨耗测量头始终接触到轮对,设定 20~100 个测点来测量车轮踏面的磨耗量。

④直径测量:直径测量单元的测量轮上带有一个旋转编码器,测量时测量轮翻转顶住轮对的轮径测量点(距内侧面 70mm 的轮对踏面),驱动轮对旋转,测量轮随之转动,旋转编码器记录下测量轮的旋转圈数,通过计算周长折算轮对直径。

⑤失速监控:在加工过程中,直径测量的测量轮始终抵住加工轮对,监测轮对的即时转速。

6.数控刀架系统

数控刀架系统主要由刀架装置和滚珠丝杠驱动传动系统两部分组成。在不落轮镟床左右两侧的横梁上,各安装有一套数控刀架,可在纵向(Z 向)和垂向(X 向)两个方向运动。刀架的纵向移动是通过刀架系统中的伺服电机驱动,沿纵向导轨运动。垂向运动是由伺服电机通过同步齿带驱动经过预紧的滚珠丝杠螺母副得到。数控刀具系统的主要机能有:

①在伺服电机和 CNC 控制下,刀具可实现水平走刀(进给)运动和垂直走刀运动。

②滚珠丝杠传动及传动间隙可调整。传动装置包含交流伺服电机→传动齿轮→滚珠丝杠→溜板。滑动刀座有间隙调整机构。

③闭环或半闭环控制机能。伺服电机上设有位置反馈元件,和 CNC 系统一起组成位置半闭环控制,垂直方向(X 方向)的伺服电机还带有制动器。

④相对轮对轴向定位的位置,数控刀具具有自动定心切削的机能。交流伺服电机提供溜板无级变速和快速移动机能。

图 3.16 数控刀架系统

⑤对导轨和滚珠丝杠的保护机能。机床配有导轨刮屑板,滚珠丝杠配有伸缩保护罩。

⑥刀具系统采用的是山特维克专用轮对车刀。滑动刀座装有快速换刀系统,操作人员可以快速简便地更换刀片,而无需更换刀具。机床采用不重磨刀具,刀具系统为模块化设计,刀

具系统备品、备件以及刀片在国内的山特维克供货商处可以购得。刀具切削刃在切削中具有自行断屑机能。

7. 操作控制系统

不落轮镟床有数控型和液压仿形两种形式,但目前各生产厂家所制造的设备多为数控型机床。大部分机床的数控系统均采用西门子公司专门设计的全数字化 840 型系统,包括四个功能单元,即 CNC(计算机数字控制)系统、PLC(可编程逻辑控制器)系统、伺服驱动系统和 MMC(人机通信)系统。将 CNC 和驱动控制集成在一起,可完成 CNC 连续轨迹控制机内部集成 PLC 控制,测量和切削精度高。切削系统电机采用变频调速,切削速度可无级调节,切削过程平稳,如图 3.17 所示。

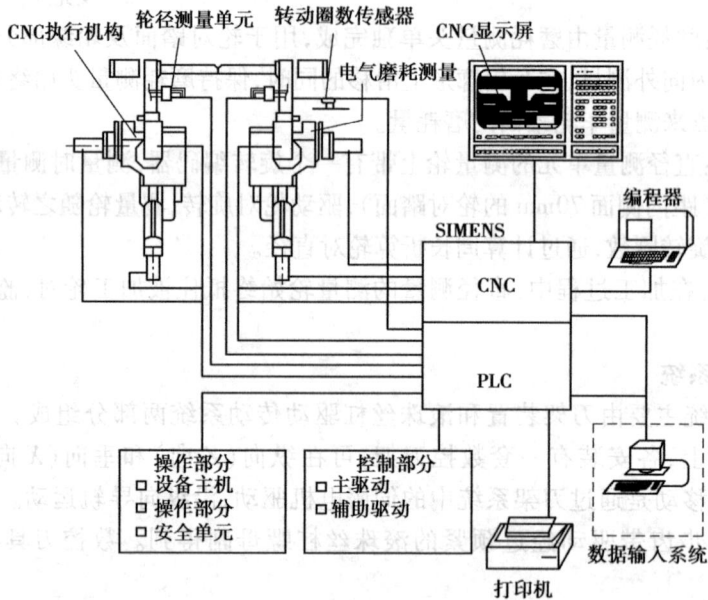

图 3.17 镟床操作及控制系统

通过操作控制系统,镟床还具有其他功能,各种车轮轮廓形状曲线的编程、设备故障检测和查询、镟床调整装置和校正、各种测量数据打印和记录储存功能、镟床切削时的自动断屑功能、镟床切削时的防滑功能(在切削时打滑或卡死时能自动退刀和停机)、完善的防误操作系统及故障自动诊断和报警显示功能等。

8. 铁屑处理系统

铁屑处理系统主要由碎屑器、排屑器、集屑箱组成。加工过程中会产生很多长铁屑,经断屑器断屑,被绞碎成 150 ~ 200 mm 的碎屑后落到机床底部的排屑器中,再经过水平和提升两个排屑器将碎屑提升到安放在地面上的集屑箱内,如图 3.18 所示。

9. 吸烟排尘系统

机床安装有吸/排烟尘的集尘装置,用来吸/排轮对加工过程产生的被污染的气体,由静电过滤器、机械过滤器和活性炭过滤器组成。系统设置集尘过滤装置,机床的集尘控制程序由计算机编入到加工过程中,由控制面板上的两个按钮来控制其开或关。

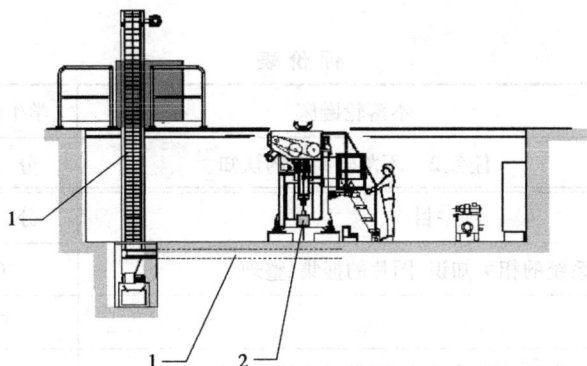

图 3.18　铁屑处理装置示意图
1—水平排屑器;2—断屑器;3—提升排屑器

【任务实施】

国内轨道交通行业对于该设备的主要规格、技术参数及适用范围如下:

①轮对加工直径范围(踏面直径)为 740 ~ 1 250 mm、轮箍最大宽度为 145 mm、轮对最大轴长范围为 1 650 ~ 2 450 mm。

②主轴转速级数 3 级、转速范围为 27 ~ 55 r/min。

③刀架坐标轴数 2 个(横向 X,纵向 Z)、无级进给、常用进给量纵/横向为 0.5 ~ 2 mm/r。

④轴向控制轮数量 4 个、垂直方向最大行程为 180 mm、水平方向最大行程为 12 mm。

⑤外轴箱支撑数量 2 个、垂直方向最大行程为 170 mm;轨道装置移动行程为 1 150 mm。

⑥数控系统为西门子 802DSL(2 套)。

⑦主电机功率 22 kW(2 组)、交流伺服电机功率 6 kW(4 组)、液压泵站电机功率5.5 kW。

⑧机床生产率 8 对轮/班;外形尺寸 5 173 mm×2 848 mm×2 855 mm、质量约 25 t、噪声为 85 dB。

⑨加工精度同一轴上轮对直径差≤0.40 mm、径向跳动≤0.25 mm、端面跳动≤0.25 mm、轮廓度≤0.30 mm、表面粗糙度 R_a≤12.5 μm。

【知识链接】

公铁两用牵引车属于不落轮镟床的附属设备,它是一种既能在轨道上又能在平地上行走的两用牵引车,主要用于牵引列车至机床加工区域。它以高性能蓄电池为动力,前端装有自动车钩,除用于不落轮镟床外,还适用于车辆段内及检修车间室内的牵引调车作业。该设备的特点是:牵引力大,在 120 t 的负载下可连续工作 2 h 以上;公路/铁路模式转换方便可靠;采用直流电动机驱动,可无级调速,启动平稳;具有自动挂钩、脱钩功能,操作简单,工作效率高;蓄电池箱整体移动由液压系统操作,操作方便;采用电机和轮毂双制动系统,制动距离短,在慢速驱动模式下,120 t 牵引负载的制动距离不大于 50 mm。

牵引车报警系统完整,有闪光警示、喇叭、手动脚踏双重制动等数十种安全措施,还有故障显示,电能消耗显示等。牵引车自带自动充电装置和蓄电池容量显示装置,可实现远程无线遥控。

【效果评价】

评 价 表

项目名称	不落轮镟床		学生姓名	
任务名称	任务2　不落轮镟床的认知		分　数	
项　目			分　值	考核得分
1.不落轮镟床各组成系统的相关知识、图片的搜集、整理			10	
2.是否有小组计划			5	
3.不落轮镟床轮对轴向定位及驱动系统、测量系统的认知情况			10	
4.不落轮镟床轮对卡紧系统、刀架系统的认知情况			20	
5.编制学习汇报报告情况			50	
6.基本素养考核情况			5	
总体得分				
教师简要评语：				
			教师签名：	

任务3　不落轮镟床的操作与应用

【活动场景】

在不落轮镟床设备的使用现场教学,对操作设备的劳动保护用品穿戴要求、设备用前检查、安全注意事项、操作步骤及方式进行演示、讲解。

【任务要求】

掌握不落轮镟床设备的操作方法及车辆轮对镟修作业的工作流程。

【知识准备】

1.轮对镟修作业的工作流程

(1)列车牵引定位作业流程

由于不落轮镟床设备所在库房的轨道线路上无接触网,待镟修的地铁车辆必须由内燃机车推送至相应轨道,而后由配套使用的公铁两用牵引车牵引地铁车辆运行和定位。

①操作公铁两用车与待镟修的车辆联挂,等待机床操作员发出解锁指令。

②机床操作员须确认:

a.活动轨已连接;

b.摩擦驱动轮支撑臂已复位;

c.外轴箱支承装置已复位;

d.下压装置已复位;

e.列车待加工位置已确定。

确认无误后,向公铁两用牵引车操作员发出"通过"响应信号。

③牵引车操作员使用遥控单元牵引地铁车辆匀速通过机床上方加工区域,将列车待加工位置的轮对轴箱停靠于机床上方正确位置,而后关闭遥控单元。列车就位后,及时在牵引车及列车两侧醒目位置放置"禁动牌"。

④镟修完毕,镟床操作员再次确认所有运动部件已正常复位,发出解锁指令后,告知相关人员撤除"禁动牌",通知牵引车操作员牵车作业。

⑤牵引车操作员开启遥控单元,遥控牵引地铁车辆限速退出整个机床上方的加工区域,为待镟修车辆加装防溜措施后,操作公铁两用牵引车脱钩并回到库内安全位置停放。

(2)轮对切削加工作业流程

镟床的操作人员通常根据车辆镟轮作业的技术要求,在待修地铁车辆的相应轮对在机床上初步定位后,开始对轮对进行切削加工,具体镟修流程如图3.19所示。

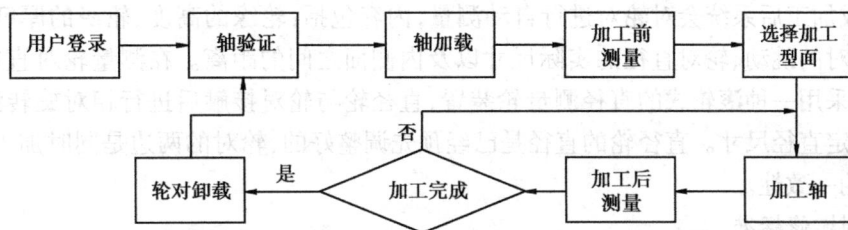

图3.19 轮对镟修作业流程图

(3)不落轮镟床操作

在加工过程中,镟床操作员要掌握各个工作界面的功能,对每一步骤熟练操作。

①人机界面。它是进入各个专用工作界面的基础。此界面可通过单击主菜单中的控制子菜单进入。在该工作界面下,输入一般用户代码,打开机车车型菜单,根据菜单提示、输入待加工电客车相关数据并加以保存,还要根据列车实际轴重选择工作压力,然后进入后面相应的专用工作界面。

②装载界面。它是系统用来控制机床对待加工列车或标准(单轴)轮对进行装载作业而设定的工作界面。当列车轮对在镟床上对位后,操作者可在此界面下,根据系统提示进行操作,通过外轴箱支撑装置和压下装置对轮对轴箱定位。

③测量界面。它又分为加工前测量与加工后测量两种工作界面,是系统用来控制机床对待加工列车或标准(单轴)轮对进行加工前与加工后的测量作业而设定的工作界面。加工前测得的数据为加工前轮对的原始尺寸;加工后所测得的数据为轮对经镟修加工作业后的结果尺寸。

④加工界面。它是系统用来控制机床对待加工列车轮对进行镟修加工作业而设定的工作界面。进入该界面进行加工时,参考测量数据并结合车轮实际磨损情况合理选用切削用量。

⑤卸载界面。它是系统用来指令机床对轮对退出定位(卸载作业)而设定的工作界面。在上述各界面,操作者可依据系统提示进行相应操作,整个作业程序在不落轮镟床系统自动监控下进行。

55

2. 轮对的镟修过程

由公铁两用车牵引车辆的车轴中心至镟床的中心位置上,镟床根据不同类型的转向架在轮对两侧各有一对具有调节作用的摩擦驱动滚轮,作为车辆的车轴中心定位装置,并在液压升降支撑装置的作用下,根据轴的承重情况将轮对车轴提升 1~10 mm。

在对轮对内侧定位的基础上,通过上压板机械液压装置压住不同类型轴箱体的上端,以将车轴固定在下压板支撑装置上完成车轴的轴向定位。辅助接头导轨在液压系统的作用下,会通过系统自动沿铁轨一侧平行移动,使得在两个摩擦驱动轮之间留出给设备进行测量和加工的空余位置。在设备的 X 轴向移动的溜板上装有接触式 RENISHAW 踏面形状测量装置、精车刀柄、粗车刀柄以及滚轮式轮径测量装置,在经过对轮对轮缘高度、轮缘厚度、踏面中径的测量后,所采集的数据将作为 X、Z 轴的加工工艺零点。4 个独立升降系统的摩擦驱动轮以最小的转矩旋转带动轮对转动,X、Z 轴根据所测量的数据就可以按照数控系统的设计程序进行加工。

在加工中分别采用粗车刀和精车刀两套刀柄系统,并采用编码器作为位置环的测量。在粗车刀和精车刀两套刀柄上又装有两片刀片,先粗车后精车,在经过两次车削后就能分别完成轮对的直径、车轮内侧面和外侧面加工。

在完成加工后系统会对轮对进行自动测量,内容包括:轮缘的高度、轮缘的厚度、轮对的椭圆度、轮对的跳动、轮对直径的实际尺寸以及内侧面之间的距离。在测量轮对直径的实际尺寸时,是采用一种滚轮式的直径测量轮装置,直径轮与轮对接触后进行相对旋转测量出圆周,最终确定直径尺寸。直径轮的直径是已经预先调整好的,轮对的两边是同时加工完成,从而确保它的一致性。

3. 轮对镟修标准

(1)镟修前检查

轮对外观状态检查及对应尺寸限度有下列情况之一时,须进行镟轮修理:

①车轮轮缘、踏面有裂纹、缺损;

②车轮踏面上粘有熔化金属;

③Sd(轮缘厚度) < 22 mm;

④Sh(轮缘高度) > 32 mm;

⑤qR(轮缘边缘斜度) < 6.5 mm;

⑥沟状磨耗深度 > 3 mm;

⑦车轮踏面擦伤及局部凹下深度 > 1 mm;

⑧车轮踏面剥离长度 1 处 > 20 mm 或 2 处且任何 1 处 > 10 mm;

⑨样板检测轮缘角处的间隙 > 0.5 mm;

⑩同一轮对的两车轮轮径差 > 2 mm;

⑪同一转向架的轮径差 > 4 mm;

⑫同一节车的轮径差 > 7 mm;

⑬轮辋宽 > 140 mm。

(2)镟修后技术要求

车轮踏面及轮缘须按磨耗型(LM 型)踏面的外形镟修及测量,全面镟修后,轮缘厚度及高度须符合规定要求,即:qR 值须大于 7.0 mm;轮缘高度为(27±1)mm;轮缘厚度须镟至 26 mm 及以上但不得超过 33 mm;同一轮对的两车轮直径差不得大于 0.5 mm,同一转向架轮径值差不得大于 2 mm,同一节车轮径值差不得大于 4 mm;车轮踏面及轮缘有超标的剥离、擦伤、裂纹、缺损、局部凹下等缺陷必须全部消除。

(3)等级镟修

车辆轮对表面擦伤、轮缘磨耗等诸多轮对损伤情况时有发生,使得轮对镟修工作变得日益繁重,轮对加工的复杂性也随之增加。据统计,由于轮缘异常磨耗引起的 qR 值超标现象一直有增无减,因为轮缘异常磨耗引起 qR 值超标所造成的镟修轮对数量,占镟修轮对总数的 47% 左右。

经过一段时期的镟修工作,仅采用原有的轮缘厚 32 mm 标准模板的镟修工艺,平均每个轮对每次直径的切削量达 17.21 mm,不仅损失巨大,效率低下,而且难以满足现有车辆的镟修要求,更不利于地铁车辆轮对的经济镟修,在此情况下,一种新型的加工工艺——"等级镟修"工艺应运而生。

依据轮对的相关标准,在原有 32 mm 标准模板的基础上,增加 3 种轮缘厚度加工模板(26、28、30 mm),并在不落轮镟床加工程序中增加了 3 种廓型的加工程序,依据车辆轮对轮缘的实际磨损状况,结合相关测量参数,对地铁车辆轮对施行分级镟修。

在没有采用等级镟修的方法前,是牺牲轮径(踏面)保轮缘,而采用等级镟修,是合理地镟修轮缘保轮径。在加工时,将不落轮镟床所测的待镟轮径参数和轮缘厚度,按照不同厚度模板进行匹配,这样就使得轮对在进行镟修时具备更多的灵活性,采用此方法进行镟修作业,可以最大限度地减少车轮轮径的镟修量,2007 年下半年,采用等级镟修的 128 个轮对,直径平均切削量仅为 1.83 mm,加工效率提高了 3 倍,极大地延长了车轮的使用寿命,减少了经济损失。

【任务实施】

轮对镟修作业指导书	
作业工具	不落轮镟床、踏面模具、轴箱专用卡具、粗糙度检查样板、轮镟刀具、公铁两用车、润滑油、铁钩、刷子、废铁屑储存箱、特制反光不干胶(贴到轮辐上)、对讲机、手电筒、手套、护目镜、安全帽、安全牌、过渡钩、内六角套装、打印机
注意事项	1. 动车组不落轮镟车床绿色信号灯亮时,动车组才能转入或转出 2. 轮对修形时,动车组须断电、降弓,并取出主控钥匙 3. 轮对修形时,修形轮对车厢缓解,其他车厢保持制动状态 4. 动车组轮对镟修时,严禁进行与镟轮不相关的任何作业 5. 镟轮时,镟轮工应佩戴好劳动防护用品

作业程序与质量标准	
1　准备工作 1.1　供断电操作人员确认接触网处于供电状态 1.2　调度员安排人员提前 20 min 开启镟轮库大门,并巡视入库线路,确认具备进车条件 1.3　镟轮工、地勤司机执行镟轮日班作业计划,掌握任务情况和先后顺序,并提前进行联络确认 1.4　镟轮工按不落轮镟车床操作规程要求,对不落轮镟车床、工量器具和作业场地进行开工前检查	

续表

作业程序与质量标准	
2　动车组自轮运转到镟轮设备 2.1　地勤司机根据日班作业计划,在进行车机联控后,操纵待镟轮动车组自轮运转至不落轮镟车床前,一度停车 2.2　联络确认信号后,镟轮工通过对讲机指挥地勤司机,缓慢通过或接近不落轮镟设备,通过限速为 3 km/h 2.3　镟轮工在设备下方、拟镟轮对附近进行联络指挥,地勤司机驾驶动车组进行车轮定位,车床黄、蓝色信号灯亮时,表示对位成功。在得到车轮到位的指示后,地勤司机将制动手柄置于制动位,关闭驾驶端标志灯,在驾驶端所在车辆第 3 位轮两侧打好止轮器(注:每个止轮器距离轮对 30 cm 的距离) 2.4　地勤机械师确认止轮器打好后,联控地勤司机通知断电、降弓,同时将全列动车组置于缓解状态。并将各车应急开关置于"关"位,将所需镟修的相应车厢置于"缓解"位(运行配电柜内的缓解阀)后,通知镟轮工可以开始轮对修形作业	信号灯 轮对定位 止轮器
3　轮对镟修准备 3.1　镟轮工操作不落轮镟设备,升起支撑轮,支撑起待镟修轮对,移出滑轨。镟修带有 ATP、LKJ 测速传感器车轴车轮时,应联系调度通知电务部门对 ATP、LKJ 轴端测速器进行拆卸并妥善放置(镟修完毕后,联系并进行及时恢复) 3.2　镟轮工确认定位完毕,联络地勤司机打紧止轮器,地勤机械师确认止轮器打紧后,通知地勤司机将动车组置于制动位。完成后,地勤司机联络镟轮工并开始镟轮操作准备 3.3　镟轮工在镟轮床界面输入设备操作员代码、镟修车辆走行公里、镟修车辆类型及轮对轴号等信息 3.4　镟轮工进行轮对预测量,输入修形参数。当进行整列轮对修形时,镟削量一般应为 0.1～0.5 mm;当对踏面擦伤或剥离的轮对进行镟修时,应当以踏面擦伤或剥离的实际深度为依据设定最经济的镟削量 3.5　镟修前,镟轮工应注意在轮对内侧面靠轮缘处涂抹适量机油,便于设备实施镟轮	界面输入
4　轮对修形 4.1　佩戴好劳保用品,启动车床进行轮对修形 4.2　轮对镟修时,应时刻注意观察进刀情况、听取切削声音,如有异常,立即使用急停按钮进行停车,并仔细检查车床和刀具,必要时立即进行处理 4.3　轮对镟修期间须及时清理刀架处铁屑,清理时应严禁将身体任何部位探入观察窗内,并注意铁屑旋出方向,防止工具卷入设备及出现其他异常情况	观察窗　　清理铁屑用工具

续表

作业程序与质量标准	
5 轮对检查 5.1 轮对镟修结束后,对内侧距、轮径、轮径差、轴向窜动量、径向窜动量、突出轮缘高度、突出轮缘厚度等尺寸进行补充检查、测量 5.2 使用 LMA32 型车辆踏面检查样板对所加工的踏面外形进行检测,其各部分间隙不大于 1 mm 5.3 使用 $R_a6.3$ μm、$R_a12.5$ μm 和 R_a25 μm 3 种粗糙度样板对镟修轮对的踏面及轮缘加工表面进行对比检测,确保粗糙度小于 $R_a12.5$ μm	 检查样板
6 修形记录 6.1 检查无误后,打印轮对镟修记录 6.2 轮对镟修记录须按要求进行分类并装订成册,而后保存	
7 修形结束 轮对修形完成后,移入滑轨,降下支撑轮,清理铁屑,通知地勤机械师、地勤司机本条轮对镟修结束。地勤司机将制动手柄置于制动位,通知镟轮工动车组已制动,撤除止轮器。地勤机械师确认止轮器撤除	 滑轨
8 继续轮对修形 8.1 地勤司机升弓送电 8.2 根据地勤机械师指挥,地勤司机移动动车组 8.3 按第 2 点~7 点继续作业	 信号灯
9 轮对修形结束 9.1 向调度报告轮对修形结束 9.2 根据调度命令,地勤司机操纵动车组移动到指定线路 9.3 镟修后车轮轮径尺寸要及时输入 MON 和 BCU,同时通知电务和机务部门及时修正列控车载设备系统设定 9.4 镟轮工对车轮车床进行认真保养,及时清除床身及四周铁屑,并及时清除废屑箱内铁屑,做到工完料净场地清	 清理铁屑用工具
10 及时填记轮对修形记录	

【安全提示】

(1)不得利用不落轮镟床做镟削轮对以外的其他用途。

(2)操作不落轮镟床时,应保证在不落轮镟床上的被加工车辆或轮对的质量不能超过允许的最大载荷,在装载负载的时候操作人员要注意液压指示仪表的压力变化。

(3)在启动机床前,必须保证防护门闭合,其他操作人员停留在安全区域,只有当轮对停止后才能打开防护门。

(4)装载负载之前,操作人员要检查压爪和顶铁处的受力面是否平整干净,如有异物会影响轮对的受力平衡,要先清理异物才能继续操作。

(5)在启动摩擦驱动轮前,应确保轮对正确装载好。

(6)设备在工作时,身体不应靠近旋转部分,严禁将头、手伸入加工区域、刀架测量等活动区域。

(7)车削过程中如果出现焖车、打刀、轮对打滑或其他意外情况,应立即退刀,执行开门的操作,更换刀片后关门并将操作者保护钥匙开关选择到关的状态,重新定位刀具,使其回到断点继续加工。

(8)在更换刀具时必须将排屑器关闭,防止刀片落入碎屑机中打刀,换刀完成后手动开启排屑器。

(9)清理铁屑时须将测量装置区域内清理干净,防止铁屑进入测量装置。

(10)活动轨道不能长期负重,如果列车(轮对或转向架)当天没有加工完毕,应将列车(轮对或转向架)牵出到镟床工作区域以外的位置。

(11)操作人员应爱护不落轮镟床,每天对其进行日常的保养与清洁,保持设备功能正常及整洁。

【注意】

作业前准备及注意事项:

(1)查看电柜门是否关闭。

(2)检查不落轮镟床轨道系统和所在线路轨道的钢轨连接处,线路是否出清,设备有无超限。

(3)列车所有制动处于稳定缓解状态才能进入活动轨道。

(4)检查不落轮镟床两侧的信号灯的指示是否正常。

(5)清洁摩擦驱动轮上的油污,防止轮对打滑。

(6)检查刀架与刀粒是否完好。

(7)检查各急停按钮动作是否正常。

(8)检查公铁两用车与遥控器电量是否充足。

(9)检查公铁两用车与遥控器功能是否完好,控制是否灵活。

(10)如果需要对讲机进行工作联络,事先要检查对讲机通信功能是否良好。

(11)进行正式镟修操作前,先启动液压系统进行热机并在手动模式下空载试机,才能进行镟修作业。

【知识链接】

日常保养:

(1)完成切削工作后应清除镟床上的铁屑,清理润滑机床。

(2)检查镟床各部的紧固件确保无松动。

(3)检查排屑器工作状态,铁屑容器是否排空。

(4)检查空压机工作状态。

(5)检查润滑装置、液压装置中的油量,不足时补充。

(6)检查液压油冷却系统工作状态,在热交换器上检查液压装置的油温。

(7)检查轮对测量装置工作状态。

(8)清洁光电反射器。

(9)检查刀杆和刀架的状态,更换磨损或破坏的刀片。

(10)检查管道、软管、汽缸、阀门联接状态,无泄漏。

(11)空载试机,查看各部件动作状态。

【效果评价】

评价表

项目名称	不落轮镟床		学生姓名	
任务名称	任务3　不落轮镟床的操作与应用		分　数	
项　目			分　值	考核得分
1.不落轮镟床开展轮对镟修工作流程的认知情况			10	
2.不落轮镟床镟修轮对过程的认知情况			5	
3.不落轮镟床安全操作的认知情况			10	
4.不落轮镟床作业前准备的认知情况			20	
5.不落轮镟床镟修轮对的作业过程的认知情况			50	
6.基本素养考核情况			5	
总体得分				
教师简要评语:				
			教师签名:	

任务4　不落轮镟床的安装与调试

【活动场景】

在不落轮镟床设备的安装、调试或使用现场教学,对设备调试、维修中常见数控系统、机械系统、电气系统故障进行分析,总结故障原因。

【任务要求】

掌握不落轮镟床设备安装与常见故障排除方法。

【知识准备】

1.设备安装位置选址

不落轮镟床设计位置的选择应充分考虑以下几个因素,并结合土建工程的实际,以满足配属机车轮对镟削工艺的技术要求:

(1)设置位置一般应满足整列 6 节编组列车在库内镟削全部轮对需要。

(2)选址处的基础坑应充分利用既有库建筑基础结构的尺寸及其应力影响的范围。

(3)不落轮镟床在布置上较为紧凑,单独设置配电间及工具备品间,以电缆地沟形式将缆线引入设备配电箱内,并单独存放与设备配套的各种工具、备品备件。

2.基础坑结构的设计

不落轮镟车床的基础采用低于地面的坑式结构,在设计中,设定检修库内线路轨顶面标高为 ±0.00(m),设备本身安装后大部分处于轨面以下并通过 12 处地脚螺栓固定于基础之上。基础设计等级采用丙级,钢筋混凝土强度等级采用 C25,混凝土保护层厚度按 40 mm 设计。主要建筑结构做法中基础坑板底采用 3∶7 灰土整片换填,换填深度 1.0 m,其下用素土换填,换填深度不小于 2.0 m 并宽出基础外缘 1.0 m,同时换填土层要求置于稳定的原状土层中,其压实系数不小于 0.97,换填后地基承载力不小于 180 kPa。基础底部采用 C15 混凝土垫层,厚度 100 mm。另外,应根据设备订购厂家提供的基础图纸,核对后再准确留设预埋件及螺栓等配件。上述建筑做法基本符合本工程的实际情况。

3.设备配电的要求

不落轮镟床通常采用具有保护接地的 380 V/50 Hz 三相交流电源供电,总容量约 75 kVA。主要用电组成包括 2 套主电机、4 套交流伺服电机、1 套液压泵电机及 1 套机床照明系统。供配电设计中对扩建机车检修库内各项用电设备进行统一的规划与布局,库内配电时进行统一布线,由合适的外部电源入库后分别引入各设备或其配电箱(柜)内。

不落轮镟车床的电源引入放置其配电箱的辅助分间内,配电箱与联接车床本体之间的电力电缆、控制电缆均铺设于基础坑与配电箱之间设计的电缆地沟内(截面为 400 mm × 400 mm)。此外,扩建车库内设置必需的照明设施,与机床本身自带的照明系统协同为机床的工作与维护提供了良好的照明条件。

4.设备常见故障

由外部硬件损坏引起的故障属于数控机床常见故障,一般多为检测开关、液压系统、气动系统、电气执行元件、机械装置等出现问题而引起。数控系统故障中常见的故障部位及现象如下:

①位置环:位控环报警、位控单元故障、测量元件故障等。

②伺服驱动系统:电压波动、冲击造成系统损坏;速度环开环造成无控制指令而电机高速运转;保险烧断(一般是机械负载过大或卡死,如不落轮镟床断屑、输送系统,常因铁屑堵塞卡死而产生保护动作)等。

③电源部分:电源波动、质量差,高频脉冲干扰,突然拉闸断电等原因都可造成电源故障监控或损坏。

④可编程序控制器逻辑接口:数控系统的逻辑控制,如刀具管理、液压启动等,主要由PLC 来实现,要完成这些控制就必须采集各控制点的状态信息,如断路器、伺服阀、指示灯等各种信号源和执行元件,所以发生故障的可能性就比较多。

⑤其他:因环境条件如干扰、温度、湿度超过允许范围,操作不当,参数设定不当,也可能

造成停机或故障。

5. 故障诊断处理

外部故障诊断,一是熟练掌握工作原理和动作顺序,二是要熟练运用 PLC 梯图,利用 NC 系统的状态显示功能或用机外编程器监测 PLC 的运行状态确定故障点。

数控系统的故障诊断则包括:

①初步判别:分析资料或采取接口信号法,判别可能发生故障的部位并逐个部位检查。

②报警处理:第一是系统报警的处理。数控系统发生故障时,一般在显示屏或操作面板上会给出故障信号和相应的信息。操作手册中有对应的报警号、报警内容和处理方法。第二是机床报警和操作信息的处理。应用 PLC 程序,厂家将一些能反映机床接口电气控制方面的故障或操作信息通过显示器给出,并可通过特定键,看到更详尽的报警说明。这类报警可根据厂家故障排除手册处理,或查询相应的信号状态,按逻辑关系找出故障点进行处理。

③无报警或无法报警的故障处理:当系统的 PLC 无法运行,系统停机或工作不正常时,则需进一步用感官来了解设备状态,最重要的是向操作人员问询故障发生的前因后果,如:故障是在正常工作中出现还是刚开机就出现;出现的次数,第一次还是已发生多次;其他人员是否对机床进行了修理和调整;请修时的故障现象与现场的情况是否有差别等。这时需根据故障发生前后的系统状态信息,运用已掌握的理论基础进行分析,作出正确判断。

总之,不落轮镟床设备的使用对于城市轨道交通检修作业中有效提高劳动生产率、提升车辆检修与运用效率、降低生产人员作业强度、节约维护成本均具有重要意义,而现有国内部分已配备该设备的机务段在实际生产中均收到了较好的使用效果。所以,应积极大力推广这一新技术装备在城市轨道交通检修作业中的运用,从而更好地服务于地铁运营事业。

【任务实施】

不落轮镟床集数控机床技术、计算机技术、自动控制技术及伺服驱动技术、精密机械技术等技术于一体,是高度机电一体化的典型产品。作为一台数控设备,它同样是一种过程控制设备,任何部分的故障与失效,都可能会使机床停机。因此,使用好数控机床是一个很重要的问题,而维护与及时修复故障更是不容忽视。下面就以该设备的一些常见故障为例,来探讨不落轮镟床的故障与维修方面的知识。

(1)镟修轮对误差超出的允许范围

故障现象:将待镟修轮对的镟修目标值设为 832.06 mm,而镟修后左右轮径分别为 829.29 mm,834.01 mm,加工后的轮对直径相差近 5 mm,已远远超过设备允许的误差范围。

诊断处理:经现场排查发现,故障是突然发生的,屏幕无任何报警和提示信息;机床在手动操作方式下运行正常;加工刀具(四个)无磨损情况发生。由于无任何报警提示,电气控制部分硬故障的可能性排除。诊断处理的具体内容如下。

①卸载正镟修的电客车,重启系统并装夹标准轮测量,校验测量装置,测量结果均与参考值一致。

②装夹报废单条轴轮对,进行镟修试验加工。加工后左轮与目标值相比偏大,而右轮偏小。用外径千分尺测量加工后的轮对,结果与机床自动测量结果一致。这进一步排除了测量装置发生故障的可能。

③重复以下过程,直到加工目标值与实际测量值接近(误差在 0.05 mm 以内):一次镟修加工后,比照设定目标值与实际测量值,确定相对误差数据,进入刀具补偿界面,调整刀头修正值。

④使用同一转向架下轮对进行轮对加工，以小切削量(每次设定 1 mm)加工，以校核加工直径与轮对廓形，逐步调整刀具零点误差补偿数值，以保证结果误差在允许范围内。

⑤使用正常切削量镟修，结果正常。

故障分析:造成镟床中误差故障但又无报警的情况可能有以下 3 点:

a. 机床中出现的误差情况不在设计时预测的范围内，不落轮镟床使用的是半闭环系统，因此不能检测机床刀头和加工对象的实时相对位置。

b. 刀具磨损或新装刀具后未使用标准轮校核。

c. 机械磨损或联结松动等。

(2)工作循环无法正常执行

故障现象:在镟修作业过程中，测量装置保护罩打开后，测量探头及摩擦驱动轮不举升，屏幕出现乱码信息，并提示"等待测量探头举升"。改用手动方式将测量装置复位，重新操作上述故障重复出现。

诊断处理:进入机床故障诊断界面，查询各位置传感器状态值，发现右测量装置翻盖打开后，其位置传感器状态值为0(正常应为1)。拆开右测量装置检查，发现对应右测量装置翻盖打开的位置传感器因松动未到位，紧固后正常。

故障分析:测量装置在镟修前的检测指导数控车床对车辆轮对的镟修，并保证车辆轮对的加工精度。镟修完成后的检测保证车辆轮对(特别是在同一转向架下)直径的一致性。

测量循环的条件:左右摩擦驱动滚轮支撑臂升起，压下保持装置压紧;带有自动转换的可动轨抽回;测量保护罩打开;各位置传感器状态正常等。因此当位置传感器状态不正常时，测量循环过程无法继续进行。

(3)装卡无法正常进行

故障现象:机床在装载时，左侧前摩擦驱动轮支撑举升不到位，造成装夹无法进行。

诊断处理:故障提示"液压系统过滤器堵塞"。联系这一点，且检查发现对应的液压显示值不足，初步估计为液压器件或管路故障。因此提出的具体处理措施为检查液压过滤网、相关液压阀，更换损坏的液压电磁阀，并调整相关一侧摩擦驱动轮液压电磁阀流量和压力，试验后正常。

故障分析:此类故障现象经常是由于冬季刚启机液压油较浓稠即黏度过高，但实际上故障发生时车间内温度仍然在 5 ℃左右，且故障发生时并不是刚启机，设备的故障自诊断功能把压力不足的可能原因简单归于"液压系统过滤器堵塞"，这是该机床状态诊断设置的一项不足。

(4)轴箱支撑装置不举升

现象故障:在执行装载轮对程序时，出现左侧外轴箱支撑装置异响或不举升，但无故障报警信息显示，有时手动反复操作可升起。

诊断处理:检查中发现液压压力显示不足，经调整压力后可以使用，但异声仍很明显。外轴箱支撑升起时，缸体外有明显颤动拉花痕迹。因此可将缸体外擦拭干净，用油枪向其四周喷射液压油后，再反复升降，处理后噪声明显降低。

故障分析:外轴箱支撑升起时有异声，原因可能一是由于油液中混有空气或液压缸中空气未完全排尽，在高压作用下产生气穴现象而引发较大噪声;二是缸头油封过紧或活塞杆弯曲，在运动过程中也会因别劲而产生噪声。

因缸体外润滑故障现象减轻，不排除液压缸缸头油封过紧或活塞杆弯曲的可能，也不排除在厂方装配或维修过程中油封已受损，可在后期使用中持续注意该问题，遇有故障严重恶化现象及时拆解检查。

【小贴士】

现场维修结束,应认真填写维修记录,列出有关必备的备件的清单,建立设备档案,对于故障时间、现象、分析诊断方法、采用排故方法、遗留问题应详细记录,这样不仅使每次故障都有据可查,而且也可以积累维修经验。

【知识链接】

SINUMERIK 840D 软件包括微软 Windows CE 操作系统,NC 软件和 HMI 软件,PLC 软件。SINUMERIK 840D 数控系统是一个基于 PC 的数控系统。它保持前两代系统 SINU-MERIK 880 和 840 的 3 个 CPU 结构:人机通信 CPU(MMCCPU)、数字控制 CPU(NC-CPU)和可编程逻辑控制器 CPU(PLC-CPU),3 部分在功能上既相互分工,又互为支持。在物理结构上,NC-CPU 和 PLC-CPU 合为一体,合成在 NC(UNumerical Control Unit)中,但在逻辑功能上又相互独立。SINUMERIK 840D 数控系统主要用于切削加工程序控制,其主要功能有:

①控制机床各部件灵活协调工作;

②监测群组模式下各通道的状态;

③坐标轴方向动态控制;

④可编写快速响应程序及各部件同步动作程序;

⑤刀具、螺纹间隙、象限补偿功能;

⑥测量功能及高级编程语言的编译功能。

PLC 程序通过安装在 PCU 上的 STEP7 软件进行监控和操作,也可以使用专门的程序编程器进行编程,PLC 程序主要用于控制不落轮镟床驱动轮,轴箱支撑,液压系统等部件动作的自动控制。

【效果评价】

评价表

项目名称	不落轮镟床		学生姓名	
任务名称	任务4　不落轮镟床的安装与调试		分　数	
项　目			分　值	考核得分
1.不落轮镟床安装位置、基础及配电的认知情况			10	
2.不落轮镟床镟故障诊断处理的认知情况			10	
3.不落轮镟床 SINUMERIK 840D 的认知情况			20	
4.不落轮镟床故障与维修方面的认知情况			50	
5.基本素养考核情况			10	
总体得分				
教师简要评语:				
			教师签名:	

项目小结

不落轮镟床一般采用计算机控制,计算机按照输入的专用控制程序发出:自动完成直线、斜线、弧线加工、延时、暂停等脉冲信号,控制机床双层切削刀具的进刀方向和走刀速度,由水平套筒和垂直套筒组成的车轮轴向定位系统控制车轮的车轴横动量。该设备具有加工时间短、费用低等特点,随着城市轨道交通事业的发展,不落轮镟床已成为轮对修理加工中必不可少的设备。

思考与练习

1. 简述不落轮镟床的主要用途及功能。
2. 简述不落轮镟床的主要系统组成。
3. 简述不落轮镟床的主要技术参数。
4. 不落镟床与普通车床相比具有哪些特点?
5. 简述不落轮镟床设备的旋轮工作流程。
6. 简述不落轮镟床安装地点的位置要求。
7. 简述不落轮镟床进行轮对测量的主要工作方式。

【知识扩展】

简介新知识、新技术、新工艺、新材料等。并从互联网上了解世界上各国城市轨道交通不落轮镟床使用的现状。

项目 4
地坑式架车机组

【项目描述】

地坑式架车机组是地铁车辆段五大车辆检修工艺设备之一,主要用于地铁列车的大架修及车底维修作业。本项目对列车清洗机的功能用途、组成结构、操作使用、调试维护等进行了介绍,通过介绍使读者对列车清洗机能够有比较深入的了解,并掌握一些操作使用、维护保养的技能。

图 4.1

【学习目标】

通过本项目及各任务的学习,使大家了解、掌握以下基本知识:

1.了解地坑式架车机组的功能、现状、用途、接口专业等。

2.熟悉地坑式架车机组的主要组成及技术参数。

3.掌握地坑式架车机组的操作使用方法。

4.掌握地坑式架车机组的安装调试及简单故障处理方法。

【能力目标】

1.掌握地坑式架车机组的控制原理、性能以及使用操作。

2.掌握地坑式架车机组在使用过程中出现常见故障的处理方法。

任务1　了解地坑式架车机组

【活动场景】

利用多媒体学习或实地参观地铁车辆段地坑式架车机组,了解地坑式架车机组的设置、主要功能等。

【任务要求】

了解架车机组的种类、用途,设置型式,国内外主要生产厂商及品牌。

【知识准备】

架车机组是地铁车辆检修的重要设备之一,架车机组根据其设置方式可分为移动式架车机组和地坑式(固定式)架车机组,其主要用途是将地铁车辆抬升,以便对车辆转向架、车辆底部电气柜等进行检修及更换作业。根据地铁设计规范,临修库、架修库和厂修库均应根据作业要求设架车设备。临修库宜选用移动式架车机;架修库和厂修库可根据作业方式选用地下式固定架车机组或其他形式的电动架车设备。

目前,国内地铁受技术水平及制造工艺等条件限制,地坑式架车机组主要采用国外进口品牌,比如广州地铁 1 号线、西安地铁 2 号线、深圳地铁 1 号线地坑式架车机组采用德国 Windhoff 铁路设备与技术公司的产品,广州地铁 3 号线采用德国 Neuero 技术公司的产品,广州地铁 4 号线采用德国 PHAFF 公司的产品,国内涉足地坑式架车机组的厂家主要有唐山百川智能机器公司;而移动式架车机组由于结构较为简单等因素,国内有中铁工程设计研究院等厂家已生产、制造出相对成熟的产品,并已投入使用。

地铁车辆段根据不同线路车辆编组和类型配置的不同,地坑式架车机组设计的架车坑位也不同。广州地铁 3 号线由于列车为 3 辆编组,因此地坑式架车机设置了 6 坑位可以架升 3 节车辆;广州地铁 1 号线、深圳地铁 1 号线车辆由于最中间两辆车之间采用半自动车钩,容易进行解编,因此其地坑式架车机组也采用了 6 坑位架升 3 节车辆;西安地铁 2 号线地坑式架车机组采用 12 坑位可以对整列车(6 节编组)进行架升作业。

地坑式架车机组由于安装在地面以下的地坑中,为了保证架车机组间距与车辆定距等技术参数一致,因此,对各地坑的长度、宽度、深度等技术参数及地坑的强度等都有很高的要求。

架车机组是地铁车辆架修和大修的主要设备,使用和维护的要求都很高,不正确的使用和不按要求进行维护都会对设备造成极大地损害,更甚至会导致车辆倾覆,产生严重的后果,因此,地坑式架车机组的操作和维护都需要经过专门的培训并取得合格证书的人员持证上岗作业,并严格按照安全操作规程和检修保养规程来进行。

【知识链接】

架车机组主要分为移动式和地坑式(固定式),主要对地铁列车进行架升作业,用于地铁车辆的大、架修及车底检修或零部件更换。

【任务实施】

了解地坑式架车机组:

1. 了解架车机组的种类。

2. 掌握地坑式架车机组的主要用途及设置型式。

3. 了解国内外地坑式架车机组的生产厂商及品牌。

【效果评价】

评 价 表

项目名称	地坑式架车机组		学生姓名	
任务名称	任务 1 了解地坑式架车机组		分 数	
项 目			分 值	考核得分
1.了解架车机组的种类			10	
2.是否有小组计划			5	
3.了解国内外地坑式架车机组的生产厂商及品牌			20	
4.掌握地坑式架车机组的主要用途及设置型式			50	
5.编制学习汇报报告情况			10	
6.基本素养考核情况			5	
总体得分				
教师简要评语:				
			教师签名:	

任务 2 地坑式架车机组的认知

【活动场景】

利用多媒体学习或实地参观地铁车辆段大架修库,掌握地铁车辆段地坑式架车机组的功能设置、主要组成结构及技术参数。

【任务要求】

掌握地坑式架车机组的转向架架升装置、车体支撑装置、活动轨桥、支撑结构、电器控制系统等。

【知识准备】

地坑式架车机组主要由转向架架升装置、车体支撑装置、固定轨桥、活动轨桥、固定盖板、活动盖板、支撑结构、维修平台、电气控制系统、安全保护系统等组成。

CLU = Car Lifting Unit   车辆架升单元

BL = Bogie Lifter = DGH   转向架架升柱

BS = Body Support = WHK   车体支撑柱

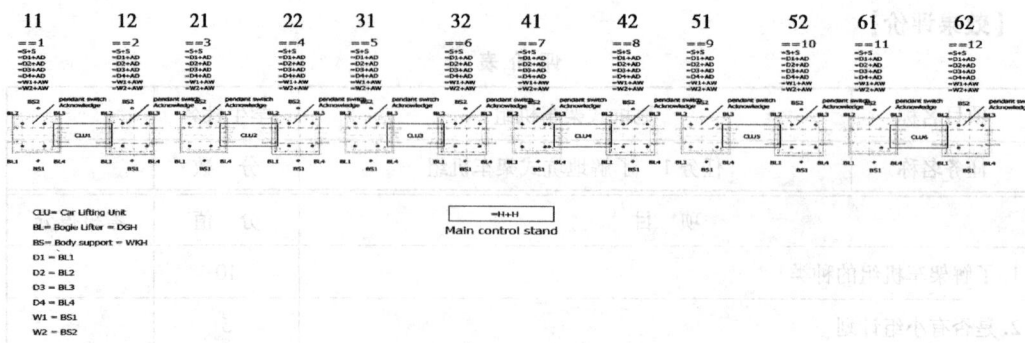

图 4.2　地坑式架车机布置图

1. 转向架架升装置

每个地坑内包括 2 对转向架架升装置，共由 4 个独立运行的转向架架升柱组成，每对转向架架升装置分别由轨道两侧的 2 个转向架架升柱以及活动轨桥连接而成。活动轨桥与 2 个转向架架升柱由 8 个 M32 的螺栓进行紧固联接。每根活动轨桥内侧安装有 2 根照明灯管，当操作转向架架升装置上升后，照明灯管会自动亮起，以方便车辆底部转向架维修、车下电器设备维修等作业，同时告知架车区域人员架车机组处于升起状态。转向架架升装置的起升高度可由操作人员根据车辆检修的需要自由操纵。

图 4.3　转向架架升机工作图

在进行架车作业时，转向架同侧的两个车轮分别落在地坑内的 2 对转向架架升装置的活动轨桥上，活动轨桥上设有防止车辆沿轨道方向运动的凹槽。

（每个）转向架架升柱的具体技术参数：

架升柱及丝杠

长度：	3 285 mm
垂直工作行程：	1 725 mm
垂直有效行程：	1 700 mm
起升力：	200 kN
丝杠型号：	Tr. 50 * 12　DIN 103
自重：	约 850 kg
同步容差：	±3 mm
驱动电机生产商：	Danfoss-Bauer
样式：	扁形正齿轮传动制动电动机
型号：	BF30-74/D08XAA4-ZW-S/E008B9HA
功率：	1.1 kW
电压：	380 V
频率：	50 Hz
输出轴转速：	31.5 r/min

防护等级：　　　　IP 55

活动轨桥

长度：　　　　2 900 mm

宽度：　　　　1 585 mm

高度：　　　　239 mm

自重：　　　　196 kg

2. 车体支撑装置

每个地坑包括 2 个车体支撑装置,每个车体支撑柱上有一个载荷检测装置,用于检测车体支撑装置是否与车辆车体接触良好。在操作车体支撑装置对车体进行支撑时,当车体支撑柱上载荷检测装置动作后,车体支撑柱会自动停止上升并锁死。在支撑车体时,车体支撑装置接触在车辆车体预先设计的架车点上。

图 4.4　车体架升状态

车体支撑柱的技术参数:

支撑柱及丝杠长度：　　　4 260 mm

垂直工作行程：　　　2 700 mm

提升速度：　　　413 mm/min

起升力：　　　115 kN

丝杠型号：　　　Tr.60 * 14　DIN 103

自重：　　　约 1 750 kg

同步容差：　　　±3 mm

驱动电机生产商：　　　Danfoss-Bauer

样式：　　　扁形正齿轮传动制动电动机

型号：　　　BF06-74/D05LA4-ZW-S/E003B9HA

功率：　　　0.12 kW

电压：　　　380 V

频率：　　　50 Hz

输出轴转速：　　　29.5 r/min

防护等级：　　　IP 55

3. 固定轨桥

固定轨桥安装在地坑中间位置的固定盖板上,轨距为 1 435 mm,与 L19 道轨道钢轨紧密连接在一起,用于车辆通过。车辆载荷通过 2 个固定轨桥承载,每侧轨桥通过 2 个与固定盖板连接的钢柱进行支撑、固定,支撑柱与轨道垂直,轨桥的两端安装在基坑的混凝土平台上,受基坑的支撑保护。

4. 活动盖板

活动盖板由 U 型钢焊接而成,由 3 根气压弹簧与支撑平台连接,当转向架架升装置上升时,活动轨桥与转向架架升柱会在地坑表面留下一个缺口,活动盖板在气压弹簧的作用下,上升至地坑表面,与固定盖板平齐,可以有效防止工作人员及工器具掉落进地坑内部。

5. 固定盖板

固定盖板包括有固定轨道的中间盖板、与转向架架升装置和车体支撑装置匹配的两块侧盖板,固定盖板安装在地坑的 1 层平台上。中间盖板安装有用于列车停车对位的激光检测开关,中间盖板的中央位置有一个检修通道,通过搭靠在中间盖板下部的扶梯,可以到达地坑中部的检修平台;北侧盖板设置有一个存放架车机组操作确认手柄的方孔;南侧盖板中间设置有一个检修通道,通过安装在地坑墙体的扶梯,可以到达转向架架升装置及车体架升装置的支撑平台层。

边侧盖板技术参数:

起重力(车轮载荷): 30 kN
长度: 3 500 mm
宽度: 1 175 mm
高度: 210 mm
自重: 529 kg

中间盖板(带检修通道):

起重力(车轮载荷): 30 kN
长度: 3 500 mm
宽度: 1 495 mm
高度: 340 mm
自重: 1 290 kg

6. 支撑结构(支撑框架)

支撑框架用于安装转向架架升装置和车体支撑装置,同时用于支撑中间盖板的钢柱也安装于支撑框架的内侧横梁之上。支撑框架安装在地坑内的 2 层平台上,在进行车辆架升作业时,车辆的质量通过转向架架升装置及车体支撑装置传递到安装于地坑内的支撑框架上,并通过支撑框架最终传递到 2 层平台上,因此,对地坑内的 2 层平台的混凝土强度有很高的要求。

图 4.5　架车机支撑装置

支撑框架的中间位置安装有用于驱动电机、限位开关等检查、维修的作业平台。支撑框架横梁内侧装有一个用于地坑内部照明的工业灯管,可通过主控制台的地坑照明旋钮进行开启与关闭。

7. 维修平台(检修平台)

地坑内支撑框架下部安装有用于设备检修、维护的维修平台,维修平台由维修平台框架和 3 块铁质格栅组成,维修平台框架通过螺栓安装在地坑内的墙体上,3 块铁质格栅搭放在维修平台框架上。维修平台下部的墙体上安装有可进入地坑底部的爬梯。

8. 电气控制系统

电气控制系统由主控制柜和每个基坑内的电气控制柜组成。地坑式架车机组的电气控制系统通过 1 个 Siemens S7-300PLC 来实现,同时设置有一块用于操作选择、运行监控及故障报警的文本显示器(Text Display),主控制柜内还安装有 AC380V/DC24V 电源转换器、监控

PLC(Monitoring PLC)、RS485 中继器、用于遥控操作设备的无线信号接收器等。基坑内的电气控制柜主要部件有:用于和主控制柜 PLC 通信的 ET200,远程确认手柄,运行同步检测系统,转向架、车体驱动电机的控制继电器及断路保护器等。

图 4.6　格栅维修平台

图 4.7　架车机主操作台

9.安全保护系统

安全保护系统由紧急停止按钮、限位开关、同步检测功能、安全丝母及远程确认手柄 5 部分组成。

紧急停止按钮(Emergency Button)。包括设置于主控制台上的 1 个紧急停止按钮、无线遥控器上的 1 个紧急停止按钮、12 个地坑内确认手柄上的紧急停止按钮共计 14 个紧急停止按钮,当有紧急情况发生时,可通过按压以上任意一个紧急停止按钮实现紧急停机功能。

限位开关(Limit Switch)。每个转向架架升柱和车体支撑柱上都设置有用于检测各架升柱或支撑柱上限位、下限位、过底位、工作丝母破裂的 4 个限位开关。

同步检测功能。每个转向架架升柱、车体支撑柱的减速机与丝杠连接处都安装有用于检测丝杠旋转的脉冲感应器,通过安装在丝杠上的槽型转盘,脉冲感应器可以对丝杠旋转的圈数进行检测,从而检测各丝母上升、下降的高度,保证转向架架升装置升降的同步性,防止出现由于各架车点高度的不同而造成车辆倾覆。

安全丝母。每个丝杠的工作丝母下部都安装有一个安全丝母,当工作丝母由于磨损严重或出现破裂情况时,由于安全丝母的存在,不会导致转向架架升柱或车体支撑柱突然下落的现象。

远程确认手柄。由于主控制台设置在设备的南侧,当进行车辆架升、下降作业时,操作人员不能看到车辆北侧的情况,因此,在每个地坑的北侧都设置了一个操作确认手柄,在主控制台操作设备时,必须有另一人在车辆的另一侧同步操作确认手柄进行上升或下降作业。

【知识链接】

1.掌握电工作业知识。

2.掌握可编程逻辑控制器(PLC)、计算机基础知识。

【任务实施】

地坑式架车机组认知:

1.了解地坑式架车机组的主要组成部分。

2.掌握地坑式架车机组各组成部分的主要功能及参数。

3.掌握常用可编程逻辑控制器种类、PLC 编程及调试方法。

【效果评价】

评 价 表

项目名称	地坑式架车机组		学生姓名	
任务名称	任务2 地坑式架车机组的认知		分 数	
项 目			分 值	考核得分
1.了解地坑式架车机组的主要组成部分			10	
2.是否有小组计划			5	
3.掌握常用可编程逻辑控制器种类、PLC编程及调试方法			20	
4.掌握地坑式架车机组各组成部分的主要功能及参数			50	
5.编制学习汇报报告情况			10	
6.基本素养考核情况			5	
总体得分				
教师简要评语:				
			教师签名:	

任务3 地坑式架车机组的使用操作

【活动场景】

利用多媒体学习或实地参观地铁车辆段大架修库地坑式架车机组,掌握地铁车辆段地坑式架车机组的使用操作方法。

【任务要求】

掌握地铁车辆段地坑式架车机组的操作模式,能独立操作地坑式架车机组对地铁列车进行架升作业。

【知识准备】

地坑式架车机组的操作只能由被授权并且经过相应培训,且取得地坑式架车机组操作证的人员来进行。操作人员必须能拒绝来自第三方的、危害设备操作安全的指导。停留在架车机组运行范围内的所有人员均需穿戴工作鞋、安全帽等劳动防护用品。

1.地坑式架车机组的运行操作模式

地坑式架车机组具有单车模式、编组模式(车辆数≥2)和整列模式(6节编组车辆)3种运行使用模式。

操作模式的选择可以通过安装于主控制台的触摸屏面板(Touch Panel)来进行点选操作,触摸屏设置了中、英、德3种语言,系统默认设置为英文,可通过点击"language"将系统语言转换为中文模式。

图4.8所示为系统处于编组模式(Groupmode)运行,编组模式运行时,必须选择连续的车辆编组进行操作。通过单击触摸屏底部中央位置的"单车模式(Pitmode)"将系统选择为单车模式进行操作。单车操作时,可点选任意车辆架升单元(Car Lifting Unit),对单元内的转向架架升装置和车体支撑装置进行操作;并可通过左、右侧选择,对架升单元内2个地坑的转向架架升装置和车体支撑装置分别进行操作。

图4.8 编组模式运行界面

2. 主控制台按钮、无线电遥控器按钮、远程确认手柄按钮

①主控制台按钮。

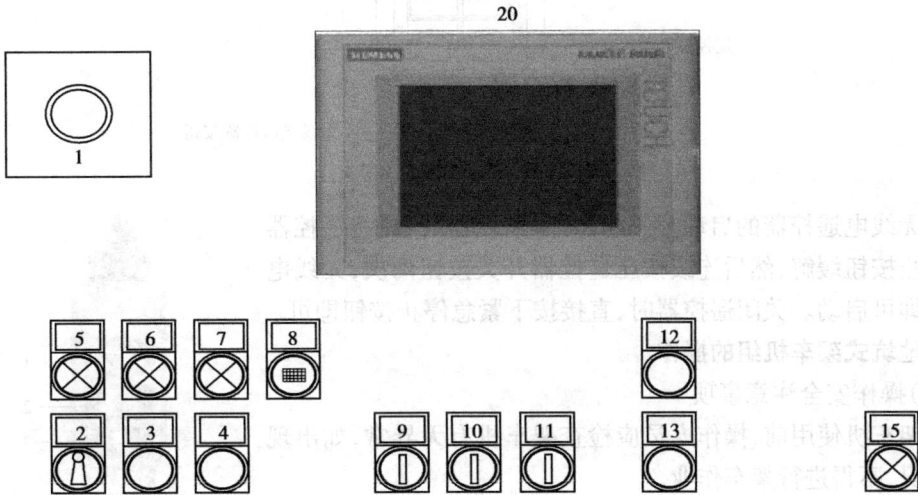

图4.9 主控台分布图

表4.1

序号	名 称	含 义	序号	名 称	含 义
1	紧急停止	紧急停机	9	地坑照明开关	打开地坑照明
2	控制电源钥匙	接通、断开控制电源	10	无线电开关	本机/遥控操作选择
3	故障确认	设备故障确认复位	11	转向架/车体选择	选择转向架或者车体操作
4	指示灯测试	按下测试指示灯	12	上升	本机操作车体/转向架架升机上升
5	电源指示灯	电源状态指示	13	下降	本机操作车体/转向架架升机下降
6	故障指示灯	红灯显示故障	15	强制停止确认	下降至一定高度时,需按压才能继续下降
7	同步故障指示灯	红灯闪烁同步故障	20	触摸屏	操作模式选择及架车机状态显示
8	蜂鸣器	故障声音提示			

75

②无线遥控操作被选择(激活)时,主控制台"转向架/车体"、上升、下降及强制停止旁路将不能使用。

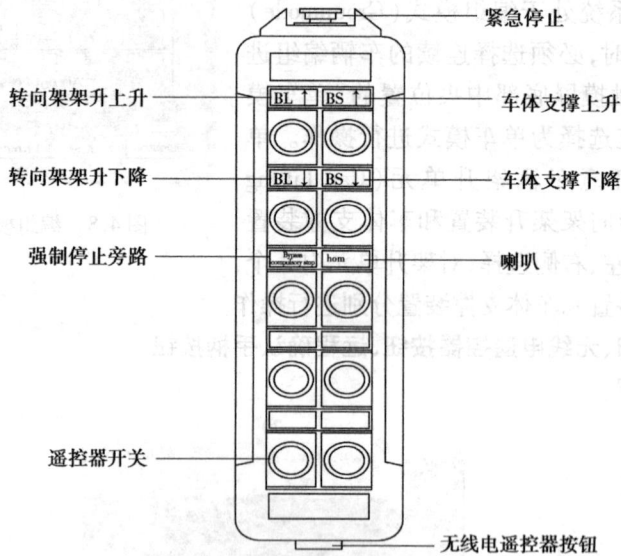

图4.10　无线遥控手操器

③无线电遥控器的启动与关闭:开启遥控器时,先将遥控器紧急停止按钮缓解,然后连续按压遥控器开关按钮两次,无线电遥控器即可启动。关闭遥控器时,直接按下紧急停止按钮即可。

3.地坑式架车机组的操作

(1)操作安全注意事项

①架车机使用前,操作人员应检查架车机有无异常,如出现异常情况,不得进行架车作业。

②操作架车机时,应保证架车机的转向架举升架、车体举升架、钢轨桥、固定盖板和移动盖板上承受的载荷不能超过允许的最大载荷。

③操作人员应爱护架车机,作业前后应对其进行日常保养和清洁。

④不得利用架车机做架车以外的其他用途。

(2)操作前准备

①将架修电客车牵引到架车位且对位正确,解除与牵引车联挂,做好电客车防溜。

②架车前各架车坑设备检查,架车坑周围环境及轨道出清。

③各坑架车机状态检查正常。

④检查控制柜内各电气设备,检查控制台各按钮指示灯。

⑤闭合控制柜主电源断路器,插入控制电源选择开关"Plant on"钥匙,将旋钮旋至接通位,此时"Operation"运行指示灯亮。

⑥等待系统启动完成后按"Lamptest"按钮测试架车机各指示灯显示正常,测试紧急停止功能正常、声光电报警工作正常。

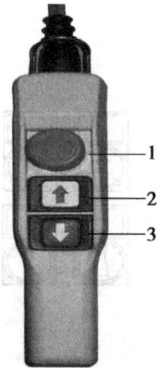

图4.11　远程确认手柄按钮
1—紧急停止按钮;
2—上升按钮;3—下降按钮

⑦地坑照明"Lighting Pit"旋钮旋至"ON"位置，"无线遥控旋钮"Radio On"旋至"ON"，此时遥控接收发送装置"Radio system ready for orperation"，绿色指示灯亮。

⑧按遥控手操器左下开启按钮两次(按一次立即松开后紧接着按第二次，按住并保持5 s)，此时遥控手操器右下通信绿色指示灯闪烁，显示手操器通信正常可以使用。

⑨按故障应答按钮"Fault acknowledge"清除故障报警，此时"Fault"及"Fault synchronization"指示灯灭，触摸屏报警信息显示条显示白色。

(3)架车机组操作步骤

①单击设备操作台触摸屏进入"组别操作模式"界面，检查触摸屏界面架车机组每节车车位前后转向架轮缘到位检测传感器条显示绿色，说明电客车已经到位，车辆停稳后撤除防溜装置。

②根据架升电客车所停放位置选择相应数量成组模式架车位。

③单节架车根据停车位选择"车位1""车位2""车位3""车位4""车位5""车位6"中一个车位条，单击选择车位条，此时所选车位显示条橙色闪烁，界面下部出现"接收预选"条，确认选择正确后，单击"接收预选"条，此时车位显示条橙色常亮，车位选择完成。

④两节架车根据停车位选择"车位1""车位2""车位3""车位4""车位5""车位6"连续2个车位条，单击选择车位，此时所选车位显示条橙色闪烁，界面下部出现"接收预选"条，确认选择正确后，单击"接收预选"条，此时车位显示条橙色常亮，车位选择完成。

⑤三节架车根据停车位选择"车位1""车位2""车位3""车位4""车位5""车位6"连续3个车位条，单击选择车位，此时所选车位显示条橙色闪烁，界面下部出现"接收预选"条，确认选择正确后，单击"接收预选"条，此时车位显示条橙色常亮，车位选择完成。

⑥四节架车根据停车位选择"车位1""车位2""车位3""车位4""车位5""车位6"连续4个车位条，单击选择车位，此时所选车位显示条橙色闪烁，界面下部出现"接收预选"条，确认选择正确后，单击"接收预选"条，此时车位显示条橙色常亮，车位选择完成。

⑦五节架车根据停车位选择"车位1""车位2""车位3""车位4""车位5""车位6"连续5个车位条，单击选择车位，此时所选车位显示条橙色闪烁，界面下部出现"接收预选"条，确认选择正确后，单击"接收预选"条，此时车位显示条橙色常亮，车位选择完成。

⑧整列车架车选择"车位1""车位2""车位3""车位4""车位5""车位6"车位条，单击全部6个车位条后，此时所选车位显示条橙色闪烁，界面下部出现"接收预选"条，确认选择正确后，单击"接收预选"条，此时车位显示条橙色常亮，车位选择完成。

⑨撤除防溜装置，无关人员清除出安全线外，通知对面操作人员按住远程确认手柄上升按钮准备上升，将主控制台"转向架/车体"选择至转向架位，并连续按压上升按钮以完成上升作业。通过遥控器操作时，将无线电开关旋至开位，按遥控手操器"horn"按钮三声警示音，按压"BL↑"上升按钮即可完成转向架架升装置上升。

⑩架车机活动轨桥车轮踏面定位槽上平面接触电客车车轮踏面，松开"上升"按钮或遥控手操器"BL↑"停止上升，检查轮缘外侧与轨道间隙，检查活动盖板与固定轨桥间隙，确认间隙正常后加装防溜装置，继续按压"上升"按钮或遥控手操器"BL↑"继续转向架架升作业。

⑪到达所需架升高度(≥1 100 mm)后，停止上升作业，控制台触摸屏界面选择"单车操作界面"选择需架修架车机车位，按"接收预选"条，架车位选择完成。

⑫车辆检修人员进行转向架更换或车辆底部维修作业，作业完成后，通知对侧操作人员

按住相应架修架车位远程手操盒上升按钮，按住遥控手操器"BS↑"开始车体支柱上升，托头接触车体自动停止。

⑬双击"单车操作界面"中架修车位选择条，进入"单车操作界面"页面2，选择"左侧"选择条，按住遥控手操器"BS↑"左侧托头接触车体自动停止，选择"右侧"选择条，按住遥控手操器"BS↑"右侧托头接触车体自动停止。控制台检查车体托头承载传感器是否到位显示。

⑭落下拆除需检修转向架。进入单车操作界面2选择需落下转向架所在侧（左侧坑位/右侧坑位），按住遥控手操器"BL↓"将转向架落下，下降到距轨面150 mm自动停止，确认正常后同时按住遥控手操器"BL↓"和"Bypass compulsory stop"确认按钮继续下降，下降到下限位时自动停止。

⑮通知检修推出需更换转向架。新转向架推到架车机轮缘定位槽定位后，架车机作业现场人员和设备清理确认，通知对侧人员按下远程手操盒上升按钮，按遥控手操器"horn"警示器三声后按住遥控手操器"BL↑"转向架上升，转向架中心销孔距中心销下端面50 mm，松开遥控手操盒"BL↑"停止上升，检查中心销对位情况，确认对位正确后，按住遥控手操盒"BL↑"继续转向架上升，空气弹簧进风口距安装孔15 mm松开遥控手操盒"BL↑"再度停止，检查空气弹簧进风口对位情况，确认对位正确后，继续转向架上升到位后自动停止。

⑯控制台触摸屏进入单车页面，确认所有车体承载托头传感器全部释放情况，没有释放车体传感器双击"单车操作界面"中车位选择条，进入"单车操作界面"页面2，选择承载托头传感器所在侧架车坑，通知对侧操作人员按下上升按钮，按下遥控手操器"BL↑"继续转向架上升，托头释放自动停止。

⑰转向架架修作业和架车机作业现场人员和设备清理确认后，通知对侧作业人员按下远程手操盒下降按钮，按遥控手操器"horn"警示器三声后按住遥控手操器"BS↓"车体支柱下降，车体托头上平面距轨道上表面450 mm自动停止。检查确认设备正常后，同时按下遥控手操器"BS↓"按钮和"Bypass compulsory stop"确认按钮继续车体支柱下降，下降到下限位置自动停止。

⑱通知检修安装转向架作业完成后，控制台选择触摸屏"组别操作模式"页面，重复架车机组操作步骤选择车位，通知对侧作业人员按下远程手操盒下降按钮，按遥控手操器"horn"警示器三声后按住遥控手操器"BL↓"转向架成组下降，下降到距轨面150 mm自动停止，检查确认设备正常后，同时按下遥控手操器"BL↓"按钮和"Bypass compulsory stop"确认按钮继续转向架成组下降，下降到下限位置自动停止，架车作业结束。

【知识链接】
1. 了解Siemens触摸屏相关知识。
2. 掌握可编程逻辑控制器（PLC）、网络知识、计算机基础知识。

【任务实施】
地坑式架车机组使用操作：
1. 了解地坑式架车机组的持证操作制度。
2. 掌握地坑式架车机组的操作模式。
3. 掌握地坑式架车机组单元模式、编组模式操作方法。

【效果评价】

评 价 表

项目名称	地坑式架车机组	学生姓名	
任务名称	任务3 地坑式架车机组的使用操作	分 数	
项 目		分 值	考核得分
1.了解地坑式架车机组的持证操作制度		10	
2.是否有小组计划		5	
3.掌握地坑式架车机组具有的操作模式及使用情景		20	
4.掌握地坑式架车机组单元模式、编组模式操作方法		50	
5.编制学习汇报报告情况		10	
6.基本素养考核情况		5	
总体得分			
教师简要评语:			
			教师签名:

任务4 地坑式架车机组的调试与维护

【活动场景】

利用多媒体学习或实地参观地铁车辆段大架修库地坑式架车机组,掌握地铁车辆段地坑式架车机组的安装调试、维护保养。

【任务要求】

掌握地铁车辆段地坑式架车机组的安装调试内容,能对地坑式架车机组进行维护保养,会对地坑式架车机组常见的简单故障进行排除、处理。

【知识准备】

1.地坑式架车机组的安装、调试

地坑式架车机组由于架车作业的特殊性,对其安装精度有较高的要求。在安装地坑式架车机组之前,应该对设备预留的基础进行严格的检查、验收,确保各地坑长度、宽度、深度、强度等技术参数符合图纸设计的要求。

地坑式架车机组的调试主要包括单坑空载调试、单组空载调试、整列空载调试及单组负载调试、整列负载调试,安全性测试等。

单坑空载调试设备在空载情况下,车体支撑柱、转向架架升柱驱动电机、丝杠丝母的运行情况,要求驱动电机电源电流值符合要求、丝杠丝母润滑良好、运行顺畅、无异响。

单组空载及整列空载调试主要测试设备在空载情况下,可选为一组的相邻两个地坑内的架升设备和整列模式下每个地坑内设备运行的同步性。

负载调试主要包括单组负载调试和整列模式下的负载调试,负载调试主要对各车体支撑柱、转向架架升柱驱动电机电源的电流值测试、运行同步性测试、8 h 以上负载测试等。驱动电机电流值测试要求电机在额定负载下运行所测的电流值的大小符合要求;运行同步性可在群组模式下,当架车机组运行至一定高度时,对各转向架架升柱上升的高度进行测量,要求所测量的最大高度值与最小高度值之差不超过设计要求;8 h 以上负载测试主要测试设备的运行安全性、可靠性,在负载情况下当架车机组上升至一定高度时,记录设备上升的当前高度、活动轨桥的挠度变形等,记录完毕后切断主电源,做好安全防护措施,将设备放置 8 h 以上,重新对设备高度、活动轨桥挠度变形等数进行测量,重新测量的参数应符合设备要求。

安全性测试主要对设备设置的限位开关功能、脉冲监测装置功能、紧急停止功能等测试。限位开关主要检测各限位开关(上极限位、下极限位、过底位、丝母破裂检测)在触发情况下向系统的报警功能。

2. 典型故障的处理

(1)触摸屏显示故障

地坑式架车机组配备了功能强大的故障检测系统,并通过主控台触摸屏将所检测到的故障信息显示给操作及维修人员。

设备出现故障时,主控台故障指示灯会闪烁,同时,触摸屏会显示故障信息,通过单击触摸屏故障(Fault)可查看故障的具体信息,如故障类型、故障位置等,维修人员可根据故障信息快速对其进行处理。

(2)同步故障

设备在运行过程中出现同步故障时,主控台同步故障指示灯会闪烁。维修人员应检查PLC运行是否正常,各脉冲传感器工作是否正常,各驱动电机断路器有无跳闸。当设备同步故障无法处理时,可通过主控台内同步检测开关关闭设备同步检测功能,此种运行模式需由经过专门培训、掌握设备性能并取得授权的人员进行。

(3)丝母脱落故障

当下限位限位开关、过底位限位开关失效时,会出现丝母脱离丝杠的故障现象。丝母安装时,可通过手动操作驱动电机旋转丝杠来进行,首先应安装工作丝母,然后安装安全丝母,操作驱动电机时,应确保设备处于空载状态、控制电源及主电源处于断开状态。缓解驱动电机制动器,可手动旋转电机。

(4)PLC 故障

检查 PLC 电源、CPU 指示灯状态、各模块工作情况是否正常,可通过 Siemens Step 7 管理软件对 PLC 的软、硬件进行检查。

【知识链接】

1.掌握电气基础知识、Siemens 触摸屏的操作使用方法。

2.掌握可编程逻辑控制器(PLC)、计算机基础知识。

【任务实施】

地坑式架车机组调试与维护：

1. 掌握地坑式架车机组的主要调试内容及方法。

2. 掌握地坑式架车机组常见简单故障的排除处理方法。

3. 掌握 Siemens PLC 的电源模块及 CPU 各指示灯不同状态表示的含义及利用 Step 7 对洗车机进行调试。

【效果评价】

评 价 表

项目名称	地坑式架车机组		学生姓名	
任务名称	任务4　地坑式架车机组的调试与维护		分　数	
项　目			分　值	考核得分
1. 掌握地坑式架车机组的安装调试内容			10	
2. 是否有小组计划			5	
3. 掌握地坑式架车机组电气控制原理			20	
4. 掌握地坑式架车机组常见故障的排除处理方法			50	
5. 编制学习汇报报告情况			10	
6. 基本素养考核情况			5	
总体得分				
教师简要评语：				
			教师签名：	

项目小结

　　地坑式驾车机是城市轨道交通地铁车辆架修和大修的主要设备,主要完成车体与转向架解体和组装工艺。通过本项目的学习,了解地坑式架车机种类、用途及设置形式等。并在此基础上学习地坑式架车机组各系统结构、功能及参数,掌握地坑式架车机操作方法及架车操作流程,初步了解地坑式架车机安装、调试及典型故障的应急处置方法。

思考与练习

1. 地坑式架车机的组成、用途及设置形式主要有哪些?
2. 阐述地坑式架车机各系统组成、功能及参数。
3. 地坑式架车机的操作模式有哪些? 详细阐述架车作业流程各部分内容。
4. 地坑式架车机常见故障及处理方法有哪些?

项目 **5**

移动式架车机组

【项目描述】

移动式电动架车机是地铁车辆检修的一项重要工艺设备,主要用于定临修库内临修台位的架车作业,可进行6辆及以下多节城市轨道交通车辆、或单节城市轨道交通车辆实施架升/落车作业,以便对地铁车辆及各类轨道车辆车体、转向架及其他部件进行维修和更换、清洗作业。由于它可移动的结构特点不受车辆轴距和架升点限制,也可用于架升平板车、网轨作业车、内燃调车机等工程车辆。

图5.1 移动式架车机组

【学习目标】

通过本模块的学习要求掌握以下基本知识:

1. 了解移动式架车机的分类、功能及用途。

2. 了解移动式架车机的组成及安全保护功能。

3. 了解移动式架车机控制系统组成及控制原理。

【技能目标】

1. 掌握移动式架车机安全保护功能及控制系统控制原理。

2. 能够操作移动式架车机完成架车作业及架车机日常保养。

3. 能够完成移动式架车机维修保养作业及故障处理。

任务1 了解移动式架车机组

【活动场景】

在架车作业现场教学或用多媒体协助展现。

【任务要求】

掌握移动式架车机分类及作用概述。

【知识准备】

1.移动式架车机分类

地铁车辆使用的移动式架车机种类比较多。车辆段使用的移动式驾车机组主要有进口和国产两类移动式架车机。

移动式架车的生产厂家德国 Windhoff 和德国 Neuero 公司,国产移动式架车的生产厂家是:广州铁道车辆厂、中铁工程研究所有限公司和唐山百川智能机器有限公司。移动式架车机作为重要的车辆检修辅助设备,其主要作用是用来架升地铁车辆,可进行 6 辆及以下多节城市轨道交通车辆或单

图 5.2 移动式架车机架车

节城市轨道交通车辆实施架升/落车作业的专用起升设备,以便对车辆车体、转向架及其他部件进行维修和更换、清洗作业。由于它可移动的结构特点,不受车辆轴距和架升点限制,也可用于架升平板车、网轨作业车、内燃调车机等工程车辆。

图 5.3 移动式架车机分布图

图 5.4 移动式架车机现场布置图

2.移动式架车机作用

移动式架车机组由 6 组移动式架车机组组成,每组移动式架车机组由 4 台移动式架车机组成。架车机起升时由电控系统进行同步控制,确保各架车机组之间均匀同步架起整列车(6辆编组)、多节车辆、单节地铁车辆或 1 辆工程车。

①移动式架车机设有单台架车机独立控制台和总控制台。总控制台能控制 1 组、多组或 6 组架车机的同步升降,并能对一组或多组车辆分别独立架升。单台架车机独立控制台只控制单台架车机的升降。单台架车机独立控制台与总控制台具有动作互锁功能,总控制台有选择总控制台或独立控制台操作的权利(急停按钮除外)。单台架车机独立控制台与总控制台之间、架车机与控制台之间的电缆采用暗敷阻燃电缆和航空快速插头方式连接。

②在实施架升作业时,移动式架车机的控制系统通过采用可编程序控制器(PLC)采集所有架升螺旋机构上的旋转编码器的输出数据,实现对多个螺旋机构的同步控制,保证了设备起升的同步性,提高设备运行的平稳性和安全性。

③每单台移动式架车机都设有紧急停车就地控制按钮,如遇紧急事故可按急停按钮切断控制输出,同时发出铃声信号,可及时实施移动式架车机的停车制动。当工作中的任一移动式架车机的急停按钮被按下时,所有协同工作的其他移动式架车机全部同时停机。

④每台移动式架车机都配备有相同型号的鼠笼式制动电机,当设备在任一方向的运动

过程中在任意位置上被紧急停机,系统自动锁定。系统须重新供电,才能恢复任一方向的运动。

⑤架车机各架升螺杆依据 GB/T 5796.1—1986《梯形螺纹牙型》自锁式螺纹副进行设计,具有自锁功能。

⑥各螺杆托架承载面上设置有传感器,当托架上升接触到车体后,传感器能够发出信号,并立即停止该架升螺杆上的托架上升,此时该螺杆的同步系统起升零点被清零,电气同步系统在可编程序控制器控制下检测旋转编码器输出的角度位移,并通过可编程序控制器将此角度位移转换成架车机托架的直线位移距离,显示到文本显示器屏幕上,供操作者使用。

⑦架车机底部配有走行机构,在架车机不工作时通过液压装置降下走行轮,可在车间内地面上由人工推动任意移动,在架车机定置后,通过液压装置升起走行轮,架车机机座落实地面,架车机在工作时的承载全部由机座承载。架车机的机架上设有吊装耳,根据工作需要架车机还可通过起重机进行吊运。

⑧架车机上托架的升降高度(托架最大行程 1 600 mm)可根据工作的实际需要,在规定范围内任意调节,以便于地铁列车检验作业、拆装转向架或进行车下设备的维修、更换作业。

⑨本设备电气控制系统配置有过电流保护、架车同步精度安全保护、落地安全检测保护、丝母磨损安全保护、上限位安全保护、下限位安全保护等功能,出现故障时系统自动停止工作,同时发出警铃报警,并在文本显示器上显示出相应的故障报警信息,报警信息为中文提示,即可针对故障信息进行故障排除。

⑩移动式架车机采用先进的机械、电气、电子元件及优质材料制成,关键部件均采用国际知名品牌,从而降低了控制系统的故障率,驱动系统选用的 SEW 公司出产的三合一减速机,均可达到少维修或免维修。设备日常维修保养只须定期向丝杠丝母和导轨面补充润滑脂,对电器系统灰尘进行清理即可。零部件均实现标准化、模块化,互换性好。

⑪移动式架车机具有极限位置保护功能,当移动式架车机运行到两端极限位置时,保护装置使移动式架车机自动停车。

⑫在总控制台相对的一侧每组设有确认移动按钮盒,当总控台下达起升或下降指令后,只有经过确认移动按钮盒再次确认,架车机方可进行架车作业。在总控制台上设有手动/自动选择开关,操作者可根据实际工作需要选择工作模式进行操作。

【任务实施】

目前国内地铁车辆架车机种类较多,国外移动式架车机主要有 Neuero 和 Windhoff 制造的移动式架车机,这些架车机在设计和制造上结构合理,工作安全可靠性较高,但存在价格较高、设备维修保养国外厂家响应周期长等问题。国内生产移动式架车机厂家非常多,如武汉博生(德国康伯赫合资)、北京铁道工程机电技术研究所、北方四方所、无锡海鹰等,国产移动式架车机价格低,备品配件采购周期短,维修保养响应迅速,但存在设备工作可靠性、安全保护方面的问题。现场学习移动式架车机组,掌握移动式架车机结构、功能,特别是安全保护功能及工作原理。

【知识链接】

目前国内移动式架车机均采用丝杆螺母架车机,在车辆多次维修过程中,丝杆螺母会受到磨损,且磨损后不易被察觉,存在摔车的安全隐患。另外,多柱同步控制仅依赖各自电机的转速是否一致来实现,使用一段时间后一旦各柱上的电机间出现较大转速差别,或因被举车辆存在偏载时,各举升滑台就会出现较大的不同步误差,造成被举车辆车身严重倾斜的后果。现在使用的可移动式液压架车机采用机械、液压双重保险机构,一旦液压泄露,机械锁钩就发生作用,将举升滑台可靠锁止在原有高度附近,保证被举车辆车身保持基本平衡。每个立柱上均设有位移传感器,控制芯片根据它们采集的数据进行判别,自动调节各个举升滑台的升降快慢,保证被举车辆的车身平衡,一旦设备出现故障导致不同步超差,设备会立即报警并停止运行。

【效果评价】

评 价 表

项目名称	移动式架车机组	学生姓名	
任务名称	任务1　了解移动式架车机组	分　数	
项　目		分　值	考核得分
1.移动式架车机系统的相关知识、图片的搜集、整理		10	
2.是否有小组计划		5	
3.移动式架车机分类和功能认知情况		40	
4.各类移动式架车机优缺点的认知情况		30	
5.编制学习汇报报告情况		10	
6.基本素养考核情况		5	
总体得分			
教师简要评语:			
		教师签名:	

任务2 移动式架车机组认知

【活动场景】

在检修现场教学或用多媒体协助展现。

【任务要求】

掌握移动式架车机结构和安全保护功能。

【知识准备】

1.移动式架车机结构

移动式架车机组由6个架车机组组成，每组由4台移动式架车机组成。工作时，每组架车机组的4个架车机移动就位并固定在沿轨道两侧合宜的位置上，起升时由电控系统进行同步控制，确保各架车机、架车机组之间均匀同步架起整列车（6辆编组）、多节车辆、单节地铁车辆或工程车。每一台架车机均由机架、升降机构、托架、液压移动推车、电气控制五个组成部分（见图5.5）。工作时架车机以机械传动的形式传递运动和扭矩，具体是由电机带动减速机，再由减速机带动丝杠转动，然后由与丝杠配合的丝母带动托架上升，托架上的托头托住车体的架车位置，四台架车机作为一组，共同架起一个车体。

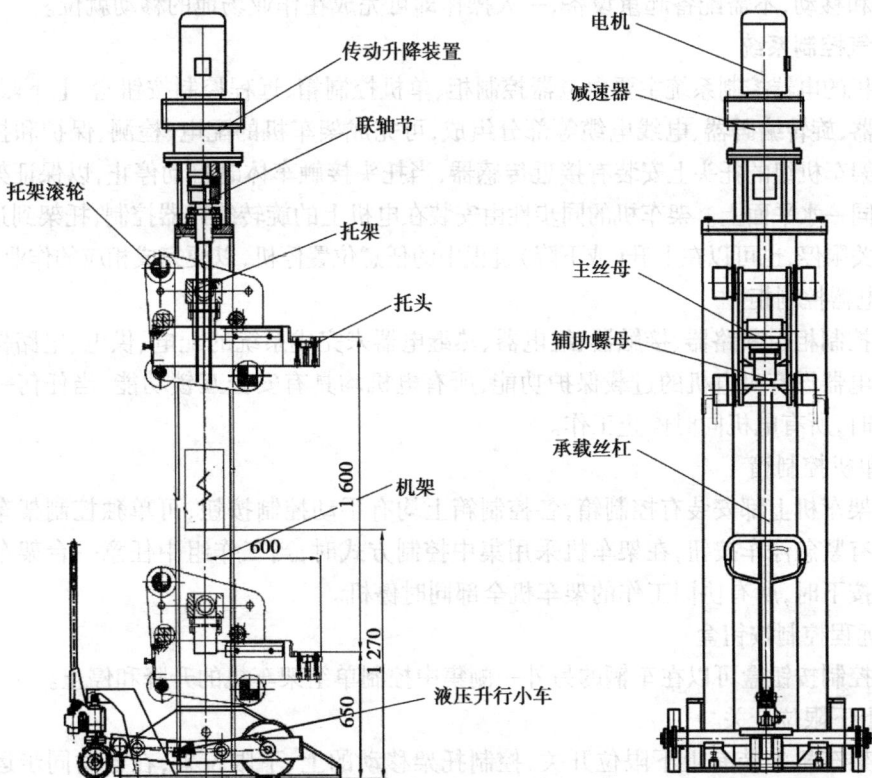

图5.5 移动式架车机结构图

（1）机架

机架为焊接框型梁结构，具有足够的强度和刚度，所有部件均安装其上，起重托架安装有滚轮，由丝杠及主螺母带动并沿机架上的立柱轨道滚动（托架的垂向力由丝杠传递给机架，其承载弯矩通过托架上的滚轮传递给机架），其上下限位由限位开关控制。

（2）传动升降装置

传动升降装置采用带制动电动机的立式行星摆线针轮减速机，通过联轴器带动承载丝杠旋转，通过主、辅螺母带动托架的升降。

（3）托架

托架由滚轮升降装置、丝杠螺母副装置、承托装置组成（承托装置设置传感器），通过联轴器与减速机联接构成架车机的运动部分，丝杠螺母副装置由丝杠、主螺母及辅助螺母组成，均为自锁型，无需其他的锁紧装置，即可确保安全。

在丝杠螺母副装置中配置有两个螺母，一个为主螺母（工作时的承载螺母），一个为辅助螺母（工作时的安全防护），可使安全性得到双重保证。两螺母间留有间隙，以防止在使用初期两螺母紧死，当主螺母在使用过程中其磨损达到一定程度时，辅助螺母可承受全部载荷，使升降动作安全可靠。

（4）液压起升行走小车

液压移动小车与机架连为一体，在无负载时可由人力起升架车机，并通过把手实现架车机的升降和移动，不需配备起重设备，一人操作即可完成在作业场地的移动就位。

2. 电气控制系统

架车机的电器控制系统主要由电器控制柜、单机控制箱、远程控制按钮盒、上下限位开关、零位传感器、旋转编码器、电线电缆等部分组成，可完成架车机的配电、检测、保护和控制等功能。每台架车机组的托头上安装有接近传感器，当托头接触车体时自动停止，以保证架车前所有托头在同一水平面上。架车机的同步性由安装在电机上的旋转编码器控制，托架到达顶部时由限位开关限停，也可以在上升（或下降）过程中的任意位置停机，以便完成相应的作业。

（1）电器控制柜

电器控制柜由断路器、接触器、继电器、热继电器来完成系统的配电、供电、电路保护等功能。热继电器设有对电机的过载保护功能，所有电机均具有安全互锁功能，当任何一台电机发生过载时，所有电机同时停止工作。

（2）单机控制箱

每台架车机上都安装有控制箱，各控制箱上均有手动控制按钮，可单独控制架车机的升降。并设有紧急停车按钮，在架车机采用集中控制方式时，当工作组中任意一台架车机的紧急按钮被按下时，所有协同工作的架车机全部同时停机。

（3）远程控制按钮盒

远程控制按钮盒可以在车辆的另外一侧集中控制单组架车机的升降和停止。

（4）上下限位开关

每台架车机上装有上下限位开关，控制托架移动的上、下限位置，在自动同步运行模式下，当架车机运行行程达到上、下限位时自动停车。

（5）零位传感器

每台架车机托架的承托部分装有接近开关，用以检测架车机架车行程的零位点。

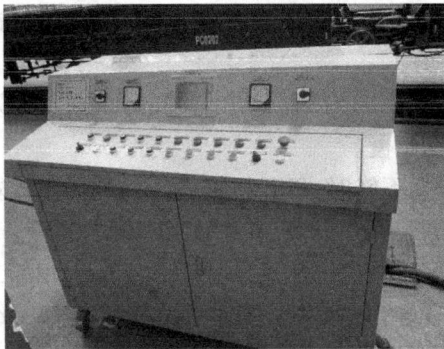

图 5.6　主控柜

图 5.7　单体架车机

（6）旋转编码器

每台架车机的电机制动盘上装有旋转编码器，用以检测电动机旋转运动的角度位移，并换算成架车机托架的直线位移，用以监控各架车机的同步工作状态。

（7）电线电缆

包括电机的电源线、编码器的信号线和控制线。各电源线、控制线和信号线与控制柜均采用预埋电缆加快速接头的连接方式，拆装十分方便。各连接电缆及控制线设置了防护套，以防电线电缆在使用过程中挤压变坏，且满足电气安装行业标准。

图 5.8　控制柜背面分布图

3.移动式架车机安全保护功能

（1）声光报警功能

移动式架车机设有声光报警装置，当架车机在工作时和在车体托架为闭锁状态时，开始声光报警以提醒工作人员和过往行人注意安全和提醒工作人员提高工作注意力。

（2）极限位置停机保护功能

每台移动式架车机及其托架都设有上、下限位开关和上、下极限限位开关（限位采用双限位安装方式，以确保设备的安全运行）。当任意一台架车机升到最高位置或降到最低位置时，电控系统在自动切断电机电源的同时，进行声音报警以提醒现场工作人员。

（3）架车位置提示功能

各托架提升臂设有操作人员易于识别的最高和最低位置的黄色荧光指示标志，以便于操作人员观察。

（4）超高超低位置停机及光电提示功能

各托架提升臂设有超高和超低位置的红色灯光指示，当系统中任一台架车机到达超高或超低限位时，电控系统在自动切断电机电源的同时，进行声音报警以提醒现场工作人员。直到故障得到排除，设备方可重新使用。

（5）失效、误操作保护功能

①移动式架车机的所有电源开关和选择开关都是钥匙型的，保证由专业人员才能操作，以防因为误动作出现人员或设备的损伤。

②"上升、下降"单项保护,在联动操作时,电气线路通过对"上升、下降"的互锁保证其只能向上升或下降一个方向运作。

③当一台单机上的同步传感器失效,PLC根据同步传感器输出信号的异常,立即发出信号,停止其他架车机工作,进行系统保护,防止车辆倾覆。

④因为某种原因造成电机转动而载重螺杆卡死不转时,PLC根据托头处的传感器输出信号的异常,将指令传递给控制系统延时切断架车机运行并报警,避免被架车辆的倾覆。

⑤当选择组合联动操作后,出现不同步现象达到一车位任意二柱超过4 mm,相邻二车位任意二柱超过6 mm,相邻三车位任意二柱超过8 mm,全列六车位任意两柱超过12 mm范围时,电气控制系统自动进行调整,如果在设定的调整时间内不能满足同步精度要求时,电控系统在自动切断电机电源的同时,进行声音报警以提醒现场工作人员。

⑥当主接触器失效,PLC进行监控、保护。

⑦当辅助接触器误操作或失效,PLC进行监控、保护。

⑧各行程开关均设有遮挡,防止在工作中的误碰。各台架车机均设有紧急停车控制按钮,当工作中的任一移动式架车机的急停按钮被按下时,所有协同工作的其他移动式架车机全部同时停机。

⑨具有良好的电气连锁功能,能防止由于误操作而损坏车辆和设备。当一台移动式架车机的电机出现故障时,系统内各台移动式架车机组的电机都自动停止运转,且当同步系统发生任何错误时,每台移动式架车机均能自动停车。

⑩每台架车机的电机具有各相的过流、欠压、缺相、温升、相序保护。当一台架车机的电机保护系统动作时,整个系统将自动停止工作。

⑪整套移动式架车机组具有完善的故障自诊断功能,对设备的状态进行全面的监控和显示报警,并能对故障部位和故障类型作出正确判断。

(6)双螺母安全保护功能

移动式架车机的螺母设计为双螺母结构。安全螺母和工作螺母之间设置工作螺母磨损监测开关,其主要保护功能为:

工作螺母磨损监测开关作用为通过工作螺母和安全螺母之间的电位传感器即时监控/检测承载螺母磨损量,一旦承载的工作螺母超过设计磨耗,工作螺母与安全螺母之间的电位传感器被激发,安全螺母立刻作用,电位传感器发出信号通知PLC进行报警、停机,提醒检修人员及时检修,此时架车机不能再继续上升,在操作者对磨损情况确认可安全下降时,可通过一定的操作将架车机安全落下,实施更换工作螺母。

托架与工作螺母防脱开监测开关的作用是在各架车机实施同步下降作业中,一旦某托架受到阻卡,致使与工作螺母脱开时,向上压合防脱开监测开关,防脱开监测开关发出信号通知PLC进行报警、停机,提醒操作人员及时排除受阻托架下方的物体。

(7)电气互锁保护功能

移动式架车机组的各电机采用电气互锁。当一台移动式架车机的电机出现故障时,系统内各台移动式架车机组的电机都自动停止运转。

(8)架车机落地保护功能

架车机底座上设有两个底座落地传感器,目的主要是防止底座在完全没有落实的情况下,开始架车作业,造成车辆或设备的损坏。只有所有落地传感器全部触发并将触发信号传输给 PLC 输入模块,架车机安全保护电路才具备接通条件,否则不能操作架车机上升或下降。

(9)丝杆断裂保护功能

当丝杠突然发生断裂时(此种可能性的发生概率非常小),由于丝杠采用上承载、上传动的方式,如果发生丝杠断裂,也只能是上承重部分丝杠断裂(也就是丝杠螺母以上部分断裂),丝母下部丝杠还能作为支撑,防止所架车体倾覆。

【任务实施】

在架车作业现场学习各部分结构和功能。

(1)架车机机械部分结构:机架、传动升降装置、托架、液压起升行走小车。

(2)架车机组电气控制系统结构和组成:电气控制柜、单机控制箱、远程控制按钮盒、上下限位开关、零位传感器、旋转编码器、电线电缆。

(3)架车机安全保护功能:声光电报警功能、极限位置停机保护功能、架车位置提示功能、超高超低位置停机及光电提示功能、失效、误操作保护功能、双螺母安全保护功能、电气互锁保护功能、架车机落地保护功能、丝杆断裂保护功能。

【知识链接】

移动式架车机安全保护电路比较分析

1.德国 Neuero 与中铁工程研究所两种移动式架车机的安全保护

1)德国 Neuero 移动式架车机安全保护构造

Neuero 移动式架车机主要的保护有:急停保护,上、下限位保护,螺母磨耗保护,托架阻塞限位保护和相序保护等保护组成。Neuero 移动式架车机在安全保护回路中设计了一个安全保护继电器,移动式架车的各种保护开关的常闭触点串联作为安全保护继电器输入。当有保护信号触发时,安全保护继电器输出两组保护信号,一组连接 PLC 的输入模块作为 PLC 的输入信号,一组连接到输出模块直接控制主接触器断开电机电源。

2)中铁工程研究所移动式架车机安全保护构造

中铁移动式架车机主要的保护有:急停保护,上、下限位保护,螺母磨耗保护。中铁移动式架车机的设计方法是将各种保护的触点各自与 PLC 输入模块连接作为 PLC 的输入信号,通过程序利用 PLC 的输出信号直接控制接触器断开电机电源。

2.两种移动式架车机的安全保护电路的比较和分析

1)Neuero 移动式架车机安全保护电路的设计原理分析

在 Neuero 移动式架车机安全保护电路中,急停开关、上限位开关、下限位开关、螺母磨耗保护开关、托架阻塞限位保护的常闭触点和主控制柜钥匙开关全部串联后接入到安全保护继电器,构成一个紧急停止保护监测回路,当钥匙开关闭合后,安全保护继电器输出一个直流电信号经过串联的各保护开关常闭触电后回到输入接点(CH1)。在移动式架车机工作过程中,如果有急停开关触发或其他保护开关被触发,安全保护继电器检测到紧急停止输入信号,输出两路紧急停机信号。安全保护继电器通过第 1 组触点控制输出一个 DC24 V 电压给 PLC 输入模块作为紧急停止信号,通过 PLC 程序控制断开输出模块上的触点到主接触器线圈。另外一路紧急停机信号通过将安全保护继电器 23、24 触点串联到主接触器 230 V 电源回路,直接断开主接触器线圈。

2) 中铁移动式架车机安全保护电路的设计原理分析

在中铁移动式架车机安全保护电路设计中急停开关、螺母故障保护开关、落地保护限位开关和上、下限位开关分别连接 PLC 输入模块,作为紧急停止输入信号,通过程序设计利用 PLC 输出制接触器断开达到紧急停机的目的。

3. 两种移动式架车机的安全保护电路的比较

中铁移动式架车机安全保护电路设计比较简单,通过程序设计直接利用 PLC 的输入输出端子实现安全保护和紧急停机的目的。这种设计完全依赖于 PLC 的程序设计,若急停开关或其他保护开关对应的 PLC 内部的软触点失效时,保护开关触发时 PLC 不会输出紧急停机信号,移动式架车机的安全保护功能失效,达不到紧急停机的目的。Neuero 移动式架车机安全保护电路利用安全保护继电器的设计,能够实现同时通过 PLC 控制移动式架车机紧急停机和通过安全保护继电器直接控制移动式架车机紧急停机。这种设计避免了因为 PLC 有问题导致无法紧急停止移动式架车机的危险。

通过以上的分析和比较,Neuero 移动式架车机安全保护电路的设计更为合理和安全,大大降低了移动式架车机在升降地铁车辆时发生车辆倾覆的危险性。

【效果评价】

评价表

项目名称	移动式架车机组		学生姓名	
任务名称	任务2　移动式架车机组认知		分　数	
项　目			分　值	考核得分
1.移动式架车机系统的相关知识、图片的搜集、整理			10	
2.是否有小组计划			5	
3.移动式架车机结构及功能认知情况			40	
4.移动式架车机安全保护功能原理及作用的认知情况			30	
5.编制学习汇报报告情况			10	
6.基本素养考核情况			5	
总体得分				
教师简要评语:				
			教师签名:	

任务 3　移动式架车机控制系统认知

【活动场景】

在检修现场教学或用多媒体协助展现。

【任务要求】

1. 熟悉移动式架车机主要技术参数。

2. 了解移动式架车机控制系统主要构成。

3. 了解移动式架车机控制原理。

【知识准备】

图 5.9　各架车机与主控柜接线接口图

1. 移动式架车机主要技术规格参数:

主要技术参数	
工作环境温度:	−30 ~ +50 ℃
工作环境最大湿度:	100%
噪声等级:	≤75 dB(A)
外形尺寸:	1 438 mm × 1 138 mm × 3 900 mm
最大举升质量:	16 t
升降最低高度:	0.65 m
升降行程:	1.6 m
升降速度:	200 mm/min
减速机电机功率:	4 kW
工作电压:	380 V
伸缩托架最大行程:	200 mm
同一车位 4 台架车机托架承载面高度差:	≤6 mm
相邻两车位 8 台架车机托架承载面高度差:	≤8 mm
相邻三车位 12 台架车机托架承载面高度差:	≤10 mm
六车位 24 台架车机托架承载面高度差:	≤14 mm

2.移动式架车机操作系统组成

移动式架车机组的电气控制系统包括一个主操作台、1 个安装在主控台轨道对面地坑中的确定控制按钮盒,6 个安装在每组架车机上的远程控制按钮盒和 24 个安装在单台架车机上的操作控制箱。24 台架车机系统单元的电源、控制线路采用预埋电缆及快速接头的形式连接。

图 5.10 主操作台

(1)主操作台

主操作台如图 5.10 所示,操作台上各按钮功能如图 5.11 所示,主操作台控制功能见表 5.1。

图 5.11 操作台上各按钮功能

表 5.1 主操作台控制功能表

序号	按钮说明	功能说明
1	控制电源旋钮(钥匙开关)	控制电源的总开关
2	电源指示灯	控制电源指示灯
3	一号架车组选择旋钮(钥匙开关)	用于联动操作时选择一号架车机组
4	二号架车组选择旋钮(钥匙开关)	用于联动操作时选择二号架车机组
5	三号架车组选择旋钮(钥匙开关)	用于联动操作时选择三号架车机组
6	系统调节指示灯	架车机组同步性自动调节工作指示灯
7	调节失败指示灯	架车机组同步性自动调节工作失败指示灯
8	丝母故障指示灯	丝母磨耗过限报警指示灯
9	确定信号指示灯	确定控制按钮盒确认指示灯
10	落地信号指示灯	全部架车机托架落至最低处指示灯
11	联动\单动选择旋钮	架车机组联动和单台架车机操作选择旋钮
12	复位按钮	系统出现故障,排除后确认复位
13	四号架车组选择旋钮(钥匙开关)	用于联动操作时选择四号架车机组
14	五号架车组选择旋钮(钥匙开关)	用于联动操作时选择五号架车机组

续表

序号	按钮说明	功能说明
15	六号架车组选择旋钮(钥匙开关)	用于联动操作时选择六号架车机组
16	上升按钮(带指示灯)	控制架车机组联动上升
17	下降按钮(带指示灯)	控制架车机组联动下降
18	停止按钮	控制架车机组停止动作
19	允许下降按钮	架车机组在联动状态下,需要下降时,应先按此按钮进行下降确认
20	手动调节按钮	架车机联动运行调节失败,排除故障后确定架车机可以继续运行,按下此按钮,可以使架车机继续运行
21	清音按钮	出现故障报警时,关闭报警响铃
22	急停按钮	设备故障时按下停止工作

(2)确定控制按钮盒

确定控制按钮盒按键布局如图 5.12 所示,确定控制按钮盒功能见表 5.2。

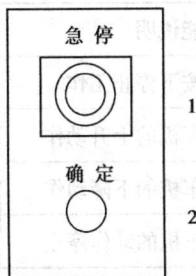

图 5.12 主控柜确定按钮盒

表 5.2 确定控制按钮盒功能表

序号	按钮说明	功能说明
1	急停按钮	设备故障时按下停止工作
2	确定按钮	在执行 2 组及以上架车机组联动操作时,全部托头与车辆接触后的确认

(3)远程控制按钮盒

远程控制按钮盒按键布局如图 5.13 所示。

远程控制按钮盒各按键功能见表 5.3。

表 5.3 远程控制按钮盒功能表

序号	按钮说明	功能说明
1	急停按钮	设备故障时按下停止工作
2	上升按钮	控制单组架车机组的上升动作
3	下降按钮	控制单组架车机组的下降动作
4	停止按钮	控制单组架车机组的动作停止
5	确定按钮	用于单组联动操作时,全部托头与车辆接触后的确认

（4）操作控制箱

操作控制箱的按键布局如图 5.14 所示。

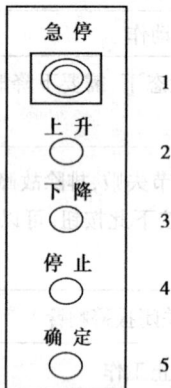

图 5.13　远程控制按钮盒布局图　　　　　　图 5.14　操作控制箱布局图

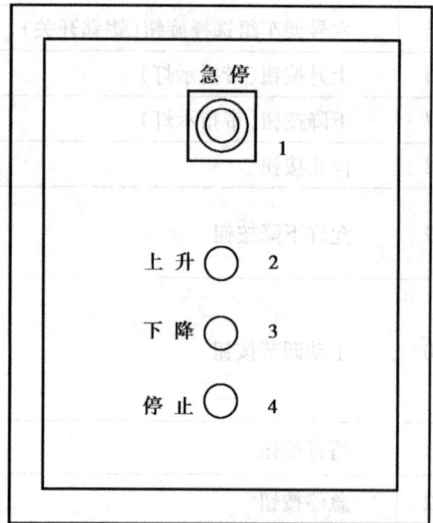

操作控制箱各按键功能见表 5.4。

表 5.4　操作控制箱钮盒功能表

序号	按钮说明	功能说明
1	急停按钮	设备故障时按下停止工作
2	点动上升按钮	控制单台架车机的上升动作
3	点动下降按钮	控制单台架车机的下降动作
4	停止按钮	控制单台架车机的动作停止

3. 移动式架车机控制系统组成及控制原理

控制系统的核心部件为可编程序控制器（PLC）、触摸屏和旋转编码器，其通过数据采集、逻辑运算、数值运算、动作输出来实现同步控制、故障报警、状态显示等功能。控制系统设有手动控制和自动控制，手动控制和自动控制功能可任意转换。在手动控制状态下，通过安装在各单机控制箱上的手动控制按钮，可单独控制各架车机的升降；在自动控制状态下，同步控制系统主要由检测电动机旋转运动角度位移的旋转编码器和可编程序控制器（PLC）组成。旋转编码器检测电动机运动的角度位移，并通过可编程序控制器（PLC）将此角度位移转换成架车机托架的直线位移，当各架车机高度差超过系统允许范围时，系统将自动停机锁定并报警，直至超限故障排除为止。在同步升降过程中控制系统具有超差停机报警、故障架车机位置报警等功能。

（1）主控制柜

移动式架车机主控制柜主要包括操作台、电压电流表、HMI 触摸架车机信息显示屏、交流控制柜、PLC 及直流中继控制柜、各架车机与控制柜连接信号电源电缆及插座接口连接面板，

图 5.15　主控柜正面布局

图 5.16　主控柜背面布局

移动式架车机控制模块主要包括主 CPU 模块(包括电源模块、存储卡)、输入模块、输出模块、高速计数器模块,如图 5.15、图 5.16 所示。

(2)架车机本地控制箱

每个架车机都安装有本地控制箱,其安装在架车机侧面中部,其主要包括本地操作面板、本地输入输出接线箱、与控制柜连接的电源及信号接口、架车机旋转编码器连接接口、远程控制盒连接接口,如图 5.17 所示。

(3)PLC 用户程序界面

二号线移动式架车机采用西门子 S300 系列 PLC,其控制程序包括 PLC 硬件组态、用户程序(OB 块、FC 块、FB 块)、DB 数据块。主要功能是通过对架车机外围输入到 PLC 输入模块信

图 5.17　本地操控箱

号和高速计数器模块编码器脉冲信号进行采集,由 CPU 模块进行逻辑运算、数值运算、动作输出来实现同步控制、故障报警、状态显示等功能,通过输出模块输出信号控制中间继电器,中间继电器控制接触器和继电器,实现各架车机同步上升和下降,西门子 SIMATIC 软件监控界面如图 5.18 所示。

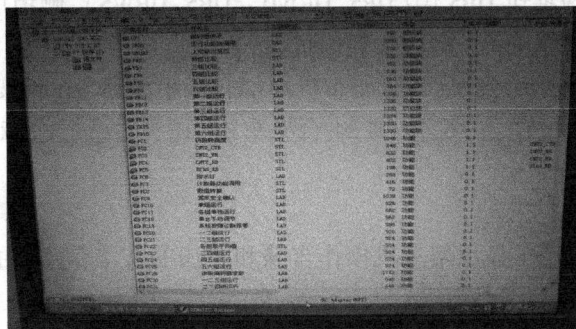

图 5.18　西门子 SIMATIC 软件监控界面

(4)移动式架车机监控触摸屏操作界面

移动式架车车机选用西门子 TP177A 系列触摸屏,操作界面主要由监控界面 1、监控界面 2、报警界面、操作手册界面、帮助界面 5 部分组成。

①监控界面 1

监控界面 1 主要用于对 1、2、3 组的四台架车机高度进行监控,在架车过程中触摸屏与 PLC 进行 MPI 数据通信,读取相应各架车机高度数据,主监控界面如图 5.19 所示。操作者在架车过程中可实时观察到各架车机高度

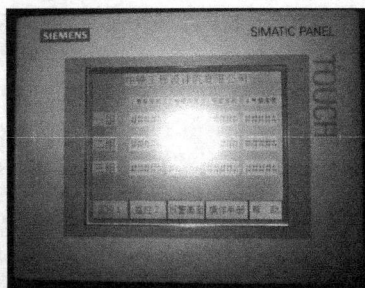

图 5.19　主监控界面

（单位为 mm），其中系统共享. DB_unit_1_11 - 系统共享. DB_unit_1_41 为 1 组 1 - 4 号架车机高度；系统共享. DB_unit_2_11 - 系统共享. DB_unit_2_41 为 2 组 1 - 4 号架车机高度；系统共享. DB_unit_3_11 - 系统共享. DB_unit_3_41 为 3 组 1 - 4 号架车机高度。

②监控界面 2

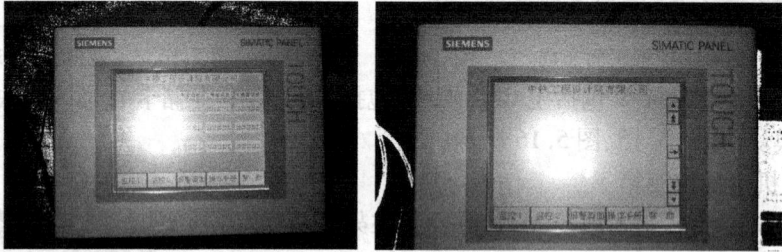

图 5.20　架车机高度监控界面

监控界面 1 主要用于对 1、2、3 组的四台架车机高度进行监控，在架车过程中触摸屏与 PLC 进行 MPI 数据通信，读取相应各架车机高度数据，架车机高度监控界面如图 5.20 所示。操作者在架车过程中可实时观察到各架车机高度（单位为 mm），其中系统共享. DB_unit_1_11 - 系统共享. DB_unit_1_41 为 1 组 1 - 4 号架车机高度；系统共享. DB_unit_2_11 - 系统共享. DB_unit_2_41 为 2 组 1 - 4 号架车机高度；系统共享. DB_unit_3_11 - 系统共享. DB_unit_3_41 为 3 组 1 - 4 号架车机高度。

③报警界面

报警界面主要用于对移动式架车机在架车过程中出现的报警进行实时弹出显示，提示操作者设备报警，方便操作者在操作错误或发生故障后了解架车机故障情况。架车机报警信息主要存储在 PLC 报警数据块 DB5 中（DB5. DBW0 - DB5. DBW5），触摸屏通过 MPI 通信读取报警信息，报警信息主要由 83 个离散报警组成，报警内容包括在架车出现的联动超调报警、1 ~ 3 号高速计数器模块读取错误、各组架车机内部超调报警、1 ~ 6 组架车机丝母磨损报警、1 ~ 6 组架车机落地信号报警、1 ~ 6 组（共 24 台架车机）托头传感器故障报警、1 ~ 6 组架车机调整达到 5 次停机报警等。

④操作手册界面

操作手册界面主要用于显示架车机操作步骤和方法的文本信息，由 5 组画面组成，如图 5.21 所示。

⑤帮助界面

帮助界面主要显示架车过程中重要的注意事项，提示操作者安全架车操作，如图 5.22 所示。

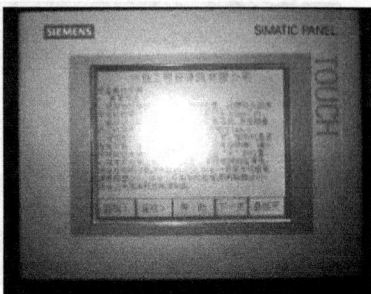

图 5.21　操作手册界面

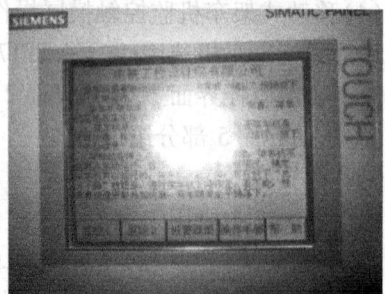

图 5.22　帮助界面

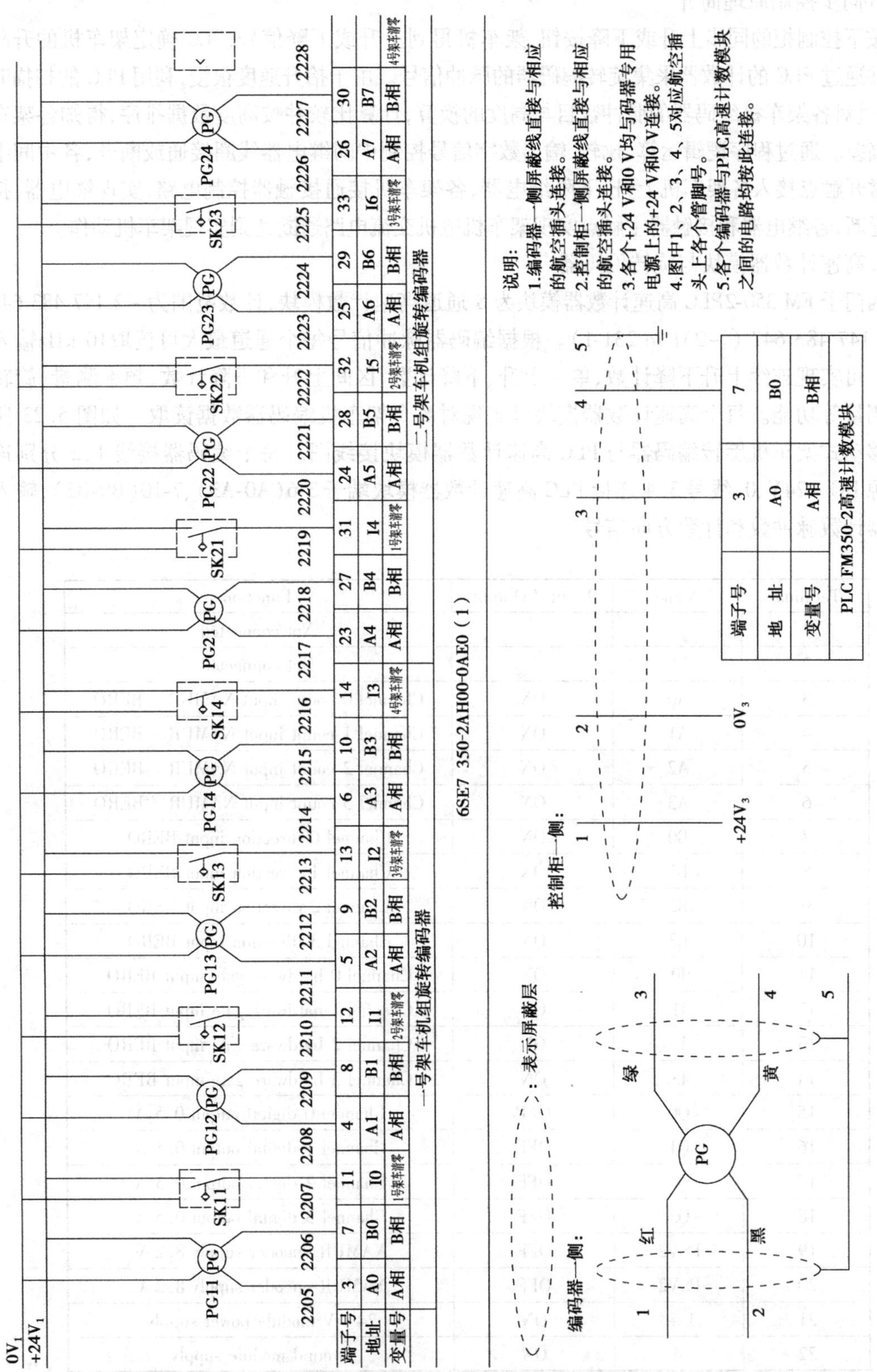

图5.23 组架车机旋转编码器接线图

⑥同步控制原理简介

按下控制柜的同步上升或下降按钮,架车机得到上升或下降信号,PLC 确定架车机的升降方向并通过 PLC 的计数器采集旋转编码器的脉冲信号。由于抬升速度很慢,利用 PLC 的扫描时间,通过对各架车机编码器的脉冲数目与高度的换算,计算比较并按高度数据排序,得知各架车机的高差。通过程序逻辑运算、比较,输出数字信号控制中间继电器线圈接通或断开,各中间继电器常开触点接入各架车机上升、下降继电器、各架车机接通接触器控制电路,实现继电器、接触器通断,各继电器和接触器主触点实现架车机电机交流电路通断达到实现架车机动作。

a. 高速计数器模块与旋转编码器

西门子 FM 350-2PLC 高速计数器模块为 8 通道高速计数模块,计数范围为 $-2\,147\,483\,648$ 到 $+2\,147\,483\,647$ (-231 to 231-1)。根据编码器脉冲信号每个通道最大可读取 10 kHz 输入频率。可实现连续上升下降计数、单一上升、下降计数、区间上升和下降计数、频率测量、旋转速度测量等功能。每个高速计数器模块可实现对 8 个架车机编码器数据读取。如图 5.23 所示为移动式架车机旋转编码器与 PLC 高速计数器模块接线图。每个编码器接线 1、2 分别连接电源 DC $+24$V、0,线号 3、4 连接 PLC 高速计数器模块端子 3-6(A0-A3)、7-10(B0-B3),输入编码器计数脉冲数和计数方向信号。

Terminal	Name	Input / Output	Function
1			Not connected
2			Not connected
3	A0	ON	Channel 0 count input NAMUR / BERO
4	A1	ON	Channel 1 count input NAMUR / BERO
5	A2	ON	Channel 2 count input NAMUR / BERO
6	A3	ON	Channel 3 count input NAMUR / BERO
7	B0	ON	Channel 0 direction input BERO
8	B1	ON	Channel 1 direction input BERO
9	B2	ON	Channel 2 direction input BERO
10	B3	ON	Channel 3 direction input BERO
11	I0	ON	Channel 0 hardware gate input BERO
12	I1	ON	Channel 1 hardware gate input BERO
13	I2	ON	Channel 2 hardware gate input BERO
14	I3	ON	Channel 3 hardware gate input BERO
15	Q0	OFF	Channel 0 digital output 0.5 A
16	Q1	OFF	Channel 1 digital output 0.5 A
17	Q2	OFF	Channel 2 digital output 0.5 A
18	Q3	OFF	Channel 3 digital output 0.5 A
19	P8V2	OFF	NAMUR encoder supply 8.2 V
20	P8V2	OFF	NAMUR encoder supply 8.2 V
21	L +	ON	24 – V module power supply
22	M	ON	Ground module supply

图 5.24　高速计数器模块 1~4 通道连线图

b. PLC 高速计数器数据读取

移动式架车机程序块中组织块 OB1 专门用来读取各高度计数器模块脉冲数,通过赋予 FC7 功能不同的形参,3 次调用 FC7 功能,读取 1～6 组共 24 个架车机编码器脉冲数。下面为 FC7 功能程序一部分节选:

```
A       "一组选择"
=       L      20.0
BLD     103
A       "二组选择"
=       L      20.1
BLD     103
CALL    "计数器功能调用"
in_cnt              : = W#16#1
in_channel_0_3  : = L20.0
in_channel_4_7  : = L20.1
out_err             : = "报警". FM350_2_1
out_FC4_res_1  : = "系统共享". unit1_value
out_FC4_res_2  : = "系统共享". unit2_value
NOP  0
```

c. 读取脉冲数与架车机高度转换

PLC 通过调用程序中 FC8 功能将编码器高度脉冲转换为架车机实际驾车高度,通过程序可知道编码器每旋转计数 693 个脉冲时,架车机高度上升或下降 1 mm。

```
L       0
T       #temp_high
L       #in_dint
DTR
T       #temp_high
L       #temp_high
L       6.930200e + 002
/R
T       #out_real_high
```

【任务实施】

架车机联动同步控制

1. 移动式架车机同步判断原则

架车机同步控制核心是 PLC 逻辑运算比较和判断,在架车机控制程序中有 FC81(3 个数比较取大)、FC82(3 个数比较取小),FC90(最大值减最小值)、FC91(4 个数比较取大)、FC92(4 个数比较取小)、FC93(5 个数比较取大)、FC94(5 个数比较取小)、FC95(6 个数比较取大)、FC96(6 个数比较取小)、FC101(单组取平均值),通过调用以上不同程序块,实现对架车机高度逻辑判断、控制,判断原则如下:

①如果任意两台架车机的高度差在 4 mm 之内,系统正常工作,不进行调整。

②高度差为 4 ~ 6 mm,分为上升等待补齐调整与下降等待补齐调整。上升等待补齐调整时,处于最高位的架车机停止运行,其余架车机继续上升,当第 2 高位的架车机上升到最高位的高度时,停止运行,其余架车机继续上升,同理,上升等待补齐调整不断进行,直到所有升降柱同高时,停止调整动作,架车机同时上升。下降等待补齐调整过程类似。

③同组高于 6 mm 停车报警。

④相临组高于 8 mm 停车报警。

⑤整列车高于 14 mm 停车报警。

2. 同步度控制的硬件设计

YDJ16T 移动式架车机可实现单组同步精度 ±4 mm 精度,两组同步精度 ±6 mm,3 组以上同步精度 ±8 mm 以内,也就是说,架车机架升高度在这范围内通过架车机控制系统自动调节将驾车机高度控制在一定范围内。同步精度硬件实现主要是通过主电路和 PLC 硬件两大部分实现的。

3. 主电路设计

每台架车机升降驱动装置是一台 4 kW 的三相异步电动机,电机动力通过三合一减速箱、星型联轴器驱动丝杆转动,传动丝杆的回转运动则通过丝母转换成上下直线运动,从而实现托架部分车的起落功能。如图 5.25 所示,以第一组主电路图为例,所有 4 台架车机上的三相电机 M1 ~ M4,均与控制正反转的主继电器触点 KM15 和 KM16 串联,实现同组内 4 台架车机同步上升和下降,KM11 ~ KM14 主触点仅控制各架车机上三相电机的启动和停止,这样设计的优点在于:一是与每个电机配置独立正反转触点的设计相比,可大大减少主继电器的使用;二是在架车机架升高度出现偏差时,控制相应架车机停止和启动,实现架车机架升高度调整。在上升过程中,相应架升高度最高的架车机相应继电器受控制断开,相应架车机停止等待其他 3 个架车机,等待架车高度在一定范围内时再重新启动,4 台架车机再次同步上升;如果在下降操作过程中,下降高度最低的架车机继电器断电,主触点断开,相应架车机停止,等待其他 3 个架车机下降高度,4 台架车机高度在 ±4 mm 范围内,架车机继电器再次得电,同组 4 台架车机再次同步下降。此外,每个架车机的电机都配置有制动器 YB1-YB12,可有效防止电机停止运转时的惯性冲击,确保架车机不会因为停止惯性造成定位精度偏差问题。

4. PLC 的设计

YDJ16T 型移动式架车机 PLC 选用西门子 S300 系列可编程控制器,硬件部分包括主 CPU315 – 2DP 主模块、IM365 机架扩展接收模块(用于连接扩展机架中的 3 个高速计数器模块)、DI32 ×24 V 数字输入模块 1 ~ 4、DO、32 ×24 V/0.5 A 数字输出模块 1 ~ 2,它们之间通过背板总线实现与 CPU 主模块通信实现数据交换。扩展机架主要包括 IM365 扩展机架接收模块、高速计数器模块 1 ~ 3,其中最左侧的 IM365 扩展机架发送模块通过西门子相应通信协议实现与主站 CPU 模块右侧 IM365 扩展机架接收模块通信和数据交换,将各架车机旋转编码器检测到架车机高度脉冲值传送到 CPU 模块。每个计数器模块包含 8 个计数检测通道,分别是计时器模块 1 的 A0 ~ A7,检测 1、2 组 8 个驾车机旋转编码器正转(上升)脉冲信号,计数器模块 2 的 A0 ~ A7 检测 3 ~ 4 组 8 个架车机旋转编码器正传(上升)脉冲信号,计数器模块 3 的 A0 ~ A7 检测 5 ~ 6 组 8 个架车机旋转编码器正传(上升)脉冲信号;同样计数器模块 1 的 B0 ~ B7 检测 1 ~ 2 组 8 个架车机旋转编码器反转(下降)脉冲信号,计数器模块 2 的 B0 ~ B7 检测 3 ~ 4 组 8 个架车机反转(下降)脉冲信号,计数器模块 3 的 B0 ~ B7 检测 5 ~ 6 组 8 个架

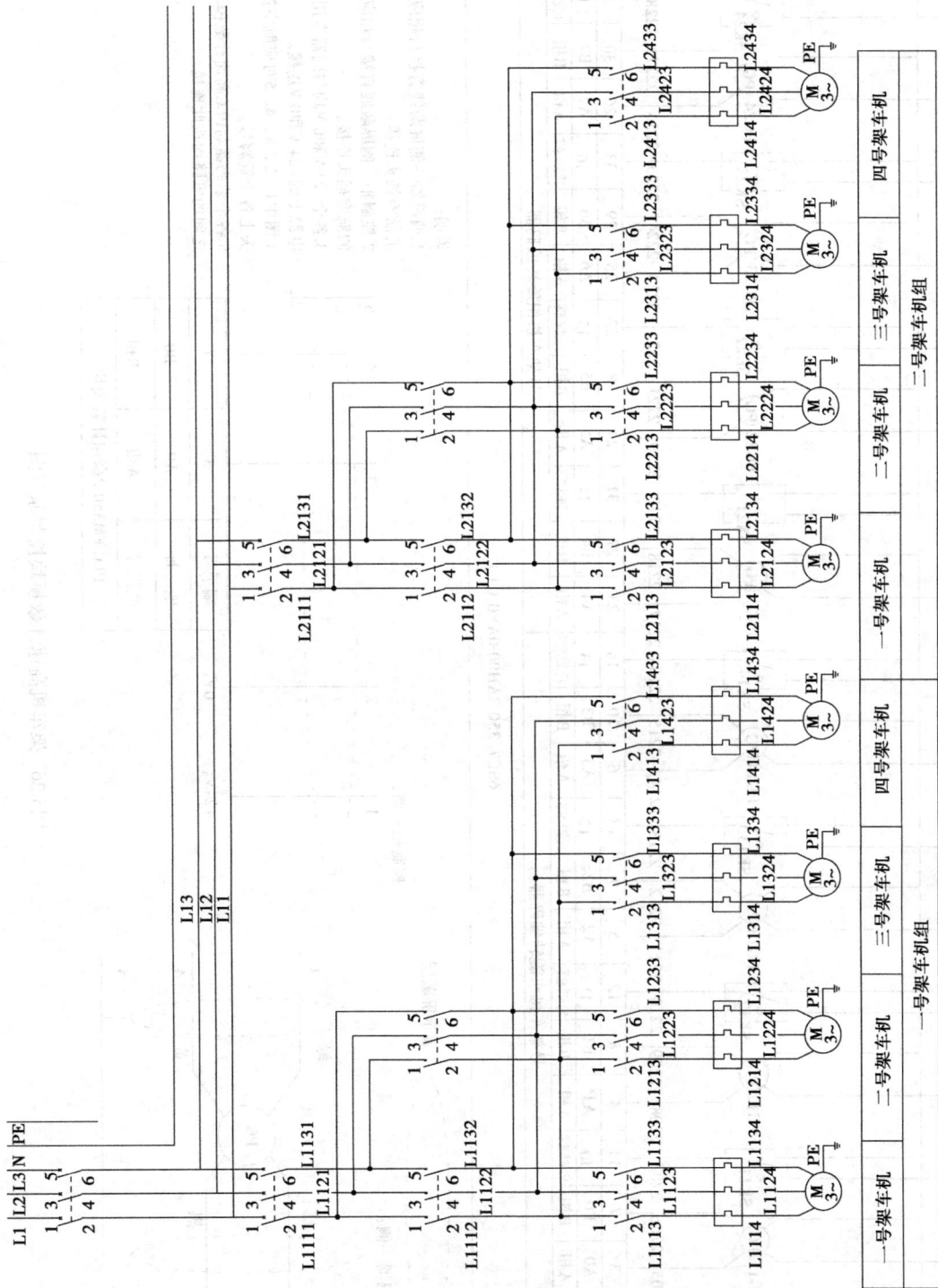

图5.25　YDJ16T国产移动架车机主电路图

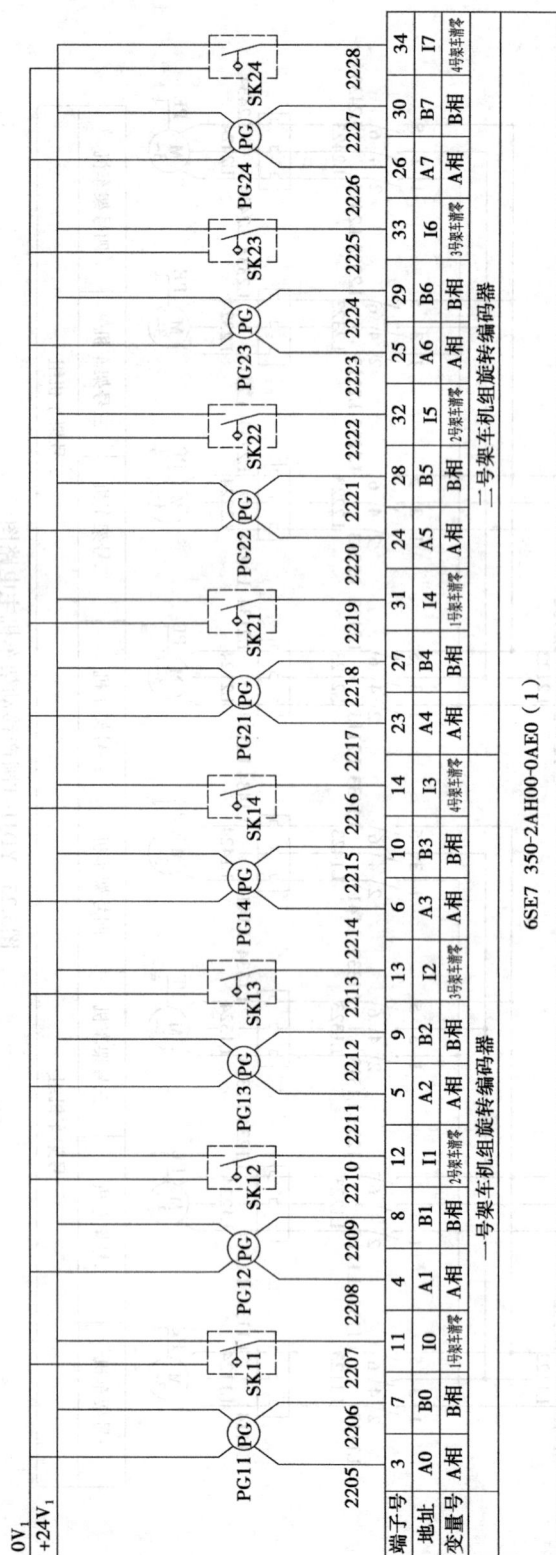

端子号	3	7	11	4	8	12	5	9	13	6	10	14	24	28	32	25	29	33	26	30	34
地址	A0	B0	I0	A1	B1	I1	A2	B2	I2	A3	B3	I3	A5	B5	I5	A6	B6	I6	A7	B7	I7
变量号	A相	B相	1号架车零	A相	B相	2号架车零	A相	B相	3号架车零	A相	B相	4号架车零	A相	B相	1号架车零	A相	B相	3号架车零	A相	B相	4号架车零

一号架车机组旋转编码器   6SE7 350-2AH00-0AE0（1）   二号架车机组旋转编码器

说明：

1.编码器一侧屏蔽线与相应的航空插头直接连接。

2.控制柜一侧屏蔽线直接与相应的航空插头连接。

3.各个+24 V和0 V均与码器专用电源上的+24 V和0 V连接。

4.图中1、2、3、4、5对应航空插头上各个管脚号。

5.各个编码器与PLC高速计数模块之间的电路均按此连接。

编码器一侧：   控制柜一侧：

PLC FM350-2高速计数模块

端子号	3	7
地址	A0	B0
变量号	A相	B相

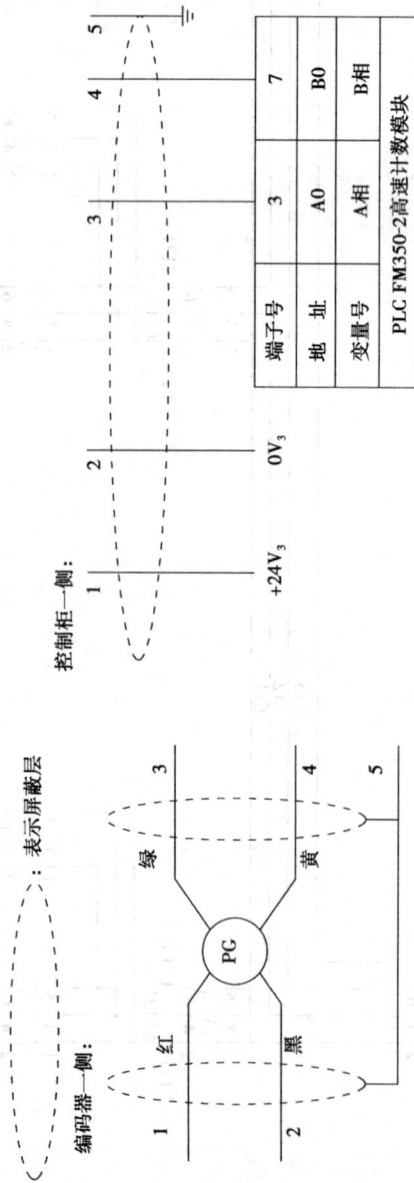

图5.26 架车机高速计数模块控制原理图

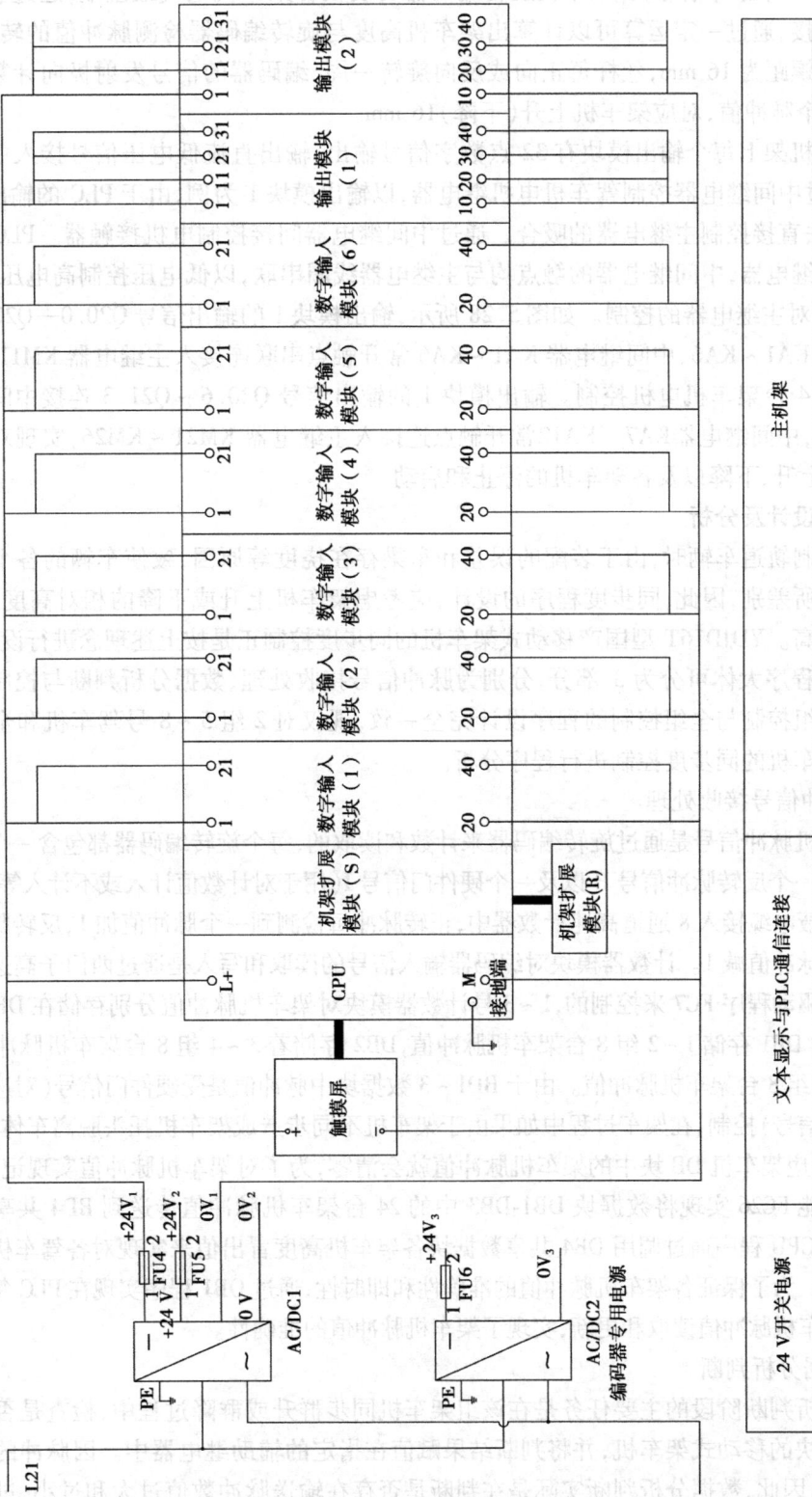

图 5.27 移动式架车机PLC硬件模块布置图

车机反转(下降)脉冲信号,各架车机旋转编码器安装在各架车机电气最顶端,通过联轴器与电机转子联接,通过一定运算可以计算出架车机高度与旋转编码器检测脉冲值的转换关系,由于丝杠的螺距为16 mm,丝杆每正向或反向旋转一周,编码器的信号发射极向计数器模块输送3 057个脉冲值,对应架车机上升(下降)16 mm。

PLC主机架上每个输出模块有32点数字信号输出,输出直流低电压信号接入中间继电器电路,通过中间继电器控制驾车机电机继电器,以输出模块1为例,由于PLC的输出为低压低直流,无法直接控制主继电器的吸合。通过中间继电器间接控制电机接触器。PLC输出信号连接中间继电器,中间继电器的触点均与主继电器线圈串联,以低电压控制高电压的设计,实现了PLC对主继电器的控制。如图5.28所示,输出模块1的输出信号Q20.0—Q20.5连接中间继电器KA1~KA6,中间继电器KA1~KA6常开触点串联连接入主继电器KM11~KM16实现对一组4台架车机电机控制。输出模块1的输出信号Q20.6~Q21.3连接中间继电器KA7~KA12,中间继电器KA7~KA12常开触点连接入主继电器KM21~KM26,实现对1、2组8台架车机上升、下降以及各架车机的停止和启动。

5. 程序设计及分析

在生产制轨道车辆时,由于装配的误差和车梁存在挠度等原因,致使车辆的各个架车点绝对高度有所差别,因此,同步度程序的设计,应考虑架车机上升或下降的相对高度,而非距地面的绝对高。YDJD16T型国产移动式架车机的同步度控制正是按上述理念进行设计的,其同步度控制程序大体可分为3部分,分别为脉冲信号接收处理、数据分析判断与控制结果输出。由于单组控制与全组控制的程序设计完全一致,现仅对2组5~8号驾车机和全列6编组移动式架车机的同步度控制进行程序分析。

(1)脉冲信号接收处理

各架车机脉冲信号是通过旋转编码器来计数和读取的,每个旋转编码器都包含一个正转脉冲信号A和一个反转脉冲信号B以及一个硬件门信号I(用于对计数值计入或不计入等的控制,通过专用屏蔽电缆接入8通道高速计数器中,正转脉冲每检测到一个脉冲值加1,反转脉冲值每检测到一个脉冲值减1。计数器模块对编码器输入信号的读取和写入是通过西门子高速计数器模块专用的驱动程序FC7来控制的,1~3号计数器模块对架车机脉冲值分别存储在DB1~3数据块中,其中DB1存储1~2组8台架车机脉冲值,DB2存储着3~4组8台架车机脉冲值,DB3存储着5~6组8台架车机脉冲值。由于BD1~3数据块中脉冲值是受硬件门信号(对应架车机托头传感器信号)控制,在架车过程中如果由于架车机不同步造成架车机托头脱离车体,硬件门信号断开,相应架车机DB块中的架车机脉冲值就会清零,为了对架车机脉冲值实现记忆,在程序中通过功能FC26实现将数据块DB1-DB3中的24台架车机脉冲值传送到BD4共享数据块中。这样主CPU程序通过调用DB4共享数据块各架车机高度冒出值来实现对各驾车机高度的分析和判断。为了保证各架车机脉冲值的准确性和即时性,通过OB1程序实现在PLC每个扫描周期对各架车机脉冲值读取和更新,实现了架车机脉冲值的准确性。

(2)数据分析判断

数据分析判断阶段的主要任务是在该组架车机同步群升或群降过程中,检查是否存在上升或下降过快的移动式架车机,并将判断结果赋值在指定的辅助继电器中。因脉冲的信号是无方向性的,因此,数据分析判断实际是在判断是否存在输送脉冲数值过大和过小,过大则表示该架车机上升或下降过快,过小则表示该架车机的上升或下降过慢。

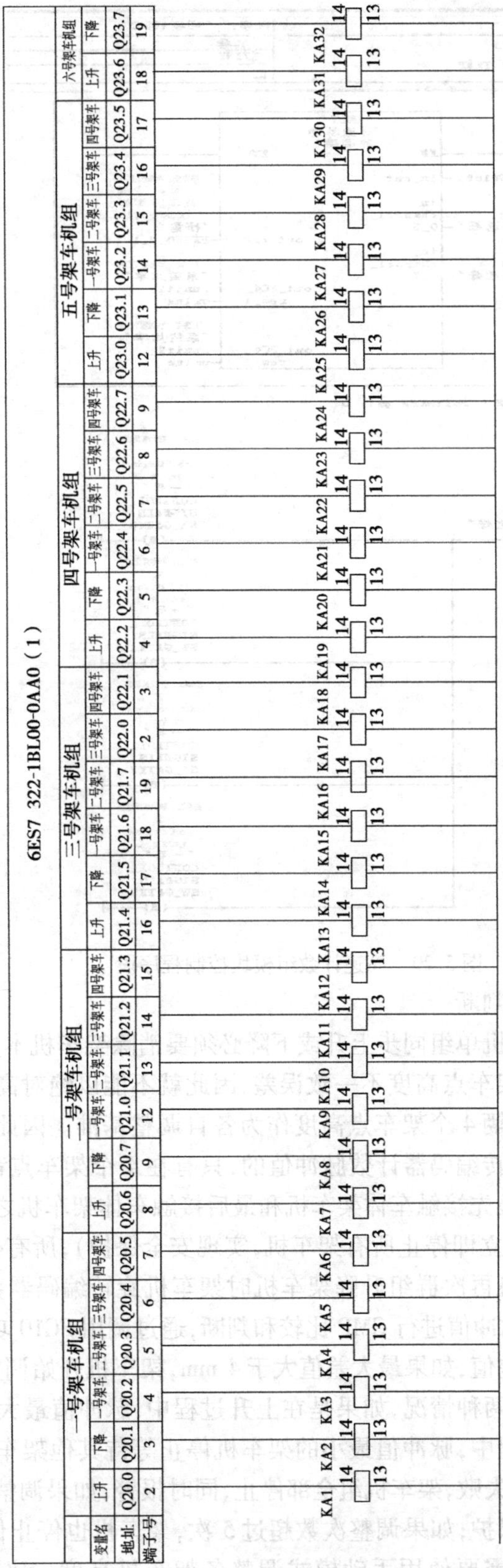

图5.28 移动式架车机PLC输出模块控制图

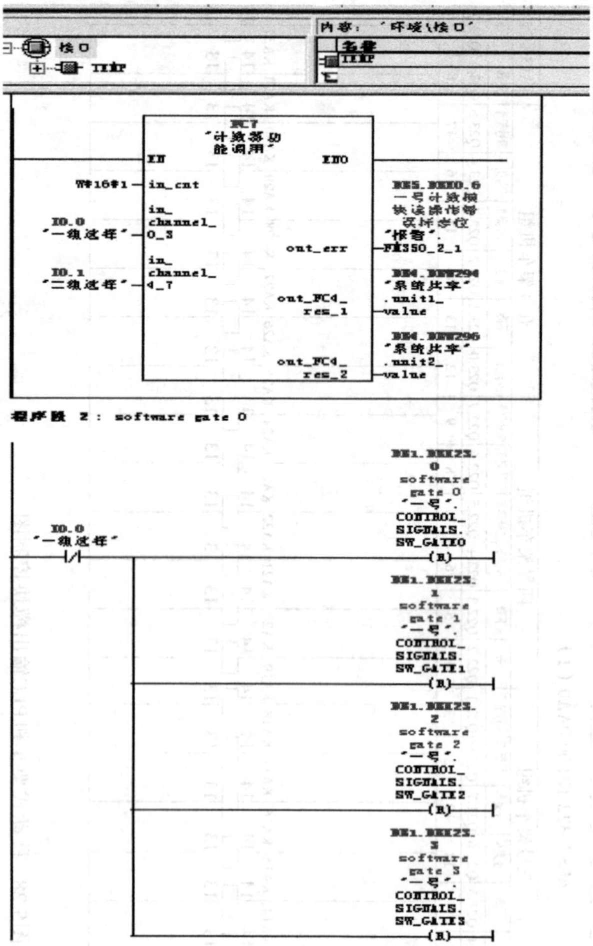

图 5.29　高速计数组模块控制程序段

①单组架车机升降分析判断

首先需要确定的是架车机单组同步上升或下降必须要消除架车机本身制造误差、架车地面不平误差、车辆本身 4 个架车点高度不一致误差,因此就不能以绝对高度为基准来调整架车机同步性。而是以架升车辆 4 个架车点高度作为各自调整基准。因此程序设计上在架车机未接触车体前是不计入旋转编码器计数脉冲值的,只有在 4 个架车点都接触车体后(可以不是同时接触车体,只要在最先接触车体架车机和最后接触车体架车机之间时间间隔不超过 2 s,如果超过 2 s 程序超调,立即停止所有架车机,实现安全保护),所有架车机复位停止,按架车机组确认按钮后,架车机再次群组升降架车机时架车机旋转编码器数值开始计入,程序开始对 2 组 5~8 号架车机脉冲值进行 CMP 比较和判断,通过调用 FC10 功能计算出 4 个架车机的最大值、最小值和最大差值,如果最大差值大于 4 mm,架车机开始调整,如果最大差值小于 2 mm,调整停止。调整分两种情况,如果是在上升过程中,脉冲值最大架车机停止等待其他架车机;如果是在下降过程中,脉冲值最小的架车机停止等待其他架车机。如果架车机脉冲最大差值大于 6 mm,调整失败,架车机组全部停止,同时报警,如果调整时间超过 2 s,程序输出超调报警,架车机停止保护;如果调整次数超过 5 次,架车机也停止保护,同时输出脉冲超差架车机报警,这种情况需要使用手动模式调整各架车机高度。比较判断结果被赋予

FB12 功能块静态变量。其中#unit-up 赋予上升 M128.1 继电器,#uint-down 赋予下降继电器 M128.2,#number1-stop、#number2-stop、#number3-stop、#number4-stop 常闭点分别被赋予 5~8 号架车机中间继电器 M128.3、M128.4、M128.5、M128.6,再输出到 Q20.6~Q21.3,实现对 2 组 4 台架车机群组同步升降调整控制。

②整列 6 组架车机升降分析判断

整列架车机同步调整是调整各组架车机之间的高度差,保证高度最低和高度最高的架车机之间高度差在规定范围内。程序首先在整列架车模式下调用 FC66 6 组同时运行功能,FC66 再调用 FB11、FB12、FB13、FB14、FB15、FB16,实现 1~6 各组架车机同步运行,在同步运行过程中,各组之间的高度分析判断是通过调用 FB6 来实现分析和判断的,首先各架车机高度定义是以各组内 4 台架车机脉冲高度平均值作为架车机脉冲高度值,通过调用 FC101 功能来计算平均值,同单组分析和判断原理一样,调用 FC95 判断 6 组架车机脉冲高度最大值,调用 FC96 判断 6 组架车机脉冲高度最小值,调用 FC90 计算架车机组间高度最大差值,然后程序通过逻辑比较判断

图 5.30　架车机高度判断程序段

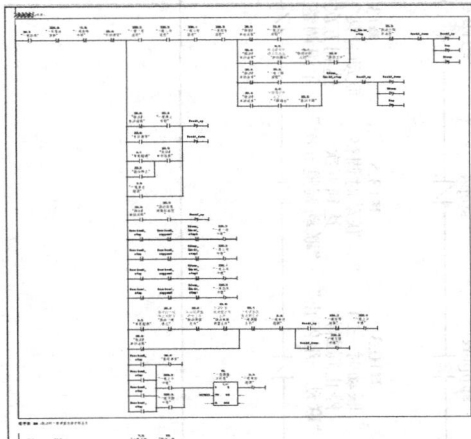

出是否需要调整,如果架车机组间最大差值大于 10 mm,置位调整静态变量#out-adjustment,如果组间高度最大差值小于 8 mm,复位调整静态变量#out-adjustment,如果组间高度最大差值大于 14 mm 输出调整失败报警静态变量#out_warn。功能 FC66 程序根据 FB6 逻辑判断结果,实现对各组架车机控制。在#out-adjustment 为 1 时,使用 CMP 判断出哪组架车机需要调整停止,如果群组上升时,脉冲高度最大值最大的架车机组 4 台架车机同时停止等待,如果群组下降时,脉冲高度最小架车机组 4 台架车机同时停止等待。

图 5.31　架车机高度控制程序段

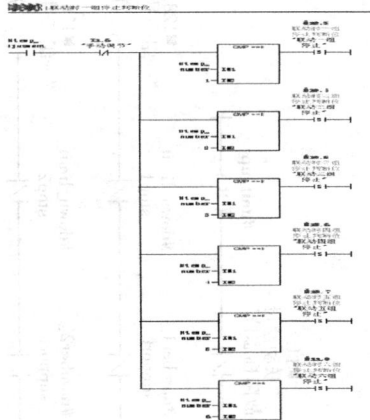

图 5.32　联动停止逻辑判断位输出程序段

(3)控制结果输出

在 6 组群组架车程序功能 FC66 中程序经过对各组架车机高度分析、比较计算,判断出哪组架车机需要停止等待调整,输出逻辑停止判断位 M10.3~M11.0 为 1~6 组联动时停止判断位。以联动第一组上升超调停止为例,当一组联动停止判断位 M10.3 为 1 时,在 FB11 一组

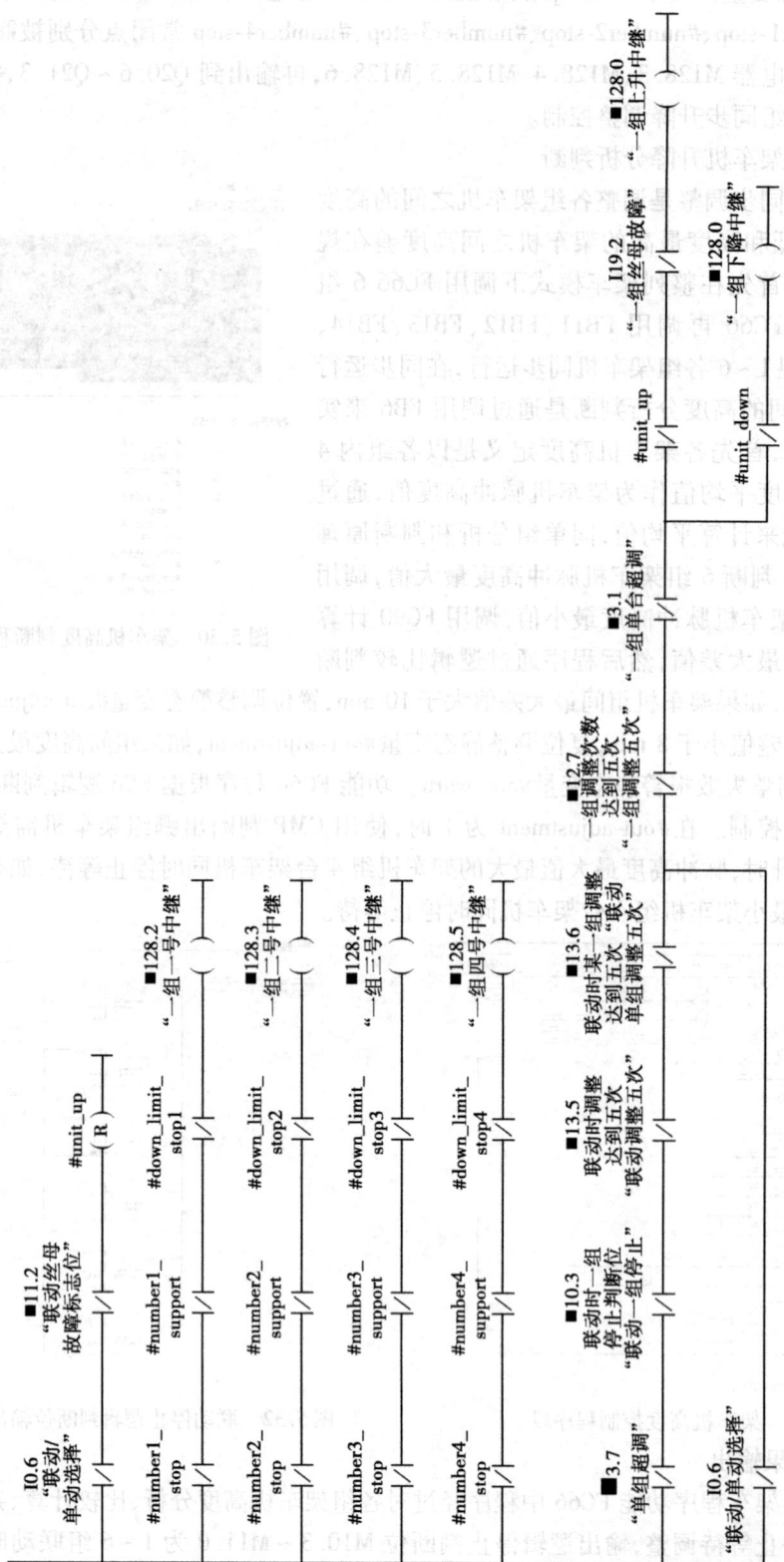

图5.33 架车机单组轻控制程序段

运行程序块中,M10.3 常闭触点为 0,程序输出 M128.0 一组上升,中继及 M128.1 一组下降,中继输出均为 0,M128.0 常开触点为 0,输出一组上升 Q28.0 为 0,M128.1 常开触点为 0,输出一组下降 Q28.1 为 0,根据电路原理图,这时 KA1 上升中间继电器及 KA2 下降中间继电器均不得电,常开触点断开一组上升继电器 KM15、下降继电器 KM16 不动作常开主触头断开,一组 4 台架车机通知停止,实现了在联动超调时对架车机组控制,将 1~6 组架车机高度差控制在 8~10 mm;如果架车机组在群架或单组架车过程中出现单组超调、单台超调、联动或单动调整次数超过 5 次上升和下降,中间寄存器 M128.0 和 M128.1 也输出为 0,如果在上升过程汇总出现丝母磨损,丝母磨损传感器触发,输入点 I19.2 常闭触点丝母故障为 0,输出一组上升 M128.0 为 0,丝母故障架车机组停止,这些安全保护措施对架车机组起到了有效保护作用。

在程序用户程序中 FB11~FB16 为 1~6 组运行子程序功能块,图 5.33 为 FB11 功能块程序一部分,对图 5.33 分析可知,除了在单组同步分析中#number1-stop、#number2-stop、#number3-stop、#number4-stop 单组调整停止判断标志位控制 M128.2-M128.5 一组 1~4 号架车机同步调整等待停止控制外,架车机在下降极限位置和架车机托头传感器与车体脱离两种情况下架车机也会停止,通过调整组内 4 个架车机最高和最低高度差保持在 2~4 mm。

【知识链接】

移动式架车机同步控制程序分析

移动式架车机是用于升降轨道车辆以进行维修、保养作业的专用设备,只能用于设计规范指定的轨道车辆。而架车机的同步控制是指每个架车机起落架上升或下降距离的差值控制在同步误差范围内,用以监控起落架的整体速度。在广州地铁三号线移动式架车机的 PLC 控制程序中,同步控制是由 FC50 实现的。在同步控制中,脉冲装置监测丝杆的转圈数及方向,以提供移动式架车机工作的同步信号和空转信号。

1. 同步控制程序分析

(1)脉冲计数值的储存位置

在起落架上升或下降时,脉冲传感器会随着丝杆的旋转产生脉冲,PLC 检测脉冲电平的变化,通过脉冲计数值表示起落架上升或下降的距离。上升的时候,程序检测脉冲的上升沿,检测到脉冲上升沿的架车单元相应的脉冲计数值加 1;下降的时候,程序检测脉冲的下降沿,检测到脉冲下降沿的架车单元相应的脉冲计数值减 1。移动式架车机有 4 个架车单元,每个架车单元的脉冲计数值在程序中的储存位置见表 5.5。

表 5.5

架车单元编号	1	2	3	4
储存位置	DB52.DBW0	DB52.DBW2	DB52.DBW4	DB52.DBW6

(2)脉冲计数值的初值

脉冲计数值的初值为 8 000。如果架车单元的选择在原来的基础上有所减少并有上升或下降操作,选中的架车单元会维持原来的计数值继续累加。如果架车单元的选择在原来的基础上有所增加并有上升或下降操作,程序会认为这是一次新的同步选择,所有选中的架车单元的脉冲计数值会被重新赋予 8 000 的初值。

(3)脉冲计数值的最大值和最小值

```
M038:L DBW 210              M04 0:L DBW 236
L DBW〈AR2,P#0.O〉          L DBW〈AR2,P#0.O〉
> - I                        < = I
JC M040                      JC M041
T DBW 210                    T DBW 236

M041:·················
```

上面的程序段中 DBW 210 是脉冲计数值的最大值,DBW 236 是脉冲计数值的最小值,DBW[AR2,#P0.O]指向脉冲计数值的储存位置,每一次新的同步选择 DBW 210 和 DBW 236 都会被赋予 8 000 的初值。程序段实现的功能是脉冲计数值和原来的最大值和最小值比较,大于原来最大值的脉冲计数值成为新的最大值,传送至 DBW210,小于原来最小值的脉冲计数值成为新的最小值,传送至 DBW 236。比较完一次后,后续的程序通过 + AR2 P#2.0 指令使 DBW[AR2,#P0.O]指向下一个脉冲计数值的储存位置。除此之外,程序还对 DBW 210 和 DBW236 作这样的处理:上升的时候,所有等于最小值的脉冲发生器都检测到上升沿时,DBW 236 加1;下降的时候,所有等于最大值的脉冲发生器都检测到下降沿时,DBW210 减1。

(4)同步调整

程序定义了一个差值4,当脉冲计数值的最大值和最小值的差值大于4的时候(最高和最低的起落架相差4 mm ~5 ram),程序会作出同步调整,使选中的架车单元重新同步。程序段首先检查标志位 DBX 231.0 和 DBX 231.1,如果两个标志位都为 0,则检查差值是否大于4,小于等于4,程序段结束;大于4,DBX 231.0 置位,架车单元需要同步调整。DBB 130 标识选中的架车单元中脉冲计数值等于最大值的架车单元(例如架车单元达到最大值,DBX130.0 为1),DBB 140 标识选中的架车单元中脉冲计数值等于最小值的架车单元,DBB 300 标识选中的架车单元中已经到位的架车单元上升时,将 DBB 130 送至 DBB 300,达到最大值的架车单元不允许再上升,而其他架车单元则继续上升;下降时,将 DBB 140 传送至 DBB 300,达到最小值架车单元不允许再下降,而其他架车单元则继续下降。DBB 100 标识选中的架车单元,如果 DBB 300 = DBB 100,则选中的架车单元都已达到同一脉冲计数值,重新达到同步,DBX 231.1 置位。为保护接触器,程序设置 1 s 的等待时间,1 s 后 DBX 231.0 和 DBX 231.1 复位,选中的架车单元重新同步上升。

(5)同步故障

①程序定义了另一个差值8,当脉冲计数值的最大值和最小值的差值大于8的时候(最高和最低的起落架相差8 mm ~9 ram),DBX 230.0 置位,程序认为同步控制出现故障。例如,当脉冲计数值的最大值和最小值的差值大于4的时候,程序作出同步调整,但已经到位的架车单元由于接触器动作的滞后而继续动作,使差值最终大于8。

②应动作的架车单元,如果 PLC 有 2 s 检测不到其脉冲信号,则 DBX 230.2 置位,程序认为同步控制出现故障。例如,脉冲传感器故障,不能产生脉冲信号,而导致 PLC 检测不到脉冲信号。

③应停止动作的架车单元,如果 PLC 在 3 s 后仍然能检测到其脉冲信号,则 DBX 230.4 置位,程序认为同步控制出现故障。例如,应停止动作的架车单元由于接触器动作的滞后而继续动作。

④梯形图中,如果 DBW220 为 20,DBW222 大于 20 时(即前一个 OB1 扫描周期时间大于 20 ms),DBX230.1 置位,程序认为同步控制出现故障。

【效果评价】

评 价 表

项目名称	移动式架车机组		学生姓名	
任务名称	任务 3 移动式架车机控制系统认知		分　数	
项　目			分　值	考核得分
1.移动式架车机系统的相关知识、图片的搜集、整理			10	
2.是否有小组计划			5	
3.移动式架车机控制系统组成及作用认知情况			20	
4.移动式架车机控制原理认知情况			30	
5.移动式架车机同步控制原理认知情况			20	
6.编制学习汇报报告情况			10	
7.基本素养考核情况			5	
总体得分				
教师简要评语： 教师签名：				

任务 4 移动式架车机架车操作

【活动场景】

在检修架车作业现场教学或用多媒体协助展现。

【任务要求】

1.掌握单节车辆架车作业方法和步骤。

2.掌握整列车辆架车作业方法和步骤。

3.掌握架车作业注意事项中的内容。

【知识准备】

1.单节车辆架车作业

①将架车机推到车体的指定举升位置,注意托头应与车体的枕梁对正,其前后位置误差应在 ±5 mm 之内。

②操纵液压移动推车让架车机的底面落地,吊挂线垂找正机架,其与水平面垂直误差不得超过 1 mm。

③检查架车各部分状况是否正常,落地是否可靠,托头感应传感器是否有杂物,所有按钮未被按下,控制电源旋钮在"关"的位置。

④连接架车机组电源及控制电路,闭合控制柜总电源及各架车机组电源。

⑤打开主控台"控制电源"钥匙开关,"电源指示"灯亮。

⑥选择所需要的架车机组,打开相应的控制旋钮(如需起升第1节车辆,则打开"一号架车组"钥匙开关)。

⑦选择"联动\单动"旋钮至联动位置。

⑧按下远程控制按钮盒上的"确定"按钮,主控台操作指示灯亮。

⑨按下远程控制按钮盒上的"上升"按钮,操作架车机上升,当托头接触车体时自动调节并停止上升,系统自动设置为初始位置。

⑩确认托头与车体接触良好,并按下远程控制按钮盒上的"确定"按钮,主控台"确认信号"指示灯亮。

⑪按下远程控制按钮盒上的"上升"按钮,操作架车机继续上升,开始架车作业。

⑫上升到位后按下远程控制按钮盒上的"停止"按钮,架车机停止。

⑬完成架修工作后,在按下主控台"允许下降"按钮后,按下远程控制按钮盒上的"下降"按钮,操作架车机下降作业。

⑭当托头脱离车体时自动停止下降,在按下主控台"允许下降"按钮后,按下远程控制按钮盒上的"下降"按钮,操作托头继续下降,在距离车体一定位置时按下"停止"按钮。

⑮拔下控制主控台架车机组控制旋钮钥匙,关闭"控制电源"钥匙开关,拆除电源控制连接线,架车机归位,作业结束。

2. 整列的架车作业

①将架车机推到车体的指定举升位置,注意托头应与车体的枕梁对正,其前后位置误差应在±5 mm之内。

②操纵液压移动推车让架车机的底面落地,吊挂线垂找正机架,其与水平面垂直误差不得超过1 mm。

③检查架车各部分状况是否正常,落地是否可靠,托头感应传感器是否有杂物,所有按钮未被按下,控制电源旋钮在"关"的位置。

④连接架车机组电源及控制电路,闭合控制柜总电源及各架车机组电源。

⑤打开主控台"控制电源"钥匙开关,"电源指示"灯亮。

⑥打开"一号架车组""二号架车组""三号架车组""四号架车组""五号架车组""六号架车组"钥匙开关。

⑦选择"联动\单动"旋钮至联动位置。

⑧按下各组架车机远程控制按钮盒上的"确定"按钮及确定控制按钮盒上的"确定"按钮,主控台操作指示灯亮。

⑨按下主控台上的"上升"按钮,操作架车机上升,当托头接触车体时自动调节并停止上升,系统自动设置为初始位置。

⑩确认托头与车体接触良好,并按下各组架车机远程控制按钮盒上的"确定"按钮及确定控制按钮盒上的"确定"按钮,主控台"确认信号"指示灯亮。

⑪按下主控台上的"上升"按钮,操作架车机继续上升,开始架车作业。

⑫上升到位后按下主控台上的"停止"按钮,架车机停止。

⑬完成架修工作后,在按下主控台"允许下降"按钮后,按下主控台上的"下降"按钮,操作架车机下降作业。

⑭当托头脱离车体时自动停止下降,在按下主控台"允许下降"按钮后,按下主控台上的"下降"按钮,操作托头继续下降,在距离车体一定位置时按下"停止"按钮。

⑮拔下控制主控台架车机组控制旋钮钥匙,关闭"控制电源"钥匙开关,拆除电源控制连接线,架车机归位,作业结束。

3. 单台架车机的操作注意事项

每台架车机都设有操作箱,在主控台选择"单动"的情况下,操作箱可以操作单台架车机的上升和下降,操作箱的控制为点动,其操作是在调试或者架车联动调节失败后才能进行此项操作。使用架车机操作箱操作时,必须单组架车机4台同时上升和下降,否则有可能造成严重的人身伤害以及设备事故。

4. 设备日常使用注意事项

①每次工作前必须对架车机进行检查,检查上一班作业记录,看有无产生过机械或电气故障并且是否已经排除,并对故障点再次进行查看。

②对架车机进行常规检查,查看各部有无异常,检查所停放的位置是否正确,托头是否降到最低点。

③架车机在地面移动时应把升降托架降到最低位置,地面的坡度不得大于9°。

④操作液压行走小车起升手柄使架车机落下,架车机底座应落在地上,走行小车的前轮必需卸荷,连接好电源线及控制线。

⑤被架车体总重不得大于64 t。

⑥架车机升降作业时,人员须离开升降体1 m以外。

⑦车体架托部位与架车机托头的搭接长度不得小于60 mm。

⑧架车机托架上升,托头上表面接触架车点并清零后,应查看架车机托头上表面是否真正与车体架车点部接触上了,有无异物阻隔。

⑨架车机底部所接触的地面应坚实平整干净,以保证架车机负载工作时的稳定性。

⑩车体允许架托的部位如与架车机托头的位置未对正时,应移动式架车机使其托头的位置与车体的位置对正,其误差不应大于±5 mm。

⑪架车机落地后,应用吊挂线锤找正,机架与水平面的垂直误差不得超过1 mm(托头一端只允许上仰不得前俯),如不合要求可在架车机的底面加垫找正,垫片应均匀放置在立筋板所对应的位置下面。

⑫架车机不可长期处于架车状态,处于架车状态的时间需控制在30 h以内。

⑬处于架车状态时允许关断架车机总电源。

⑭电气注意事项

a. 架车机需要联动运行时,必须需要"确认"按钮按下后,方可运行。

b. 架车机联动运行调节失败时,首先检查架车机是否有故障,排除故障后确定架车机继续可以运行,按下"手动调节"按钮,进行手动调节。

c. 架车机在停止或运行时,出现丝母故障,架车机不能再次启动运行,操作人员必须查看丝母情况,确定架车机可以运行时,架车机只能下降,可在按下"允许下降"按钮后,进行架车机下降作业;若不能,则需要快速采取外加设施,将车辆安全平稳落下。

d. 架车机发生故障时,控制系统设有警铃提示,首先按下"清音"按钮,消除铃声之后查看触摸屏显示的故障信息,进行相应的故障处理。

【任务实施】

按照图5.34架车作业流程实施架车作业。

作业前准备		
	闭合总电源，上电操作	
检查作业现场 → 清理妨碍架车作业的物品，无关人员不得在作业现场	插入钥匙，打开控制电源，电源指示灯亮。选择所需架车机组，旋钮旋至"开"位，选择"联动"模式。主控台操作准备完毕	收起红闪灯
	按下确定控制盒"确定"按钮，确定信号指示灯亮，准备上升	
检查架车位置的基础地面 → 检查地面是否平整牢固	按下"上升"按钮，开始上升。直至托头接触车体自动停止。（检查托头与车体接触情况）	将架车机归位
检查架车机机械部分 → 检查架车机机体、液压走行轮有无明显变形，上、下限位开关动作是否灵活，位置有无偏移	若托头与车体接触良好，可以继续上升。（辅助人员按下各架车机组远程控制盒上"确定"按钮，主操作按下确定控制盒"确定"按钮，主控台确定信号指示灯亮，可以上升。）	将架车机托头归位
检查架车机电气部分 → 检查各控制电缆、插头是否完好，落地传感器线缆有无破损，本体控制盒上按钮动作是否灵活，急停是否被激活	按下"上升"按钮，继续上升。（上升高度200~300停止，检查起升同步状况及车体情况）	拆除架车机远程控制盒
	若架车机起升同步，车体无倾斜，继续上升。上升到位，停止	
	关闭各架车机组开关，关闭控制电源，拔出钥匙。架车作业完成，可进行转向架更换作业	拆除架车机电缆线
将架车机推到位，并将架车机托头摇出 → 将架车机托头摇出，确保托头在最低位时将架车机推到位（一人作业，一人防护），检查托头传感器上有无杂物，动作是否灵活	通知检调更换转向架，更换完成后，进行落车作业	
连接架车机电缆线	检查车上车下情况，准备落车	检查架车机设备按钮和机械部分复位情况
	插入钥匙，打开控制电源，选择所需架车机组，选择"联动"模式	
连接架车机远程控制盒 → 检查控制盒上按钮是否灵活，急停是否被激活	按下允许下降按钮，再按下下降按钮，开始下降	
检查主控制台 → 检查按钮是否灵活，指示灯是否完好无损，急停是否被激活	下降200~300停止，检查车体状况及中心销对位情况	
	若车体无倾斜，中心销对位准确，按下允许下降按钮，再按下下降按钮，继续下降	关闭各架车机组控制开关，关闭控制电源，拔出钥匙，断开总电源
检查主控台电气柜 → 检查电气柜内排线是否完好；接触器、航空插头接触是否良好，有无松动	托头降到位，自动停止，落车作业完成	
作业结束，清理现场		

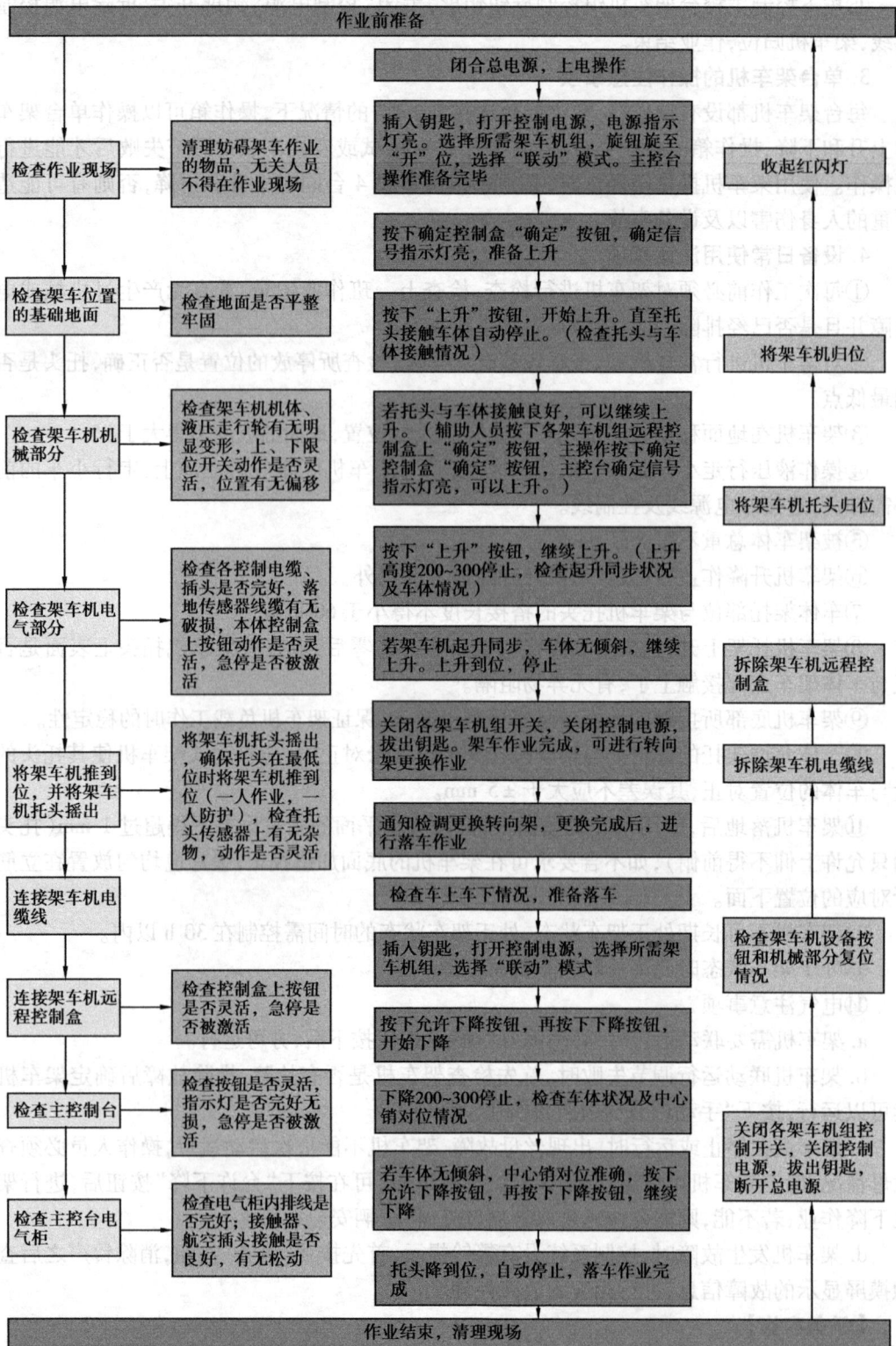

注解：箭头：作业顺序　■操作流程　■作业前、作业后检查流程　■检查内容补充

图5.34　移动式架车机标准化操作流程

【效果评价】

评 价 表

项目名称	移动式架车机组		学生姓名	
任务名称	任务 4　移动式架车机架车操作		分　数	
项　目			分　值	考核得分
1.国内外移动式架车机相关资料、图片的搜集、整理			10	
2.是否有小组计划			5	
3.移动式架车机架车操作及日常保养内容认知情况			30	
4.移动式架车机标准化架车作业流程内容掌握情况			40	
5.编制学习汇报报告情况			10	
6.基本素养考核情况			5	
总体得分				
教师简要评语： 　　　　　　　　　　　　　　　　　　　　　　教师签名：				

任务 5　移动式架车机维护保养

【活动场景】

在架车机维修现场教学或用多媒体协助展现。

【任务要求】

1.掌握移动式架车机维修保养内容及方法。

2.掌握移动式架车机厂家故障分析及处理措施。

【知识准备】

1.设备一般性保养

①丝杠丝母使用部位应注涂二硫化钼,每周不少于一次,除对丝母上安装的压注油杯加注外,安装后未套装防护罩前还应对丝杠外表稍加涂抹。

②减速机应按说明书要求予以定期加油润滑。

③减速机下部的联轴节下平面轴承处,可每月加注钙基润滑脂一次。

④走行部转动部位及托架滚轮与机架的接触面每月应涂钙基润滑脂一次。

⑤滚轮内的铜套与轴的滑动面之间每个月可涂抹钙基润滑脂一次。

⑥经常检查两丝母间的间隙应正常,若其间隙缩小超过 1.7 mm 时,则说明上丝母已损坏,应予以换新。

⑦每三个月对架车机的限位开关进行检查,如有损坏,予以更换。

⑧注意保持架车机周围的环境卫生,保持清洁无灰尘。

⑨手动液压推车经常注意保持油箱中的设计油量。保持液压的机械清洁,及时清除油箱、管路外部的污染物。

⑩伸缩托架的齿轮齿条处,每月应涂钙基润滑脂一次。

2. 计划性维修

(1)日常保养

①清理设备表面及主控台表面。

②检查架车机本体控制箱按钮、插座是否有无破损现象。

③检查控制柜上插座、按钮、接触器是否完好、清洁,各指示灯外观是否完好。

④检查急停按钮闭锁机构是否有效灵活。

⑤检查各连接件螺栓、螺丝是否紧固。

⑥检查架车机各处限位开关是否完好、角度是否正确,手搬动是否灵活。

⑦检查起重托架及导轮是否完好,各处润滑点润滑状态是否良好。

⑧检查丝杠防尘罩是否破损,减速机是否有漏油现象。

(2)巡检

①检查架车机本体控制箱按钮、插座是否有无破损现象。

②控制柜上插座、按钮、接触器是否完好。

③检查控制箱内接线排线路是否完好,接头无破损现象。

④检查急停按钮闭锁机构是否有效灵活。

⑤各指示灯外观是否完好。

⑥检查各连接件螺栓、螺丝是否紧固。

⑦检查架车机各处限位开关是否完好。

⑧检查起重托架及导轮是否完好,与架车机导轨之间润滑是否良好。

⑨检查丝杠防尘罩是否破损。

(3)一级保养

①完成巡检作业的内容和要求。

②检查架车机钢结构受力、传动部分及导轨有无破裂、变形、松动,各焊缝无裂纹,丝杠防尘罩有无破损。

③检查电机减速机有无漏油。

④检查联轴节及平面轴承。联轴节无磨损连接螺栓紧固,平面轴承工况良好,视磨损情况更换,并加注适量润滑脂。

⑤检查托架滚轮、托头、丝母有无变形、损坏,对滚轮滑动轴承、升降导轨、齿轮齿条、承力丝母处加注适量润滑脂。

⑥检查承重丝母与安全丝母间隙。丝母间隙少量超过 1.7 mm 则更换承重轴承。

⑦检查走形部工况是否正常,轮转动是否良好、有无损坏,并给走行轮轴承加注润滑脂。

⑧检查各处限位开关、传感器检查、本地控制盒检查。限位开关动作灵活可靠、传感器信号正常。控制盒内接线牢固。

⑨检查和清理控制台、控制箱。控制台各按钮开关、指示灯工作正常,控制柜内接线检查,各继电器接触器触点检查,控制柜及控制线检查。

⑩控制台触摸屏。与 PLC 通信正常,显示各画面无异常。

⑪检查各架车机连接电缆线是否牢固可靠,蒙皮无破损,绝缘状态良好,线号无缺失。

⑫检查各架车机上下限位指示灯、警示灯、报警器工作是否正常。

⑬检查各架车机急停按钮。动作可靠,架车机制动停机性能良好。

⑭检查各架车机电机及减速机是否有异响。

⑮单机动作各架车机升降试机。

⑯联动动作各架车机升降试机。

(4)二级保养

①完成一级保养的内容和要求。

②清洁各架车机,除锈、补漆。

③检查电机制动器是否作用良好。

④检查减速箱、承力丝母、液压油缸处润滑油、液压油是否变质、混有杂质,如有异常须清洗并更换。

⑤检查各电机壳体无损伤、无污物。检查电机转子轴承转动灵活,无异声,无窜动。

⑥检查保护螺母上限位开关动作是否正常,检查旋转编码器的轴、联轴节、固定螺钉是否松动。

⑦电控柜内清灰除尘。

⑧检查丝杆螺母是否可靠锁紧。

⑨检查各项电器的接触面是否有烧蚀、松动现象,触头是否损坏,如有,须清洁、紧固接触面,更换损坏的触头。

⑩检查各信号灯、指示灯的固定装置齐全牢固,灯光亮度正常,无发黑现象,无损坏。

⑪检查电动机、线缆的绝缘性能。检查各断路器、接触器的接头及触点,检查漏电断路器的漏电保护性能是否正常。

⑫导线应无无老化、过热、破损现象。

⑬架车机各急停按钮检查,动作可靠,架车机制动停机性能良好。

(5)作业后工作

①清理工作现场。

②填写设备保养记录单

③验收合格后,和使用部门进行交接。

3.移动架车故障维修

常见故障与排除方法见表5.6。

表 5.6 常见故障与排除方法

故障现象	产生原因	排除方法
不能启动	1. 未通电 2. 机架底面未落实 3. 架车机组急停被按下 4. 架车机调解失败或架车机组高度差大于规定范围 5. 架车机组选错	1. 检查电源、线路 2. 检查机架底面是否落实 3. 检查急停按钮 4. 查看架车机组的架车高度,并在单动情况下升降架车机 5. 检查架车机组的选择
升降中发出摩擦噪声	1. 支撑套偏移歪斜 2. 丝杠等处润滑状况差	1. 调整支撑套的位置,使其处于正确位置 2. 找出摩擦部位,涂注润滑脂

【项目实施】

1. 关键部件的维修

减速机和制动电机的装配、修理。

①减速机发生故障,拆前应先将润滑油放尽。

②减速机维修装配前应用煤油清洗全部零件,装配时注意轴衬内圈必须紧贴轴肩,各密封结合处不得渗油,各联结紧固件应无松动,运转平稳无冲击和异常噪声。

③减速机装配前,应仔细清除机体结合面的密封胶,所有静结合面重涂 603 密封胶。

④维修装配好的减速机应注入足够的润滑油。

⑤如果电机发生故障,可从接圈止口处与减速机拆装。

⑥减速电机安装完毕,查看编码器是否存在别劲现象,如果存在别劲,请调整编码器安装,使之运转灵活。

⑦减速电机不得带电维修。

2. 升降机构检修

升降机构发生故障,需要将升降机构拆解维修的,或者需要更换丝杠、丝母,按下列步骤检修。

①判断故障零部件。

②如果编码器故障,将减速机后端盖拆解,检修或更换编码器。

③如果联轴器故障,卸下减速机,检修或更换联轴器。

④如果丝杠或丝母故障,将托架降落到最低位置,并将托架固定,依次卸下减速机、联轴器、卡环,旋出丝杠、丝母,更换丝杠丝母后,按相反顺序安装螺母、联轴器、减速机等,调整两螺母间隙,约(8 ± 2) mm,调整保护开关的接近传感器,使其位置处于临界触发状态后,将丝母磨损传感器与感应金属片距离增大 1.5 mm;当承载螺母磨损 1.5 mm 时,传感器感应。

【效果评价】

评 价 表

项目名称	移动式架车机组		学生姓名	
任务名称	任务 5 移动式架车机维护保养		分 数	
项 目			分 值	考核得分
1.国内外移动式架车机维护保养资料、图片的搜集、整理			10	
2.是否有小组计划			5	
3.移动式架车机计划性维护保养步骤及内容认知情况			30	
4.移动式架车机常见故障及处理方法掌握情况			40	
5.编制学习汇报报告情况			10	
6.基本素养考核情况			5	
总体得分				
教师简要评语:				
			教师签名:	

项目小结

　　移动式架车机作为城市轨道交通车辆检修的重要工艺设备之一,其结构形式按照客户要求,国内外制造厂家不尽相同,但其基本结构都是采用梯形螺母螺杆传动形式,在这基础上增加各种安全保护和自动检测控制系统,本项目以 YDJ-16T 移动式架车机为基础,讲述了移动式架车机的分类、移动式架车机机械、电气控制部分的结构,并深入讲解了移动式架车机自动控制系统的工作原理。初学者在具备上述理论的基础上,掌握移动式架车机机车操作方法及操作流程,学会移动式架车机维修保养内容,能够处理一般涉及移动式架车机机械及电气故障。

思考和练习

1. 移动式架车机作用和功能主要有哪些?

2. 移动式架车机机械及电气控制部分主要由哪些部分组成?

3. 简述移动式架车机安全保护功能。

4. 移动式架车机操作控制系统由哪些部分组成?

5. 简述移动式架车机架车作业流程。

6. 简述移动式架车机高速计数器模块及旋转编码器的作用和原理。

7. 移动式架车机架车作业有哪几种操作模式? 分别用于哪种架车作业,分别描述各作业步骤。

8. 移动式架车机计划性维修作业主要有哪些作业内容?

9. 简述移动式架车机常见故障及处理方法。

项目 **6**
浅坑式移车台

【项目描述】

移车台是城市轨道车辆制造和修理生产工序间平行转轨作业必备的专用设备。那么移车台的种类有哪些？结构组成和特点有哪些？通过本项目学习，就能解决这些问题。

【学习目标】

通过本模块的学习要求掌握以下基本知识：

1. 掌握移车台的种类和用途。
2. 熟悉移车台的组成及技术参数。
3. 掌握移车台的一般操作方法。
4. 掌握移车台调试中遇到的常见问题。

【技能目标】

1. 掌握移车台的基本结构特点。
2. 了解移车台的基本控制原理。
3. 掌握移车台的维护保养及故障的一般处理方法。

图 6.1　浅坑式移车台

任务 1　了解移车台

【活动场景】

在城市轨道交通车辆检修现场教学或利用多媒体展现。

【任务要求】

掌握移车台总体特征及功能概述。

【知识准备】

1. 移车台的分类

车辆段地铁车辆厂在架修作业中，需要将检修车辆在不同位置的检修设备之间进行平行转轨作业，实施对单节地铁车辆或转向架检修。使用移车台设备可以实现将地铁车辆自动牵

123

引到位,自动转移到要求轨道以及自动对轨作业。大大减轻了检修作业强度,提高了工作效率。

按照整体结构的不同,可分为有坑式移车台和无坑式移车台。目前很大一部分移车台都是有坑式移车台,有坑式移车台的缺点是地坑的存在阻断了车间之间无轨车辆的通行,给生产带来了不便,为此厂房平面布置设计时要留出道路用地,使无轨运输车辆绕过地坑,有关厂区管线、地沟也因此被加深或绕道铺设。所有这些措施均以加大厂区占地面积,增加其他工程投资为代价。无坑式移车台相对于有坑式移车台而言,无坑式移车台不影响厂区的地面交通,移车台运行之轨面与地面车辆运行之路面的高差以 200 mm 的缓坡解决了无轨车辆的地面交通问题。

按照移车台电源受电方式的不同,可分为安全滑触线供电方式和卷线器供电方式两种。上海地铁一号线大修车间使用的德国 Windhoff 移车台采用安全滑触线供电,优点是结构紧凑,司机驾驶视野较好,缺点是对滑触线要求较高,滑触线检不方便;某地铁公司二号线采用卷线器供电方式,优点是供电装置检修方便,缺点是由于卷线器体积较大,司机瞭望对面视野不好,需要通过视频监视器观察,电源线采用软质电缆,由于移车台走线时通过卷线器转动来实现收线和放线,对电缆性能要求较高。

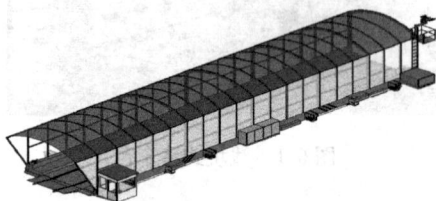

图 6.2　移车台示意图

图 6.3　移车台渡桥机构

2. 移车台功能特征

(1)无轨车辆无障碍通过功能

浅坑式移车台的基础为坑深为 300 mm 的浅坑,浅坑式移车台走行轨与基础地面平,坑底面与大架修库地面暂定以坡度 300/3 000 的坡面过渡,浅坑式移车台不运行时允许无轨车辆和人员通过。

(2)自动牵车同能

浅坑式移车台自带卷扬装置,放置在司机室另侧,通过滑轮组改变牵引钢丝绳的牵引方向,以便对转向架和车体进行牵引,卷扬机牵引能力按能牵引一辆地铁车辆考虑;最大牵引距离为浅坑式移车台外 120 m;牵引速度:$v = 10$ m/min

(3)浅坑式移车台走行具有极限位置保护功能

浅坑式移车台走行两端的极限位置保护装置,该装置由地面车止挡、橡胶缓冲器(聚氨酯缓冲器)、钢轨止动角块等组成,当浅坑式移车台运行到工作场地的两端接近极限位置时,行程开关动作,切断行走电路,使浅坑式移车台停止运行,车止挡为二级保护,钢轨止动角块为三级保护,确保浅坑式移车台及运载车辆的安全。

(4)移车台走行与渡桥联锁功能

浅坑式移车台的运行状态与渡桥的位置状态具有连锁关系,浅坑式移车台运行时渡桥不能落下。渡桥落下时浅坑式移车台不能启动。渡桥的收放通过电动缸动作完成实现,在渡桥动轨的下承载面上设置压力传感器(压力开关),以解决动轨落地不到位或超位过载的问题,渡桥的起降具有动作平稳,无冲击的特性。

(5)浅坑式移车台自动对轨和锁定功能

移车台可满足对轨精确度±2.0 mm(轨道接头上下左右偏移),能满足地铁车辆和公铁两用车上下线要求。为了防止车辆上下时意外动作,电控系统设有互锁设置,当渡桥落下时浅坑式移车台不能启动。同时配置摄像头和监视器,可供司机在司机室内对对轨情况进行监控。

操作台设有"快进""慢进""快退""慢退""对轨""点动""卷扬机前进""卷扬机后退"按钮,能根据需要方便地进行自动或手动对轨作业。控制系统采用变频器驱动走行电机,实现多个电机的同步动作。通过为变频器设置加速时间和减速时间能够实现浅坑式移车台平稳启动和停止,提高运行的稳定性和安全性。

【任务实施】

在移车台设备现场学习设备安全及故障诊断功能

①浅坑式移车台控制系统具有过载、过电流、过热、短路、缺相等保护功能,并能自动显示报警,同时具备电机任意两相的短路保护和A、C两相的对地短路保护功能,电动机的过载和过热保护功能,以及任意一点的保护接地功能。

②浅坑式移车台设有声光报警器。运行前,转动报警器旋钮开关接通报警器,提示行人和工作人员注意安全。

③浅坑式移车台的司机室和车架4个角上均设置有急停按钮,如遇紧急事故,都可按急停按钮切断变频器电源停车,同时发出铃声信号,及时实施浅坑式移车台的停车制动。浅坑式移车台的装有4部摄像头,司机室内装有监视器,一部摄像头主要观察运行前(后)方的远景,一部摄像头安装在司机室对侧渡桥处,便于操作者观察右侧对轨情

图6.4 移车台走行机构

况;一部安装在司机室顶部,主要针对浅坑式移车台旁的近景及当车辆挡住司机视线时用以观察对面的情况。

④电气控制系统配置的变频器具备过载、过电流、过电压、过热、欠电压、短路、缺相等保护功能以及故障诊断和显示功能,系统出现问题会自动停止变频器工作,同时发出报警铃声,并在显示器上显示出相应的故障诊断编码,只要查对编码便可知故障性质,即可针对故障性质进行故障排除。

⑤移车台走行具有极限位置保护功能,设置有安全止挡装置,即当移车台运行到极限位置时,保护装置使其自动停止运行。该装置由地面车止挡、橡胶缓冲器钢轨止动角块和限位行程开关3级保护组成,当移车台运行到工作场地的两端接近极限位置时,行程开关动作,切断行走电路,使浅坑式移车台停止运行,车止挡为二级保护,钢轨止动角块为三级保护,确保浅坑式移车台及运载车辆的安全。

【效果评价】

评 价 表

项目名称	浅坑式移车台		学生姓名	
任务名称	任务1 了解移车台		分 数	
项 目			分 值	考核得分
1.移车台系统的相关知识、图片的搜集、整理			10	
2.是否有小组计划			5	
3.移车台用途及功能的认知情况			20	
4.移车台安全保护功能认知情况			50	
5.编制学习汇报报告情况			10	
6.基本素养考核情况			5	
总体得分				
教师简要评语：				
			教师签名：	

任务2 移车台结构认知

【活动场景】

在浅坑式移车台组装生产现场教学或利用多媒体展现。

【任务要求】

掌握移车台结构及主要技术参数。

【知识准备】

1.浅坑式移车台整体结构

浅坑式移车台主要由主体钢结构、渡桥系统、驱动/传动/走行轮系统、卷扬系统、司机室、操作、控制及电气系统、摄像闭路电视系统、安全防护系统组成。

（1）主体钢结构

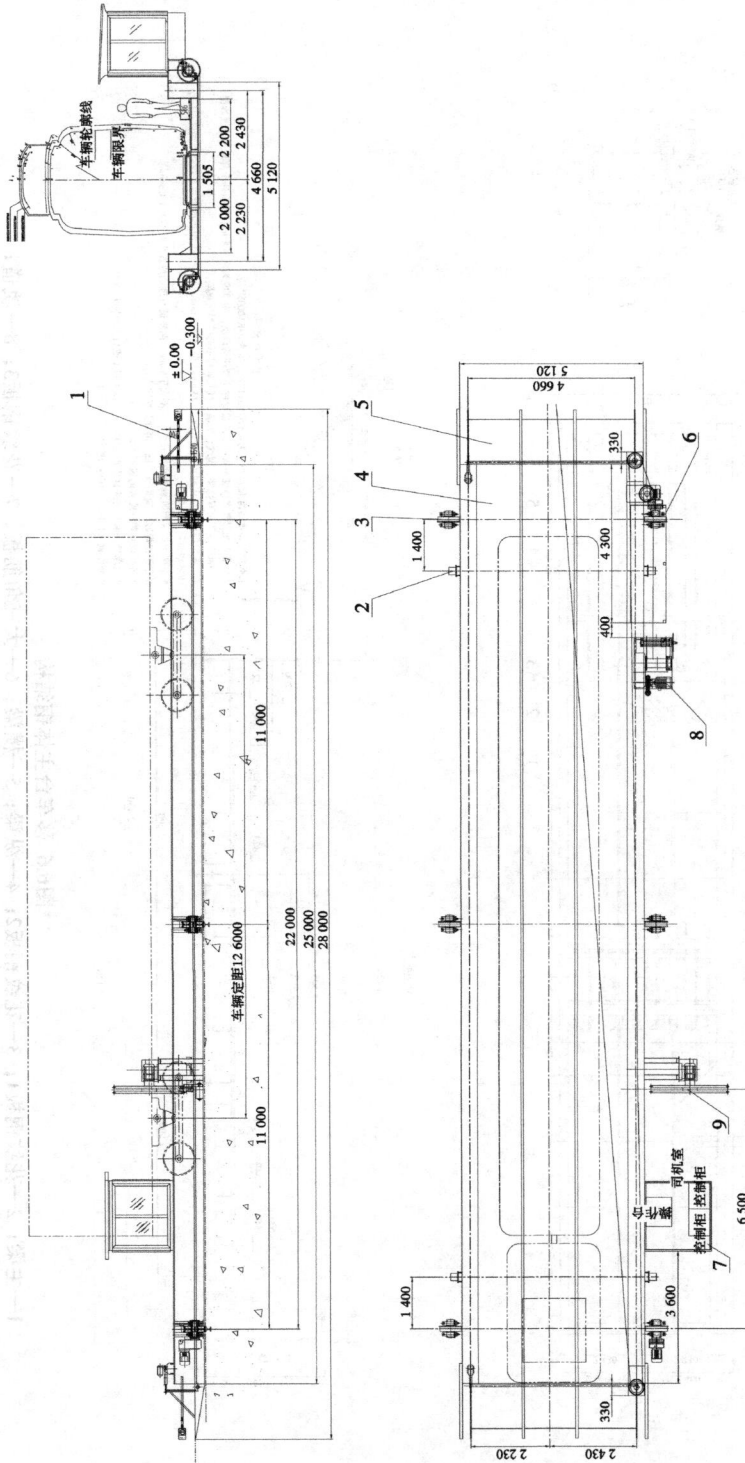

图6.5 移车台整体结构图

1—安全标志牌；2—缓冲器；3—驱动轮；4—主体钢结构；5—渡桥系统；6—驱动传动走行轮系统；7—司机室；8—卷扬系统；9—卷线器

127

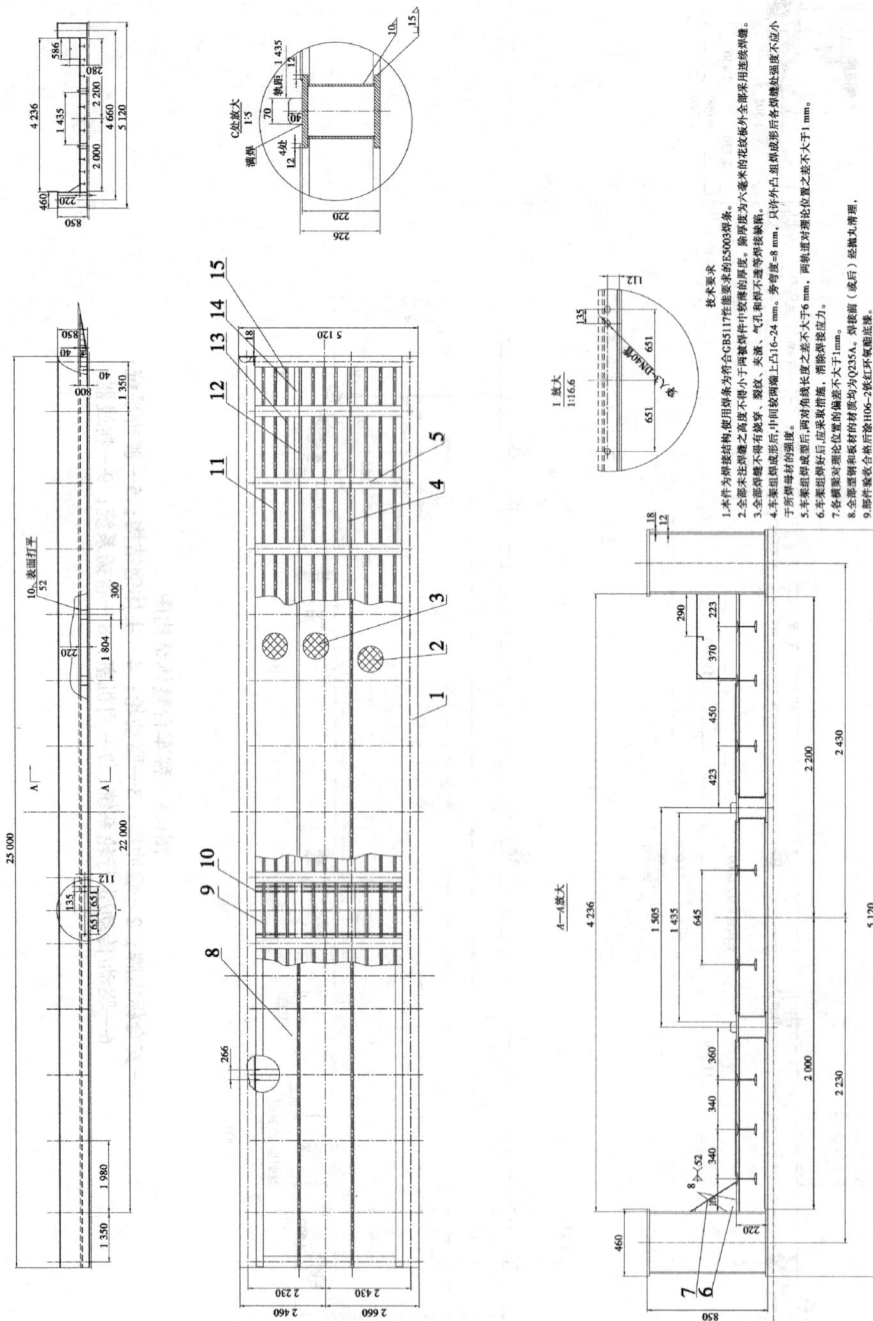

图6.6 移车台主体钢结构

1—主梁；2—花纹钢板1；3—花纹钢板2；4—纵梁；5—横梁；6—大三角筋板；7—花纹钢板3；8—轨道；9—小撑1；10—穿线管；11—小撑2；12—纵梁2；13—纵梁3；14—纵梁4；15—小撑4

车体是移车台的受力载体,属关键件,某地铁公司移车台采用六车轮承载框架式板壳结构焊接车架,整个运载车辆的质量全部由车体承担,因此要求车体具有足够的强度及刚度。车架总长25 m,宽5.12 m,走行轨距(跨度)11 000 mm×2,由两根主梁、一组横梁和纵梁组焊成形,左右主梁和横梁全部为钢板结构箱形梁。车体主梁采用整体箱形梁焊接结构,横梁采用变截面箱形梁,结构合理;梁钢结构材料均在焊前进行预处理。车体上铺设有供车辆通过的轨道,轨距为1 435 mm。轨道两侧均设有走台,宽度600 mm;在车体横梁上部铺面板,面板下部为型钢框架结构,顶部铺有花纹钢板,便于其他车辆和行人通过,可满足10 t以下的轮胎车辆通过,保证无塑性变形;由于采用了合理的结构设计,各构件的受力分配合理,使组成车架的各梁处于等强度受力状态。

(2)渡桥系统

该机构是车辆上下移车台的过渡机构。上部布置有与通过轨道结构相同的动轨,下部为斜坡结构。渡桥安装在车架两端,分为左渡桥和右渡桥,由钢结构及电动推杆组成,长1.5 m,其上设有轨道,是被转移车辆上下浅坑式移车台的过渡机构。渡桥采用电动推杆推动,结构紧凑,使用可靠。渡桥通过电动推杆完成其旋转,动作可靠,准确到位。当牵车时,电动推杆伸出,放下渡桥,使渡桥落至地面,作为牵车引轨;当车辆通过后,电动推杆收回,渡桥离开地面,移车台运行。推杆内设有过载自动

图6.7　渡桥升降机构

保护装置和行程调整装置,安装调整方便,渡桥伸出到位,触发伸出到位行程开关,渡桥自动停止;渡桥收回到位,触发收回到位行程开关,渡桥自动停止。在渡桥如果卡阻造成过载,热保护继电器触发,渡桥电机自动断开,同时报警铃响报警。在渡桥动轨的下承载面上设置压力传感器(压力开关),当动轨落地不到位或超位过载时电控系统给操作者以声光提示,以保护设备和运载车辆的安全。渡桥在对50 t车辆通过有足够的刚度和抗变形能力,并可满足10 t以下的轮胎车辆通过。

(3)驱动/传动/走行轮系统

该机构由2组主动车轮装置、4组从动车轮装置及2套驱动装置构成。为保证主动轮的同步运行,2个主动轮分别由两台减速机驱动,每台减速机各驱动1个主动轮,2台减速机由一台变频器控制,通过PLC自动调整变频器的频率来保证各主动轮的同步运行。变频器选用日本富士FRN22G11S-4CX系列,输入功率22 kW,三合一减速机功率7.5 kW,保证了两台减速机由1台变频器控制,变频器输出同时控制两台减速机电机,两台减速机输出速度、频率相同,保证了走行同步性。

主动轮轮系由车轮、驱动轴、短圆柱滚子轴承、减速机、电机、车轮安装架组成。从动轮由车轮、驱动轴、短圆柱滚子轴承、车轮安装架组成。由于浅坑式移车台的工作特点是重复短时工作,频繁地启动、制动及反转,有轻微的机械振动和冲击,移车台在设计时考虑以下两点:一是知名品牌的减速机、电动机、与制动器为一体的“三合一”减速机,适用于起重机类产品频繁启动、制动运行工况。具有运转平稳、故障少、噪声低、寿命长、承载能力强、传动效率高、维修保养方便等优点。

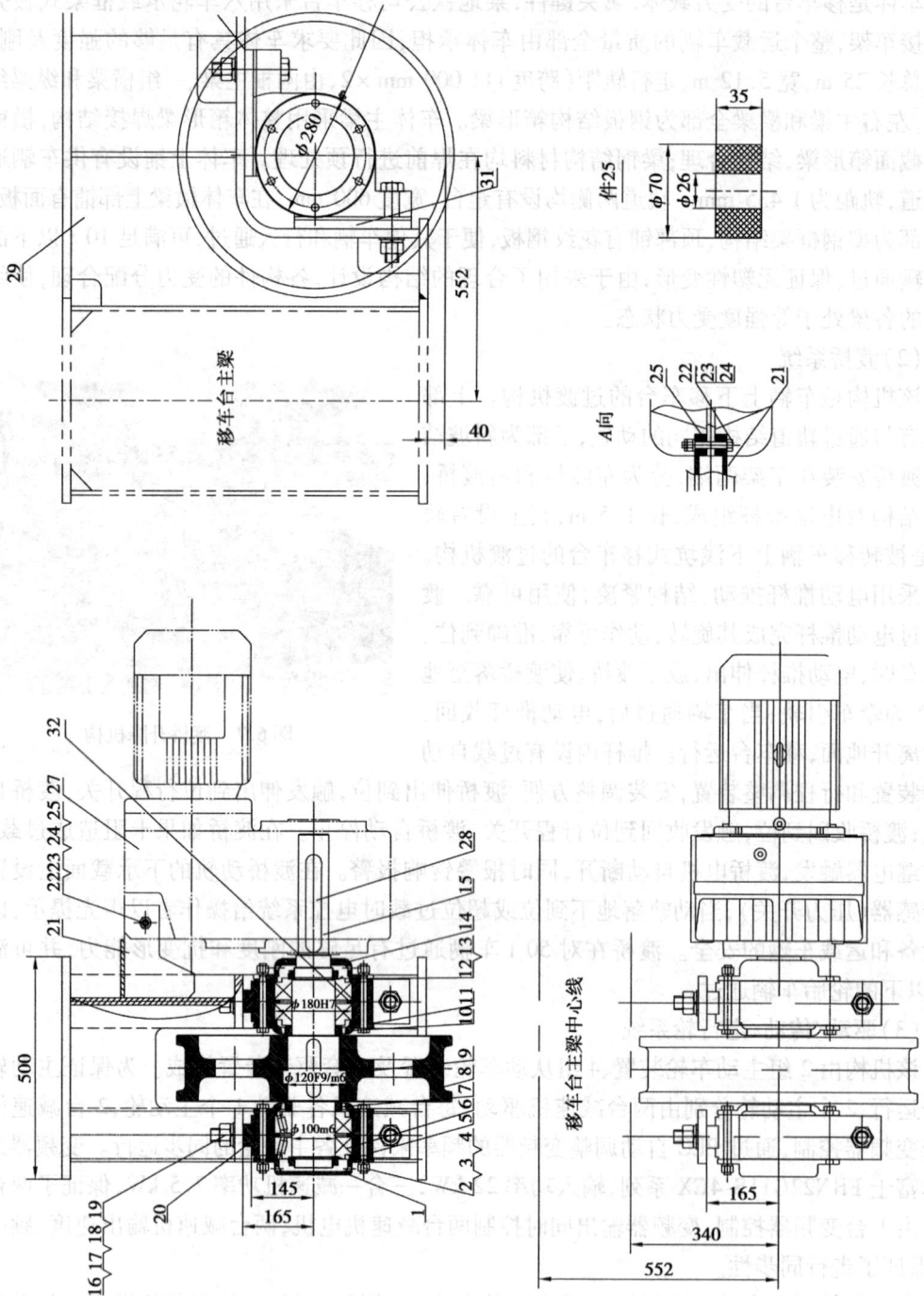

图 6.8　主动轮结构图

1—闷盖；2—螺栓 *M*16×145；3—螺母 *M*16；4—垫圈；5—轴承座；6—单列圆锥滚子轴承；7—挡圈；8—车轮；
9—平键 32×130；10—透盖 1；11—调整垫片；12—圆螺母 *M*90×2；13—止动垫片 90；14—透盖 2；15—主动轴；
16—螺栓 *M*24×140；17—螺母 *M*24；；18—扣紧螺母 *M*24；19—垫圈 24；20—垫板 1；21—减速机支架；
22—螺母 *M*24×140；23—螺母 *M*24；24—弹簧垫片 *M*24；25—橡胶块 840；26—扣紧螺母 *M*24；
27—减速机（三联集团）；28—键 20×220；29—车轮安装架；30—垫板 2；31—压注压杯 *M*10×1；32—隔杯

（4）卷扬系统

卷扬系统由电动卷扬机、同步排绳器、滑轮组组成，放置在司机室另侧。牵引用钢丝绳经同步排绳器通过滑轮组改变牵引钢丝绳的牵引方向，实现对转向架和车体进行牵引，卷扬机牵引能力按能牵引一辆地铁车辆考虑，最大牵引距离为浅坑式移车台外 120 m，牵引速度为 10 m/min。

（a）　　　　　　　　　　　　　　（b）

图 6.9　移车台卷扬机构

（5）司机室、操作、控制及电气系统

①司机室是浅坑式移车台操作人员的作业场所。采用型钢焊接骨架，顶板、地板和四周壁板中间填充 80 mm 厚聚苯隔温层，塑钢门窗，密封效果好，隔音隔热；内外彩钢板装饰，美观大方；地面铺设防滑绝缘橡胶地板；内设电控柜和操作台及坐椅、照明灯等，工作环境舒适；四周安装玻璃门窗，司机视野开阔；操作台高度适宜，符合人体工程设计原理，方便司机操作时减少疲劳。在司机室配置有具有除湿功能的双制式空调器，确保控制系统在高温、高湿度天气时运转正常，并给司机创造舒适的工作环境。

②司机室安装有监视视频显示屏，方便白天、晚间的行车作业。

③操作/控制及电气系统由 PLC 可编程控制器、变频器、断路器、接触器、热继电器、熔断器、按钮、选择开关、急停开关等组成，用于实施对浅坑式移车台运行、对轨、卷扬机牵引等各种动作的控制。

④操作系统设有操作台，操作台设有"快进""慢进""快退""慢退""对轨""点动""卷扬机前进""卷扬机后退"等按钮，并设有总电源分合状态信号、故障显示信号、故障复位信号、自动和手动操作选择功能等。

⑤控制系统通过 PLC 控制输出传送给变频器的启动多段频率信号，来控制变频器的频率输出，从而自动完成对驱动电机的平稳调速控制；通过为变频器设置加速时间和减速时间能够实现走行驱动电机的平稳启动和停止，提高浅坑式移车台运行的稳定性和安全性。

（6）摄像闭路电视系统

摄像闭路电视系统选用成都星视达科技发展有限公司的产品，司机室内装有监视器，可根据操作需要进行三组监视画面之间的任意切换；在浅坑式移车台的一侧中部（司机室的对侧）装有一部摄像头便于司机在移车台走行时瞭望线路情况，观察运行前（后）方的远景，一部摄像头安装在司机室顶部，便于操作者对轨桥上车辆、卷线器、卷扬系统设备观察；一部安装在司机室对侧渡桥处，便于在车辆遮挡司机视线时观测渡桥对轨情况。

（7）安全防护

1）机械安全

①在浅坑式移车台的司机室四周均设玻璃窗或门，便于司机瞭望。司机室地面铺设防滑绝缘橡胶地板。

②浅坑式移车台两侧极限位置设有碰撞缓冲装置。

③渡桥附近是事故易发区，在左右过桥两侧均设有标志栏杆将其围护，并有明显安全标志，提醒工作人员和过路行人注意安全。

2）电气安全控制

①司机室和车架4个角上均设置有急停按钮，出现意外时，可及时实施停车制动。

②浅坑式移车台具有电气限位和机械限位两级保护装置，当浅坑式移车台运行到极限位置时浅坑式移车台自动停车。

③电气控制采用连锁、程序控制方式，即上一步动作未完成，下一步动作不能进行。如浅坑式移车台运行状态与过桥的位置状态具有智能连锁关系，过桥对接不到位或提升不到位，就不能实行浅坑式移车台运行操作，可防止意外动作。

④操作台、控制柜具有可靠的接地、接零保护，端子板采用优质绝缘材料。柜门设机械闭锁、电气闭锁。台、柜内照明设施齐全。

⑤控制系统具有过载、过热、欠电压、短路、缺相等保护功能，并能自动显示报警。

⑥浅坑式移车台设有声光报警器（或光电警示灯），作业时提示行人和工作人员注意安全。

【任务实施】

在移车台设备现场，由授课老师对照设备实物讲解移车台各部分结构和功能。

①移车台车体钢结构组成及功能。

②渡桥系统结构及功能。

③驱动/传动/走行系统组成功能。

④卷扬系统结构、组成及功能。

⑤司机室、操作、控制及电气控制系统组成及功能。

⑥视频监视系统结构及功能。

⑦安全防护组成及功能。

【效果评价】

评价表

项目名称	浅坑式移车台		学生姓名	
任务名称	任务2　移车台结构认知		分　数	
项　目			分　值	考核得分
1.国内外移车台相关资料图片的搜集、整理			10	
2.是否有小组计划			5	
3.移车台各系统的结构及功能认知情况			20	
4.结合学习理论知识实地了解设备各系统实际结构、功能等			50	

续表

项　　目	分　值	考核得分
5.编制学习汇报报告情况	10	
6.基本素养考核情况	5	
总体得分		
教师简要评语：		

教师签名：

任务3　移车台控制系统认知

【活动场景】

在浅坑式移车台检修现场教学或利用多媒体展现。

【任务要求】

掌握移车台控制系统组成及基本控制原理。

【知识准备】

1.移车台控制系统的组成

移车台控制系统由操作台、交流变频控制控制柜、低压直流控制柜、视频监视器、触摸屏主显示界面组成。

(1)操作台按钮指示灯布局图

操作台上各按钮指示灯如图6.10所示。

(2)交流变频控制柜

交流变频控制柜主要由各种短路器、接触器、继电器、热继电器、走行变频器组成,控制走行、渡桥升降、卷绳收放绳动作组成。

(3)低压直流控制柜

低压直流控制柜主要由 PLC 控制模块、24 V 直流电源、24 V 交流电源,中间继电器组成,主要通过对各种输入信号通过 PLC 逻辑运算后,经 PLC 输出模块输出控制信号实现中间继电器控制,中间继电器控制交流变频柜接触器、继电器,实现移车台各种动作。

图 6.10　操作台按钮指示灯布局图

1—变频故障指示灯;2—变频故障复位按钮;3—极限位指示灯;4—备用;5—紧急停止;
6—备用;7—系统报警;8—清音;9—变频器开/关;10—点进按钮;11—前进按钮;
12—左对轨按钮;13—显示器开/关;14—左渡桥上升;15—右渡桥上升;16—卷扬收绳;
17—控制电源指示灯;18—点动运行指示灯;19—停止按钮;20—自动对轨指示灯;
21—快速/慢速选择旋钮;22—左渡桥停止;23—右渡桥停止;24—卷扬停止;
25—控制电源开/关;26—点退;27—后退;28—右对轨;29—解锁/锁定;
30—左渡桥下降;31—右渡桥下降;32—卷扬放绳

图 6.11　交流变频控制柜

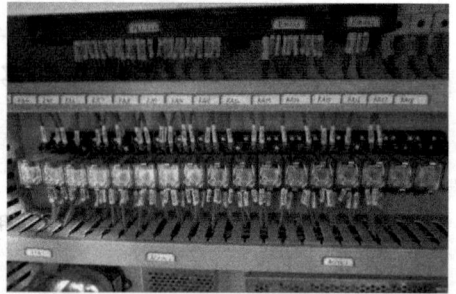

图 6.12　移车台控制电源控制柜

(4)视频监视器

移车台视频监视器主要由显示屏、图像调整控制面板(显示器下方)、视频通道显示控制面板(显示器上方)组成。主要功能实现摄像监视视频显示控制调整功能。

图 6.13　移车台视频监视

(5)触摸屏主显示界面

①I/O 状态显示界面

I/O 状态界面用来对 PLC 输入输出点状态进行监视,便于设备维护和调试,共两个界面。当 PLC 对应点接通时,对应的状态指示变红。

②触摸屏界面进入

a.要想进入参数设置界面和操作系统界面,必须先点击输入口令,输入正确的密码后才能进入,以防止无关人员随意进入这两个界面;因在这两个界面中可对移车台的运行参数进行修改,而这些参数设置的正确与否直接关系到移车台是否能以最佳状态运行,故设置密码保护。

操作步骤:点击输入口令→输入口令:8888,然后按图 6.16 所示步骤进行操作。

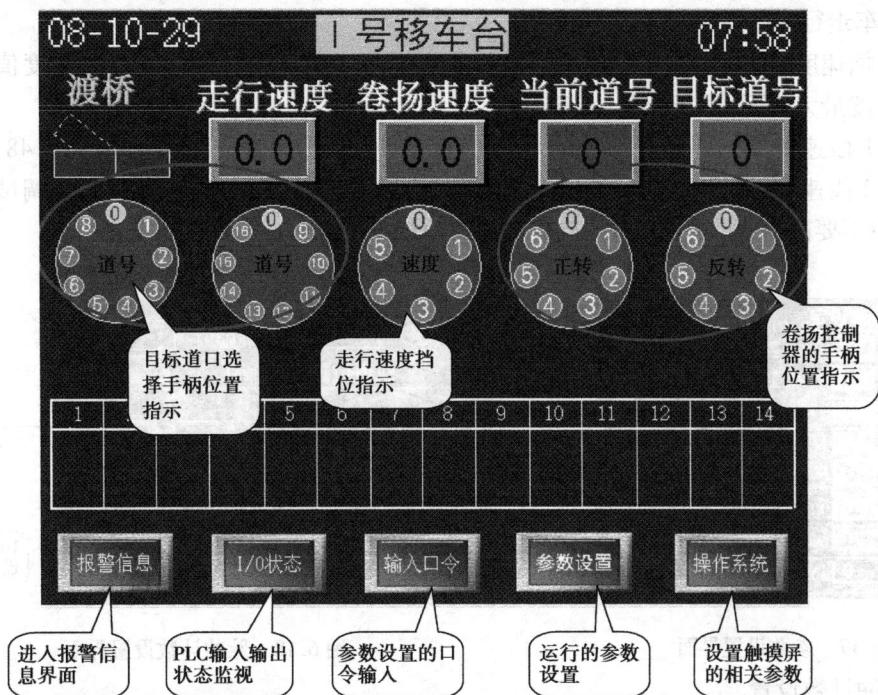

图 6.14　触摸屏显示界面

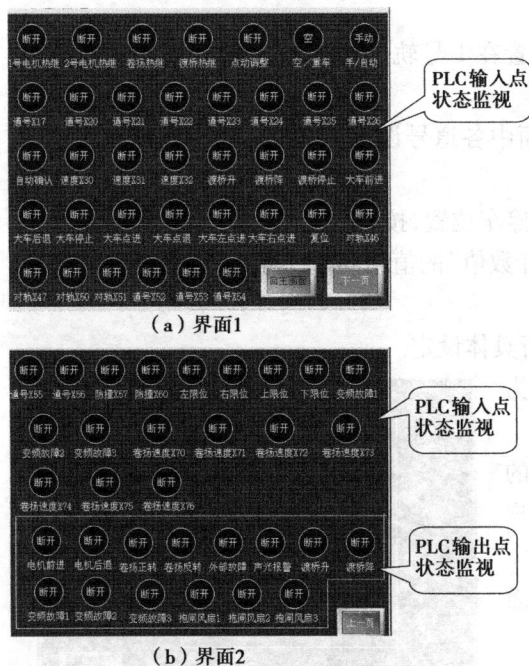

（a）界面1

（b）界面2

图 6.15　PLC 状态监视界面

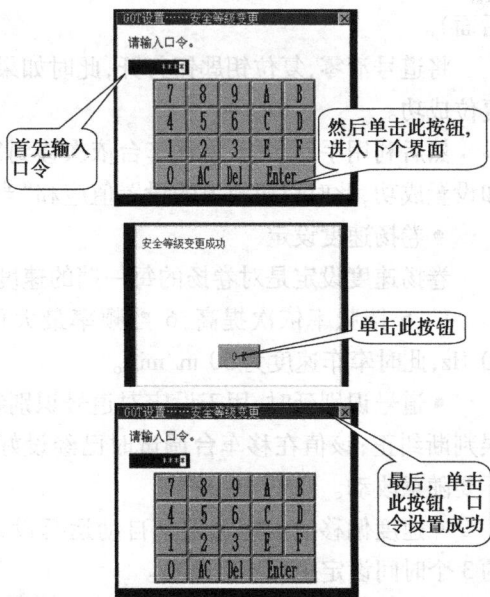

图 6.16　PLC 参数设置界面

　　b. 参数设置

　　参数设置界面是对移车台的运行参数进行设置。按图 6.16 步骤进行，输入正确的口令后即进入参数设置界面。

• 大车走行速度设定

1~5 挡速度:用于设定大车在手动运行状态时行走的每挡速度,1~5 挡速度值依次提高,5 挡速度最大值不得大于 48 m/min。

自动 1 段速度:用于设定大车在自动运行状态时的运行速度,最大值不得大于 48。

自动 2 段速度:用于设定大车在自动运行状态时的对轨速度;该值在移车台调试时已经设好,用户不要改动,如数值改动可造成自动对轨的不准确。

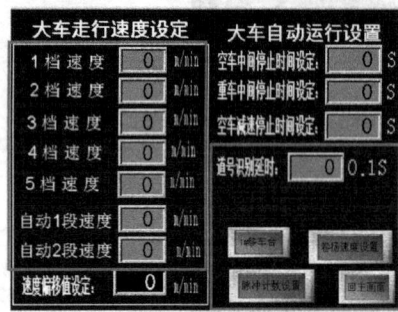

图 6.17 参数设置界面

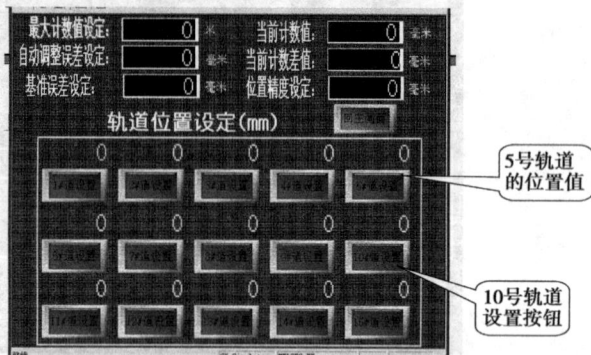

图 6.18 脉冲计数设置界面

• 脉冲计数设置

脉冲计数设置用于对每一个轨道的绝对位置进行设定。

设定方法:

首先将移车台移到复位位置(1 号车复位位置在 1 号轨道的后面;2 号车在 13 号轨道的后面)。

将道号清零,复位钥匙钮打开,此时如果界面中各道号设置键上部的数值变为"0",说明复位成功。

然后利用手动功能,将移车台依次移到每个停车位置,按下界面中对应轨道的设置按钮,如设置成功,此时对应轨道的设置值应和"当前计数值"的值相同。

• 卷扬速度设定

卷扬速度设定是对卷扬的每一挡的速度进行具体设定。

1~6 挡频率依次提高,6 挡频率最大可设为 50 Hz,此时牵车速度为 50 m/min。

• 道号识别延时:用于设定对道号识别装置的误判断纠正;该值在移车台调试时已经设好,用户不要随意改动。

• 速度偏移值设定及大车自动运行设置下面的 3 个时间设定用户不需调整。

c. 变频器操作简要说明

变频器的参数设置方法如图 6.20 所示(详细的使用方法请参照变频器使用说明书);在移车台

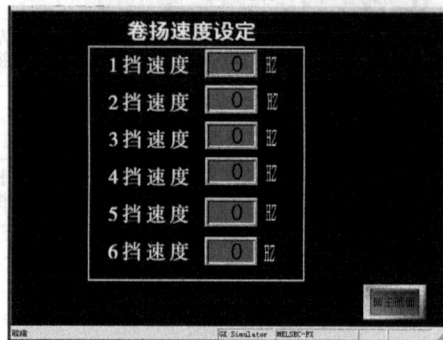

图 6.19 卷扬速度设置界面

调试时变频器参数已设置好,用户在使用时无需再进行调整。变频器需要设置的有关参数如表 6.1 所示。

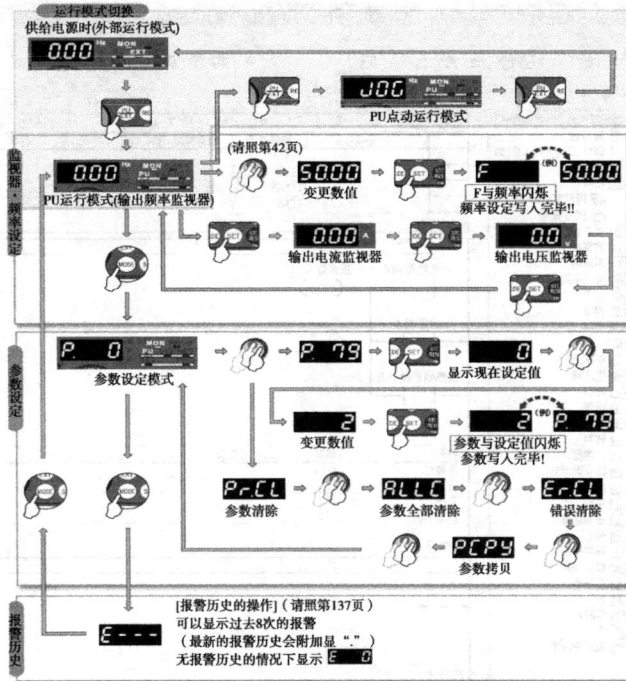

图 6.20　变频器参数设置界面

表 6.1　变频器参数设置表

参数号	参数含义	设定值
30	再生功能选择	1
70	特殊再生制动器使用	6
7	加速时间	10
8	减速时间	5

2. 移车台电气控制原理

浅坑式移车台的电气控制系统以可编程控制器 PLC 为控制核心,具有程序控制、故障检测、安全和故障报警等功能。电气控制系统配置的变频器具备过载、过电流、过电压、过热、欠电压、短路、缺相等保护功能以及故障诊断和显示功能。系统出现问题会自动停止变频器工作,同时发出报警铃声,并在显示器上显示出相应的故障诊断编码,只要查对编码便可知故障性质,即可针对故障性质进行故障排除。

(1)移车台 PLC 控制模块

二号线浅坑式移车台 PLC 采用西门子 S200-CPU226CN 产品,共包括 3 个模块:

①CPU226 处理器模块共有 24 个输入点(I0.0~I2.7),16 个输出点(Q0.0~Q1.7);

②EM223 扩展模块,共有 8 个输入点(I3.0~I3.7),8 个输出点(Q2.0~Q2.7);

③EM221 扩展模块,共有 8 个输出点(I4.0~I4.7)。

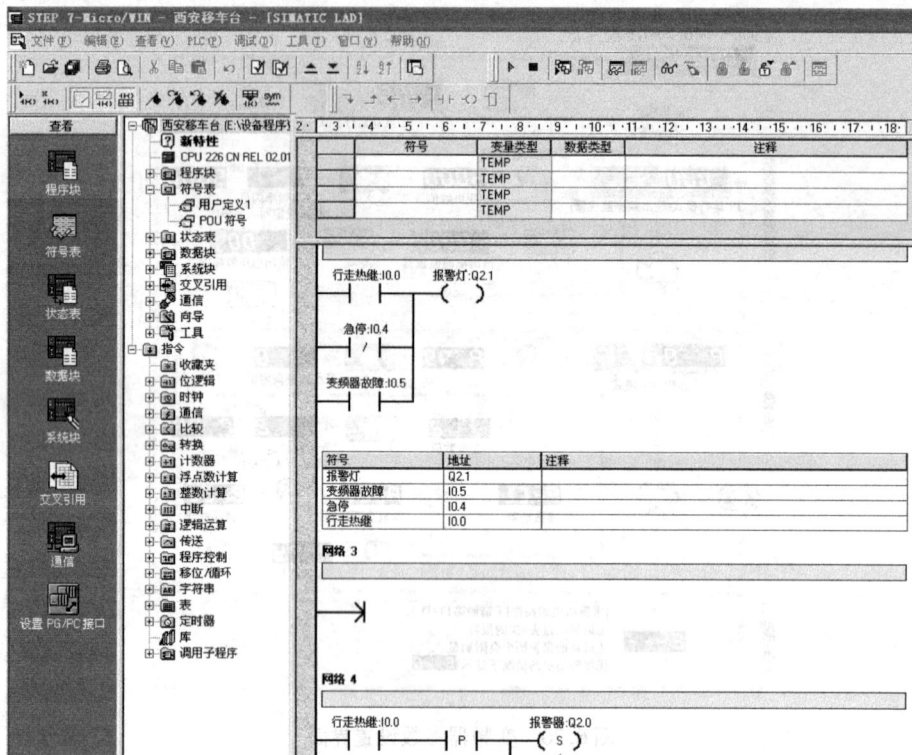

图 6.21

（2）移车台程序控制简介

1）移车台程序 I/O 表见表 6.2。

表 6.2　移车台程序 I/O 表

行走热继	I0.0	右桥降	I2.0	前进限位	I4.0	变频器,故障	Q1.2
左渡桥运行	I0.1	右桥停	I2.1	后退限位	I4.1	极限指示	Q1.3
右渡桥运行	I0.2	清音	I2.2	前进左对轨	I4.2	卷扬,收绳	Q1.4
制动风扇	I0.3	锁定/解锁	I2.3	后退左对轨	I4.3	卷扬,放绳	Q1.5
急停	I0.4	快速慢速	I2.4	前进右对轨	I4.4	报警器	Q2.0
变频器故障	I0.5	前进	I2.5	后退右对轨	I4.5	报警灯	Q2.1
卷扬电机	I0.6	后退	I2.6	正转	Q0.0	自动对轨	Q2.2
左对轨	I0.7	左桥上限	I3.0	反转	Q0.1	变频器,故障	Q1.2
右对轨	I1.0	左桥下限	I3.1	快慢速	Q0.2	极限指示	Q1.3
点进	I1.1	右桥上限	I3.2	对轨,点动	Q0.3	卷扬,收绳	Q1.4
点退	I1.2	右桥下限	I3.3	变频器电源	Q0.4	卷扬,放绳	Q1.5
停止	I1.3	变频器开关	I3.4	左桥上升	Q0.5	报警器	Q2.0
左桥升	I1.4	卷扬收绳	I3.5	左桥下降	Q0.6	报警灯	Q2.1
左桥降	I1.5	卷扬放绳	I3.6	右桥上升	Q0.7	自动对轨	Q2.2
左桥停	I1.6	卷扬停止	I3.7	右桥下降	Q1.0		
右桥升	I1.7			风扇,制动	Q1.1		

2)移车台控制程序简介

移车台控制程序主要包括用户程序块、符号表、状态表、数据块、系统块、交叉引用、通信、PC/PG 通信接口,其中用户程序包括主程序块和中继程序块,主程序块主要对中继程序块中 M 中继点对输出点 Q 进行控制逻辑运算,输出点 Q 控制相应中间继电器,中间继电器控制相应接触器和继电器,实现走行、渡桥升降、卷绳收放绳控制电路接通和断开;中继程序块主要对外围输入点数字信号进行相应逻辑控制运算,实现要求的控制方式。

(3)走行变频控制

控制系统通过 PLC 控制输出传送给变频器的启动多段频率信号来控制变频器的频率输出,从而自动完成对驱动电机的平稳调速控制;某地铁公司二号线移车台走行控制变频器为富士 FRN22G11S-4SX 系列变频器,其控制接线图如图 6.22 所示。

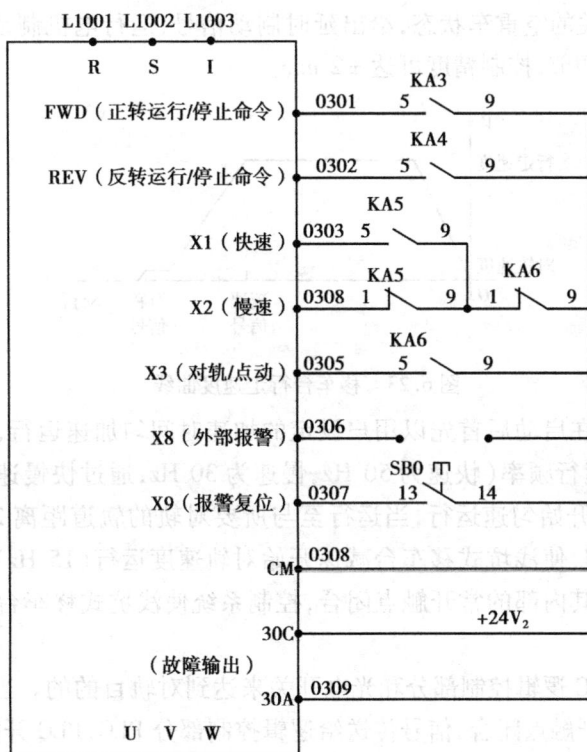

图 6.22　富士 FRN22G11S-4SX 系列变频器控制接线图

图 6.22 各部分含义如下:

FWD(前进):对应中间继电器 KA3,PLCQ0.0。

REV(后退):对应中间继电器 KA4,PLC0.1。

X1(快速):对应中间继电器 KA5 常开触点,PLCQ0.2;变频器设置频率 50 Hz;

X2(慢速):对应中间继电器 KA5 常闭触点,PLCQ0.2,变频器设置频率 30 Hz;

X3(对轨/点动):对应中间继电器 KA6 常开触点 PLCQ0.3,变频器设置频率 15 Hz;

X8(外部报警):对应 2 台走形电机热继电器常闭触点 95、96,如果任一台走行电机过载、过流对应 X8 输入变频器外部报警信号,变频器停止输出。

X9(变频复位):对应操作面板 SB0 复位按钮,在变频器故障排除后按复位按钮可清楚变频器故障,继续变频器运行。

注意:频繁使用点动功能对走行减速机电磁制动装置损害较大,因此应尽量减少手动对轨操作。

【任务实施】

移车台对轨控制原理

1. 自动对轨控制原理

自动对轨时移车台行走速度沿阶梯形曲线变化($v-t$),迁车台启动后,平滑加速到运行速度,以设定的运行速度行走;当接近目标轨道时,电磁接近开关接收到运行场地地面上的减速信号反射板返回的信号,迁车台开始减速运行,速度降低到对轨速度;当电磁接近开关接收到地面上的对轨信号反射板返回的信号后,PLC 给出停止信号,变频器输出频率平滑下降到0,PLC 根据空重车开关的空重车状态,给出延时制动信号,运行电机制动。通过参数调节和电磁接近开关位置的调节,控制精度可达 ±2 mm。

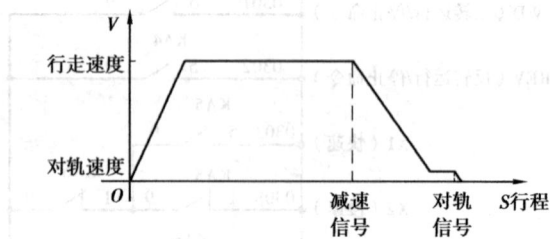

图 6.23　移车台行走速度曲线

1)浅坑式移车台在启动后首先以用户设定的加速时间匀加速运行,直到达到用户设定的速度,即变频器的运行频率(快速为 50 Hz,慢速为 30 Hz,通过快慢速转换开关实现速度切换),浅坑式移车台开始匀速运行,当运行至与所要对轨的轨道距离 2 m 左右时,按下相应的左、右侧对轨按钮,使浅坑式移车台减速开始对轨速度运行(15 Hz);到达对轨位置时,传感器得到信号使得其内部的常开触点闭合,控制系统使浅坑式移车台自动停靠在指定的轨道旁。

2)对轨是通过 PLC 逻辑控制部分和光电开关来达到对轨目的的。当传感器得到遮挡信号后使得其内部的常开触点闭合,信号传送给逻辑控制部分 PLC,PLC 开始执行其逻辑控制,KA3(前进)/KA4(后退)断电,KA6(对轨)中继断电,变频器停止输出,同时电机电磁制动器失电制动,这样可以使浅坑式移车台自动停靠在用户想要停靠的轨道上。

3)对轨传感器采用德国图尔克的 NI15 系列磁感应式传感器,安装简便经济,一体化的外壳无需光路瞄准,响应时间为 500 μs,重复精度为 100 μs。

2. 手动对轨功能

当因自动对轨时由于操作或设备对轨偏差造成对轨出现误差,操作者可通过手动操作来进行手动对轨,按下点进按钮,PLC 输出点 Q0.0 输出信号接通前进中继 KA3,Q0.3 输出接通点动/对轨中继 KA6,此时通过点动前进实现点动人工对轨,此时对轨位置依靠操作者观察人工手势控制移车台启动和停止,对轨传感器不起作用;按下点退按钮 PLC 输出点 Q0.1 输出信号接通后退 KA4,Q0.3 输出信号接通点动、对轨中继 KA6,同点动前进操作一样,此时对轨传感器不起作用,操作者凭借人工手势确认位置来控制移车台启动或停止。

【安全小贴士】

频繁使用点动功能对走行减速机电磁制动装置损害较大,因此应尽量减少手动对轨操作。

【效果评价】

评 价 表

项目名称	浅坑式移车台		学生姓名	
任务名称	任务3　移车台控制系统认知		分　数	
项　目			分　值	考核得分
1. 国内外移车台控制系统相关资料图片的搜集、整理			10	
2. 是否有小组计划			5	
3. 移车台控制系统结构功能的认知情况			20	
4. 对移车台 PLC 自动控制原理的认知情况			30	
5. 对移车台自动对轨和手动对轨原理的认知情况			20	
6. 编制学习汇报报告情况			10	
7. 基本素养考核情况			5	
总体得分				
教师简要评语:				
			教师签名:	

任务4　移车台操作及日常保养

【活动场景】

在车辆检修现场教学或利用多媒体展现。

【任务要求】

掌握移车台基本操作方法及日常保养内容。

【知识准备】

1. 操作台按钮指示灯布局图

操作台上各按钮指示灯从左到右,从上到下分别是:

图 6.24 移车台操作面板

1—变频故障指示灯;2—变频故障复位按钮;3—极限位指示灯;4—备用;

5—紧急停止;6—备用;7—系统报警;8—清音;9—变频器开/关;

10—点进按钮;11—前进按钮;12—左对轨按钮;13—显示器开/关;

14—左渡桥上升;15—右渡桥上升;16—卷扬收绳;17—控制电源指示灯;

18—点动运行指示灯;19—停止按钮;20—自动对轨指示灯;

21—快速/慢速选择旋钮;22—左渡桥停止;23—右渡桥停止;24—卷扬停止;

25—控制电源开/关;26—点退;27—后退;28—右对轨;29—解锁/锁定;

30—左渡桥下降;31—右渡桥下降;32—卷扬放绳

2. 变频交流控制柜

交流变频柜主要由各种短路器、接触器、继电器、热继电器、走行变频器组成,控制走行、渡桥升降、卷绳收放绳动作组成。

【任务实施】

1. 移车台操作步骤

1)合上总断路开关 QF。

2)依次闭合各个二级断路器:QF1、QF2、QF3、QF4、QF5、QF6、QF7、QF8、QF9。

3)将 SA1"控制电源"旋钮旋至开的位置上,HG1"控制电源"指示灯将自动亮起,表示控制回路已经启动;将 SA4"变频器"旋钮旋至开的位置上,SA4 自带的指示灯将亮起,表示变频器已经启动。

图 6.25 变频交流控制柜

4)检查渡桥是否收起,如果没有收起,先将 SA2"锁定/解锁"旋钮旋至锁定位置,之后按下 SB6"左渡桥上升"和 SB9"右渡桥上升",渡桥上升到收起位置时将自动停止。

5)将 SA2"锁定/解锁"打到解锁位置,并将 SA7"警示器"旋钮打到开的位置上,警示器将开始运行提示现场工作人员移车台开始运行。之后根据需要按下 SB13"前进"或者 SB14"后退"按钮,移车台将开始前进或者后退运行。例如:目标轨道在移车台驾驶室的前方,则按下 SB13"前进"按钮。当移车台到达走行轨的极限位置时,移车台会自动停车,HR2"极限位指示"灯会亮起,提示操作人员移车台已到达走行轨的极限位置,例如:当移车台运行到走行轨的前进极限位置时,移车台将自动停车并提示操作人员,此时按下任何前进按钮移车台都不会运行,只有按下后退按钮移车台才会运行。

6）当距离目标轨道还有 4~5 m 时，按下相应的自动对轨按钮，例如：目标轨道在驾驶室的左侧时，需要按下 SB1"左对轨"，移车台将自动减速到自动对轨速度，到达目标轨道时将自动停车。如果自动对轨未能准确地将移车台上轨道与目标轨道对齐，可以使用 SB3"点进"或者 SB4"点退"进行微调，直至与目标轨道对齐。

7）在前进或者后退运行过程中，如果 HR1"变频器故障指示灯"亮起表示行走电机发生故障，先检查行走电机回路是否发生短路或者过载现象，并检查变频器 LED 显示屏上的故障代码，并在变频器说明书上查找故障代码所代表的故障类型。待故障排除后按下 SB0"变频器故障复位"按钮，对变频器故障进行复位。

8）当移车台与目标轨道对齐之后，将 SA2"锁定/解锁"旋钮旋至锁定位置，并按照需要放下相应的渡桥，例如：目标轨道在驾驶室的左侧，则按下 SB7"左渡桥下降"按钮，当渡桥下降到位之后渡桥将自动停止。

9）当渡桥下降到位之后，可以使用牵引车将目标轨道上的车体拉到移车台上，或者使用卷扬机构将车体拉到移车台上，例如：当卷扬机构上的挂钩和车体可靠连接后，按下 SB15"卷扬收绳"按钮，将车体拉上来，当距离预定停车位置还有 6~8 m 时按下 SB17"卷扬停止"按钮，挂钩将自动与车体分离，车体自行滑行到预定停车位置。

10）当车体在移车台上停稳之后，将放下的渡桥收起，例如：如果放下的是左渡桥，则按下 SB6"左渡桥上升"按钮，当渡桥升到收起位置时将自动停止运行。

11）重复上述过程将移车台运行到新的目标轨道上。

12）移车台不需要运行时可以将 SA7"警示器"旋钮旋至关的位置，关闭警示器。

13）如果遇到突发事故可以按下移车台车体 3 个角上以及操作台上的急停按钮，移车台将紧急制动停车。

14）如果移车台发生故障，"系统故障"报警灯亮，报警电铃开始运行，提示操作人员移车台发生故障，系统报警时可以按下 SB12"清音"按钮，报警电铃将停止运行，但"系统故障"报警灯仍然会亮着，直到故障排除。

15）下班前，应先将 SA4"变频器"旋钮旋至关的位置上（旋钮自带指示灯将熄灭表示变频器已经关机）以及将 SA1"控制电源"旋至关的位置上（HG1"控制电源"指示灯将熄灭，表示控制电源已经切断），之后依次关闭各个断路器，并锁好控制柜柜门和司机室门。

2. 浅坑移车台日常保养内容

1）保持控制面板、地板、标志、铭牌、记号和其他运行部件的表面清洁。

2）检查控制台的指示灯是否完好。

3）擦拭摄像头，清除灰尘和污垢。

4）检查监视系统是否功能正常。

5）检查警示系统是否功能正常。

6）检查控制柜上插座、按钮、接触器是否完好、清洁。

7）检查并清洁卷线器，保证卷线器工作阻力最小。

8）定期清洁空调滤网。

3. 移车台使用注意事项

1）移车台在运行前必须认真检查移车台运行场地是否清洁，运行场地上不可堆有残土、石块、木板、金属板等杂物，尤其是在装有电磁接近开关部位运行的线路，在确认无杂物后方可运行。如果在电磁接近开关运行线路的场地上有金属板,在自动对轨状态时,电磁接近开关可误将该金属板当作信号反射板,使电磁接近开关接收到错误的信号,使移车台不能停在设定的位置。

2)移车台启动前确认牵车控制主令手柄在中间位置。

3)检查急停按钮,确保其在开启位置。

4)按下电源开按钮30 s后,确保变频器处于工作状态,方可进行移车台的行走。

5)当车辆上移车台时,要注意将车辆拉到移车台中央位置。

6)移车台运载车辆时,一定要将车辆两端的车轮用挡车物品挡住,以免在移车台运行时车辆移动,发生事故。

7)"速度设定"旋钮只可在移车台运行前进行选择,在移车台运行中不可旋转该开关。

8)当用"左点进""右点进"调整完移车台纵向偏斜后,一定要将点动调整开关关闭。

9)放绳时必须使卷筒前部的钢丝绳始终处于拉紧状态。

10)变频器已由厂家调好,用户不得擅自调动变频器。变频器出现故障时,操作台上的"变频器故障"指示灯亮,此时应查找原因,将故障排除后,方可按"变频器故障"钮复位,然后按照操作步骤重新投入工作。

11)工作过程中发现异常现象,应立即停车检查,以免发生意外事故。

12)经常检查移车台运行轨道及轮缘槽是否干净。移车台运行轨道上及轮缘槽里不得有异物,否则会造成移车台车轮运行时的不同步,严重时会造成设备的损坏,所以应经常清理轮缘槽。

13)应注意安全滑触线工作是否正常,经常检查电线、电缆有无损伤,如有则应及时更换与包扎。

14)各电机不能有过热现象,如发现过热,应立即查明原因,排除故障。

15)出现经常性的移车台车轮啃轨时,应及时检修,并查找原因予以排除,防止车轮及轨道的磨损报废。

16)确定移车台是否啃轨,应将车轮轮缘的正常导向与确属啃轨区别开来。轮缘靠着轨道的一个侧面平稳地运行或伴有轻微的摩擦,不属于啃轨。啃轨是指移车台的轮缘与轨道间出现严重的抵触,运行过程中产生较大的响声和震动。当移车台出现啃轨现象时,简单的处理办法可归结为下列几点。

①如果啃轨总是发生在一个方向上,即总是一个轮缘磨损严重并发生较大的声响和震动,则应调整车轮的水平偏差或成对车轮的偏斜方向。

②如果往返运行时,啃轨方向相反,应检查两电动机和制动器的同步性,测量电动机的转速,检查制动力矩,并进行调整。

③如果啃轨始终发生在钢轨的某一区段上,则主要是由于地面轨道安装偏差较大。应检查轨道的跨度偏差和同一截面两轨道高低偏差。调整达到轨道安装公差的要求。

④如果是在运行的全程中,啃轨始终发生在同一地面轨道上的所有外轮缘或内轮缘,则应检查移车台跨度或地面轨道跨度的偏差。

【效果评价】

评　价　表

项目名称	浅坑式移车台		学生姓名	
任务名称	任务4　移车台操作及日常保养		分　数	
项　目			分　值	考核得分
1.国内地铁公司移车台操作及日常保养相关资料图片的搜集、整理			10	
2.是否有小组计划			5	
3.移车台操作台及电气控制柜认知情况			20	
4.现场操作移车台对操作步骤掌握情况			20	
5.自动对轨及手动对轨操作完成及对轨情况			30	
6.编制学习汇报报告情况			10	
7.基本素养考核情况			5	
总体得分				
教师简要评语： 教师签名：				

任务5　移车台的维护保养

【活动场景】

在移车台检修现场教学或利用多媒体展现。

【任务要求】

掌握移车台维护保养内容。

掌握移车台常见故障及处理措施。

1.移车台一般维护性维护保养内容

1)各车轮轴承箱均设有压注油杯,正常工作条件下每月应定期补充适量3号复合钙基润滑脂,每一年更换一次。

2)减速器所需的润滑油 L-CKC320 工业闭式齿轮油应定期更换,正常工作条件下一年换油一次。

3)定期检查各项电气的接触面是否清洁,导电螺钉是否牢靠。如发现触头有烧毛等现象,可用细挫清理触头。

4) 及时更换损坏的触头。

5) 定期检查所有紧固件。如有松动,应及时旋紧。

6) 滑轮内腔每两年更换一次 3 号复合钙基润滑脂,充满度 70%,卷扬减速机应按规定加润滑油。

7) 每半年打开防护罩一次,保持各电动机外部清洁,检查接线端子是否有松动、烧伤等。

8) 各电动机须按说明书要求进行定期保养,检查、清洗电动机轴承,更换润滑脂,并检查电动机的绝缘电阻。

9) 每天擦拭摄像头及对轨系统,清除灰尘和污垢。

10) 每月必须检查控制屏一次,清除灰尘和污垢。

11) 及时清理现场环境,保持清洁,杜绝移车台走行区间的地面存在各种障碍物。

12) 设备在长期不使用的工况下,应至少每半个月连续运转 30 min。

2.计划性维修

按照某地铁公司工艺设备维护保养制度规定,浅坑式移车台每周进行一次巡检,每 6 个月进行一次一级保养维护,每 12 个月进行一次二级保养维护;每 5 年进行一次中修维护保养,每 15 年进行一次大修维护保养。

(1)移车台巡检主要内容:

1) 车体主梁、轨道无变形,各焊缝外观检查无裂纹。

2) 渡桥驱动杆工况正常,润滑良好。

3) 各滑轮外观无损,转动正常,润滑良好。

4) 各走行轮安装牢固,踏面无损伤,走行无异响。

5) 卷线器外观无变形、开焊,各转动件工况良好,润滑状态良好,放线位置准确。

6) 卷扬机外观无损,绕线器工况良好,减速箱油位正常。

7) 各车挡、机械限位工况良好。

8) 控制台各按钮、开关外观无损,动作灵活。

9) 各处限位开关、急停开关、电容式、近接开关、光电开关、外观无损,动作灵活、可靠。

10) 各配电柜、控制柜内无杂物,各电线、电器元件安装牢固无松动,内部无过热现象。

11) 检查设备主电缆外皮无破损。

12) 检查各电机安装牢固,运行时无异响。

(2)移车台一级保养主要内容:

1) 完成巡检作业的内容和要求。

2) 检查车体主梁焊缝情况。

3) 检查渡桥驱动机构工况情况。

4) 检查卷扬机的减速箱油位,不足添补。

5) 车轮轴承箱加注润滑脂。

6) 检查牵车滑轮机构,补充适量润滑脂。

7) 检查卷线器外观无损,转动部件加注润滑。

8) 检查机械限位、车挡。

9) 检查控制台。各按钮、开关功能功能异常更换。

10)检查主电器柜。检查全部电源盒电器有否异常,将电器柜内电器元件紧固、除尘,检查各继电器、接触器。

11)检查各连接电缆线。安装牢固可靠,蒙皮、插头无破损,绝缘状态良好,线号无缺失。

12)检查各处限位开关,功能异常更换。

13)紧急停止按钮动作异常更换。

14)对轨传感器接线检查,感应铁位置调整紧固。

15)送电试机检查渡桥起落动作。工况正常、驱动部分无异声。

16)送电试机对轨功能。工况正常、对轨准确。

17)送电试机检查电铃和报警灯作用情况。

18)送电试机检查各摄像头、显示屏及监控系统工作情况。

(3)移车台二级保养主要内容:

1)完成一级保养的内容和要求。

2)清洁移车台,除锈、补漆。

3)检查和修理库内轨道和移车台尖轨的接头处,确保接头处高度一致、过渡平滑、缝隙均匀。

4)清理卷线器地沟内杂物。

5)检查卷扬机的减速箱、轮轴承箱、滑轮、导绳器、链条、钢丝绳处润滑油、润滑脂是否变质、混有杂质,如有异常须清洗并更换。

6)检查卷扬机钢丝绳及挂钩,无断股裂纹。

7)各处紧固件连接牢固,各螺栓、螺丝、垫片、销子等无异常。

8)检查司机室钢结构、窗户、内墙、外壁无破损。

9)检查各电机壳体无损伤、无污物。检查电机转子轴承转动灵活,无异声,无窜动。制动装置可靠。

10)检查各接线牢固可靠,蒙皮无破损,绝缘状态良好,线号无缺失。

11)检查各项电器的接触面是否有烧蚀、松动现象,触头是否损坏,如有,须清洁、紧固接触面,更换损坏的触头。

12)检查PLC控制器、变频器工作正常,接线完好无损,固定装置可靠。

13)检查各信号灯、指示灯的固定装置齐全牢固,灯光亮度正常,无发黑现象,无损坏。

14)检查主电器柜,检查全部电源盒电器有否异常,将电器柜内电器元件紧固、除尘,检查各继电器、接触器。

15)检查司机室空调,制冷制热工作正常。

3. 移车台常见故障处理

移车台常见故障主要有走行制动效果差、制动器不能打开、工作中轴承响声大、正常操作不能走行、正常运行跳闸停车、电气触头的动触头及静触头冒火花或烧损、卷扬机不动作,常见故障现象与排除方法见表6.3。

表6.3

故障现象	产生原因	排除方法
走行制动效果差	1. 制动片未调整好 2. 制动片过度磨损 3. 制动弹簧损坏 4. 制动片上有油污	1. 调整制动片及调整螺母 2. 更换制动片 3. 更换弹簧并调整制动器 4. 用煤油清洗掉油污
制动器不能打开	1. 通到电磁铁线圈上的电线中断 2. 电磁铁线圈烧毁 3. 制动片过度磨损 4. 制动弹簧压力过大	1. 连接中断的电线 2. 更换线圈 3. 更换制动片 4. 调整制动片调整螺母
工作中轴承响声大	1. 轴承未压紧 2. 轴承损坏 3. 轴承盖紧固螺栓松动	1. 调整好锁紧圆螺母 2. 更换轴承 3. 拧紧紧固螺栓
正常操作后不行走	1. 检查变频器故障功能码 2. 线路无电压 3. 电缆输电部分或滑触线发生故障	1. 根据功能码核对故障性质,排除相应故障 2. 检查有无电压 3. 检查与修复电缆或滑触线
正常运转中跳闸停车	1. 检查变频器故障功能码 2. 过载使热继电器保护动作	1. 根据功能码核对故障性质,排除相应故障 2. 检查制动器是否彻底脱开 3. 减少点动操作
各电气触头的动触头及静触头冒火花或烧损	1. 动触头对静触头的压力太小,使之接触不良 2. 触头脏污 3. 触头烧坏	1. 调整弹簧压力 2. 消除脏污 3. 用"0"号砂纸磨平触头,补焊或更换触头
卷扬机不动作	1. 卷扬机电动机线路无电压 2. 控制盒发生故障	1. 检查有无电压 2. 检查控制盒

【任务实施】

典型故障分析

范例1 2011年2月25日设备操作班在对移车台操作演练中发现移车台操作面板上所有按钮开关均不起作用,将锁定/解锁开关旋至解锁位,按下前进/后退开关后,变频器输出频率闪烁,移车台不能行走,按下点进/点退按钮,移车台均不能走行;将锁定/解锁旋至锁定位,按下左渡桥上升/下降按钮,左渡桥不动作;按下右渡桥上升/下降按钮,右渡桥不动作;设备无故障报警。故障原因分析：

首先要弄清移车台控制原理是通过各输入原件(按钮、旋钮开关、限位开关、极限位置传感器、对轨传感器)触发后,输出24 V高电平信号到对应的PLC输入点,PLC在通过对这些输入信号进行逻辑运算,输出模块对应输出点输出24 V高电平信号实现中间继电器得电接通,中间继电器触点控制相应接触器、继电器得电接通,接触器、继电器主触点控制相应电机得电,实现要求控制。因此,在没有输入信号的情况下,首先要检查控制面板上各按钮、开关状态,经检查各按钮开关触发状态正常;其次在通电状态下检查控制台上各按钮开关在PLC输入点信号指示灯不亮,控制台上各按钮开关在触发状态下均没有输出24 V信号,说明控制面板上各按钮开关输入24V1电源有问题,使用万用表检查控制柜内DC24V电源输入AC220V和输出DC24V1电压正常;检查控制柜内接线排24V1电压正常,说明从DC24电源到控制柜内接线排线路正常,24V1从控制柜到控制面板接线存在断点,经对线路检查发现操作台清音按钮输入24V1电源线掉,但是为什么操作台上所用按钮开关均无输出信号呢?原因是控制柜接线排24V1首先接入清音按钮,在从清音按钮分支并联接入操作台各按钮开关输入,因此清音按钮24V1电源线掉,就导致了操作台上所有按钮开关均无24 V输入电源。

范例2 2011年8月21日,设备操作班在对移车台操作时发现移车台在走行时速度不稳定,速度时慢,变频器频率显示数值变化不稳定。

故障原因分析：

从以上PLC模块输入输出接线图上可以看出,移车台走行快慢速控制是通过操作面板上快/慢速转换开关SA3接通和断开,输入PLC对应输入点I2.4一个电平信号(当SA3接通时,I2.4输入+24 V高电平信号,当SA3断开时,I2.4输入0 V低电平信号)下为PLC走行快慢速控制程序节选：

①变频器走行前进FWD控制：

LD	前进中继:M1.1
LD	进左对轨中继:M4.2
O	进右对轨中继:M4.4
AN	反转:Q0.1
OLD	
O	点进中继:M0.2
A	启动计时:T101
=	正转:Q0.0

②变频器走行后退REV控制：

LD	后退中继:M1.2
LD	退左对轨中继:M4.3
O	退右对轨中继:M4.5
AN	正转:Q0.0
OLD	
O	点退中继:M0.3
A	启动计时:T101
=	反转:Q0.1

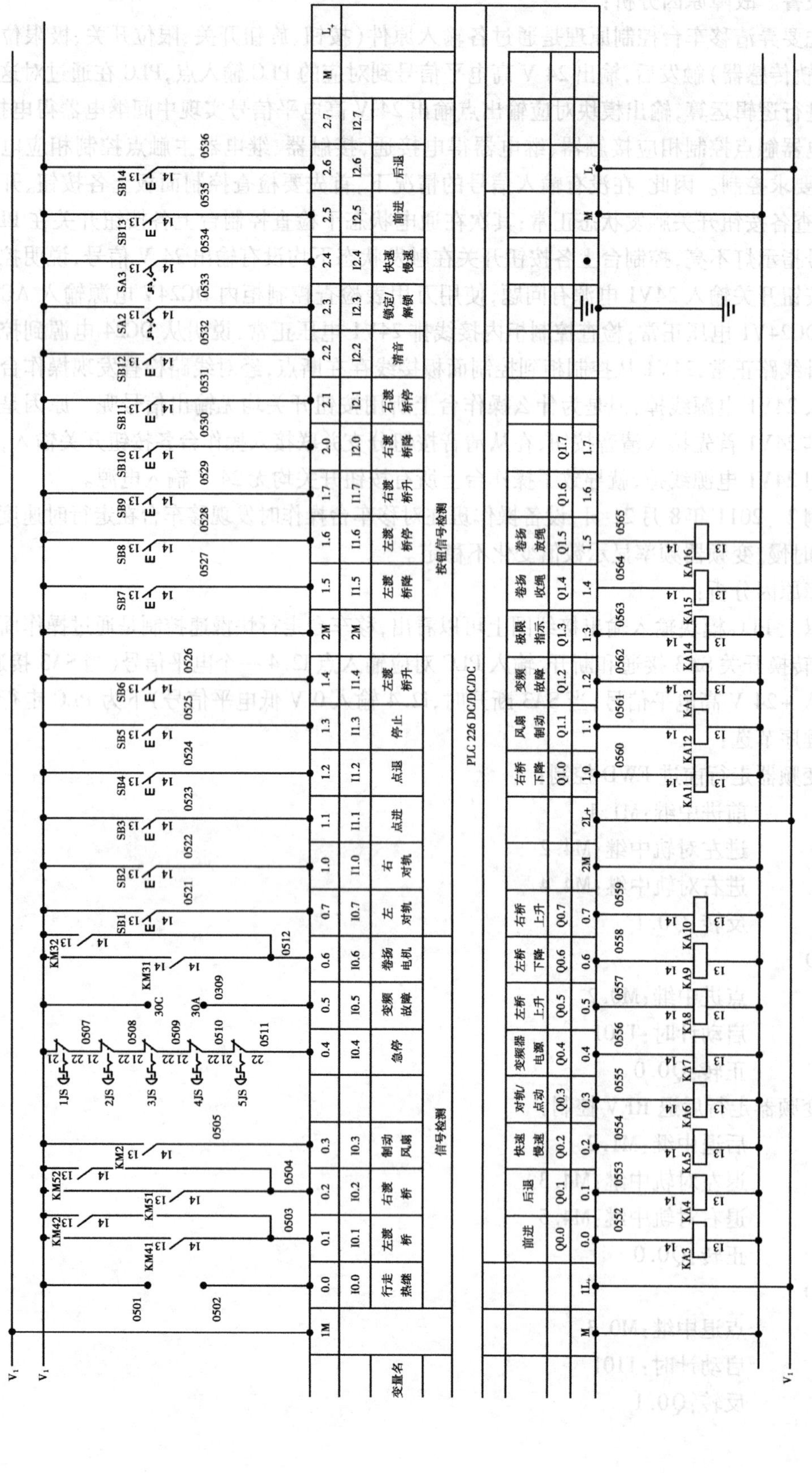

图6.26 移车台、电气控制原理图

快慢速控制：

LD 快速慢速：I2.4

= 快慢速：Q0.2

对轨/点动速度控制：

LD 点进中继：M0.2

O 点退中继：M0.3

O 对轨中继：M2.2

= 对轨，点动：Q0.3

从以上 PLC 程序中可以看出，要实现走行控制，首先 Q0.0 或 Q0.1 输出高电平，中继 KA3 或 KA4 得电；其常开触点闭合，变频器 FWD 或 REV 端子输入高电平信号；I2.4 高电平，Q0.2 输出 +24 V 信号，接通 KA5，KA5 常开触点闭合，变频器多功能输入端子 X1 高电平 24 V，输入端子 X2 低电平 0 V，变频器输出高速频率(50 Hz)；I2.4 低电平信号，Q2.4 输出 0 V 低电平信号，KA5 断电，常开触点断开，变频器多功能输入端子 X2 输入 24 V 高电平信号，X1 输入 0 V 低电平信号，变频器输出低速频率(30 Hz)。因此分析出现高低速不稳定原因有以下几个方面：

①高低速转换开关 SA3 损坏或接线松动；

②中间继电器 KA5 触点接触不良或接线松动；变频器多功能输入端子 X1、X2 接线松动；经过维修人员排查发现快慢速转换开关 SA3 接线松动，打到快速接通位置时处于似接非接状态，Q2.4 输出不稳定，KA5 时而断开时而接通，X1 时而高电平时而低电平信号，输出速度不稳定。

范例3 2011 年 12 月 23 日设备维修班进行移车台模拟故障排查培训，在进行设备试机时，出现左渡桥在下降时无法停止，渡桥下降到位接触地面后仍渡桥丝杠电机仍继续工作，造成渡桥连接销轴处销套拉出，操作人员发现后立即按下紧急停止按钮，渡桥电机才停止下来。

故障原因分析：

左渡桥下降停止必须具备以下条件之一：

①渡桥下降过程中按下停止按钮；

②按下任意一个紧急停止按钮；

③锁定/解锁选择开关旋至解锁位；

④渡桥下降到位，下限行程开关 SQ2 触发，常开触点闭合，I3.1 输入 +24 V 高电平，其中①②③均为人为干预停止操作调价条件；

⑤为自动下降停止条件，而出现故障正是自动下降无法停止，故判断下限位行程开关 SQ2 触发故障。

故障原因有 2 种可能：一是 24V2 电源故障；二是行程开关至 PLC 输入点 I3.1 接线有断点，造成 I3.0 无触发高电平信号。经检查发现故障原因为校招学习人员在进行故障排查时，将接线排上至渡桥行程开关的 24V2 电源线接线端子未紧固，行程开关无输入 24 V 电源，渡桥下降到位 SQ2 下限行程开关触发后 I3.1 无24 V 高电平信号。

下面为左渡桥下降 PLC 控制程序节选：

①修改前左渡桥控制程序：

LD 左桥降：I1.5

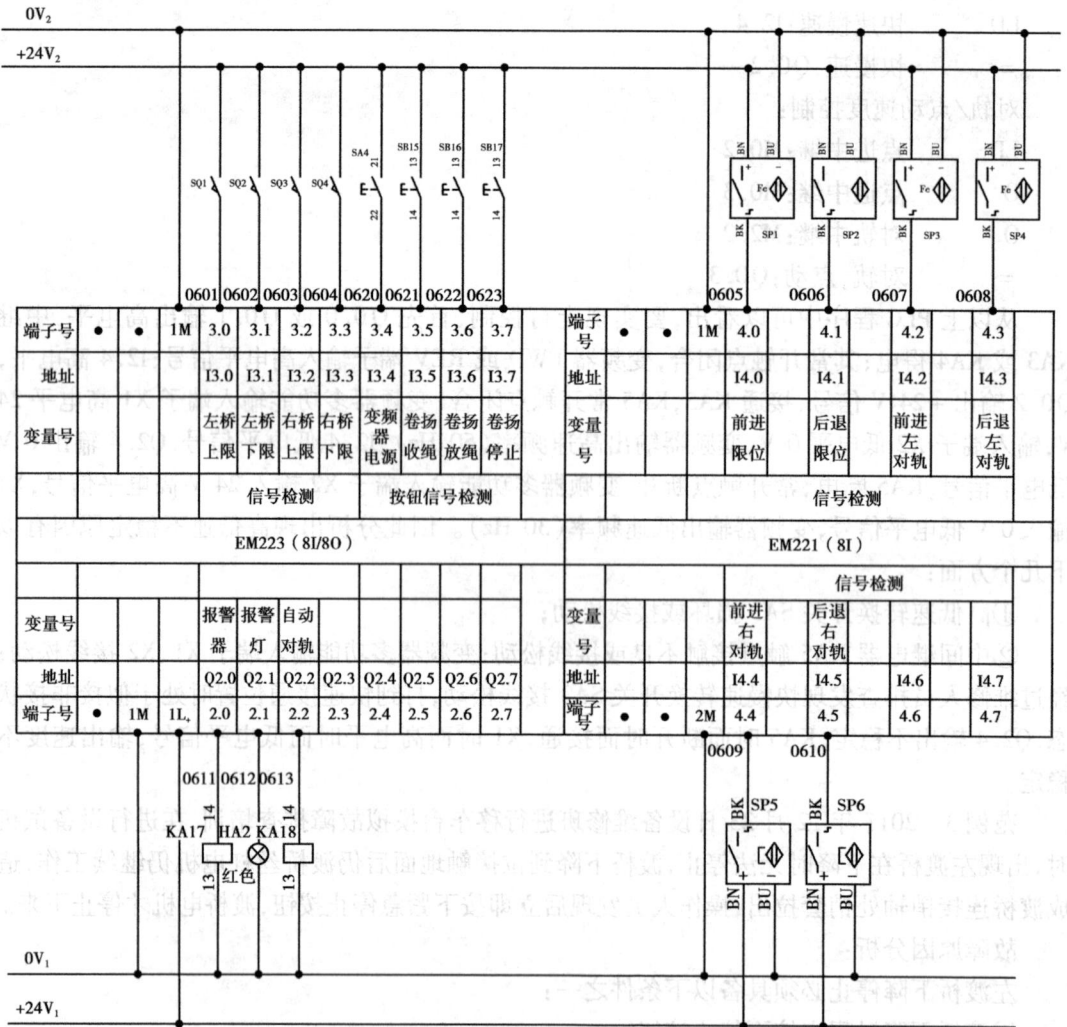

左侧接线端子表（EM223）：

端子号	•	•	1M	3.0	3.1	3.2	3.3	3.4	3.5	3.6	3.7
地址				I3.0	I3.1	I3.2	I3.3	I3.4	I3.5	I3.6	I3.7
变量号				左桥上限	左桥下限	右桥上限	右桥下限	变频器电源	卷扬收绳	卷扬放绳	卷扬停止
				信号检测				按钮信号检测			
				EM223（8I/8O）							
变量号				报警器	报警灯	自动对轨					
地址				Q2.0	Q2.1	Q2.2	Q2.3	Q2.4	Q2.5	Q2.6	Q2.7
端子号	•	1M	1L₊	2.0	2.1	2.2	2.3	2.4	2.5	2.6	2.7

导线号：0601 0602 0603 0604 0620 0621 0622 0623；0611 0612 0613（KA17 HA2 红色 KA18）

右侧接线端子表（EM221）：

端子号	•	•	1M	4.0	4.1	4.2	4.3
地址				I4.0	I4.1	I4.2	I4.3
变量号				前进限位	后退限位	前进左对轨	后退左对轨
				信号检测			
				EM221（8I）			
				信号检测			
变量号				前进右对轨	后退右对轨		
地址				I4.4	I4.5	I4.6	I4.7
端子号	•	•	2M	4.4	4.5	4.6	4.7

导线号：0605 0606 0607 0608；0609 0610（SP5 SP6）

图6.27

O   左桥降中继:M0.5
AN   锁定/解锁:I2.3
AN   行走中继:M1.7
A   急停:I0.4
AN   左桥停:I1.6
AN   左桥升中继:M0.4
AN   左桥下限:I3.1
=   左桥降中继:M0.5

②12.27日修改后左渡桥控制程序：

LD   左桥降:I1.5
O   左桥降中继:M0.5
AN   锁定/解锁:I2.3

AN	行走中继:M1.7	
A	急停:I0.4	
AN	左桥停:I1.6	
AN	左桥升中继:M0.4	
A	左桥下限:I3.1	
=	左桥降中继:M0.5	

通过原程序可以看出,在 I3.1 输入高电平 1 信号,左渡桥降中继 M0.5 逻辑输出低电平 0 信号,左渡桥降 Q0.6 输出低电平 0 信号,左渡桥停止,而上述渡桥行程开关输入 24V2 断开就是这个原因造成渡桥下降到位无法停止,通过进一步拓展可知,渡桥停止是检测高电平信号的,在 24V2 电源线断开的情况下,渡桥行程开关触发信号全部失效,会造成左右渡桥上升、下降到位均无法停止,这是一个程序设计缺陷。针对这种情况,联系设备厂家对渡桥系统电气系统硬件和程序软件进行了修改,将左右渡桥上下限位开关 SQ1、SQ2、SQ3、SQ4 接线改为常闭触点,同时对程序做了相应修改,这样做可以完全避免 24V2 电源线掉无法停止现象,同时渡桥升降到位自动停止功能也能够正常实现。以左渡桥下降为例,如果 24V2 电源线掉,I3.1 输出 0 V 低电平信号,渡桥立即停止。左渡桥下降到位时,SQ2 触发,常开触点断开,I3.1 输出 0 V 低电平信号,渡桥也立即停止,此做法为渡桥系统在控制方面增加了一道安全措施。

【效果评价】

评 价 表

项目名称	浅坑式移车台	学生姓名	
任务名称	任务5 移车台的维护保养	分 数	
项 目		分 值	考核得分
1.国内外移车台设备维修保养规章制度知识搜集、整理		10	
2.是否有小组计划		5	
3.移车台计划保养内容及实施步骤认知情况		30	
4.移车台常见故障及处理方法掌握情况		40	
5.编制学习汇报报告情况		10	
6.基本素养考核情况		5	
总体得分			
教师简要评语:			
		教师签名:	

项目小结

移车台是城市轨道交通车辆平行转轨必需的专用检修设备,这种设备属于低速重载类设备,对设备的安全可靠性要求较高,由于采用了可编程序 PLC 控制,采集输入各种开关型号、光电传感器信号,通过 PLC 对各种输入信号逻辑运算,输出逻辑信号实现,走行高/低速、自动对轨,渡桥动作、卷扬收/放绳动作。大大提高了设备可靠性和自动化程度,减轻了操作者的劳动强度。通过操作台上人机界面显示,使操作者对设备运行状态一目了然。

思考与练习

1. 简述浅坑式移车台的分类及主要功能。

2. 移车台由哪些部分组成,各部分作用是什么?

3. 简述浅坑式移车台自动和手动对轨工作原理。

4. 简述浅坑式移车台操作及日常保养内容。

5. 简述浅坑式移车台计划性维修保养的种类以及各部分包括的作业内容。

6. 简述浅坑式移车台常见故障及处理措施。

【知识扩展】

从互联网上了解其他国家城市轨道交通移车台配置,使用情况掌握城市国外厂家在浅车台设计制造的先进理念和思路。

项目 **7**
城市轨道交通工程车辆

【项目描述】

工程车辆是城市轨道交通的重要组成部分。那么工程车辆有哪些种类？其用途又分别是什么？通过本项目的学习,就能解决这些问题。

【学习目标】

通过本项目的学习,要求掌握以下基本知识:

1.掌握工程车辆的种类和用途。

2.熟悉工程车辆的组成及技术参数。

3.掌握工程车辆的一般操作方法。

4.掌握工程车辆遇到常见问题的处理方法。

【技能目标】

1.能熟知工程车辆的基本种类及相关用途。

2.能进行工程车辆一般故障的处理。

任务1 了解工程车辆

【活动场景】

在检修现场教学或用多媒体协助展现。

【任务要求】

掌握工程车辆的总体特征及功能概述。

【知识准备】

1.工程车辆的分类

工程车辆是保证地铁安全运营不可或缺的设备,担负着紧急救援、调车作业、供电设备和线路维修、线路和接触网检测、钢轨打磨修复等工作。

按照车辆有无动力可分为有动力工程车辆和无动力工程车辆。

按照其具有的功能和担负的主要任务分为内燃机车、网轨检测车、钢轨打磨车、隧道清洗车、接触网作业车、携吊平车、平板车、公铁两用车等。

2. 工程车辆的特征

工程车辆是城市或近郊客运的重要配属设施,因而工程车辆有其独有的特征:

(1)工程车辆的基本特征

①工程车辆种类繁多,功能各一,有内燃机车、网轨检测车、钢轨打磨车、隧道清洗车、接触网作业车、携吊平车、平板车、公铁两用车之分,其形式也就有其多样性。

②由于工程车辆是主要用于车辆段与综合基地、区间、车站、隧道的接触网、轨道等的维护维修的服务性车辆,因此车内设置座位数量少,服务性设施设备简单。

③由于地铁城市轨道的设备维护大多安排在夜间,因此对工程车辆的隔音和降噪有严格要求,以最大限度地降低噪声对乘客和沿线居民的影响。

④作为城市轨道交通的组成部分,工程车辆的外观造型和色彩必须考虑城市文化、环境美化,与城市景观相协调。

(2)工程车辆的功能特征

按照工程车辆的功能可分为内燃机车、网轨检测车、钢轨打磨车、隧道清洗车、接触网作业车、携吊平车、平板车、公铁两用车等。

①内燃机车

内燃机车主要用于西安地铁2号线车辆段与综合基地内地铁列车调车作业的牵引、区间、车站、隧道的事故列车的救援牵引,设备、物资的运输车辆及其他无动力轨道车辆的牵引作业,以及为其他无动力轨道车辆提供作业电源,该车各项功能满足西安地铁2号线渭河车辆段与综合基地场内的各项作业要求。

②网轨检测车

网轨检测车是连挂在内燃机车或其他轨道工程车辆后部进行轨道、限界、接触网检测的车辆。主要由车辆、轨道检测系统、接触网检测系统、限界检测系统等部分组成。车辆内、外部安装有轨检、网检设备及其附件。车辆本身不设走行动力,由动力机车牵引运行。车辆内部设轨道检测间、接触网检测间、会议室、副驾驶室,各间能相互独立使用。主要用于西安地铁接触网、轨道、隧道限界参数等检测、处理和传输,并为其他项目检测设备预留接口。

③钢轨打磨车

钢轨打磨车主要用于对钢轨的波浪磨耗和轨廓变形进行打磨修正,从而提高车辆运行稳定性,减少车辆的冲击载荷,延长车辆和钢轨等设备的使用寿命,确保运行安全。

④隧道清洗车

隧道清洗车是采用吹扫、吸尘、高压水洗或单独水洗等方式对地铁线路轨道、道床、接触网绝缘子和隧道壁进行全截面清洁作业,从而保证西安地铁线路清洁和安全的行车环境。

⑤接触网作业车

接触网作业车是专为地铁电气化铁路接触网施工的专用车辆,该车无动力,作业时与接触网架线作业车联挂,组成作业车组。主要用于接触网导线和承力索的架设、日常维护和事故抢险。

⑥携吊平车

携吊平车在内燃机车或轨道车牵引下吊装运输线路施工、检修或救援用的物资、器材、设备的车辆。

⑦平板车

平板车是主要用于工务、通信信号、工程部门的轻便运输车辆,一般平板车需要由内燃机车牵引。

⑧公铁两用车

公铁两用车是在标准轨距线路上牵引一列或一辆电动客车作地面调车运行,铁路作业完成后即可在铁路与道路交叉的道口处下道,在公路上行驶,转线作业可不经道岔,调头时无需转盘或三角线,使调车作业方便、灵活、省时;也可作为车辆上下移车台的牵引设备。

【效果评价】

评 价 表

项目名称	城市轨道交通工程车辆		学生姓名	
任务名称	任务1　了解工程车辆		分　数	
项　目			分　值	考核得分
1.工程车辆相关知识、图片的搜集、整理			10	
2.是否有小组计划			5	
3.工程车辆分类的认知情况			20	
4.工程车辆功能的认知情况			50	
5.编制学习汇报报告情况			10	
6.基本素养考核情况			5	
总体得分				
教师简要评语:				
			教师签名:	

任务2　工程车辆基本构造认知

【活动场景】

在检修现场教学或用多媒体协助展现。

【任务要求】

掌握工程车辆的基本构造。

【知识准备】

1.工程车辆的基本构造

除网轨检测车、隧道清洗车、放线车、平板车没有动力外,其余工程车辆的基本构造包括发动机、传动装置、车体和车架、走行部、制动系统、电气系统及辅助装置七大部分,为讨论方便,以下简称此类车辆为机车。

①发动机是机车的动力装置,其作用是将燃料的化学能转变为机械能。机车主要采用的是柴油机,即利用柴油燃烧时所产生的燃气直接推动活塞做功。

②传动装置的作用是将发动机的机械能传给走行部分,力求发动机的功率得到充分发挥,并形成乘务人员的工作场所。

③走行部(转向架)的作用是承受机车的上部质量,将传动装置传递来的功率转换为机车的牵引力和速度,保证机车运行平稳和安全。

④制动系统的主要作用是机车遇到紧急情况需要降低速度,或者进站需要停车时产生制动力,使机车减速或停车。

⑤电气系统的功能是通过各种电器元件实现机车启动、调速、充电、照明等,保证机车各系统正常运行。

⑥辅助装置的作用是保证发动机、传动装置和走行部的正常工作和可靠运行,辅助装置包括有:燃油供给系统、冷却水系统、机油系统、空调系统、液压系统等,此外还有信号装置、灭火器以及随车工具等。

2. 工程车辆的牵引

作为牵引动力机车,影响机车运行的力主要有 3 种:

①机车牵引力,使机车运动并可以控制的外力。

②列车阻力,在运动中产生的与列车运行方向相反的不可控制的力,列车阻力包括机车阻力和车辆阻力。

③制动力,与列车运行方向相反的使机车减速或停止的可控制的外力。

以上 3 种力在一般情况下不是同时存在的。在牵引工控下,牵引力和阻力同时存在;在惰行工况下,只有阻力存在;在制动工况下,制动力和阻力同时存在。

(1)牵引力

①牵引力的形成

设柴油机产生的扭矩通过输出轴、传动装置、最后使侧动轮获得扭矩 W,如果机车被调离钢轨,则扭矩作为内力矩,只能使车轮发生旋转运动,而不能使机车发生平衡运动。当机车置于钢轨上使车轮和钢轨成为有压力的接触时,就产生车轮作用可以控制的力 F,F 所引起的钢轨作用于车轮的反作用力 F_1 就是使机车发生运行的外力。这种有钢轨沿及机车运行方向加于动轮轮周的切向外力就是机车轮周牵引力,简称机车牵引力。

②黏着定律

轮周牵引力是钢轨对动轮的反作用力,所以它的大小随着作用在动轮上的力矩 M 的大小变化,并由司机改变主控制器手柄来实现。当力 F 增大时,反作用力 F_1 同样随之增大,这时动轮上的接触点与钢轨上的接触点没有相对滑动。车轮与钢轨间的黏着力 $F_黏$ 的极限接近于轮轨间的摩擦力,即一个动轴黏着力的最大值。

$$F_{黏max} = W_{min} Q \tag{7.1}$$

式中　$F_{黏max}$——由轮轨间的黏着条件决定的黏着力,N;

　　　W_{min}——轮轨间的最大物理黏着系数(接近静摩擦系数);

　　　Q——动轮荷重,kN。

③黏着系数

物理黏着系数 W 是一个由多种因素决定的变化，它在一定的范围内变化。当车轮在钢轨上滚动时，$W_{\min}$ 接近于静摩擦系数。$W_{\min}$ 值与轮荷重、线路刚度、机车传动装置和走行部的结构、轮箱和钢轨的材质及其表面状态、车速等因素有关。在干钢轨上撒上一层细石英砂，$W_{\min}$ 值可高达到 0.6，而一般干钢轨的 $W_{\min}$ 值为 0.3 ~ 0.5 变化。轨面上有一层微观薄油膜，将使值减少，甚至可能小到 0.15 以下。轮荷重不同，则凹凸不平的轮轨接触面的变形（弹性变形和塑性变形）也不同，使 $W_{\min}$ 值也发生变化，最大黏着系数作为物理值具有随机性，变化范围很大，而且影响因素很多，所以很难准确计算。

黏着系数的确定一般都是根据大量实验，将实验结果用于统计方法整理成经验公式用作计算的依据。由经验公式计算求得的黏着系数称为计算黏着系数，用 $W_{\text{计}}$ 表示。

我国目前内燃机车常用的计算黏着系数公式为

$$W_{\text{计}} = 0.25 + \frac{8}{100 + 20v} \tag{7.2}$$

式中　v——机车运行速度，km/h。

这个计算黏着系数在正常条件下不需要撒砂就能实现，在恶劣条件下，通过撒砂也能基本实现。

在曲线半径 $R = 300 ~ 600$ m 的曲线上，计算黏着系数有所下降，可用式(7.2)计算：

$$W = W_{\text{计}}(0.67 + 0.0005R) \tag{7.3}$$

式中　W——曲线上的计算黏着系数；

　　　R——曲线半径，m。

近年来，由于科学技术的发展，特别是电力牵引的发展，牵引力和制动力都逐渐增大，轮轨间的黏着已成为限制增大牵引力和制动力的关键问题。

目前，提高黏着系数的措施，除了减少轴重转移，减少簧下质量、撒砂以及轮对在构架内的定位刚度不过大外，还采用对轨面进行化学处理。

(2)阻力

机车在牵引过程中需要克服列车阻力。

列车阻力包括机车阻力和车辆阻力两部分。根据引起阻力的原因，阻力可分为基本阻力和附加阻力两类。

①基本阻力

基本阻力在列车运行中总是存在。由于列车在平直道上运行时一般只有基本阻力，所以基本阻力常称为平直道上的阻力。基本阻力是由列车内部之间和列车在外部之间相互摩擦和冲击产生的。机车或者列车在各种工况下都有基本阻力存在。引起基本阻力的主要因素有：

滚动轴承的滚动摩擦或滑动轴承的滑动摩擦。

a.车轮与钢轨间的滚动摩擦和滑动摩擦。

b.冲击和振动引起的阻力。

c.冲击阻力。

机车车轮的基本阻力与车轮的构造有关。

②附加阻力

附加阻力只发生在特定情况下，如列车在坡道上运行时，有坡道阻力；在曲线上运行时有曲线阻力；列车启动时，有启动附加阻力，等等。

A. 坡道阻力

列车进入坡道后，列车重力产生的沿坡道斜面的分力称为坡道阻力。

B. 曲线阻力

曲线阻力是列车通过曲线时增加的阻力，引起曲线阻力的原因有：

a. 车轮对于钢轨的横向及纵向滑动。

b. 轮缘与钢轨头内侧的摩擦。

c. 滚动轴承的轴端摩擦或滑动轴承的轴瓦轴颈的摩擦。

d. 车辆心盘及旁承因转向架的回转而发生的摩擦。

曲线阻力与许多因素有关，如曲线半径、运行速度、外轨超高、车重、轴距、轮面的磨耗程度等。

③隧道空气附加阻力

列车进入隧道后，使隧道的空气产生阻塞现象。由于列车进入隧道，使空气流动的截面积减少，因而空气流动的速度提高，以及列车头部的空气被压缩和尾部的空气被稀释的情况比隧道外加剧，所以使得作用在列车上的空气阻力增大。这种增加的空气阻力称为隧道空气附加阻力。

列车的隧道空气阻力与许多因素有关，如隧道内的运行速度、列车长度、列车进风面积、隧道长度、隧道净空面积、隧道洞门形状、列车头部和尾部形状等。

④启动阻力

列车停车后，轮载使轨面下沉，轴颈轴承间有油膜破坏，油的黏度因油温下降而显著增大（特别是在低温情况下），以致重新启动时的阻力远大于基本阻力。这种因车辆停留而增加的阻力称为启动阻力。启动阻力的大小与启动停留时间、外界温度、轴重润滑油种类、轴承种类及车辆走行部分的状态有关。

列车阻力随所处环境的不同而变化，也与机车车辆的结构设计、保养质量以及减振材料等有关。影响阻力的因素极为复杂，变化也很大，很难进行理论推算。因此，在实际计算中，阻力数值都是结合具体情况从多次试验中找到的一般平均值。

（3）制动力

机车车辆进行速度调整控制或者停车时，需要施加制动，机车车辆的制动力主要由空气制动装置产生，一般制动是通过空气制动系统，使闸瓦压紧轮对产生制动力，当列车在长大坡道上运行时，电力机车或者电传动的内燃机车还采用电阻制动，部分液力传动的内燃机车采用液力制动，以减少闸瓦磨耗。

在制动工况时，列车依靠惯性惰性，现以一个轮对为分离体来讨论闸瓦压紧轮对产生的制动力。轮对以 ω 角速度在轨面惯性滚动，车辆以线速度 v 惰性，设一块闸瓦压力为 K，一个轮对的闸瓦压力为 $\pounds K$，车轮与闸瓦间的摩擦系数为 $\&K$。在 $\pounds K$ 的作用下，产生摩擦系数 $\pounds K\&K$。该摩擦力仍为轮对系数的一个内力，不能对其位移产生影响，但由于 $\pounds K\&K$ 以及车轮在钢轨上黏着状态的存在，使得车轮对钢轨有一个作用力 B，因而引起钢轨对轮的反作用力 B，这个外力 B 就是一个轮的制动力。

机车或列车运行时，增大制动力可以缩短制动距离，提高行车的安全性。但是，也和实现机车的牵引力一样，必须遵守黏着定律，不能无限制地增大制动力。

3. 工程车辆的牵引性能

（1）内燃机车的功率

内燃机车的功率一般是指机车柴油机的功率。

柴油机的功率有小时功率、持续功率及装车功率之分，三者的概念是：

①持续功率：在指定的环境下（按国际标准，气压100 kPa和气温300 K），在正常修理周期内，柴油机能够持续发出的最大功率。

②小时功率：在和持续功率同样的环境下，紧接着持续功率工作后，柴油机允许连续运转1 h所发出的最大功率，在这样的运转情况下，柴油机的零部件的热负荷（即活塞、活塞环和缸套的温度）和机械负荷（运动件的机械应力）均须在允许值内，小时功率一般为持续功率的110%。

③装车功率：也称最大运用功率，是在正常修理周期内，由环境状况和使用条件决定的柴油机最大有效功率。

环境状况和使用条件的变化对柴油机工作有很大的影响。气温和海拔高度的增加均会导致柴油机功率的下降。柴油机因其用途不同，负荷状况不同，故装机功率也不同。

在标定以上功率时，首要是考虑柴油机的质量，因为质量是柴油机出力大小、工作可靠和使用寿命的根本保证。在同样的质量下，柴油机功率定得大，其工作可靠性和工作寿命就会相应降低，只有通过持续的试验，并对实际运用情况和结果作系统的调查研究，在切实掌握所生产的柴油机的质量的基础上，才能比较正确地标定以上各功率。

（2）机车理想牵引特性

机车的司机手柄有若干挡位，或者由柴油机转速控制手柄，每一挡位（或者手柄每个位置）对应某一转速和某一功率。当司机手柄在最高位置，那么柴油机就会运行在全功率，为了保证柴油机的功率在不同的机车转速下充分发挥，牵引力应该按一定功率变化。

根据公式

$$F_K v = 3\,600 N_{辅} \cdot N_{转} \cdot Ne \tag{7.4}$$

式中　F_K——机车轮周牵引力，N；

　　　Ne——柴油机输出功率，kW；

　　　$N_{辅}$——考虑驱动辅助装置消耗功率的系数；

　　　$N_{传}$——传动装置效率。

当Ne、$N_{辅}$、$N_{传}$等一定时，$F_K v =$常数，就是机车轮周牵引力F_K与机车速度v成反比关系，该关系曲线为一双曲线，这个曲线称为等功率曲线。低速时，牵引力大，随着速度的增加，牵引力逐渐降低，称为机车理想牵引特性。机车设置传动装置就是使论证的牵引力与速度的关系接近于理想牵引特性，从而使柴油机功率得到充分发挥。

在高速工况下，速度受到最大运用速度v_{max}的限制；在低速工况下，牵引力受到机车黏着的限制，根据轮轨的黏着条件（不发生空转）。机车可能实现的最大论证牵引力F_{max}不能大于机车的最大黏着牵引力$F_{黏max}$。

$$F_{Kmax} \leqslant F_{黏max} \tag{7.5}$$

$$F_{黏max} = 1\,000 P W_{max} \quad （N） \tag{7.6}$$

式中　P——机车质量，kN；

　　　W_{max}——机车最大物理黏着系数。

4. 内燃机车的3个特征速度

（1）机车的最大运用速度

机车的最大运用速度 v_{max} 是设计机车给定的最大速度，根据这个速度确定传动装置、走行部等结构和参数，校验曲线通过以及选用制动方式等。

机车最大运用速度的确定是个比较复杂的问题，并由多种因素决定。按照任务的不同，对机车的最大运用速度有不同的要求：线路允许的最大速度，如通过曲线的限制速度；机车制动能力所允许的最高速度等。

机车的最大运用速度就是在综合考虑上述因素以及运行品质、强度等因素后确定的，机车的试验速度一般要求比最大运用速度大 10 km/h。

①机车计算速度

机车牵引规定质量的车列通过计算（限制）坡道的最低运行速度称为机车计算速度 $v_{计}$，或者说，用以计算机车牵引质量的速度称为计算速度。

②机车持续速度

机车持续速度 $v_{持}$ 是指机车在全功率工况下，其冷却装置的能力所能允许的持续最低速度。

对液力传动内燃机车来说，在持续速度 $v_{持}$ 下，液力工作油的油温允许接近平均值。因此，液力传动机车的持续速度是由冷却液力工作油的能力决定，实际运用中，要求机车的最低持续运行速度不低于 $v_{持}$，总之，冷却液力工作油的能力是 $v_{持}$ 的决定因素。

（2）内燃机车的3个特征牵引力

内燃机车的3个特征牵引力是指启动牵引力、计算牵引力和持续牵引力。

①启动牵引力

机车启动时所能发出的最大牵引力称为启动牵引力。

根据统计资料，对于成组驱动的机车，可取

$$F_{启} = 0.33P \tag{7.7}$$

式中 $F_{启}$——启动牵引力，kN；

   P——机车质量，kN。

②计算牵引力

在全功率工况下，对应机车的计算速度 $v_{计}$ 下的牵引力称为计算牵引力 $F_{计}$。计算牵引力受计算速度的机车黏着的限制。根据实验，对于成组的动力机车，可取

$$F = 0.23P \text{ (kN)} \tag{7.8}$$

③持续牵引力

机车在全功率工况下运行时，对应持续速度的牵引力称为持续牵引力。

5. 工程车辆的限界要求

为保证地铁的运营安全，一切建筑物、设备设施在任何情况下均不得侵入地铁的建筑接近限界。与机车、车辆直接相互作用的设备，在使用中不得超过规定的侵入范围。

地铁线路在设计时已经规定了相应建筑物的接近限界和机车车辆限界，并根据要求制订了限界图和限界门。地铁工程车设计要求必须满足车辆的限界要求，工程车到达地铁后要经过相应的限界门检验后，才能在相应的车辆段和正线上运行。

投入使用后的工程车，如需进行改造，必须符合车辆限界的要求，在不能确定的情况下，必

须重新进行限界门检测,不符合要求的必须整改合格后才能上线运用。在检修和运用中,要加强工程车侧门、走行部的紧固检查,防止因侧门打开、部件松脱而造成侵界从而引发行车事故。

6. 工程车辆的车体和车架

机车车体的作用在于保护机车上的机器设备不受雨、雪、风、沙的侵袭,并通过隔音、隔热改善乘务人员的工作条件。

车体底架是机车各种设备如柴油机、传动装置及车体的安装基础,同时又承受和传递垂向力、纵向力、横向力。因此,要求底架在铅垂面和水平面内具有足够的强度和刚度,以保证安装在它上面的各种设备和部件的工作安全可靠。

车体分非承载式车体及承载式车体两种。非承载式车体不必进行特殊设计,只要求能保证其本身工作可靠所必需的强度和刚度即可。承载式车体,即车体及车架作为一个整体结合在一起,成为一个完整的、具有足够强度和刚度的、能更好地承受各种方向的力的承载体系。

(1)非承载式车体及车架

①非承载式车体

按车体外形分,非承载式车体分罩式(外走道式)和棚式(内走道式两种)。

a. 罩式车体

罩式车体:外形矮小,动力室、冷却室内不通行,司机室布置在机车的一端或中部,当工作人员检查机器设备时,必须打开车体侧面的门。西安地铁的JW0201、JW0202就是罩式车体。

b. 棚式车体

棚式车体外形高大,其内部除安放柴油机、传动装置外,还有供工作人员通行的走道,以便在运行中随时进行设备检查和排除临时发生的故障。这种车体的司机室布置在车体的一端或两端。西安地铁的GD0201、GD0202、GD0203就是棚式车体。车体由外表面和骨架组成,在外表面和内壁之间填充隔音、隔热材料。

②非承载式车架

非承载式车体的车架,一般为中梁承载式车体。中梁承载式车架一般包括中梁、侧梁、横梁、端梁、车钩牵引箱、上心盘、架车座等部分。中梁是车架的主要受力部件。例如GD0201接车的主车架由左、右两根纵向中梁,前后牵引梁,中间横梁和外围板组成,具有足够的强度和刚度。

(2)承载式车体及车架

①承载式车体

按结构形式的不同,承载式车体分为桁架式和框架式两种。

a. 桁架式侧壁承载车体

桁架式侧壁承载车体一般由桁架、侧壁、斜杠、底架、车顶和司机室等部分组成。这种结构的优点是:车体外壁不承受载荷,可以对电焊工工艺要求低些。缺点是侧壁斜杠、侧壁开孔的大小和位置往往受到限制,同时也不能最大限度地减轻机车的质量。

b. 框架式承载车体

框架式承载车体具有加强的立柱。由立柱、中间杆、上下弦杠构成框架。由框架覆盖在其外面的钢板构成侧壁,承受全部载荷和纵向力。这种结构的优点是:车体有增大的强度和刚度;侧壁开孔不大受限制;能最大限度地减轻机车质量。缺点是对钢板和焊接工艺有较高要求。

②承载式车体的底架

无论是桁架式侧壁承载车体还是框架式承载车体,其车底架一般都由箱形侧梁、牵引梁、横梁和纵梁组成。机车上设备的质量是通过底架结构而传到侧壁上去的。纵向力是通过端部牵引梁而传到侧壁。

承载式车体的底架与非承载式车架相比较,承载式车体的底架没有两根贯穿车辆上的长粗工字梁。因而使车架高度降低,质量轻、节约钢材。一般大功率机车多采用框架式承载车体。

7. 车钩及缓冲器

车钩及缓冲器是机车车辆的重要部件,它们的用途是:将机车与车辆连接成列车,在列车运行中传递牵引力,缓及及衰减在列车运行中由于牵引力变化和制动力前后不一致而引起的冲击和振动。因此它们具有连接、牵引和缓冲作用。

列车牵引时,机车牵引力经车架、车架上的缓冲铁、缓冲器、车钩尾框和尾销作用给车钩,冲击力(压缩力)与牵引力相反,它是经缓冲器传递给车架。总之,牵引力或冲击力都是经缓冲器传递的,所以在牵引或制动过程中产生的冲击力都可通过缓冲器得到缓冲和衰减,以提高机车车辆运行的平稳性。

(1)车钩

车钩由钩体、钩舌、钩舌锁铁、钩锁、钩舌销和钩提组成。钩体、钩舌、钩舌锁铁由铸铁制成。地铁工程车一般使用13#车钩。

车钩的主要作用有:①闭锁位置。为机车车辆联挂后的车钩状态,此时两钩抱合。②开锁位置,是摘车时的位置。③全开位置,是准备连挂钩时的位置。

车钩能相对于车体上下左右略作移动,以适应机车车辆通过曲线和坡道。

(2)缓冲器

缓冲器用来减少机车车辆受到冲击时产生的作用力,以防止机车车辆损坏。缓冲器一般有板弹簧缓冲器和橡胶缓冲器两种。

8. 工程车的走行部

走行部是支撑车体并担负机车、车辆沿着轨道走行的支撑走行装置。工程车辆走行部分为车架式走行部和转向架走行部。铁路发展的初期,世界各国大多采用将轮对安装于车体下面的二轴车上的车架式结构。西安地铁的接触网作业车就是这种结构。

由于通过小半径曲线的需要,二轴车的轴距不能太大,另外,机车(车辆)的轴重、长度和容积均受到限制。如果把两个或多个轮对专用的构架(或侧架)连接,组成一个小车,称为转向架,车体坐落在两个转向架上,由于这种带转向架结构具有许多明显优势,因此现代大多数轨道机车(车辆)的走行装置都采用转向架结构形式。西安地铁的内燃机车和网轨检测车就是这种结构。

为了改善车辆的运行品质,在走行部上设有弹簧减振装置和制动装置等,有转向架的车辆,为了便于通过曲线,一般在车体和转向架之间设有心盘或回转轴,转向架可以绕一中心轴相对车体转动。

(1)车架式走行部

车架式走行部,相当于整个车架就是一个转向架。其结构包括轮对、轴箱和弹簧装置。

①轮对:是走行部的重要部件,是直接向钢轨传递机车质量,通过钢轨间的黏着产生牵引

力或制动力,并通过轮对的回转实现机车在钢轨上的运行。轮对主要由车轴、车轮及驱动装置组成。

②轴箱:轴箱是联系车架和轮对的活动环节,它除了保证轮对进行回转运动外,还能使轮对适应线路等条件,相对于车架上下、左右和前后活动、轴箱装在车轴两端座上,用来将全部簧上载荷包括铅垂方向的动载荷传递给车轴,并将来自轮对的牵引力或制动力传到车架上,轴箱有滚动轴承轴箱和滑动轴承轴箱之分。地铁工程车一般采用滑动轴承轴箱。

③弹簧装置:用来保证一定的轴重分配,缓和线路不平稳对机车的冲击并保证机车在垂向的运行平稳性。弹簧装置一般由弹簧(圆弹簧、板弹簧、橡胶簧)减振器组成。

两轴车的轴箱分别通过弹簧装置和轴箱拉杆直接连接到车架上,其他驱动机构,基础制动装置与有转向架的机车基本相同。

(2)转向架的功能与结构

大多数机车的走行部采用转向架机构。其任务是:

①承受车架以上各部分的质量,包括车体、车架、动力装置以及辅助装置等。

②保证必要的黏着,并把轮轨接触处产生的轮周牵引力传递给车架车钩,牵引列车前进。

③缓和线路不平顺对机车的冲击和保证机车具有较好的运行平稳性。

图 7.1

图 7.2

④保证机车顺利通过曲线。

⑤产生必要的制动力,以便使机车在规定的制动距离内停车。

(3)转向架的主要组成部分:

①构架:是转向架的骨架,承受和传递垂向力及水平力。

②弹簧装置:用来保证一定的轴重分配,缓和线路不平稳对机车的冲击并保证机车在垂向的运行平稳性。

机车的弹簧装置一般由弹簧(圆弹簧、板弹簧、橡胶簧)、均衡梁、各连接件(杠件、销、垫片、螺帽等)和减振器组成。

设置在转向架与轴箱之间的弹簧装置是一系弹簧,设置在车体与转向架之间的是二系弹簧。采用两系弹簧悬挂,可减少弹簧装置的合成刚度,改善机车在铅垂方向的运行平稳性和减少机车对线路的作用力。

减振器不仅可以装在铅垂方向,也可装在水平方向。减振器有摩擦减振器和液压减振器两种,其中液压减振器主要是利用液体黏滞阻力做负功来吸收振动能量,地铁工程车一般是采用液压减振器。

③车体与转向架的连接装置:用以传递车体与转向架间的垂向力及水平力(纵向力如牵引力或制动力,横向力如通过曲线的车体未平衡离心力等),使转向架式机车通过曲线时能相

对于车体回转,它既是承载装置,又是活动关节。

④轮对和轴箱:轮对直接向钢轨传递机车质量,通过轮轨间的黏着产生牵引力和制动力,并通过轮对的回转实现机车在钢轨上的运行。轴箱是联系构架和轮对的活动环节,它除了保证轮对进行回转运动外,还能使轮对适应线路等条件,相对于构架上下左右和前后活动。

地铁工程车一般采用滚动轴承轴箱。

⑤驱动机构:将机车动力装置的功率最后传递给轮对。机械、液力传动内燃机的驱动机构由万向轴、车轴齿轮箱等组成。电传动内燃机车的驱动机构由牵引电机、车轴齿轮箱组成。

万向轴由法兰盘、花键套、花键轴、十字头组、轴承盖等组成。

车轴齿轮箱结构有:单缓车轴齿轮箱、两级车轴齿轮箱。单级车轴齿轮箱只有一对锥齿轮。它的优点是结构简单、质量轻;缺点是减速比不大。两级车轴齿轮箱由一对锥齿轮及一对圆柱齿轮构成。它的优点是减速比比较大,缺点是结构复杂。

⑥基础制动装置:由制动缸传来的力,经杠杆系统增大若干倍,传递给闸瓦,使其压紧车轮,对机车进行制动。

(4)转向架的分类

转向架的形式有多种多样,其主要区别在于:转向架的轴数和类型,弹簧悬挂系统的结构与参数,轴箱定位方式,垂向载荷的传递方式,轮对支撑方式,制动装置的安装类型等多方面,机车的转向架主要按照转向架的轴数、弹簧悬挂方式,轴箱定位方式等分类。

①按转向架的轴数分类

按轴数分类,转向架有二轴、三轴和多轴。西安地铁的内燃机车、网轨检测车等就是二轴转向架,铁路客货运主型东风 DF4 内燃机车、韶山 SS 型电力机车的转向架就是三轴转向架,国外大功率机车还有四轴转向架。如美国的 DD-35 型内燃机车的转向架就是四轴转向架。

转向架的轴数一般是根据机车或车辆总重和每根车轴的允许轴重确定的,例如,某机车有两根三轴转向架,转向架的每根允许轴重为 25 t,因此,其最大质量(自重与载重之和)不能超过 150 t(6 × 25 = 150)。

②按弹簧装置的悬挂方式分类

按照弹簧悬挂方式分为一系弹簧悬挂转向架和二系弹簧悬挂转向架。

a. 一系弹簧悬挂转向架:在采用一系弹簧悬挂的车辆上,在车体至轮对之间,只设有一系弹簧悬挂减振装置。所谓"一系",就是指车体的振动只经过一次(空间三维方向均包括)弹簧减振装置实施减振。该装置在转向架中设置的位置,有的是设在车体(摇枕)与构架之间;有的是设在构架与轮对轴箱之间。采用一系弹簧悬挂,转向架构造比较简单,便于检修、构造,成本比较低。一般一系弹簧转向架多用于低、中速机车。

b. 二系弹簧悬挂转向架:在采用二系弹簧悬挂的车辆上,在车体至轮对之间,设有二系弹簧悬挂装置。在转向架中同时有摇枕弹簧减振装置和轴箱减振装置,使车体的振动经历 2 次弹簧减振装置衰减。

显而易见,二系悬挂的转向架结构比较复杂,采用的零部件数目明显增多,但由于它是从上向下返回再从上向下先后两次充分利用从车体底架至轮对之间的有限空间,具有较大的弹簧装置总静扰度,并对摇枕悬挂和轴箱悬挂分别选择各自的阻尼及刚度,确定适宜的扰度,明显地改善了车辆的运行品质。所以,二系悬挂多用在高速机车上。

另外,多系悬挂转向架,因其结构过分复杂,而且只要设计合理,二系悬挂装置已能满足车辆运行平稳性要求,因此,多系悬挂很少使用。

除了以上分类方式外,还可按机车车速进行分类,可分为高速转向架(车速在 200 km/h 及以上),快速转向架(车速为 140~200 km/h),以及普通转向架(车速在 140 km/h 以下)。

9. 弹簧与减振器

机车的弹簧装置一般由弹簧(圆弹簧、板弹簧、橡胶簧)、均衡梁、各连接件(销、垫片、螺母等)和减震器组成。

弹簧装置有两个作用:一是给机车各轴以一定的质量分配,并使所分配的质量在车轮行经不平线路时不致发生显著变化;二是当机车车轮行经不平稳处或车轮不圆而发生冲击时,弹簧装置可缓和其对机车的冲击。

(1)机车常用的弹簧

①圆弹簧

圆弹簧一般安装在转向架构架和轴箱之间作为一系弹簧,这种弹簧比较轻,静扰度小,工作灵敏,但无减振能力,可与减振器配合使用。

有时圆弹簧的尺寸受到安装处所的位置限制或者簧条太粗,为了利用弹簧内部空间,往往采用双圈圆弹簧,甚至三圈圆弹簧来代替单圈圆弹簧。为了防止因震动而导致内外圈卡死,两个弹簧的螺旋方向应相反,地铁绝大多数工程车辆使用的就是这种弹簧。

②橡胶弹簧

橡胶弹簧一般安装在车体与转向架之间作为二系弹簧,这种弹簧减振性能好,特别是能吸收高频振动的能力;并且质量轻,不存在突然折损的可能,使用中不需经常检查。

(2)液压减振器

现代机车上,广泛采用圆弹簧与减振器相结合,既达到能衰减振动,又能保持弹簧装置工作灵活的目的。减振器不仅安装在铅垂方向,也可安装在水平方向,减振器有摩擦减振器和液压减振器两种。

①摩擦减振器

摩擦减振器是借摩擦面的相对滑动产生阻尼的减振器,摩擦减振器结构简单,成本低,制造维修比较方便,缺点是摩擦力随表面状态的改变而变化,摩擦力与振动速度基本无关,所以可能出现低速时阻尼过大,影响弹簧的灵敏度;较高速度下出现阻尼不足,振幅过大。

②液压减振器

液压减振器主要是利用液体黏滞阻力做负功来吸收振动能量。液压减振器的优点在于它的阻力是振动速度的函数,因此它有较好的减振性能,得到广泛应用,地铁工程车多是采用液压减振器。

10. 车体与转向架的连接装置

车体与转向架的连接装置的作用是:保证机车的质量、纵向力(牵引力及制动力)、横向力的正常传递,轴重的均匀分配和车体在转向架上的安定;允许转向架在机车进出曲线时能相对于车体回转运动,因此,它既是承载装置,又是活动关节。

车体与转向架之间的连接装置有多种类型,普遍使用的有两类:一类为有心盘(或牵引销)和旁承的结构;另一类为有牵引杆装置和旁承相结合,地铁工程车辆一般采用有心盘(或牵引销)和旁承的结构。

（1）有心盘(或牵引销)和旁承的连接装置

在车体与转向架之间的连接装置中,心盘(或牵引销)只传递总向力和横向力,车体质量全部由盘承传递。盘承可以是弹性的,也可以使刚性的,根据设计要求的不同,一个转向架上可以设置2个盘承,也可以设置4个盘承。

西安地铁内燃机车就是这种连接装置,转向架与车体的连接有牵引销和4个盘承,牵引销只传递纵向力和横向力,并作为机车过曲线时,车体与转向架相对回转的中心,车体质量全部由4个盘承支撑,盘承在车体与转向架相对回转式,还启动摩擦副的作用。

（2）有牵引杆装置和旁承的连接装置

为了传递牵引力,降低牵引电,使转向架相对于车体转动和横动,以及在转向架中部空间被其他部件占用的时候,在液力传动、电传动内燃机车上多采用杆件系统来替代心盘(或牵引销的作用),这套杆件系统就叫牵引杆装置。

牵引杆机构的特点是转向架并没有固定的回转中心,而是在一个有限面的范围内变动,并且允许车体相对于转向架横向移动。

11. 轴箱和轮对

轴箱是联系构架和轮对的活动关节,它除了保证轮对进行回转运动外,还能使轮对适应线路等条件,相对于构架上下、左右和前后摇动,轮对直接向钢轨传递机车质量,并通过钢轨间的黏着产生牵引力和制动力,通过轮对的回转实现机车在钢轨上的运行。

（1）轴箱

轴箱装在车轴两端端颈上,用来将全部簧上载荷包括铅垂方向的动载荷传给车轴并将来自轮对的牵引力或制动力传动到构架上去,此外,它还传递轮对与构架间的横向及纵向作用力。

轴箱对构架而言是个活动关节,轴箱与构架的连接方式对机车的运行品质有很大影响,这一连接通常称为轴箱定位。轴箱定位应保证轴箱能够相对于转向架构架在弹簧振动方向作垂向运动,在机车通过曲线时还能少量横移。

轴箱定位一般分为导框定位、无导框定位和W型橡胶堆式定位3种形式。

①导框式定位轴箱

一般结构上,导框是焊在构架侧壁上的一个铸钢件,轴箱上的导槽和构架上的导框相配合组成导框定位。

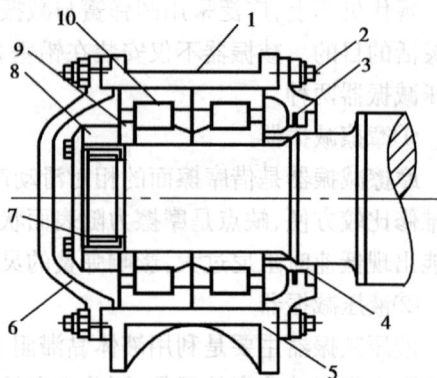

图7.3

轴箱导框定位中,轴箱在导框内可上、下移动,也可在规定的轴箱内对构架的横动量范围内左、右移动。考虑到机车振动、轴重分配不均等引起的弹簧变形可能使轴箱碰到侧梁或轴箱托板,轴箱顶至侧梁底面的距离和轴箱底部至轴箱托板的距离有一定要求,为了便于修理,在轴箱导框与轴箱相接触的摩擦面上,各装有耐磨的衬板,为了保证车轮经线路不平处时轴箱可作垂向运动而不被卡住,侧面衬板上、下部可做成倾斜面,在机车保养上应定期向轴箱与导框之间加润滑油。

②无导框定位

无导框定位也称拉杆式定位,它是指轴箱用两根带有橡胶关节的轴箱拉杆与构架相连接,当轴箱上、下跳动时,两个轴箱拉杆分别以构架拉杆做的两个心轴为圆心做一定弧度的上、下摆动。如果拉杆为纯钢性的,则轴箱中心的运动轨迹为一条曲线,即一方面上下跳动,一方面转动;但由于拉杆两端是橡胶关节,所以在实际上,轴箱中心运动的轨迹接近一条直线。

轴箱拉杆由拉杆体、长芯轴、短芯轴、橡胶套、橡胶垫、卡环及端盖组成。拉杆的两端通过长、短芯轴与轴箱拉杆座连接。

采用这种带有橡胶关节的轴箱拉杆定位方式,轴箱可依靠橡胶关节的径向、轴向及扭转弹性变形,实现各个方向的相对位移,使轮对与构架的联系成为弹性,适当增加它的横向刚度和纵向刚度,可以显著改善机车的运行平稳性。

这种无导框轴箱的优点是:轴箱与构架不需要润滑,也不存在磨损,轮对不能横向运动,有利于改善蛇形运动;轮对与构架的弹性连接具有缓和冲击、隔音的作用,轮对磨耗比导框定位的小,因此,无导框轴箱已在我国轻型机车上广泛采用。地铁的内燃机车就是这种拉杆式定位轴箱。

应该指出,采用拉杆定位的轴箱,轴箱相对于构架的上、下位移,将受到拉杆轴套的约束,实际上就相当于在垂向加入了一个并联弹簧,因而使一系列弹簧悬挂的刚性增大。

③V 型橡胶堆式定位轴箱

采用这种 V 型橡胶堆式轴箱定位方式,V 型橡胶堆支承构架质量起轴箱弹簧作用,还能传递纵向力及横向力,每一轴箱前后各装一个金属橡胶夹层弹簧。一端与车架固结,另一端与轴箱固结,此橡胶弹簧在垂向载荷作用下,橡胶受到剪切机压缩变形,改变橡胶弹簧的安装角度,可以得到不同的垂向刚度和纵向刚度。

V 型橡胶弹簧具有质量轻、结构简单、吸收高频振动,减少噪声等优点,但是弹性能力强的橡胶容易老化。地铁的网轨检测车就是这种 V 型弹簧定位轴箱。

(2)轮对

轮对是机车走行部分最重要的部件之一,它由车轴和车轮组成。

轮对的主要作用是:机车全部质量通过轮对支承在钢轨上;通过轮对与钢轨的黏着力产生牵引力和制动力;通过轮对滚动使机车前进,此外,轮对在机车运行中的受载作用力比较复杂繁重,当车轮行经钢轨接头、道岔等线路不平顺处,轮对承受全部垂向和纵向的冲击。

轮对是由一根车轴和两个相同的车轮组成。在车轴与车轮部位采用过盈配合,使两者牢固地结合在一起,为保证安全,绝对不允许有任何松动的现象发生。

图 7.4

因此,对车辆轮对的要求是:应有足够的强度,以保证在容许的最高速度和最大载荷下安全运行;应在强度足够和保证一定使用寿命的前提下,使其质量最小,并具有一定弹性,以减小轮轨之间的相互作用力,应能适应车辆直线运行,同时又能顺利通过曲线,还应具有必要的抗脱轨的安全性。

在车轮的故障中,有踏面磨耗、轮缘磨耗、踏面擦伤与剥离、车轮裂纹等,它们直接威胁到行车安全,因此,必须加强检查,及时发现并妥善处理。

（3）车轴

车轴是机车转向架中最重要的部件之一，铁路机车车辆的车轴绝大多数是圆截面心轴，它的质量好坏直接关系到运行的安全，所以在制造和维修中，必须严格要求。

由于车轴各部位受力状态不同及装配的需要不同，其直径也不一样，车轴分轴颈、轮座、轴身、防尘板座4部分。各部位作用如下：

①轴颈：用以安装滚动轴承（或安装滑动轴承的轴瓦），负担着车辆质量，并承载各方向的静、动载荷。

②轮座：是车轴与车轮配合的部位。

③轴身：是车轴中央部分，该部位受力较小。

④防尘板座：为车轴与防尘板配合部位，其直径比轴径大，比轮座直径小，两者之间是轴颈和轮座的中间过渡部分，以减小应力集中。

图7.5

图7.6

车轴所受的载荷有：

①机车的自重和动态附加载荷，由车轴齿轮箱经过从动齿轮传动轮对的扭矩。

②牵引力的弯曲作用：通过曲线时的侧压力，车轴齿轮箱的轴颈载荷等。

由于主要的应力都是交变的，所以多数车轴的折损是由疲劳所引起。实践证明，车轴的开裂多发生在3个区域，即在轴颈的圆肩部分；在轮座的外缘部分；在车轴的中央部分，所以在设计车轴时，必须尽可能地减少车轴上的应力集中。为此，在车轴上不同直径连接处，均用圆弧过渡，并且圆弧半径要尽可能大些。

（4）车轮

目前我国铁路机车车轮绝大多数使用整体辗钢轮，它包括踏面、轮缘、轮辋、轮毂和辐板等部分。

①踏面：车轮与钢轨的接触面称为踏面。

②轮缘：一个突出的圆弧部分成为轮缘，保持机车、车辆沿钢轨运行。

③轮辋：是车轮上踏面最外一圈。

④轮毂：是轮与轴相互配合的部分。

⑤辐板：是联结轮毂与轮辋的部分，辐板上一般有两个圆孔，便于轮对在机加工与机床固定和搬运轮对之用。

直径较大的车轮，是把轮箍套装在轮心上，轮心重装在车轴上，轮心还是套装车轴齿轮箱从动齿轮的部分。

踏面滚动圆直径即为车轮的名义直径，一般左右两轮缘内侧距离为1 353 mm。

轮缘和踏面是和钢轨直接接触的部分。为了使轮对在钢轨上平行运行,顺利通过曲线,降低轮缘和踏面的磨耗,延长镟修时间,轮缘和踏面应有合理的外形,我国规定的车轮外形,如图7.7所示。

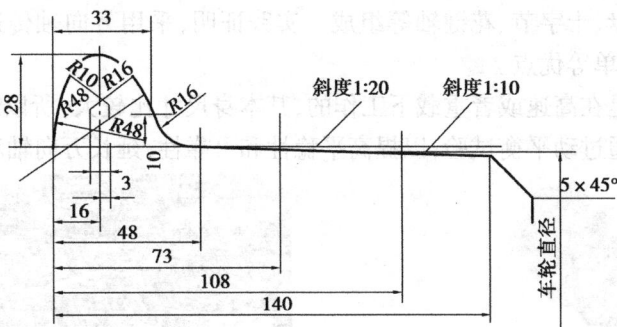

图7.7　车轮轮缘踏面外形

车轮踏面需要作成一定斜度,其作用是:

①便于通过曲线。机车车辆在曲线上运行,由于离心力的作用,轮对偏向外轨,于是在外轨上滚动的车轮与钢轨接触的部分直径较大,而沿内轨滚动的车轮与钢轨接触部分直径较小,使滚动中的轮对、外侧的车轮沿外轨行走的路程长,内侧的车轮沿内轨行走的路程短,这正好和曲线区间路线的外轨长内轨短的情况相适应,这种可使轮对比较顺利地通过曲线,减少车轮在钢轨上的滑行。

②可自动调中。在直线线路上运行时,如果车辆中心线与轨道中心线不一致,则轮对可在滚动过程中自动纠正偏离位置。

③踏面磨耗沿宽度方向比较均匀。

从以上分析可知,车轮踏面必须有斜度,而斜度的存在也是轮对发生蛇行运动的原因。

锥形踏面与钢轨的接触,仅为狭小面积接触,因此产生局部磨耗,使轮箍呈凹形,但踏面到达某种凹形程度后,外形便相对稳定,如果把轮箍外形设计成磨耗型轮箍外形,轮轨接触条件就能稳定,因此国内外提出了采用曲形踏面(或称磨耗型踏面)设计,曲线踏面的优点是:延长了镟轮公里和减少镟轮时的车削量,在同样的接触应力下,允许更高的轴重,以减少曲线上的轮缘磨耗。但曲形踏面的缺点是降低了机车的运行临界速度。

车轮的形状、尺寸、材质是多种多样的,按其用途可分为客车用、货车用、机车用。车轮按其结构分为整体轮与轮箍轮。

12.驱动机构与制动装置

机车驱动机构的作用是将机车动轮装置的功率最后传递给轮对。根据机车传动方式的不同,其驱动机构也有不同。

电传动机车的驱动机构是一种减速装置,实现高转速、小扭矩的牵引电动机的力矩较大的动轴。

机械传动机车的驱动机构是由离合器、变速箱、传动轴、固定轴、换向阀、车轴齿轮箱等主要部件组成。

液力传动机车的驱动机构由传动箱、万向节、传动轴、固定轴、车轴齿轮箱等部件组成。

目前地铁工程车辆没有电传动机构,都是机械传动和液力传动方式。

（1）万向轴（图7.8）

万向轴是传动系统中的主要部件之一，它将各传动部件联接成一个完整的部件，将柴油机的功率传至各部件，使机车能正常运行。

万向轴由法兰盘、十字节、花键轴等组成。实践证明，采用万向轴传递动力效率高，还具有工作稳定、维护简单等优点。

机车的万向轴是在高速或者重载下工作的，其本身尺寸比较大，所以组成比较复杂，一般情况下万向轴必须通过动平衡试验，以提高平稳性和可靠性，延长万向轴和轴承的使用寿命。

图7.8　万向轴

图7.9　车轴齿轮箱

（2）车轴齿轮箱（图7.9）

车轴齿轮箱是整个驱动系统中的最后一环，它的作用是将万向轴的功率改变方向后传给机车轮对，所以车轴齿轮箱中一定要有一对锥齿轮。车轴齿轮箱可分为两种类型：一类是一级齿轮箱，又称单级箱；另一类是二级齿轮箱，又称两级箱。

①单级车轴齿轮箱

单级齿轮箱只有一对锥齿轮。它的优点是结构简单、质量轻；缺点是减速比不大。

②两级车轴齿轮箱

两级车轴齿轮箱由一对锥齿轮及一对圆柱齿轮构成。动力的传递是先圆柱后锥齿轮。这种结构的特点是锥齿轮低速不高，但是会受到来自车轮与钢轨的冲击影响。

（3）车轴齿轮箱平衡杆

车轴齿轮箱是用滚动轴承自由支承在车轴上的，当机车牵引时，由于受轮对牵引力的反扭矩作用，齿轮箱有向下翻转的趋势，因此车轴齿轮箱必须用平衡杆来支撑。设计平衡杆时应注意使其平行于轨面，在位置允许的情况下越长越好，以便减少机车运行中因振动而受到的垂向力。

支座应具有合适的弹性，弹性大，则由于簧上部分振动而引起的平衡杆中的力就小，但是弹性过大，会因车轴齿轮箱在动轴上的旋转角度过大而影响万向轴的正常工作。

一般车轴齿轮箱平衡杆一端通过橡胶缓冲垫与转向架构架连接，另一端通过关节轴承与车轴齿轮箱的拉臂座连接，可以适应转向架与轮对之间的横向及垂直位移。

13. 基础制动装置

机车进站要停车或者遇到紧急情况下要求紧急停车，或者在下长大坡道控制车速时，都需要在机车上设制动装置，以提供必需的制动力。内燃机车上一般除了安装机车基础制动装置外，还有其他制动装置，如电传动内燃机车上装有电阻制动装置，液力传动机车上装有液力制动装置，此外还有停车状态时的手制动装置。

地铁工程车上都装有空气制动装置和手制动装置,空气制动装置和手制动装置都是通过基础制动装置最后作用在轮对上的。

基础制动装置的作用是将制动缸鞲鞴的推力(或者手制动装置手柄上的力)经杠杆系统增大后传给闸瓦压紧轮箍,通过轮轨黏着产生制动。

基础制动有单侧制动和双侧制动之分,每个轮对有 4 块闸瓦分别挂在车轮的两侧,称双侧制动;每个轮对只有两块闸瓦分别挂在左右车轮的一侧,称单侧制动。

单侧制动构造简单且容易布置,但制动时轴箱受力不平衡,闸瓦压力大,单位面积发热量大,摩擦系数低,制动效果比双侧制动差。一般在小功率、速度低的机车上采用单侧制动,大功率,高速度机车采用双侧制动。

基础制动装置由于经常使用,必须产生磨损,致使轮瓦间隙不断增大,这样制动缸鞲鞴行程会增加,因而降低了制动效果。为此,必须调节基础制动拉杆,使闸瓦接近车轮踏面。

一般同一轮对左右两侧的制动杠杆托架上安装有横向连接拉杆以限制闸瓦制动时横向窜动,防止闸瓦偏磨。

当闸瓦磨耗到厚度小于规定值时必须更换,而且同一轮对上的闸瓦同时更换。

14. 曲线通过概述

(1)机车的振动

机车是一个多自由度的振动系统,作用于机车上的各种激扰力使它产生复杂运动的过程,引起机车振动的因素可概括为 3 类:线路的构造和状态、轮对的构造和状态、柴油机-传动机组和辅助机组的构造和状态。由于这些因素引起振动是随机车速度的增加而加剧的,所以高速机车振动问题显得比较突出。

为了保证机车运行平稳舒适、减轻对机车本身和线路的破位作用、确保行车运行品质。故采用理论分析与实验相结合的方法,研究机车在运行中产生的力学过程,掌握机车转向架的振动规律,以便合理设计机车有关结构,正确选定弹簧装置、轴箱定位横动装置、减速器等参数,并为有关零部件的强度计算提供必要数据。

(2)机车的蛇行运动

由于车轮的踏面为锥形,加上轮缘与钢轨存在间隙,当轮对中心在行进中偶然偏离直线轨道的中心时,两轮便以不同直径的滚动圆在钢轨上滚动,使轮对在行进中发生横向摆动,围绕其重心的垂轴来回摇动,这种波形运动称为蛇行运动。蛇行运动是铁路机车车辆特有的运动。

假定机车车体与转向架连接的二系弹簧悬挂装置中有横动装置,即允许机车车体转向架横移。则机车的蛇行运动可分为:

①车体蛇行:车体剧烈侧摆并伴以摇头、侧滚,通常在速度不是很高时出现。

②转向架蛇行:转向架构架侧摆和摇头振动很大,车体振动相对较小,通常出现在较高速度行驶时。

③轮对蛇行:如果轮对在构架的定位刚度很硬,则轮对和转向架一起蛇行运动;如果轮对在构架中的定位刚度较软,则在高速下会发生轮对剧烈侧摆和摇头。

随着机车运行速度从低到高的增加,车体蛇行首先发生,通常称为一次蛇行,转向架蛇行称为二次蛇行。

剧烈的蛇行运动不仅破坏机车车辆运行的平稳性,而且还破坏线路,甚至会引起脱轨事故,以致严重妨碍列车速度的提高。这个问题在铁路工作者深入研究之后,采取了有效措施,使列车稳定运行的速度达到 350 km/h 以上。

(3)机车的曲线通过概述

机车车辆通过曲线一般是依靠轮缘引导的,由于机车质量大、轴阻强(特别是两轴车)、通过曲线时轮轨间产生横向的相互作用力,所以机车通过曲线远比车辆困难。大的横向相互作用力能够引起大的钢轨应力,轮缘磨耗和钢轨磨耗严重时还可能使机车脱轨。

地铁线路曲线比较多,钢轨磨耗比较严重,严重的磨耗会增加机车镟轮或更换轮对,也增加了钢轨打磨和更换工作量,所以研究机车车辆曲线通过和设法改善机车车辆曲线通过,具有重要意义。

机车曲线通过有两个互相联系的研究内容:几何曲线通过和动力曲线通过。

①几何曲线通过

几何曲线通过研究机车与线路的几何关系,机车自身相关部分在曲线上的几何关系,研究机车的几何曲线通过,也为研究机车的动力曲线通过提供有关数据。

研究几何曲线通过主要解决以下问题:

a.确定机车所能通过的曲线的最小半径,以及通过最小半径所需的轮对横动量。

b.给出机车转向架通过曲线时的转心位置。

c.确定在曲线上机车转向架对于车体的偏转角,以及车体与建筑限界的关系。

②动力曲线通过

动力曲线通过主要研究机车以不同速度通过曲线时与线路的相互作用,探讨机车安全通过曲线的条件和措施,为机车和线路的强度计算和轮缘磨耗提供有关数据。

【效果评价】

评 价 表

项目名称	城市轨道交通工程车辆	学生姓名	
任务名称	任务2　工程车辆基本构造认知	分　数	
项　目		分　值	考核得分
1.工程车辆基本构造的图片搜集、整理		10	
2.是否有小组计划		5	
3.工程车辆基本构造的认知情况		70	
4.编制学习汇报报告情况		10	
5.基本素养考核情况		5	
总体得分			
教师简要评语:　　教师签名:			

任务3　认知内燃机车

【活动场景】

在检修现场教学或用多媒体协助展现。

【任务要求】

1. 熟悉内燃机车的组成及技术参数。
2. 掌握内燃机车的一般操作方法。
3. 掌握内燃机车常见故障处理办法。

【知识准备】

1. 内燃机车的用途和主用功能

图 7.10

内燃机车主要用于车辆段与综合基地内地铁列车调车作业的牵引、区间、车站、隧道的事故列车的救援牵引,设备、物资的运输车辆及其他无动力轨道车辆的牵引作业,以及为其他无动力轨道车辆提供作业电源。

下面以西安地铁二号线 GCY450 为例,简单介绍内燃机车的技术规格及组成。

2. 内燃机车的技术规格及参数

轮径:840 mm

轴列式:B-B

轨距:1 435 mm

轴距:2 400 mm

定距:7 000 mm

通过最小曲线半径:100 m

单机最高运行速度:80 km/h

持续速度:10 km/h

回送速度:120 km/h

发动机的功率:444 kW

输出功率:400 kW

传动方式:液力机械传动

制动方式:空气制动及停车手制动

单机制动距离(平直道,车速 80 km/h):≤400 m

车钩型式:13A 号车钩

轴重:12.5 t

整备质量:50 t

最大启动牵引力:160 kN

额定牵引吨位(35‰坡道):200 t

轮对内侧距:(1 353 ±2)mm

3.内燃机车的组成

内燃机车主要由动力及传动系统、车体、车钩及缓冲装置、转向架、制动系统、司机室、电气及控制系统、辅助发电机组等组成。

(1)设备系统设置及主要技术特点

内燃机车采用液力机械传动方式、四轴驱动,前后端均设司机室,中部为机器间。

其主要技术特点为:

①配备美国卡特比勒电子控制柴油机,该发动机功率大、扭矩储备高,冷却系统采取防冻措施。该机在出现故障时,报警装置会自动作用,可通过专用维护工具对故障码进行读取,维修保养方便。柴油机两次大修间的有效工作时间不少于 20 000 h。

②配备美国卡特比勒变矩器及变速箱,采用液力机械传动方式,由于变矩器自动变矩作用使本车对外界突变载荷有良好的适应性能,避免因外载荷的突然增加而熄火,自动满足牵引工况要求,同时变矩器的工作介质是液力油,起减振和隔振作用,提高内燃机车传动系统的使用寿命。

③该车采用微机系统控制行车。微机系统可实现对发动机的调速、液力传动箱的自动换挡、换向,同时具有各种保护、报警和显示等功能。

④该车正线救援时,单机牵引质量 200 t,能在 35‰坡道上启动并通过,能在机车不撒砂的前提下使用空气制动不会发生溜车。

⑤具有与其他内燃机车双机重联功能,司机在本务机上可操纵两辆内燃机车并完成两车的同时启动、起步、发动机同步调速、自动换挡、停机、停车、低匀速控制等动作,且本务机及补机的故障状态可在本务机上显示。

⑥该车符合与被牵引的地铁列车、网轨检测车及其他轨道工程车辆的连挂条件,包括车钩、制动风管连接等,与网轨检测车直接连挂时,可在网轨检测车上的司机室对内燃机车进行操纵。

⑦采用 JZ-7 空气制动机,基础制动部分采用单元制动器,带有驻车制动,制动安全可靠。

(2)设备各组成部分技术要求

①动力及传动系统

采用液力机械传动方式,发动机飞轮端与液力变矩器直接相联,变矩器与变速箱之间通过传动轴传递动力,变速箱前后输出法兰通过传动轴驱动前后转向架二级车轴齿轮箱(位于2、3轴),二级车轴齿轮箱在驱动2、3轴车轮的同时通过传动轴驱动一级车轴齿轮箱,进而驱动1、4轴车轮,传动系统图如图7.11所示。

a.发动机

采用美国进口卡特彼勒(CATERPILLAR)C15型电喷柴油发动机作为动力,额定功率444 kW。该发动机为直列、六缸电子控制发动机,电子控制系统主要包括电子数字调速、空-燃比自动控制、扭矩增加、喷油提前角控制以及发动机故障诊断系统,在出现故障时,报警装置会自动作用,必要时通过专用维护工具可对故障码进行读取。

发动机主要技术参数如下:

型号:C15

型式:水冷、直列六缸、四冲程、增压、空空中冷

额定功率/转速:444 kW(595 Ps)/2 100 r/min

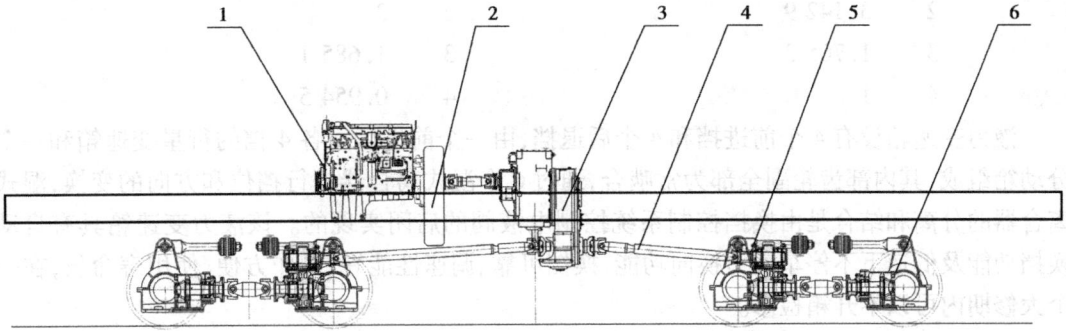

图 7.11

1—发动机；2—变矩器；3—变速箱；4—传动轴；5—二级车轴齿轮箱及其吊挂；6——级车轴齿轮箱

最大扭矩/转速：2 705(N·m)/1 400(r/min)

排量：15.2 L

缸径：137 mm

行程：171 mm

燃油系：电控燃油喷射系统

额定功率下燃油消耗率：234 g/kW·h

启动方式：DC24 V 电启动

图 7.12

发动机主要由发动机电子控制模块(ECM)、燃油系统、进排气系统、润滑系统、冷却系统、电气系统、机体组件等系统和部件组成。

发动机电子控制模块(简称 ECM)是系统的核心部分，包括计算机硬件和软件，其功能主要包括电子调速(喷油量控制)、空-燃比自动控制、喷油提前角控制、扭矩限制、发动机转速限制、发动机曲线选择以及发动机故障诊断等。发动机电子控制模块通过采集冷却水温传感器、发动机转速-喷油正时传感器、增压器排气压力传感器、油门开度传感器(即油门位置，以设定转速)、进气压力传感器、燃油温度传感器等传感器信号，并对这些信号进行处理、计算出发动机在各种工况下所需的燃油量及喷油提前角，然后向喷油器发出指令，控制喷油器的喷油量和开启时间以获得最佳空燃比，此即为电子调速。发动机体上还安装有故障诊断系统。在故障工况下，报警装置将会自动作用，同时可通过 Caterpillar 发动机 ET 工具及笔记本电脑还可对故障码进行读取，并可对内部报警参数进行调整。对于间发故障，存储器还可对其进行记录和存储。

b.液力变矩器和变速箱

选用美国卡特比勒公司配套的 CAT773E 型液力变矩器和 CAT836G 型变速箱。

主要技术参数如下：

型号：CAT773E + CAT836G

型式：变矩器 + 动力换挡变速箱

换挡方式：电液换挡

各挡速比：

前进　1　5.622 4　　　　　　　　后退　1　5.366 9

2	3.142 9		2	3
3	1.765 3		3	1.685 1
4	1		4	0.954 5

液力变速箱设有 4 个前进挡和 4 个后退挡,由一个前进后退各 4 挡的行星变速箱和一个分动箱组成,其内部齿轮副全部为常啮合,通过 6 个湿式离合器进行挡位和方向的变换,湿式离合器的分离和结合是由换挡控制系统控制电液阀的启闭实现的。该液力变速箱具有自动换挡功能及低速下不停车液力换向功能,换挡可靠、调速性能好、操作方便、使用寿命长,在一个大修期内可以不开箱检修。

液力变速箱采用飞溅润滑和压力润滑相结合的方式。主油泵供给的压力油,一方面供给液力变矩器,作为补充传动油,还作为控制系统压力油和整个液力-机械箱的润滑油通过箱体上的油路通向各润滑点。液力传动箱设有润滑用惰行泵,在本车被拖运行时(如无火回送时),对各润滑点进行压力润滑。

选用宽高效区的液力变矩器,最高效率达到 0.86,并且液力变速箱在两个方向均设有 4 个挡位,使整车在很宽的速度范围内均在高效区工作,具有良好的牵引性能。

控制系统可对变矩器油温及油压进行检测,当超过系统设定值即可报警与显示。

c. 冷却装置

发动机及液力变速箱冷却装置主要包括冷却风扇、油散热器、水散热器、活动百叶窗、液压驱动装置及其管路系统。

油散热器、水散热器置于机器间侧面,是通过液压系统驱动风扇进行强制冷却。驱动油泵通过发动机曲轴取力,为液压马达提供压力油,再通过压力油带动马达旋转,驱动风扇转动,溢流阀的作用是系统压力过载保护,换向阀则是控制马达即风扇的旋转和停止。

d. 发电系统

● 辅助发电机组。配备的道依茨风冷发电机组能够为控制、照明、空调机等本车设备以及为平板吊车或网轨检测车提供作业电源。内燃机车设置配电盘,通过配电盘为外接工作装置和照明提供电源。

电源为:

电压	AC 220 V/380 V(±10%)
频率	50 Hz
供电功率	25 ~ 30 kW

● 照明

内燃机车的司机室、机器间、底部均设置有照明光源,仪表盘设置仪表灯,便于夜间工作。车厢照明采用 24 V 日光灯照明,并有足够的照度。

内燃机车两端设置信号灯,按铁路标准设置,满足夜间工作要求。上下大灯选用双联不锈钢真空照明灯,其照度为车前方 300 m 处不小于 2 lx。

e. 万向轴和车轴齿轮箱

在变矩器与液力变速箱之间、液力变速箱与车轴齿轮箱之间设有万向轴。通过两端万向节的转动和滑动花键的滑动,可补偿各传动元件之间的高差和相对振动。万向轴加装防护罩,可有效保护人员设备安全,又能方便检修。

每个转向架各有一个一级和二级车轴齿轮箱,其润滑主要靠压力油润滑,由油泵提供润滑油到各润滑点,以保证润滑并带走热量,油泵能完成正反向的泵油,以满足前进、后退两种工况。

②车体、车钩缓冲装置、转向架

a.车体

车体采用内走廊整体式承载结构,车体由方钢管、角钢与外覆耐候钢板组成,由方钢管、角钢与外覆钢板组焊而成,车底架采用型钢组焊成箱式梁结构,满足牵引时缓冲器的异常牵引和冲击力。

柴油机和液力传动箱分别通过弹性支承与车体底架相连。车体上位于柴油机/液力传动箱的顶部设有顶盖,打开顶盖,该设备可以吊出。

前后两端各设置有排障器、扫石器和远射头灯、运行红灯、旋转警示灯、近照灯及风喇叭。

车底架下设置排污管和集污箱,确保油水、污物集中排放。

车体上设有起吊孔及架车位,并有明确标识。

车底架在缓冲梁上设置起复支撑座供车辆复轨。

b.车钩及缓冲装置的接口要求

本车采用的13A#车钩及MT-3型缓冲装置,能适应网轨检测车车钩及其他工程车辆(例如平板车或平板吊车)的接口要求,同时提供转换车钩,满足通过转换车钩与地铁列车半自动车钩连接的要求。

c.转向架

转向架包括转向架构架、轮对、车轴轴承箱、弹簧悬挂装置、牵引装置及基础制动(单元制动器)等部件。

图7.13

• 转向架构架

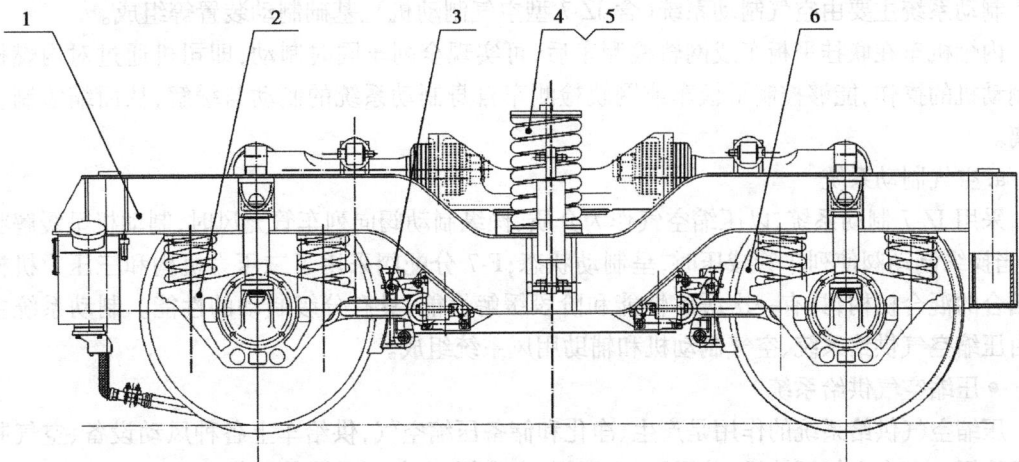

图7.14
1—转向架构架;2—车轴轴承箱;3—基础制动装置;4—弹簧悬挂装置;5—牵引装置;6—轮对

转向架为焊接式两轴转向架,采用箱形焊接构架,构架的质量保证期为10年。其主要承载结构为侧梁、横梁。

● 轮对

车轮采用整体辗钢轮,磨耗型踏面,轮径840 mm,车轮与车轴采用热装方式,其压装方法、符合 TB/T 1463《机车轮对组装技术条件》的有关规定。设有速度传感器、轴温报警装置和电子防滑器。

● 车轴轴承箱

车轴轴承箱由前后盖、轴箱体、轴承等组成。采用拉杆式弹性定位方式,整车具有良好的运行平稳性和稳定性。

● 弹簧悬挂装置

采用二系圆弹簧悬挂,其中轴箱与转向架间一系悬挂为螺旋圆弹簧串联橡胶垫形式,从而有效地控制转向架的蛇行;转向架与车体间二系悬挂为高圆簧串联橡胶垫在轴承箱和构架间、构架和车体间设有垂向减振器,转向架与车体间设有横向减振器。

● 牵引装置

牵引装置采用牵引销结构来传递转向架与车体之间的牵引力与制动力。

● 基础制动装置

基础制动装置采用踏面单元制动器。

● 其他方面

除拆卸万向传动轴外,无须拆卸转向架和车体上的任何部件,即能够在不落轮镟床上镟修车轮。轴箱上与不落轮机床外轴箱支承、压下装置接触的两承载面方便定位和装夹,有足够的强度、刚度和位置精度。

转向架各部件具有良好的耐磨性能,基础制动各类销套具有良好的精度,便于装卸,作用灵活,除闸瓦、液压减振器和车轮踏面外,各部件满足使用10年无需换修的要求。

③制动系统

制动系统主要由空气制动系统(含 JZ-7 型空气制动机)、基础制动装置等组成。

内燃机车在联挂平板车或网轨检测车后,可实现全列车同时制动,即司机通过对内燃机车制动机的操作,能够控制平板车或网轨检测车自身制动系统的制动与缓解,从而缩短制动距离。

a. 空气制动系统

采用 JZ-7 制动系统,以压缩空气作为介质,操纵制动阀向列车管充风时,制动机呈缓解状态,当操纵制动阀使列车管减压时,呈制动状态;F-7 分配阀采用了二压力机构和三压力机构相结合的混合机构,具有一次缓解性能和阶段缓解性能,具有分级制动的性能。制动系统主要由压缩空气供给系统、空气制动机和辅助用风系统组成。

● 压缩空气供给系统

压缩空气供给系统的作用是产生、净化和储备压缩空气,供给车上各种风动设备、空气制动机使用。它由空气压缩机、总风缸、止回阀、安全阀、空气干燥器等部件组成。

安装专用空气压缩机,额定排气量为 $1.6\ \mathrm{m^3/min}$,排气压力为 900 kPa。总风缸容积为 420 L,内燃机车启动后,以额定转速打风,总风缸压力从0升至900 kPa的时间为3 min。压缩空气供给系统具有除湿和自动排水功能,总风缸设有手动排污阀(截断塞门)。空气压缩机的驱动方式要保证在压缩空气压力达到额定压力时,系统自动卸载,卸载可靠能量损失小。系统卸载时压缩空气不直接排入大气。

● JZ-7 型空气制动机

JZ-7 型空气制动机主要由自动制动阀(大闸)、单独制动阀(小闸)、中继闸、F-7 分配阀、作用阀、重联阀、过充风缸、均衡风缸、工作风缸、降压风缸、紧急风缸、作用风缸、滤尘止回阀、紧急制动阀、管道滤清器和各种塞门、双针压力表等部件等组成。

自动制动阀用来操纵全列车的制动及缓解,它有 7 个作用位置,即过充位、运转位、最小减压位、常用制动区、过量减压位、手柄取出位、紧急制动位。自动制动阀设有客货车转换阀。

单独制动阀只操纵内燃机车本身的制动及缓解,它有三个作用位置,即单独缓解位、运转位、全制动位。

中继阀受自动制动阀的控制,直接操纵列车管空气压力的变化,从而完成整个列车的制动、保压和缓解。

分配阀根据列车管压力的变化而动作来控制作用阀的供风或排风,使内燃机车制动或缓解。分配阀设有客货车转换盖板。

图 7.15

在重联阀用于重联牵引时,补机的制动、缓解与本务内燃机车完全协调一致,由本务内燃机车的司机操纵本机制动机,补机司机对制动机不进行操纵。当本务内燃机车与补机发生脱钩分离时,重联阀能使补机的制动缸接受其分配阀和单独制动阀的控制,并使本务内燃机车和补机均处于制动状态。

JZ-7 制动机具有客货车转换功能,可操纵具有一次缓解性能或具有阶段缓解性能的车辆;其分配阀采用了二压力机构和三压力机构相结合的混合机构,具有一次缓解性能和阶段缓解性能,设有单独制动阀和自动制动阀。

● 辅助用风系统

风笛装置:内燃机车前后端装有高低音喇叭各一个,利用操纵台下面的鸣笛撒砂阀进行操纵。脚踏下喇叭开关,将总风缸压力空气供给风喇叭,喇叭同时鸣笛。

停车装置:调车作业完毕,司机离岗时,可操纵操纵台上的开关至制动位,排除带弹簧单元制动器的总风接口的压缩空气,可使该型单元制动器产生停车制动作用。

紧急停车装置:使用操纵台上的紧急停车按钮(手动旋转恢复按钮),控制紧急制动电控阀将总风缸内的压力空气经减压后直接充入制动缸,从而实现紧急制动作用。

车轮撒砂装置:内燃机车在正反方向运行均能撒砂,撒砂装置能够在车轮启动和紧急制动及打滑时控制撒出。

b. 基础制动装置(含有弹簧式停放制动装置)

基础制动装置采用单侧制动,由带闸瓦间隙自动调节器的独立单元制动器组成。单元制动器采用铁科院生产的 XFD 型踏面制动单元,全车有不带弹簧的 XFD-2 型单元制动器和 XFD-2H 型带弹簧的单元制动器各 4 个,其中 XFD-2H 型带弹簧的单元制动器可供停车时使用,起到停车制动的作用。机车停车制动是利用弹簧作用力,并经过放大后对轮对施加压力,它能保证机车单机停在 35‰坡道上而不致下滑。

单元制动器主要包括制动缸、制动力放大机构及单向间隙自动调整器,它可以自动补偿闸瓦和车轮踏面磨耗产生的间隙。

带弹簧的单元制动器在单元制动器的基础上增加了弹簧停车制动器以及手动缓解装置,具有失压自动制动功能,一旦充气压力下降到一定值时,带弹簧的单元踏面制动器就能自动工作,随着充气压力的减少,加在闸瓦上的压力越来越大,从而起到自动制动的作用。该单元制动器可供停车制动使用,通过操纵台上的开关控制缓解,在无空气压力供给时,可通过拉动快速机械式手动缓解装置拉环快速缓解。

该单元制动器轮瓦间隙调整器动作准确,性能可靠,可始终保持闸瓦与踏面之间的正常间隙为4~8 mm。更换闸瓦时通过旋转制动器后端的六角螺母使制动杆回缩,即可进行闸瓦更换,施行一次制动后即可使闸瓦与踏面之间的间隙自动恢复为4~8 mm。该单元踏面制动器为全密封式结构,可以防尘、防雨,且使用寿命长。闸瓦采用高摩合成闸瓦。

各轴单元制动器制动缸主管处均设有截断塞门,当该轴上单元制动器故障时,可将塞门置于截断位,使该轴单元制动器隔离,不影响其他轴单元制动器的作用。

主要技术参数如下:

制动缸直径:ϕ177.8 mm

最大闸瓦间隙调整能力:125 mm

闸瓦一次调节量:约10 mm

活塞最大行程:72 mm

闸瓦与车轮踏面正常间隙:4~8 mm

制动倍率:4

紧急制动时制动缸的压力:420~450 kPa

④电气及控制系统

a. 控制系统

电子控制系统由整车微机控制系统及发动机电子控制系统所组成。整车微机控制系统转速测量精确,换挡控制准确,数据处理速度快,数据更改及调试方便,并能对行车时产生的故障进行记录,并进行故障自动诊断、自动显示等。

整车微机控制系统包含有微处理器、输入输出接口电路、转速传感器、换挡换向部件等,其主要功能有柴油机调速、传动箱的自动/手动换挡、重联、换向控制、故障诊断和报警等。发动机电子控制系统主要对发动机进行电子调速同时对各种故障进行监控,确保发动机在任何情况下都能安全运行。

变速箱的换挡、换向功能由微机控制系统来实现。该微机控制系统具备自动换挡功能、换向保护功能、内燃机车超速保护功能、双机重联、走行数据记录、故障诊断和报警功能、数据显示等。

b. 重联

当两车空气制动系统、电气系统、车钩等联挂之后,可指定其中任意一辆车为主控内燃机车(本务机),指定另一辆为补机。司机在主控内燃机车上可操纵两辆车并完成两车的同时启动、起步、发动机调速、自动换挡、停机、停车、制动等动作,且本务机及补机的故障状态可在本务机上显示。

• 空气制动系统的重联

空气制动系统设有重联阀,当双机牵引时,补机的制动、缓解与本务机完全协调一致,由本务机的司机操纵本机制动机,补机司机对制动机不进行操纵。当本务机与补机发生脱钩分离时,重联阀能使补机的制动缸接受其分配阀和单独制动阀的控制,并使本务机和补机均处于制动状态。

当双机重联牵引时,本务机操纵端自动制动阀及单独制动阀手柄均置于运转位,非操纵端均置于取柄位置,重联阀转换钮置于本务机位;补机双端制动阀手柄均置于取柄位,其转换钮置于重联内燃机车位。

- 电气控制系统的重联

电气控制系统的重联主要实现以下功能:在主机上既可以控制两辆车(主机和补机),又可以单独控制主机或补机,即既能控制主机的启动、停机、调速、换向及换挡,又能控制补机的启动、停机、调速、换向及换挡,而且能保证两台车的柴油机转速同步、方向和挡位一致;同时还将补机的各种参数及报警信号及时传递到主机上进行显示和报警,即使补机上的司机动作了各种手柄也不会发生误操作。

(3)司机作业前的检查工作

①检查车辆

a. 检查发动机机油、传动箱润滑油、空压机润滑油、燃油箱燃油、防冻液及液压油等是否加注至规定范围,确认油、水质量良好。

b. 检查机车的燃油管路、机油系统、冷却水管路、空气制动管路、液压管路、传动箱附件等是否良好。

c. 检查蓄电池箱、控制面板上的开关、监控仪表、照明装置、雨刮器、重联装置及发电机组等是否正常。

d. 检查机车直流发电机、空气压缩机皮带的松紧度是否良好。以 20 ~ 50 N 的力压皮带,挠度为 20 ~ 30 mm。

e. 检查各部连接螺栓,连接销以及防松用的开口销、保险垫有无松动,检查各黄油孔是否润滑良好。

f. 排除油水分离器内的污水。

g. 检查动力及传动系统、走行部、车体车架、车钩装置、电器系统、制动系统、冷却系统等主要部件有无异常现象。

h. 检查必备的随车工具、通信设备、安全防护用品等,要求备品齐全,功能良好。

②电器动作试验

a. 确认前后操纵台上各开关、手柄均在正确位置,闭合直流电控柜上的电源总开关;如机车进行重联操作时,在闭合电源总开关前须将两车之间的重联插头插入插座内并锁紧,确认补机的电源总开关在接通位。

b. 闭合操纵端主机选择开关,将点火钥匙右旋至 1 挡,主机显示屏开机并进行自检,此时整车控制系统得电,确认蓄电池电压在 DC24 ~ DC28 V 范围内,主机显示屏显示各操纵开关位置正常;如双机重联,还须注意观察补机的各报警显示等是否正常。

c. 确认驻车制动操作按钮位置正确。

③起机操作

a. 确认司机控制器手柄在中位,操纵台中位开关打开,右旋至 2 挡点火位,保持 3 ~ 5 s,发动机正常启机后立即松开钥匙开关,钥匙开关自动回转至 1 挡位。如发动机一次不能启动,需进行二次启动时,启动的时间间隔不小于 2 min;当发动机连续 2 ~ 3 次不能启动时,应查找原因排除故障后再进行启动。

　　b. 发动机启动之后检查显示屏各监控仪表读数是否正常(机油压力、机油油温、变速器油压、冷却水温、发动机转速、蓄电池电压),打开励磁开关,车载直流110 V发电机发电,提供空压机及空调的电源控制,空压机开始打风,由压力控制器控制风泵的启动和停机。

　　c. 显示屏上方各指示灯显示正常,从左至右依次为:主机指示、发动机故障报警、其余故障报警、停车制动、警惕报警、换挡状态、撒砂指示、车轮打滑、蓄电池电压报警。

　　d. 断开中位开关,确认手动/自动换挡转换开关在"自动"位,司机控制器手柄向前推为前进挡,向后拉为后退挡,微机控制器根据车速自动换挡。

　　④空气制动机性能实验

　　发动机启动后,打开励磁开关,空压机即开始打风,自动制动阀(自阀)和单独制动阀(单阀)手柄均置于运转位,对JZ-7型空气制动机进行"五步闸"的检查与试验。

　　a. 检查各风表指示压力应符合以下规定:

　　总风缸:700~800 kPa

　　均衡风缸:500 kPa

　　制动管:500 kPa

　　制动缸:0 kPa

　　b. 自阀手柄置最小减压位,减压至50 kPa,制动缸压力为125 kPa。列车制动管泄漏,每分钟不超过20 kPa。

　　c. 将自动制动阀手柄自最小减压位开始,施行阶段制动,直到最大减压位,在制动区移动3~4次,观察阶段制动是否稳定,减压量与制动缸压力的比例应正确。全制动后,当列车制动管风压为500 kPa时,列车制动管减压量为140 kPa,制动缸压力应为350 kPa。

　　d. 单阀手柄置单独缓解位,缓解良好,通常应能缓解到50 kPa以下。

　　e. 手柄弹簧回位应良好。

　　f. 自阀手柄置运转位,缓解应良好,均衡风缸及列车制动管风压应为规定风压。

　　g. 自阀手柄置过量减压位,列车制动管减压量应为240~260 kPa,制动缸压力应为340~360 kPa,并且不应发生紧急制动。

　　h. 自阀手柄置最小减压位,均衡风缸压力上升,而列车制动管压力保持不变,总风遮断阀作用良好。

　　i. 自阀手柄置运转位,缓解应良好。

　　j. 自阀手柄置手柄取出位,均衡风缸减压量应为240~260 kPa,而且列车制动管不应减压。

　　k. 自阀手柄置过充位,过充作用应良好。列车管风压比规定压力高30~40 kPa时,过充风缸上的排风孔处应排风。

　　l. 自阀手柄置运转位,过充压力应在120 s后自动消除,不引起内燃机车自然制动。

　　m. 自阀手柄置紧急制动位,列车制动管压力能在3 s内降至为0,制动缸压力应能在5~7 s内升到420~450 kPa,均衡风缸减压量为240~260 kPa,自动撒砂作用应良好。

　　n. 单阀手柄置单独缓解位,放置10~15 s,制动缸压力开始缓解,并逐渐降到0。

　　o. 单阀手柄复原应良好。

　　p. 自阀手柄置运转位,自阀缓解应良好。

q. 单独制动阀手柄由运转位逐渐移至全制动位,阶段制动应稳定并作用良好。

r. 单独制动阀手柄由全制动位逐渐移至运转位,检查单阀阶段缓解作用是否良好。

s. 换端操纵并实验以上项目。

⑤启动后的检查

a. 柴油机启动后,检查柴油机、变速箱等各部及其辅助装置、制动系统等是否工作正常。

b. 柴油机启动后,检查各风表压力读数是否正常,总风缸风压为 700 ~ 800 kPa,均衡风缸风压为 500 kPa,工作风缸、降压风缸风压为 500 kPa,制动缸压力为 0 kPa。

c. 检查制动缸压力应小于(260 ± 10)kPa,若超过(260 ± 10)kPa,应缓解制动缸压力至(260 ± 10)kPa 以内,否则将无法提高发动机转速和进行变速箱换挡操作。

d. 动车前非操纵端操作台的处理:

• 所有开关均置正确位置。

• JZ-7 型空气制动机将自阀手柄置于手柄取出位,并取出手柄;将单阀手柄置于运转位并取出手柄。

e. 若双机重联操纵,应确认补机的停车制动处于缓解状态。

f. 动车前确认"客/货车转换阀"至货车位。

⑥车辆操纵

a. 启动操纵

• 将自阀及单阀手柄置于操纵端制动机上运转位,将停车制动开拔起至缓解位。

• 将自动/手动换挡开关置"自动"位,向前推动牵引手柄,发动机转速升高,此时变速箱自动进入"1"挡,使车辆启动前行。

• 当选择手动换挡时,将自动/手动换挡开关置"手动"位,操纵手柄进行前进、后退过程中的增减油门,根据换挡提示,通过换挡开关来进行挡位的变换。

b. 牵引列车启动操纵

• 牵引列车启动前要进行试闸。

• 在启动前不得将车辆的制动力缓解,启动时要做到充满风再起车,拉开钩再加速,根据情况适量撒砂。

c. 车速控制注意事项

• 在车辆运行过程中,可通过司机控制器调节发动机转速,微机控制器根据车速变化和发动机转速变化自动换挡。

• 机车运行最高速度不得超过 80 km/h,当车速超过 75 km/h 时,微机控制器报警,蜂鸣器鸣响提示超速,司机应及时采取制动措施。西安地铁二号线车辆段及正线施工作业过程中,严格执行信号及行调限速标准。

• 当车速超过 80 km/h 时,微机控制器自动控制车辆进行紧急排风制动,制动压力超过(260 ± 10)kPa 时,柴油机转速降至急速,变速箱自动回空挡。当车速低于 80 km/h 且制动压力低于(260 ± 10)kPa 时,司机方能恢复操作功能。

d. 自动换挡时的换向操作

• 将司机控制器手柄降至中位,使车速降至 0,也可施加制动,使车辆停稳,再将手柄扳至所需方向。

• 换向操作必须在车辆停稳后或车速低于 3 km/h 且发动机怠速时,方可进行。

e.换端操作

如当前 I 端为主控制端,准备换至 II 端时:

- I 端操纵台上操纵手柄置中位,按下停车制动按钮。
- 闭合 II 端操纵台上主机选择开关,钥匙开关转到 1 挡位。
- I 端操纵台钥匙左转到 0 位,断开主机选择开关。
- 此时 II 端激活指示灯亮,II 端操纵台已激活,可进行各种操纵。
- 做好非操纵端处理,机车换端操纵时必须制动保压后方能换端操纵。

f.重联操作

- 两车到位后全部熄火,电源总开关不必断开。
- 旋开重联旋钮盖,连接重联线束。
- 选择主机开关,激活该操纵台后即可进行各种操作。认真检查显示屏显示主机与补机的各种参数;其余操作与单机运行完全相同。
- 补机自阀手柄置于手柄取出位,并取出手柄。
- 重联机车的总风管和列车管的软管连接器应与本务机车相连接,并开放其折角塞门。
- 两台及以上的机车重联运行时应加强通信联系,协同动作,防止前拉后拖、前慢后拥的现象。

g.运行及调车作业中操作注意事项

- 彻底瞭望、确认信号,并鸣笛回示。
- 运行中检查显示屏动力及传动系统各参数是否正常(有无报警显示)。
- 出现车轮空转时应适当降低牵引力,并撒砂。
- 下坡道严禁熄火和空挡溜放。
- 行车时应经常注意各仪表读数是否正常。在发动机冷却水温达到 50 ℃,总风缸风压达 500 kPa 以上时,方可起步以中速行驶,水温未达到 70 ℃时,不得高速行驶。
- 遇到特殊情况可直接使用非常制动,并及时检查车辆有无损坏,当发现影响行车安全时应及时处理损坏部件,及时回段报修。
- 制动后必须先缓解,使制动缸压力回零后方可行车;车辆未全部缓解时,不得加负荷。
- 车辆在运行中或未停稳前,手动换挡时不允许进行换向操作。
- 车辆各安全保护装置和监督计量器具不得盲目切(拆)除或任意调整其参数,保护电器装置动作后,在未判明原因前严禁盲目启机或切除各种保护装置。
- 附挂运行时,应切断电源总开关,严禁进行电器动作实验。
- 在换端操作时应同时对机械间进行巡视,项目包括发动机、液力变扭器、变速箱、空压机、冷却系统、液压系统、发电机运转状况是否正常及各部件管路的密封情况。

各报警数值:

柴油机启动保护:连续启动时间超过 15 s,系统将切断启动回路。

柴油机超速停机保护:柴油机空载转速超过设定的最高空载转速 2 300 rpm 时,控制系统将使发动机降速至怠速位或停机。

变矩器油温报警:在油温超过 115 ℃时报警,超过 120 ℃时变速箱将回空挡,发动机将回怠速位。

柴油机油压、油温及水温报警与显示:当发动机油压、油温及水温超过设定值时系统将发出报警信号,超过设定最高值时使发动机降速至急速位或停机。

变矩器油压报警与显示:当变矩器油压超过设定值时系统将发出报警信号,超过设定最高值时变速箱将回空挡,发动机将回急速位。

蓄电池组充放电电流显示与过放、过充保护:系统检测放电电压和电流,在超过达到设定值时报警。

内燃机车超速保护:当内燃调车机车车速超过 75 km/h 报警,当车速超过 80 km/h 时,微机控制器发出声光报警信号提醒司机进行减速操作,同时使变速箱回空挡并使发动机降速。

h. 天气不良时的机车操纵

● 调车时,无论牵引还是推进运行,重车超过 2 辆或空车超过 4 辆时必须连接风管。并严格执行试闸规定,运行时应当掌握适当的速度,以保证车列遇到障碍时能够及时停车。

● 在雨、雪、雾等不良天气时,轨面潮湿容易发生空转,在起车和运行途中司机应随时注意主控制手柄的操纵,应减小油门,同时适时撒砂,以增加黏着力,以防空转和降低牵引力。

● 制动时防止滑行擦伤车轮;运行中注意信号显示,信号看不清时及早减速,不得因错过制动时机而冒进信号,严禁臆测行车。

● 遇天气不良时应减少牵引吨位,灵活掌握司控器手柄;瞭望视线不良时应打开头灯和侧灯,适当减速并鸣笛。沙尘天气严重或风大,造成瞭望困难或机车车辆发生摆动时,应根据情况减速运行或就地停车。

i. JZ-7 制动机的操纵须知

● 及时排除各风缸、油水分离器和制动管系中的积水油污。

● 动车前必须对两端制动机进行"五步闸"试验。

● 车站或车场停车时,自阀、单阀应在制动区制动停车,开车前再缓解,并确认列车制动管风压符合规定。机车车辆停留超过 20 min 时,开车前司机必须进行简略制动机试验。

● 正常停车时应实行常用制动,准确掌握制动时机和减压量。首先将司控器手柄回中位后进行分次减压,初次减压量为 50 kPa。

需追加减压时一般不超过 2 次,制动追加减压时间间隔为 3 s,每次减压量不得大于初次减压量,最大减压量为 140 kPa,保持均衡地减速,做到停车稳,对位准,无冲动。

● 在坡道上运行时,严禁机车车辆制动后将自阀手柄推向运转位又立即移回制动区。

● 自阀排风未止不得再进行追减压;制动停车时,不允许列车停稳后列车管仍在排风;列车制动时,单缓机车制动压力每次不得大于 30 kPa,间隔时间不得少于 3 s。

● 长大下坡道运行,应随时观察总风缸和列车制动管风压,并在进入长大下坡道之前适当地形进行制动机试验,防止列车超速或放飚;在牵引车辆运行实施常用制动后,应根据坡道大小和长度将车速降至适当范围后再缓解,确保车辆有足够的充风和凉闸时间,防止放飚。

● 遇非常情况施行紧急制动时,立即将司控器手柄回中位,同时迅速将自阀手柄推向紧急制动位,并立即撒砂,以增加制动力,防止擦伤车轮。

● 机车牵引车辆施行紧急制动后,在车列未停稳时不得缓解,防止车辆缓解较慢而抻断车钩;施行紧急制动后,开车前应检查车辆走行部和基础制动等各部件状态,确认各部良好后方可动车。

● 在与停留车辆进行连挂作业时,自阀与单阀交替配合使用,根据"三、二、一车"距离信号的显示,严控车速并降至规定范围,停车时实现平稳连挂,特别是在冬季更应适当降低调车速度,防止连挂冲动或挂响钩。

●当轨面有雨、雪、冰、霜时司机应适当降低车速运行,遇线路意外情况需要紧急停车或在停车地点、信号机前,须提前进行制动,防止越出、冒进、脱线或碰撞事故发生。单机运行时尽量减少空气制动机的使用,操纵司控器手柄置调速适当挡位降低车速。

j. 停机操作

●将司控器控制手柄置中位,施加制动使车辆停稳。

●闭合中位开关,在发动机停机前,让发动机怠速运转 3~5 min,先关闭励磁电源开关,钥匙开关左旋至 0 位,发动机停止工作。

●关闭主机选择开关,其他各开关恢复原位,按压停车制动按钮。

●断开电源总开关。

k. 无火回送操作

●司机控制器手柄置中位,手动换挡选择开关置空挡位。

●自动制动阀手柄置手柄取出位,并取出手柄;单独制动阀手柄置运转位并取出手柄;两端客货车转换阀均置于货车位,开放无动力装置的截断塞门,同时将分配阀的常用限压阀的限制压力调至 245 kPa;手动缓解带弹簧的单元制动器。

●变速箱和车轴齿轮箱润滑油位保持在正常油位。

●断开电源总开关。

l. 各种工况的供电操作

●正常行驶时 AC220 V 空调及其他交流用电器供电由逆变柜或发电机组提供。

●发动机停机,启动发电机组,此时可正常使用交流用电器。全车 DC24 V 用电器由 AV220~DC24 V 变压器供电,可正常使用。

●外接 AC220 V 电源供电,车体两端各有一个 220 V 输出插座,接通外接电源后,闭合发电机组电源开关,此时可正常使用交流用电器。

(4)疑难故障解析

①2011 年 7 月 28 日司机试机发现机车均出现"大闸打至制动位,小闸持续单缓,制动缸风压减至 0 后,工作风缸、列车管陆续减至 0 且降压风缸也有下降"现象的故障分析。

A. 原理分析

a. 制动缸风压减至 0。

单独制动阀部:当小闸手柄推至单独缓解位时,单缓凸轮得到一个升程,单缓柱塞右移,工作风缸压力空气经单缓柱塞阀上方的凹槽与大气相通,工作风缸排气。

分配阀主阀部:由于工作风缸压力下降,主阀大膜板带动小膜板、空心阀杆一起下移,开启排气口,作用风缸压力空气经常用限压阀、主阀排气口排入大气。

作用阀部:由于作用风缸压力经分配阀排空,作用鞲鞴连同空心阀杆受缓解弹簧的作用而处于下极端位置,空心阀杆离开空气阀使制动缸管压经由空心阀杆排至大气,机车缓解,此时制动缸压力减至 0。

b. 工作风缸风压降至 0。

当制动缸压力减至 0 后,继续将小闸推至单独缓解位,单缓凸轮继续得到一个升程,单缓柱塞右移,工作风缸压力经单缓柱塞阀上方的凹槽与大气相通,工作风缸排气,持续单缓后,工作风缸风压也能降至 0。

c. 列车管风压降至0。

列车管减压有两处排风点。一处详见降压风缸减压过程;二处在工作风缸风压下降过程中,列车管经主阀部充气止回阀向工作风缸充风,工作风缸再将风压通过单缓柱塞阀上方的凹槽排入大气,故列车管风压也会降至0。

d. 降压风缸减压。

副阀部1:在列车管减压过程中,副阀膜板两侧产生压力差,鞲鞴向左移动,列车管内一部分压力空气经2a,经局减止回阀到局减室,并通过充气阀柱塞端部排向大气。

主阀部:由于列车管通过工作风缸充气止回阀和副阀减压,列车管压力下降较多,主阀大膜板带动顶杆、小膜板、空心阀杆一起上移,顶开供气阀。总风经22b、经常用限压阀、经14b到作用风缸,到副阀充气膜板下部。

副阀部2:作用风缸压力到副阀充气膜板下部后,当压力超过24 kPa时,充气鞲鞴上移,关闭局减室排大气的通路。副阀鞲鞴继续左移后,降压风缸压力空气经柱塞中心孔、经26d、经保持阀,到大气,故降压风缸风压下降。由于保持阀有2.8~3.4 kg的弹簧压力,故降压风缸降至280~340 kPa后不在继续下降。

B. 分析结论

制动机出现此上述现象为JZ-7正常现象,不影响行车安全。为避免上述现象,建议司机在行车、试验时单缓时工作风缸压力不低于50 kPa再进行试验。

②2011年8月3日晚9:00再次出现"GD0203自阀制动区制动,制动缸压力保持不住"现象的故障分析。

A. 自阀制动时,制动缸压力上升的原理

自阀置制动位时,在调整阀部,调整阀柱塞右移,调整阀排气阀开启,均衡风缸和压力管空气经排气阀排入大气,均衡风缸减压。在重联柱塞阀部,重联柱塞阀沟通中均管和均衡管。在缓解柱塞阀部,缓解柱塞左移,过充压力由排气口迅速排入大气,总风经缓解柱塞阀中心孔、客货车转换阀进入中继阀,使总风遮断阀关闭。在中继阀部,鞲鞴左移,而开放排气阀口,列车管及鞲鞴右侧的压力空气由排气阀口排向大气,中继阀成制动位。在副阀部,副阀膜板两侧产生压力差,鞲鞴向左移动,列车管内一部分压力空气经2a,经局减止回阀到局减室并通过充气阀柱塞端部排向大气,紧急压力空气经第一缩口风堵排向大气,主阀大膜板带动顶杆、小膜板、空心阀杆一起上移,顶开供气阀。总风经22b、经常用限压阀、经14b到作用风缸,到副阀充气膜板下部。当压力超过24 kPa时,充气鞲鞴上移,关闭局减室排大气的通路。副阀鞲鞴继续左移后,降压风缸压力空气经柱塞中心孔、经26d、经保持阀,到大气。作用鞲鞴下部增压,推动鞲鞴连同空心阀杆上移,使供气阀离开阀座,总风缸压力空气经供气阀向制动缸充气,机车制动,制动缸压力上升。

B. 故障产生的原因

a. 作用阀部卡滞,作用鞲鞴连同空心阀杆上移不了,可导致机车不能制动。

b. 副阀部卡滞,导致副阀充气膜板下部不减压,降压风缸不减压,作用阀鞲鞴连同空心阀杆上移不了。根据后期车班处理过程,可以确定为后者原因,目前已更换副阀,故障已排除。

③2011年7月28日晚11:00,GD0201与GD0202重联作业时,发现"两机车重联不了"现象的故障分析。

a. 两车重联时,重联线连接两车的重联作业,第三方线负责连接两车的通信线、相关电源线及辅助线等。通俗一点讲,当内燃机车与网轨车重联(或连挂)时,在网轨车一侧操作,需连接重联线及第三方线;如果在内燃机车一侧操作(连挂时),只需连接第三方线(重联线插接时,默认网轨端操作)。

b.故障产生的原因。简单一点讲,对于重联线插座及第三方插座来说,如果光连接重联线或未安装堵头,系统默认为开位,反之,如果插座安装堵头后,系统默认关位。由于此次试验,GD0201及GD0202未加装重联侧也未插堵头,系统分辨不出哪侧为开位,导致上述现象发生。过去,在试验中虽然未装堵头能够重联,是因为系统将开位默认为关位,但一旦默认为开位时,就须安装堵头。

c.分析结论。两机重联时,应按要求安装好堵头。

④2011年8月,内燃机车数次出现"自阀打到制动区,小闸单缓至制动缸为0,数秒后(5~8 s),制动缸压力微有上升(20~80 kPa)"现象的故障分析。

a.故障确认。8月19日上午,车间组织对GD0201、GD0203及宝工接触网放线车(未交验)进行了小闸单缓试验。具体数据记录为,列车管减压110 kPa,均衡风缸及减压风缸减压为110 kPa,工作风缸为490 kPa,制动缸风压为280 kPa。进行小闸单缓试验后,制动缸到0瞬间,列车管风压380 kPa,工作风缸风压220 kPa。小闸自动复位后,列车管风压下降,工作风缸风压上升,5 s后,工作风缸及列车管风压均定压至310 kPa。2 s后,制动缸压力开始微有上升,GD0203至30 kPa左右,GD0201及宝工接触网放线车至50 kPa左右。

b.过程中的制动原理。自阀制动区制动时,各副部的动作。自阀手柄从运转位移至制动位时,均衡风缸减压,制动缸压力上升,机车车辆产生制动。自阀至制动位时,自阀产生转动,在调整阀部,调整阀柱塞右移,调整阀排气阀开启,均衡风缸和中均管压力空气经排气阀排入大气,均衡风缸减压。在重联柱塞阀部,重联柱塞阀沟通中均管和均衡管。在缓解柱塞阀部,缓解柱塞左移,过充压力由排气口迅速排入大气(如果有过充压力时),总风经缓解柱塞阀中心孔、客货车转换阀进入中继阀,使总风遮断阀关闭。在中继阀部,轖鞴转移而开放排气阀口,列车管及轖鞴右侧的压力空气由排气阀口排向大气,中继阀成制动位。在副阀部,副阀膜板两侧产生压力差,轖鞴向左移动,列车管内一部分压力空气经2a、经局减止回阀到局减室,并通过充气阀柱塞端部排向大气。紧急风缸压力空气,一方面经第一缩口风堵排向大气,主阀大膜板带动顶杆、小膜板、空心阀杆一起上移,顶开空气阀,总风经22b、经常用限压阀、经14b到作用风缸,作用风缸充气,作用风缸空气进入充气膜板下部,当压力超过24 kPa时,充气轖鞴上移,关闭局减室排大气的通路,副阀轖鞴继续左移后,降压风缸压力空气经柱塞中心孔,经26d,经保持阀到大气,作用轖鞴下部增压,推动轖鞴连同空心阀杆上移,使空气阀离开阀座,总风缸压力空气经供气阀向制动缸充气,机车制动。按照通俗的1:2.5定律,均衡风缸减压至110 kPa时,制动缸上升至280 kPa为正常现象。其余风缸风压也均处于正常范围内。

小闸单缓时,单缓凸轮得到一个升程,单缓柱塞右移,工作风缸压力空气经单缓柱塞阀上方的凹槽与大气相通,工作风缸排气。

分配阀主阀部:由于工作风缸压力下降,主阀大膜板带动小膜板、空心阀杆一起下移,开启排气口,作用风缸压力空气经常用限压阀、主阀排气口排入大气。作用阀部:由于作用风缸压力经分配阀排空,作用轖鞴连同空心阀杆受缓解弹簧的作用而处于下极端位置,空心阀杆离开空气阀使制动缸管压经由空心阀杆排至大气,机车缓解,此时制动缸压力减至0。

a. 由于工作风缸风压下降后,列车管风压将高于工作风缸压力,列车管同时会通过充气止回阀向工作风缸充风导致列车管风压也会下降(不过列车管风压会始终高于工作风缸压力)。

b. 由于作用风缸内的压力空气被排完,分配阀副阀部鞲鞴下移,局减室排大气的通路被打开,前面列车管减压导致副阀鞲鞴向左移动,列车管内一部分压力空气经 2a、经局减止回阀到局减室,并通过充气阀柱塞端部排向大气。综上所述,制动缸到 0 时,列车管风压 380 kPa,工作风缸风压 220 kPa 仍为正常现象。

分析一下制动缸到 0,单阀复位瞬间,各阀的状态。单缓柱塞左移,切断单缓柱塞阀上方的凹槽与大气的通路,单缓管停止排工作风缸的空气。由于单缓小闸与中继阀无关联,中继阀部无动作。分配阀主阀部,由于列车管压力高于工作风缸压力,列车管压力空气会通过充气止回阀向工作风缸充气导致主阀大膜板上移(也有不同意见,由于列车管风压大于工作风缸压力,认为大膜板会下移。但从机车风表风压来看,两者最终会达到一个平衡点,比如笔者试验的 310 kPa,故最终主阀大膜板必定还是相对此瞬间上移了)。

当工作风缸压力上升,列车管压力下降。主阀大膜板上移,主阀大膜板带动顶杆、小膜板、空心阀杆一起上移,顶开空气阀,总风经 22b、经常用限压阀、经 14b 到作用风缸,作用风缸微有充气,导致作用鞲鞴下部增压,推动鞲鞴连同空心阀杆微有上移,使空气阀离开阀座,总风缸压力空气经供气阀向制动缸充气,制动缸压力会微有上升(50 kPa 左右)。

那为什么总风缸压力空气经供气阀向制动缸充气,只会导致压力微有上升(最大为 80～100 kPa)呢? 当单阀手柄复位后,列车管压力空气高,工作风缸压力供气低,列车管会经充气止回阀向工作风缸充气,两者压力趋于平衡(比如笔者试验的为 310 kPa)。大膜板此时处于保持位,因此时副阀充气膜板下部无压力,局减室排大气通路无法关闭,列车管内一部分压力空气经 2a、经局减止回阀到局减室,并通过充气阀柱塞端部排向大气。导致列车管压力空气微微下降,大膜板此时继续上升,顶开供气阀口,总风经 22b、经常用限压阀、经 14b 到作用风缸,作用风缸充气并作用风缸空气进入充气膜板下部,当压力超过 24 kPa 时,充气鞲鞴上移,关闭局减室排大气的通路。作用风缸微充气后,作用鞲鞴下部增压,推动鞲鞴连同空心阀杆上移,使空气阀离开阀座,总风缸压力空气经供气阀向制动缸充气,制动缸压力有上升现象。

c. 结论。此现象为 JZ-7 制动系统正常现象。不影响设备的使用安全。如果制动缸压力上升过大(1 min 内超过 100 kPa),笔者就认为有必要处理了。根据该理论,如果是一个长大列车编组,列车管的"体积"较大,列车管向工作风缸充气后,列车管不下降或者下降作用不明显,这种"现象"就不会发生或发生不明显。

⑤2011 年 9 月 17 日,内燃机 GD0201、GD0203 相继出现制动时自缓现象。

A. 事件经过

2011 年 9 月 17 日上午,工程车队当值司机向调度汇报,早晨车队对 GD0201 进行热备作业试闸作业过程时,自阀制动区内制动时,制动缸出现自然缓解现象。车间调度第一时间将情况通知车间技术人员及工程车班,技术人员立刻带领班组人员上车对 GD0201 进行故障确认:各风缸正常情况下,自阀制动区进行制动作业时,列车管减压量与制动缸上升量不符合正常比例(例如列车管减压 110 kPa,制动缸上升至 200 kPa(准确量为 280 kPa)),1～2 s 后,制动缸压力急速缓解至 0,在此过程中,工作风缸与列车管均有下降现象,轻敲副阀后,故障排除,但多次试验后,此故障继续出现。技术人员与班组人员多次试验并仔细分析后初步确认为副阀故障,并将经过内燃哈厂校验后的副阀更换至GD0201车,故障现象仍然存在。为了确认GD0201主、副阀是否完好,9月22日将试验完好的GD0203主、副阀与GD0201进行调换,GD0201故障现象仍然存在,GD0203也出现了自动时自然缓解现象。故障出现后车间积极向内燃哈厂等制动专家寻求技术帮助,但截至目前,两列车的故障仍未得到彻底根除。

B. 原因分析

a. 自阀制动时,制动缸压力上升的原理。自阀置制动位时,在调整阀部,调整阀柱塞右移,调整阀排气阀开启,均衡风缸和压力管空气经排气阀排入大气,均衡风缸减压。在重联柱塞阀部,重联柱塞阀沟通中均管和均衡管。在缓解柱塞阀部,缓解柱塞左移,过充压力由排气口迅速排入大气,总风经缓解柱塞阀中心孔、客货车转换阀进入中继阀,使总风遮断阀关闭。在中继阀部,輶輷左移,而开放排气阀口,列车管及輶輷右侧的压力空气由排气阀口排向大气,中继阀成制动位。在副阀部,副阀膜板两侧产生压力差,輶輷向左移动,列车管内一部分压力空气经2a、经局减止回阀到局减室并通过充气阀柱塞端部排向大气,紧急压力空气经第一缩口风堵排向大气,主阀大膜板带动顶杆、小膜板、空心阀杆一起上移,顶开供气阀。总风经22b、经常用限压阀、经14b到作用风缸,到副阀充气膜板下部。当压力超过24 kPa时,充气輶輷上移,关闭局减室排大气的通路。副阀輶輷继续左移后,降压风缸压力空气经柱塞中心孔、经26 d、经保持阀,到大气。作用輶輷下部增压,推动輶輷连同空心阀杆上移,使供气阀离开阀座,总风缸压力空气经供气阀向制动缸充气,机车制动,制动缸压力上升。

b. GD0201制动缸会缓解的原理。通过多次现场试验,发现GD0201制动缸压力缓解前,工作风缸风压首先会下降,这就不难解释会自然缓解及列车管减压量与制动缸上升量不符的原因了。自阀制动区制动时,主阀部由于列车管压力下降而导致大膜板带动小膜板向上运动打开供气阀口,如果工作风缸压力一直在下降,抵消了一部分大膜板的上升量,从而导致上述出现的列车管减压量与制动缸上升量不符的现象,当制动缸压力形成后,工作风缸压力仍在下降,此时会导致主阀部大膜板带动小膜板向下运动,作用风缸的压力从主阀排气口排出,出现自然缓解现象。

C. 故障处理

截至目前,分析可能导致上述现象产生的原因:

a. 副阀部。列车管减压,主阀大膜板带动顶杆、小膜板、空心阀杆一起上移,顶开供气阀。总风经22b、经常用限压阀、经14b到作用风缸,到副阀充气膜板下部。如果副阀充气膜板故障导致总风不能顶起充气膜板可能会产生上述故障现象。

b. 主阀及分配阀阀座。如果工作风缸风压在经过主阀及分配阀阀座过程中,由于两者故障导致工作风缸风压有所泄漏,也有可能导致上述现象发生(后续处理结果证明GD0203是主阀充气止回阀故障,而GD0201是阀座故障)。

c. 工作风管管路接头。如果工作风管管路存在泄漏现象,同样也会导致上述现象发生。

D. 最终处理情况

9月25日,GD0202及GD0203故障问题得到根本解决。GD0203更换阀体后,各项功能恢复正常,GD0202更换副阀后故障也已解决。从最终处理情况来看,前期分析工作分析到位,故障根本原因仍是副阀充气模板不保压导致(在哈厂发回的校验完成的阀件内发现了少量泡沫,问题应该是阀件内夹杂有的泡沫经副阀窜到了阀体内从而导致上属现象)。

⑥8 月 18 日下午,在测试 GD0201 时,发现大闸制动区局减时,工作风缸减压量与列车管及降压风缸减压量不符,分析工作风缸排风地点时,部分人员认为是从副阀保持阀口排出。

a. 大闸制动区制动时,各副部的动作。自阀手柄从运转位移至制动位时,均衡风缸减压,制动缸压力上升,机车车辆产生制动。制动原理为:自阀至制动位时,自阀产生转动,在调整阀部,调整阀柱塞右移,调整阀排气阀开启,均衡风缸和中均管压力空气经排气阀排入大气,均衡风缸减压。在重联柱塞阀部,重联柱塞阀沟通中均管和均衡管。在缓解柱塞阀部,缓解柱塞左移,过充压力由排气口迅速排入大气(如果有过充压力时),总风经缓解柱塞阀中心孔、客货车转换阀进入中继阀,使总风遮断阀关闭。在中继阀部,鞲鞴左移而开放排气阀口,列车管及鞲鞴右侧的压力空气由排气阀口排向大气,中继阀成制动位。在副阀部,副阀膜板两侧产生压力差,鞲鞴向左移动,列车管内一部分压力空气经 2a、经局减止回阀到局减室,并通过充气阀柱塞端部排向大气。紧急风缸压力空气,一方面经第一缩口风堵排向大气,主阀大膜板带动顶杆、小膜板、空心阀杆一起上移,顶开空气阀,总风经 22b、经常用限压阀、经 14b 到作用风缸,作用风缸充气,作用风缸空气进入充气膜板下部,当压力超过 24 kPa 时,充气鞲鞴上移,关闭局减室排大气的通路,副阀鞲鞴继续左移后,降压风缸压力空气经柱塞中心孔,经 26d,经保持阀到大气,作用鞲鞴下部增压,推动鞲鞴连同空心阀杆上移,使空气阀离开阀座,总风缸压力空气经供气阀向制动缸充气,机车制动。

b. 在此过程当中,均衡风缸、降压风缸压力均随着列车管的下降而降低,而工作风缸的风压由于没有排出,仅随着主阀大鞲鞴上移,工作风缸的压力向主阀大膜板下部供风导致风压微有下降。假使列车管降压 100 kPa,均衡风缸、降压风缸也降压 100 kPa,工作风缸压力不下降或稍有下降(10 kPa 左右)。(注:后期试验时也证明了此分析的正确性)

c. 结论:工作风缸的风压不会从保持阀口排入大气,只随着充到膜板下部微有下降。

⑦自阀过充位,哪些风缸有过充压力?自阀缓解位后,过充压力如何消除?

a. 分析一下,自阀过充位后,过充压力是如何进入列车管的。以打风伊始、自阀过充位为例。在机车实施初充气时,往往采用过充位进行,以加快充气速度,单阀至运转位,自阀至过充位时,均衡风缸为定压,列车管压力可高出定压 30 ~ 40 kPa,自阀至过充位时,自阀产生转动。在调整阀部,调整阀供气阀口开启,总风向均衡风缸和调整阀膜板右侧充风。在重联柱塞阀部,重联柱塞阀沟通中均管和均衡管,均衡风缸压力空气由中均管进入中继阀。在缓解柱塞阀部,总风经过充管向过充风缸充风,过充压力进入中继阀,同时打开遮断压力排气孔,遮断阀中压力空气经客、货车转换阀排入大气。在中继阀部,过充柱塞右移,中继阀供气阀开启,总风遮断阀开启后,总风给列车管充风,并且由于过充柱塞的作用,使列车管获得过充压力。列车管增压后,进入自阀、紧急制动阀,并使后部车辆产生缓解,列车管压力空气进入分配阀,经紧急部给紧急风缸充风,经主阀部充止回阀向工作风缸充风,经副阀部向工作风缸、降压风缸充风并进入单缓管。当均衡风缸达到定压时,调整阀将关闭供气阀口,均衡风缸停止增压。当列车管压力高出定压 30 ~ 40 kPa 时,中继阀供气阀关闭,列车管停止增压。当工作风缸达到列车管压力时,充气止回阀关闭,工作风缸停止增压。综上所述,自阀过充位后,过充风缸、工作风缸、降压风缸及列车管有过充压力。均衡风缸并无过充压力。

b. 自阀运转位后,过充压力如何消除。自阀由过充位打至运转位后,过充压力消失。过充风缸的过充压力是总风经缓解柱塞阀部向过程风缸及柱塞左侧充风,而过充风缸的风压不能由缓解柱塞阀部排向大气,只能通过过充风缸上的塞堵排向大气(塞堵在过充位时理应也在缓缓排风)。过充风缸的风压缓缓消失之后,中继阀膜板缓缓向左侧移动,打开列车管通大气的排气口,列车管的过充压力通过排气孔排大气,列车管的过充压力也会缓缓消失。分配阀部,由于在运转位时,列车管与工作风缸及降压风缸相通(如果不相通的话,列车管就不能向两风缸充气,这与运转位时可以打风相悖)。工作风缸及降压风缸的过充压力逆流回列车管,再从中继阀部排出。

⑧10月23日,当值司机汇报 GD0203 出现"自阀手柄短时间内放置过充位再拉回运转位情况下,过充风缸排气口排风不止"现象。

A. 事件经过

10月23日9时许,工程车队当值司机陈某汇报在当日热备期间,发现 GD0203 出现"自阀手柄短时间内放置过充位再拉回运转位情况下,过充风缸排气口排风不止"现象。10月23日10时许车间技术人员会同工程车班郭某在 GD0203 进行现场模拟试验:各风缸正常情况下,自阀手柄由运转位打至过充位,约1 s 后,重新拉回运转位。过充风缸排风不止,约2 min方停止排气,模拟试验3次,试验效果相同。为对比是否属于故障现象,两名试验人员先后对GD0202 及 GD0201 进行了同样试验,试验效果一致,排除机车出现故障的可能性,表明上述现象属于 JZ-7 制动机正常现象。

B. 原因分析

a. 自阀运转位至过充位后,过充压力的由来。

单阀至运转位,自阀至过充位后,均衡风缸为定压,列车管压力可高出定压30~40 kPa,自阀至过充位时,自阀产生转动。在调整阀部,调整阀供气阀口开启,总风向均衡风缸和调整阀膜板右侧充风。在重联柱塞阀部,重联柱塞阀沟通中均管和均衡管,均衡风缸压力空气由中均管进入中继阀。在缓解柱塞阀部,总风经过充管向过充风缸充风,过充压力进入中继阀,同时打开遮断压力排气孔,遮断阀中压力空气经客、货车转换阀排入大气。在中继阀部,过充柱塞右移,中继阀供气阀开启,总风遮断阀开启后,总风给列车管充风,并且由于过充柱塞的作用,使列车管获得过充压力。列车管增压后,进入自阀、紧急制动阀,并使后部车辆产生缓解,列车管压力空气进入分配阀,经紧急部给紧急风缸充风,经主阀部充气止回阀向工作风缸充风,经副阀部向工作风缸、降压风缸充风并进入单缓管。当均衡风缸达到定压时,调整阀将关闭供气阀口,均衡风缸停止增压。当列车管压力高出定压30~40 kPa 时,中继阀供气阀关闭,列车管停止增压。当工作风缸达到列车管压力时,充气止回阀关闭,工作风缸停止增压。

b. 过充压力如何消除。

自阀由过充位打至运转位后,过充压力消失。过充风缸的过充压力是总风经缓解柱塞阀部向过程风缸及柱塞左侧充风,而过充风缸的风压不能由缓解柱塞阀部排向大气,只能通过过充风缸上的塞堵排向大气。过充风缸的风压缓缓消失之后,中继阀膜板缓缓向左侧移动,打开列车管通大气的排气口,列车管的过充压力通过排气孔排大气,列车管的过充压力也会缓缓消失。分配阀部,由于在运转位时,列车管与工作风缸及降压风缸相通(如果不相通的话,列车管就不能向两风缸充气,这与运转位时可以打风相悖)。工作风缸及降压风缸的过充压力逆流回列车管,再从中继阀部排出。

c.为什么会出现"短时间内过充位,而过充风缸塞堵却一直排风"现象呢?

按照一般规律,自阀短时间过充位时,过充风缸或者列车管内进入的过充压力并不会太多,过充风缸压力即使要排除也会在短时间内完成(10~20 s)足以。为何为出现2 min的长时间呢?

其实不然,从上述原理分析来看:缓解柱塞阀部,总风经过充管向过充风缸充风,由于过程风缸体积较小(3 L左右),而过程压力相对较小(超出定压30~40 kPa),故短时间内过充压力能够完成。所以当自阀打至运转位后,过充风缸压力其实已经完成。故会出现上述过充风缸风堵排风不止现象。

C.分析结论

综上所述,上述故障现象属于JZ-7正常现象,可以排除故障的可能。

⑨11月4日,在工程车队技能竞赛理论考试中,第1道问答题为"如何判别均衡风缸、列车管及中均管泄漏?"

a.先分析一下各风缸、管路的风压由来。自阀、单阀均置运转位时,自阀调整阀部开启,总风向均衡风缸和调整阀膜板右侧充风。在自阀重联柱塞阀部,重联柱塞阀沟通中均管和均衡管,均衡风缸压力空气由中均管进入中继阀。在缓解柱塞阀部,遮断压力排气压力口打开,遮断阀中压力空气经客货车转换阀排入大气。在中继阀部,中继阀供气阀开启,总风遮断阀开启后,总风给列车管充风。列车管增压后,进入自阀、紧急自动阀。列车管压力空气进入分配阀,经紧急部给紧急风缸充风,经主阀部充气止回阀向工作风缸充风;经副阀部向工作风缸、降压风缸充风并进入单缓管。当均衡风缸达到定压时,调整阀将关闭供气阀口,均衡风缸停止增压,同时中继阀供气阀关闭,列车管停止增压。当工作风缸达到列车管压力时,充气止回阀关闭,工作风缸停止增压。

b.分析一下上述3种情况的风路走向。

• 如果均衡风缸泄漏。自阀在过充位、运转位时,总风向均衡风缸及调整阀膜板右部充风,因为均衡风缸泄漏,故导致总风向均衡风缸充风时间较长,中继阀膜板向右移动打开总风向列车管的风口时间较慢,故呈现自阀手柄前两位增压缓慢的现象;自阀在常用制动区及过量减压位时,因此时均衡风缸与列车管不连通,故列车管保压良好,但由于均衡风缸减压,导致膜板向左移动较快,制动缸压力上升快,且会出现减压量与制动缸上升不符现象;如果在取柄位,均衡风缸与中均管及列车管不连通,从司机室来看,均衡风缸压力表会一直下降。

• 如果列车管泄漏。根据JZ-7减压制动原理,自阀在制动区、过量减压位及取柄位时,制动缸压力应一直处于上升状态,制动缸保不住压。

• 如果中均管泄漏。在过充位、运转位时,泄漏的风压由总风供给,各风压无影响;自阀在常用制动区及过量减压位时,因此时均衡风缸与列车管不连通,故列车管保压良好,但由于中均管减压,导致膜板向左移动较快,制动缸压力上升快,且会出现减压量与制动缸上升不符的现象;如果在取柄位,中均管与列车管连通,如果中均管泄漏,会导致列车管伴随下降,导致制动压力持续上升,制动缸呈现不保压现象。

【效果评价】

评 价 表

项目名称	城市轨道交通工程车辆		学生姓名	
任务名称	任务3 认知内燃机车		分 数	
项 目			分 值	考核得分
1.内燃机车的图片搜集、整理			10	
2.是否有小组计划			5	
3.内燃机车的认知情况			70	
4.编制学习汇报报告情况			10	
5.基本素养考核情况			5	
总体得分				
教师简要评语： 教师签名：				

任务4 认知网轨检测车

【活动场景】

在检修现场教学或用多媒体协助展现。

【任务要求】

1.熟悉网轨检测车的组成及技术参数。

2.掌握网轨检测车的一般操作方法。

3.掌握网轨检测车常见故障处理办法。

图7.16

【知识准备】

1.网轨检测车概述

网轨检测车是连挂在内燃机车或其他轨道工程车辆后部进行轨道、限界、接触网检测的车辆。主要由车辆、轨道检测系统、接触网检测系统、限界检测系统等部分组成。车辆内、外部安装有轨检、网检设备及其附件。车辆本身不设走行动力，由动力机车牵引运行。车辆内部设轨道检测间、接触网检测间、会议室、副驾驶室，各间能相互独立使用。主要用于地铁接触网、轨道、隧道限界参数等检测、处理和传输,并为其他项目检测设备预留接口。

2.功能及主要参数

(1)设备主要技术规格及参数

轨距:1 435 mm

轮径:840 mm

轴数:4

车辆整备质量(含车辆上装备的设备设施):约40 t

轴重:约10 t

两转向架中心距:13 800 mm

轴距:2 200 mm

通过最小曲线半径(水平):110 m

车钩型式:15 号车钩及 G1 型缓冲器

车辆最高运行速度:80 km/h

车辆构造速度:100 km/h

制动方式:空气制动和停放制动

(2)设备主要技术条件

网轨检测车主要由车体、走行部、车钩装置、电气系统、制动系统和发电机组、空调等组成。

①设备系统设置及主要技术特点

网轨检测车的走行部采用两轴焊接转向架结构,车轴轴承箱悬挂采用 V 型橡胶弹簧方式,二系悬挂采用金属高圆簧方式,整车具有良好的运行平稳性和稳定性;制动系统安装具有自动保压性能的 JZ-7 型空气制动机及带闸瓦间隙自动调节器的独立单元制动器;车体两端设有 15 号缓冲车钩。

②设备各组成部分技术说明

a.车体

● 车体钢结构

车体钢结构由车架及侧墙、顶棚组成整体承载筒形结构,具有足够的强度和刚度,侧墙为平板。

钢结构中板材及型材厚度≤6 mm 的采用镍铬系耐候钢,型钢和厚度 >6 mm 的板材使用普通碳素钢。车顶空调机组及接触网检测设备的安装处为不锈钢板。

车顶上部有足够位置用于受电弓等网检设备的安装,安装受电弓处结构应进行加强处理,保证具有足够的强度。

车体在胎模具上组焊,采用整板张拉工艺,并进行电磁调平。

● 车内墙、顶、地板、侧窗

车内墙采用空调客车用双贴面胶合板,顶板采用玻璃钢板,地板采用胶合板,表面覆经铁道部批准厂家生产的阻燃地板革,地板革颜色在设计联络时确定,保证与整车内饰严责协调。地板革与地板粘接牢固,表面无明显突起、折皱。各板、梁、柱间采用阻尼胶隔振,避免在运行中发出声响。

墙和间壁板的安装严密,顶板采用扣压方式,所有内饰板的装修尽量减少接缝和压条。

地板周围及各螺栓、管道等穿过地板处采用胶圈密封、接头安装等方式,保证水不渗漏地板内部。

车体侧窗为空调客车中空钢化玻璃窗,并安装窗帘。

● 车内布置

车内设接触网检测工作间、轨道检测工作间、会议室、驾驶室、电器间等。车内布置整洁、明亮。会议室内布置会议桌、座椅、物品柜。

● 车钩及缓冲装置的接口要求

车辆端部安装铁道客车用 15 号车钩及 G1 型缓冲器,与地铁列车自动车钩的联挂需通过过渡车钩联接,与其他工程车辆直接联挂,空气制动管路通过制动软管联通。

b. 转向架

● 转向架

走行部为二轴焊接构架转向架,经过铁道部质量监督检验中心检测,其在 140 km/h 速度范围内动力学性能达到优良,满足网轨检测设备的检测精度和状态的要求。

构架为钢板拼焊的"H"形结构,侧梁为"U"形,转向架构架上设置有轨检梁的安装底座,满足轨检梁的安装要求,包括精度要求、强度要求以及抗振要求等。

转向架采用二系悬挂,其中一系采用人字橡胶弹簧;二系采用金属高圆簧。

设一系垂向、二系垂向、二系横向液压减振器,以衰减车体的垂向和横向振动,使车体具有良好的减振性能。

● 构架、轮对和轴承

构架型式为"H"形焊接一体式构架。采用整体辗钢车轮,车轮直径 840 mm,踏面为磨耗型踏面。

轴箱为铸钢件,利用人字形橡胶簧的纵向刚度和横向刚度定位。轴箱装置由轴箱前盖、轴箱体、圆柱滚子轴承、通盖、弹簧装置等组成。轴头设有速度传感器。

控制系统具有轴温报警功能,可对轴温集中监控,在轴温超过标准时报警。

安装有电子防滑系统,在制动时,检测车轮是否抱死,在需要时控制放风阀排风,降低制动缸压力。

c. 制动系统

● 制动系统主要由空气制动系统(含 JZ-7 型空气制动机)、基础制动装置、手制动装置等组成,具有空气制动和停车制动功能。

● 空气制动系统

车辆空气制动系统包括制动机、风缸及阀类等零部件。

● 空气制动机

制动机采用 JZ-7 型内燃机车制动机,单端操纵,能与内燃机车及其他工程车制动机联挂使用,满足与动力机车联挂后在车辆驾驶室的操作中实施对动力机车的减压制动、自动制动、紧急制动等功能,制动性能、操纵习惯完全相同。

JZ-7 型空气制动机主要由自动制动阀(大闸)、单独制动阀(小闸)、中继阀、分配阀、作用阀、过充风缸、均衡风缸、工作风缸、降压风缸、紧急风缸、作用风缸、总风缸、管道和各种塞门、双针压力表等部件组成。

自动制动阀用来操纵全列车的制动及缓解,它有 7 个作用位置,即过充位、运转位、最小减压位、常用制动区、过量减压位、手柄取出位、紧急制动位。自动制动阀设有客货车转换阀。

单独制动阀只操纵机车本身的制动及缓解,它有 3 个作用位置,即单独缓解位、运转位、全制动位。

中继阀受自动制动阀的控制,直接操纵列车管空气压力的变化,从而完成整个列车的制动、保压和缓解。

分配阀根据列车管压力的变化而动作来控制作用阀的供风或排风,使调车机制动或缓解。分配阀设有客货车转换盖板。

总风缸下部设有浮子式自动排水阀,其工作压力为 0.15 ~ 1.0 MPa,当总风缸内储存水位达到一定高度时,它就能自动排水。

JZ-7 制动机由于具有客货车转换功能,可操纵具有一次缓解性能或具有阶段缓解性能的车辆;其分配阀采用了二压力机构和三压力机构相结合的混合机构,所以具有一次缓解性能和阶段缓解性能;同时具有操纵方便、充排气快、自动保压、良好的制动力不衰减性、维修方便的特点,设有单独制动阀和自动制动阀。

•单元制动器

基础制动装置由带闸瓦间隙自动调节器的独立单元制动器组成。单元制动器包括不带弹簧的单元制动器和带弹簧的单元制动器。

单元制动器主要包括制动缸、制动力放大机构及单向间隙自动调整器,它可以自动补偿闸瓦和车轮踏面磨耗产生的间隙。带弹簧的单元制动器可供停车时使用,起到停车制动的作用。停车制动的操纵在操纵台上通过开关控制,在没有风压时可通过单元制动器上的拉环手动缓解。带弹簧的单元制动器能保证本车停在 3.5% 坡道上而不致下滑。

•采用球芯折角塞门,球芯截断塞门与集尘器联合体,制动软管连接器采用制动软管总成。所有制动管路(转向架上连接橡胶管除外)采用不锈钢(包括截门)。

•制动性能及参数:

制动机型号:JZ-7

总风缸工作压力:750 ~ 800 kPa

列车管压力:500 kPa

制动缸压力:紧急制动:420 ~ 450 kPa

常用制动:340 ~ 360 kPa

总风缸容积:0.18 m³

缓解时间:6 ~ 8 s

d. 空调系统

•安装有美国冷王(THERMO KING)公司生产的 KRS 客车空调,空调压缩机由电动机驱动,电源由本车安装的交流发电机组提供。

•额定制冷量为 29 kW,通过风道向各室提供冷气;司机室内温度可由司机进行调节,车内制热由电暖气片提供。

•驾驶室、会议室、轨检室、网检室分别有独立的操作控制盒,能分别控制通风、制冷或供热。

•空调结构及性能参数:

型号:KRS

生产厂家:美国冷王(THERMO KING)

产地:深圳

最大制冷量:32.6 kW

额定制冷量:29 kW

尺寸:4 244 mm×1 836 mm×179 mm

e. 电气及控制系统

车内电气系统分为直流及交流两部分。

直流系统包括蓄电池、照明装置、行车控制系统等。

直流电源由 20 只 FNC142LR 的碱性蓄电池、直流电源输入及充电电源等所组成。蓄电池的用途是为检测车车内照明、检修照明和对讲机等提供电源。

充电电源由交流发电机组供电,在正常工作时,协助蓄电池向用电设备供电,并向蓄电池充电以补充蓄电池在使用中所消耗的电能。可通过外接交流电源由充电电源为车内供电。

交流部分包括柴油发电机组供给的主电源、空调、电暖气、UPS 电源(检测装置自备)等,接触网检测装置、轨道检测装置由发电机组提供电源。

主电源线路、照明线路、控制线路等按功能分别排布,方便维修。接触网检测系统的电线路、轨道检测系统的电线路预留 30% 的冗余,便于功能扩充时增设线路。

f. 发电机组

• 配置有日本久保田三相交流柴油发电机组,可为网轨检测车的网、轨检测装置、照明、控制、空调等设备提供电源。

• 额定输出功率为 24 kW,可满足网检系统、轨检系统、空调系统及其他相关设备设施的用电负荷。

• 满足轨检系统最大 10 kW、网检系统最大 4.5 kW、车辆空调系统的最大用电负荷 8 kW。发电机组主要参数如下:

发电机组型号:KJ-T300

产地:日本

功率:24 kW

制冷方式:水冷

发动机型号:KUBOTA V3300

g. 司机室

• 设置有一个司机操纵台,与内燃机车操纵台操作功能完全相同,其主司机位设在操纵台右侧;在主操纵台上还设有液晶显示屏、司机控制器(用于控制机车运行方向/柴油机转速)、JZ-7 型制动阀(单独制动阀和自动制动阀)、停车制动缓解按钮、紧急制动按钮、各种监视仪表、指示灯、报警显示装置、开关按钮等。

3. 网轨检测车操作简介

(1)网轨检测车启机前的检查工作

①检查动车的空气制动管路的截止阀均应位于正确的工作位置。

②检查控制面板上的开关、监控仪表及灯具、雨刮器等是否正常。

③检查走行部各联接螺栓,联接销以及防松用的开口销、保险垫。

④排除制动管路等污水。

⑤检查走行部、车体车架、车钩装置、电器系统、制动系统等主要部件等有无异常现象,发现问题必须及时处理。

⑥检查网检车与动车之间的重联线及总风管、列车管的连接状态,各风管路折角和截断塞门位置开放正确。

⑦检查必备的随车工具、通信设备、防护用品等,要求齐全,状态或功能良好。

(2)电器动作试验

①确认两车之间的重联插头插入插座内并锁紧,确认动车的电源总开关在接通位,网轨检测车总电源开启,各断路开关在闭合位;确认网检车司机操纵台上各开关、手柄均在正常位置。

②闭合网检车主机选择开关,将点火钥匙右旋至1挡,显示器点亮并进行自检,此时整车控制系统上电,确认蓄电池电压在 DC24 V ~ DC28 V 范围内,显示器显示各操纵开关位置正常;注意观察动车的报警显示等是否正常。

③将网检车司机控制器置于中位,按下操纵台中位开关,显示器显示此时位于空挡位;检查操纵台本车紧急制动和紧急停车按钮旋出在正常位。

④确认驻车制动操作按钮在制动位。

⑤操纵台各电器翘板开关在关闭位。

(3)重联操作

①确认重联线连接到位,网轨检测车司机控制器手柄在中位,操纵台中位开关打开,右旋至2挡点火位,保持3~5 s,发动机正常着火后立即松开钥匙开关,钥匙开关自动回转至1挡位。如柴油机一次不能启动,需作第二次启动时,两次启动的时间间隔不小于2 min;当柴油机连续2~3次不能启动时,应查找原因并排除故障后再进行启动。

②检查显示器各监控仪表读数是否正常(机油压力、机油油温、冷却水温、发动机转速、蓄电池电压)。

③显示屏上方各指示灯显示正常,从左至右依次为:主机指示、发动机故障报警、其余故障报警、停车制动、警惕报警、换挡状态、车轮打滑、蓄电池电压报警。

④确认手动/自动换挡转换开关在"自动"位,断开中位开关,司机控制器手柄向前推为前进挡,向后拉为后退挡,微机控制器根据车速自动换挡。

(4)重联时空气制动机性能实验

①编组车辆重联后,空压机即开始充风,自动制动阀(自阀)和单独制动阀(单阀)手柄均置于运转位,对JZ-7型空气制动机进行"五步闸"的检查与试验。

②检查各风表指示压力应符合以下规定:

总风缸:700 ~ 800 kPa

均衡风缸:500 kPa

制动管:500 kPa

制动缸:0 kPa

③自阀手柄置最小减压位,减压50 kPa,制动缸压力为125 kPa。列车制动管泄漏,每分钟不超过20 kPa。

④将自动制动阀手柄自最小减压位开始,施行阶段制动,直到最大减压位,在制动区移动

3~4次,观察阶段制动是否稳定,减压量与制动缸压力的比例应正确。全制动后,当列车制动管风压在 500 kPa 时,列车制动管减压量为 140 kPa,制动缸压力应为 350 kPa。

⑤单阀手柄置单独缓解位,缓解良好,通常应能缓解到 50 kPa 以下。

⑥手柄弹簧回位应良好。

⑦自阀手柄置运转位,缓解应良好,均衡风缸及列车制动管风压应为规定风压。

⑧自阀手柄置过减位,列车制动管减压量应为 240~260 kPa,制动缸压力应为 340~360 kPa,并且不应发生紧急制动。

⑨自阀手柄置最小减压位,均衡风缸压力上升,而列车制动管压力保持不变,总风遮断应用良好。

⑩自阀手柄置运转位,缓解应良好。

⑪自阀手柄置手柄取出位,均衡风缸减压量为 240~260 kPa,而且列车制动管不应减压。

⑫自阀手柄置过充位,过充作用应良好。列车管风压比规定压力高 30~40 kPa 时,过充风缸上的排风孔处应排风。

⑬自阀手柄置运转位,过充压力应在 120 s 后自动消除,不引起轨道车自然制动。

⑭自阀手柄置紧急制动位,列车制动管压力能在 3 s 内降为 0,制动缸压力应能在 5~7 s 内升到 420~450 kPa,均衡风缸减压量为 240~260 kPa,自动撒砂作用应良好。

⑮单阀手柄置单独缓解位,放置 10~15 s,制动缸压力开始缓解,并逐渐降到 0。

⑯单阀手柄复原应良好。

⑰自阀手柄置运转位,自阀缓解应良好。

⑱单独制动阀手柄由运转位逐渐移至全制动位,阶段制动应稳定并作用良好。全制动位时,制动缸压力应达到 300 kPa。

⑲单独制动阀手柄由全制动位逐渐移至运转位,检查单阀阶段缓解作用是否良好。

⑳换端操纵并实验以上项目。

㉑将停车制动缓解开关扳至缓解位,使用自阀进行一次制动,检查制动系统是否正常工作再缓解。

(5)车辆操纵

①启动操纵

网轨检测车与内燃机车重联后,启动操作严格按照《内燃机车安全操作规程》作业。

②车速控制注意事项

a. 车辆运行过程中,可通过司机控制器调节动车发动机转速,微机控制器根据车速变化和发动机转速变化自动换挡。

b. 机车运行最高速度不得超过 80 km/h,当车速超过 75 km/h 时,微机控制器报警,蜂鸣器响提示超速,司机应及时采取制动措施。

c. 当车速超过 80 km/h 时,微机控制器自动控制车辆进行紧急排风制动,制动压力超过 (260±10)kPa 时,动车柴油机转速降至怠速,变速箱自动回空挡。当车速低于 80 km/h 且制动压力低于 (260±10)kPa 时,司机方能恢复操作功能,同时蜂鸣器停响。

d. 一般车速不应超过超速挡位报警值,当车辆的速度达到超速挡位报警值时,应立即停止提高发动机转速。

③运行中操作注意事项

a. 彻底瞭望、确认信号，并鸣笛回示。

b. 运行中检查显示屏动力及传动系统各参数是否正常(有无故障内容)。

c. 出现车轮空转时应适当降低牵引力、并撒砂。

d. 下坡道严禁熄火，严禁做空挡溜放。

e. 行车时应经常注意各仪表读数是否正常。在动车发动机冷却水温达到 50 ℃，总风缸风压达 500 kPa 以上时，方可起步以中速行驶，水温未达到 70 ℃时，不得高速行驶。

f. 遇到特殊情况可直接使用非常制动，并及时检查车辆有无损坏，当发现影响行车安全时应及时处理损坏部件，维持到前方车站或车辆段后报修。

g. 制动后必须先缓解，使制动缸压力回零后方可行车；车辆未全部缓解时，不得加负荷。

h. 车辆在运行中或未停稳前，手动换挡时不允许进行换向操作。

④在长大坡道上的操纵

a. 长大上坡道运行时，采用"先闯后爬、闯爬结合"的操纵方法，利用有利地形提高动车发动机转速及车速，坡前提早增加机车牵引力，充分利用车列动能闯坡，减少爬坡时间。

b. 爬坡时，随着车列速度的降低，牵引力逐渐增大，必须注意柴油机转速、司控器手柄位置，并适当撒砂以防空转，并注意爬坡速度不得低于其持续速度。

c. 如果采用手动换挡时，应相应提高发动机转速，当速度下降到换挡点以下时，应切换挡位。

d. 长大坡道上运行，应注意防止超速；运行时禁止空挡溜放。

⑤天气不良时的机车操纵

a. 在雨、雪、雾等不良天气时，轨面潮湿容易发生空转，在起车和运行途中司机应随时注意主控制手柄的操纵，应减小油门，同时适时撒砂，以增加黏着力，以防空转和降低牵引力。

b. 制动时防止滑行擦伤车轮；运行中注意信号显示，信号看不清时及早减速，不得因错过制动时机而冒进信号，严禁臆测行车。

c. 遇天气不良时应减少牵引吨位，灵活掌握司控器手柄；瞭望视线不良时应打开头灯和侧灯，适当减速并鸣笛。沙尘天气严重或风大，造成瞭望困难或机车车辆发生摆动时，应根据情况减速运行或就地停车。

d. 在线路上进行作业时，无论是牵引还是推进运行，应接通全部风管，并严格执行试闸的规定，运行时应当掌握适当的速度，以保证车列遇到障碍时能够及时停车。

⑥JZ-7 制动机的操纵须知

a. 及时排除各风缸、油水分离器和制动管系中的积水油污。

b. 动车前必须对制动机进行"五步闸"试验。

c. 车站或车场停车时，自阀、单阀应在制动区制动停车，开车前再缓解，并确认列车制动管风压符合规定。机车车辆停留超过 20 min 时，开车前司机必须进行简略制动机试验。

d. 正常停车时应实行常用制动，准确掌握制动时机和减压量。首先将司控器手柄回中位后进行分次减压，初次减压量为 50 kPa，需追加减压时一般不超过 2 次，制动追加减压时间间隔为 3 s，每次减压量不得大于初次减压量，最大减压量为 140 kPa，保持均衡地减速，做到停车稳，对位准，无冲动。

e. 在坡道上运行时,严禁机车制动后将自阀手柄推向运转位又立即移回制动区。

f. 自阀排风未止不得再进行追减压;制动停车时,不允许列车停稳后列车管仍在排风;列车制动时,单缓机车制动压力每次不得大于 30 kPa 间隔时间不得少于 3 s。

g. 长大下坡道运行,应随时观察总风缸和列车制动管风压,并在进入长大下坡道之前适当地形进行制动机试验,防止列车超速或放飚;运行中实施常用制动后,应根据坡道大小和长度将车速降至适当范围再缓解,确保列车有足够的充风和凉闸时间,防止放飚。

h. 遇非常情况施行紧急制动时,应立即将司控器手柄回中位,同时迅速将自阀手柄推向紧急制动位,并立即撒砂,以增加制动力,防止擦伤车轮。

i. 机车重联动车及车辆施行紧急制动后,在车列未停稳时不得缓解,防止车辆缓解较慢而抻断车钩;施行紧急制动后,开车前应检查车辆走行部和基础制动等各部件状态,确认各部良好后方可动车。

j. 在与停留车辆进行连挂作业时,自阀与单阀交替配合使用,根据"三、二、一车"距离信号的显示,严控车速并降至规定范围,停车时实现平稳连挂,特别是在冬季更应适当降低调车速度,防止连挂冲动或挂响钩。

k. 当轨面有雨、雪、冰霜时,司机应适当降低车速运行,遇线路意外情况需要紧急停车或在停车地点、信号机前,须提前进行制动,防止越出、冒进、脱线或碰撞事故发生。运行时尽量减少空气制动机的使用,操纵司控器手柄置调速适当挡位降低车速。

⑦无火回送

因网轨检测车为非动力车辆,进行无火回送时,请遵照如下要求:

自动制动阀手柄置手柄取出位,并取出手柄;单独制动阀手柄置运转位并取出手柄;两端客货车转换阀均置于货车位,开放无动力装置的截断塞门,同时将分配阀的常用限压阀的限制压力调至 245 kPa;手动缓解带弹簧的单元制动器。

断开电源总开关。

4. 典型故障分析

1) 8 月 3 日晚 8 点,GD0203 与 WG0201 连挂(WG0201 未打至无火回送位且两车仅连接列车管)试机。出现"GD0203 司机室大闸制动区制动时,制动缸风压和规定值不符"现象。

①原理分析

a. G0203 不具备重联功能,与网轨车连挂时无总风管,只能采用无火回送方式,在作业前应将车辆打至无火回送位,让机车通过列车管向车辆供总风。

b. 出现此现象的原因。

•各管路、风缸压力"由来"。自阀、单阀均置运转位时,自阀调整阀部开启,总风向均衡风缸和调整阀膜板右侧充风。在自阀重联柱塞阀部,重联柱塞阀沟通中均管和均衡管,均衡风缸压力空气由中均管进入中继阀。在缓解柱塞阀部,遮断压力排气压力口打开,遮断阀中压力空气经客货车转换阀排入大气。在中继阀部,中继阀供气阀开启,总风遮断阀开启后,总风给列车管充风。列车管增压后,进入自阀、紧急自动阀。列车管压力空气进入分配阀,经紧急部给紧急风缸充风,经主阀部充气止回阀向工作风缸充风;经副阀部向工作风缸、降压风缸充风并进入单缓管。当均衡风缸达到定压时,调整阀将关闭供气阀口,均衡风缸停止增压,同时中继阀供气阀关闭,列车管停止增压。当工作风缸达到列车管压力时,充气止回阀关闭,工作风缸停止增压。

•不采用无火回送方式时,WG0201 的状态为中继阀部:手柄取出位使中继阀作业两侧列车管压力相等。当列车管减压时,膜板两端不能形成压力差,中继阀处无动作发生。分配阀紧急部:因此部仅有列车管压力存在,当列车管减压时,紧急部列车管压力仅会随着编组车辆列车管压力同时下降。分配阀主阀部:当列车管减压后,在工作风缸压力作用下,大膜板鞲鞴上移并通过顶杆带动小膜板鞲鞴上移并最终顶开供气阀,但由于无总风存在,故总风不会向作用风缸充气,机车不会产生制动。分配阀副阀部:

a. 当制动较平缓时,副阀膜板两侧产生压力差,鞲鞴稍稍向左移动,列车管内一部分压力空气经 2a,经局减止回阀到局减室,并通过充气阀柱塞端部排向大气;另一部分压力空气在副阀鞲鞴继续左移后,降压风缸压力空气经柱塞中心孔、经 26d、经保持阀,到大气。此种情况可导致制动缸压力与减压量不符,且制动缸压力持续上升。

b. 当制动较大时,局减作用不明显,副阀左移量较大,降压风缸压力空气经柱塞中心孔、经 26d、经保持阀,到大气。此种情况也会导致制动缸压力与减压量不符,且制动缸压力持续上升。

②分析结论

上述现象为未将车辆打至无火回送位所致。今后类似连挂必须明确车辆打至无火回送位,将调压阀由 350 kPa 调整至 250 kPa 即可。

2)11 月 7 日晚,网轨检测车正线作业期间出现"起不了机"现象。

①事件经过

11 月 7 日晚,根据分公司施工计划,网轨检测车上正线进行施工作业,当值司机 10:30 对网轨检测车进行出车前检查,发现发电机组着火较困难,前 3 次打火均未成功,第四次起机试验时虽然起机完成,但电压表、电流表及频率等显示仪器均出现表针晃动现象。试验人员按照计划时间正线作业,当车辆行驶至凤城五路站附近时,发动机组突然熄火,当值司机及设施部负责人多次试机发现网轨检测车起机较困难,加负载后会出现熄火现象,导致网检及轨检无法正常作业。施工负责人将机车状态向行调上报后,按照行调要求编组车辆停止作业,回库报修。

②原因分析

11 月 10 日,应设施部要求,车辆部采取互助方式,同设施部一起对网轨检测车发电机组进行了功能检查。从发电机组蓄电池、机油、燃油及相应风管路进行了仔细排查研究(蓄电池组电压为 12 V,电解液已到下限;油水分离器、机油滤芯、柴油滤芯例行进行了检查和排水),在起机状态下用万用表对蓄电池组进行检查时,发现电压为 9.4 V,电压降为 2.6 V,咨询了久保田柴油发电机组售后服务后,技术人员表示电压降偏大,建议对蓄电池组作进一步检查。车班人员采取对蓄电池组进行添加蒸馏水,用充放电设备对其进行充电作业。下午 14:00 点,两个部门共同对发电机组再次进行了复测,两次试验结果均未出现异常,发电机组恢复正常。

③下一步采取的措施

a. 维护保养到位。建议使用部门定期对发电机组、空压机等小部件设备按照使用说明进行定期维护,定期加量蒸馏水,定期充电作业,定期检查油水管路,定期更换滤清器。

b. 工程车作业前,由当值司机提前对作业车辆进行检查,保证机车车辆性能良好。每次作业前,由当值司机提前 6 h 对下线车辆进行车辆例行检查。出现问题后,及时通知调度人员及维修部门,及时发现故障及时解决。

【效果评价】

评 价 表

项目名称	城市轨道交通工程车辆	学生姓名	
任务名称	任务4 认知网轨检测车	分 数	
项 目		分 值	考核得分
1. 内燃机车的图片搜集、整理		10	
2. 是否有小组计划		5	
3. 内燃机车的认知情况		70	
4. 编制学习汇报报告情况		10	
5. 基本素养考核情况		5	
总体得分			
教师简要评语:			
			教师签名:

任务5 认知接触网作业车

【活动场景】

在检修现场教学或用多媒体协助展现。

【任务要求】

1. 熟悉接触网作业车的组成及技术参数。

2. 掌握接触网作业车的一般操作方法。

3. 掌握接触网作业车常见故障处理办法。

【知识准备】

1. 接触网车概述

接触网作业车适用于城市轨道交通线路接触网上部设备的安装、维修及日常检查、保养等,同时也可用作牵引车辆用。

图 7.17

接触网作业车由车体、车架、发动机、液力变速箱、走行系统、制动系统、液压系统、电气控制系统、作业系统及随车起重机等组成。

接触网作业车选用原装卡特彼勒电喷发动机,额定功率为 224 kW,并配套原装卡特彼勒液力变速箱;采用液力—机械传动方式,整车运行具有良好的稳定性和平稳性。

接触网作业车司机室安装有空调、风扇、电暖器等设备,为司乘人员提供良好的工作环境。并配置 8 kW 柴油交流发电机组,为作业车室内检测装置、电暖器、空调等提供电源。

2. 主要技术参数

轨距:1 435 mm

轴列式:B-B

轴重:12 t

轴数:四轴

轴距:2 100 mm

定距:7 000 mm

构造速度:120 km/h

最高运行速度:80 km/h

轮径:840 mm

通过最小曲线半径:90 m

发动机功率:224 kW

传动方式:液力-机械传动

制动方式:空气制动及停车手制动

制动距离:≤400 m

车钩:13A 号车钩

车钩中心线高(距轨面):(880 ± 10)mm

3. 主要部件结构

(1)动力、传动系统

动力、传动系统主要由发动机、液力变速箱、传动轴及车轴齿轮箱等组成。

动力传递路线为:发动机→液力变速箱→传动轴→前后车轴齿轮箱→轮对。

①发动机选用美国原装 CATERPILLAR C7 型电喷涡轮增压柴油机。

该柴油机具有结构合理、效率高、经济耐用、故障率低、零配件通用性强等特点;整机技术性能指标优越,灵敏度高,故障易排查。完全满足大型工程机械的使用要求。

柴油机主要技术参数:

型号:C7

额定功率/转速:224 kW(300 hp)/2 200(r/min)

最大扭矩/转速:1 270 N · m/1 400(r/min)

型式:直列、六缸、四冲程、水冷、增压、空—空中冷

排量:7.24 L

缸径×行程:110 mm×127 mm

额定功率下燃油消耗率:230.2 g/(kW · h)

充电发电机容量:24 V,100 A

启动方式:DC 24 V 电启动

②液力变速箱采用液力—机械变速箱

换挡操作分为自动换挡和手动换挡两种模式;换挡方式采用电液换挡方式,换挡时无明

显的功率(牵引力)中断现象,具有换挡可靠、变速平稳等特点。变速箱换挡数据可通过液晶屏显示,便于操作人员观察和操作。

液力传动箱设有反拖润滑装置,保证作业车无火回送或惰行时的润滑。

液力变速箱主要技术参数:

型号:CAT972H

型式:变扭器 + 动力换挡变速箱

变扭器型式:单循环圆

动力换挡箱:前进、后退各有四挡速度

换向及换挡:ECPC 电液换挡

额定输入功率:280 HP/209 kW

额定输入转矩:948 N・m

额定输入转速:2 100 r/min

挡位速比:1 挡　　　　5.616 5

　　　　　2 挡　　　　3.142

　　　　　3 挡　　　　1.775 1

　　　　　4 挡　　　　1.000 0

③传动轴

液力变速箱以后动力传递依靠传动轴传递。液力传动箱与车轴齿轮箱之间设有万向节传动轴,通过两端万向节的转动和滑动花键的滑动,可补偿各传动元件之间的高差和相对振动。

④车轴齿轮箱

a. 齿轮

齿轮从设计到装箱均经过严格控制,齿轮选用合适的合金钢材,经锻模、机加工、热处理、精磨、研磨等工艺措施,使齿轮具有以下特点:有较高的齿面接触疲劳强度和齿根弯曲疲劳强度;有较高的齿面抗胶合、耐磨损能力;齿轮传动侧隙合适,减少了反向传动时的动载荷;有较高的重叠系数和制造精度,使得传动平稳;采用变位齿轮传动,提高了齿轮的强度及使用寿命。

车轴齿轮箱内的齿轮和轴承为浸油飞溅润滑和泵油润滑,以保证齿轮和轴承的使用寿命。

b. 车架

车架由优质型钢和钢板组焊而成。整个车架具有刚性好、强度大、结构合理等特点。结构强度、垂直刚度以及冲击强度符合规定。

(2)走行系统

走行系统由两台两轴构架式转向架组成,两台转向架均为带动力转向架,除车轴齿轮箱在车轴上的位置不同及有无测速电机、接地装置外,其余完全相同,其参数如下:

构造速度:120 km/h

轴距:2 100 mm

一系簧挠度:76 mm

二系簧挠度:34 mm

车轮直径:840 mm

牵引杆距轨面高度:535 mm

制动倍率:13.2

转向架为旁承承载、牵引杆式牵引,采用焊接式构架,设有二系弹簧减震、两级液压减震器,并在构架侧梁的外侧设有弹性侧挡,以限制转向架相对于车体的横动量及缓和转向架对车体的冲击。轴箱采用拉杆式定位,其上设有防脱及限位装置;轴箱内装有既可承受径向负荷又可承受轴向负荷的短圆柱滚动轴承,该轴承是按国际铁路联盟 UIC 标准制造的新型铁路轴承;车轮选用我国铁路标准车辆用 D 型整体碾钢轮,车轴材料为车轴钢,车轮和车轴按照我国铁路车辆制造标准冷压结合。

(3)制动系统

该车制动系统由空气制动系统、基础制动系统、手制动系统及撒砂装置等组成。空气制动系统采用 JZ-7 制动机。基础制动各杆件均设有安全吊架,以保障车辆的运行安全性。

设置有旁路制动系统,其控制按钮设置在前后操纵台及平台控制盒上,在紧急情况下可直接按下按钮进行制动。

①空气制动系统

该车空气制动系统采用 JZ-7 制动系统,系统以压缩空气作为介质,操纵制动阀向列车管充风时,制动机呈缓解状态,操纵制动阀使列车管减压时,呈制动状态;JZ-7 制动机分配阀采用了二压力机构和三压力机构相结合的 F-7 分配阀,系统具有一次缓解和阶段缓解性能,具有分级制动的性能。系统主要由压缩空气供给系统、空气制动系统组成。

②压缩空气供给系统

压缩空气供给系统的作用是产生、净化和储备压缩空气,供给车上各种风动设备、空气制动机使用。它由空气压缩机、总风缸、止回阀、安全阀、油水分离器等部件组成。空气压缩机技术参数

额定排气压力:0.8 MPa

额定排气量:0.9 m³

总风缸容积:240 L

启动后总风缸压力从 0 升至 800 kPa 的计算时间为 2.56 min。

③空气制动系统

JZ-7 型空气制动机主要由自动制动阀(大闸)、单独制动阀(小闸)、中继阀、分配阀、作用阀、过充风缸、均衡风缸、工作风缸、降压风缸、紧急风缸、作用风缸、滤尘止回阀、紧急制动阀、滤清器、管道和各种塞门、双针压力表等部件组成。

自动制动阀用来操纵全列车的制动及缓解,它有 7 个作用位置,即过充位、运转位、最小减压位、常用制动区、过量减压位、手柄取出位、紧急制动位。自动制动阀设有客货车转换阀。

单独制动阀只操纵机车本身的制动及缓解,它有 3 个作用位置,即单独缓解位、运转位、全制动位。

中继阀受自动制动阀的控制,直接操纵列车管空气压力的变化,从而完成整个列车的制动、保压和缓解。

分配阀根据列车管压力的变化而动作来控制作用阀的供风或排风,使车辆机制动或缓解,该车采用 F-7 型分配阀。JZ-7 制动机由于具有客货车转换功能,可操纵具有一次缓解或

阶段缓解性能的车辆;其分配阀采用了二压力机构和三压力机构相结合的混合机构,所以具有一次缓解性能和阶段缓解性能;同时具有操纵方便、充排气快、自动保压、良好的制动力不衰减性、维修方便的特点。

设有紧急旁路制动系统,分别在司机台和操作平台上设有紧急制动按钮,在紧急情况下操作该按钮,制动电空阀将总风缸内的压力空气经减压后直接充入制动缸,实现紧急制动作用。

基础制动系统是通过机械杠杆机构将制动缸力放大并传递到车轮闸瓦,从而产生所需的制动力;基础制动装置采用双侧踏面闸瓦制动,前后两个轮对各采用一个独立的制动单元。基础制动各杆件均设有安全吊架,以保障车辆的运行安全性。

手制动系统是通过手动机械蜗轮蜗杆机构将人工力放大并传递到车轮闸瓦,从而产生所需的制动力,实施停车制动,以防溜车。

(4)作业操纵系统

作业操纵系统包括作业平台操纵系统和随车起重机操纵系统。

作业平台操纵系统控制作业平台升降、旋转和作业区域选择。作业台操纵采用电控操纵模式,便于工作人员操作。在作业台和司机室后端操纵台上分别设有一套操纵开关。为保证换向阀失效后应急操作,在换向阀上还设有手动操纵按钮。

平台操纵系统具有工作区域选择功能,操作人员可根据车辆工作状况选择平台工作区域;工作区域分为左半区(-120° ~0°)、右半区(0° ~120°)和全区(-120° ~120°),避免了平台工作时与邻线的干涉。

随机起重机操纵为机械操纵方式,工作人员可直接操作多路换向阀手柄操作随机起重机。

(5)车体及车内布置

①车体

车体采用矩形钢管焊接结构,内填隔热材料,内外蒙板均采用2mm 钢板,两次张拉成型;车体内顶面采用空调客车用双贴面板精装修。室内地板采用多层结构,并喷涂有吸音阻尼胶,表面粘贴有阻燃耐油地板革,室内检修用活动地板开闭灵活的地板锁锁定。侧窗采用推拉式双层玻璃车窗,并设有纱窗;前后风挡玻璃采用电热安全玻璃,便于冬季除霜。整车具有良好的隔热、隔音、阻燃性能。

车内配备、灭火器、电风扇、车载 CD、雨刮器等,满足司乘人员工作和生活需要。

②司机室

司机室是司乘人员工作生活的主要场所,司机室配置如下:

a. 设置前后端司机台,司机台采用右侧行车方式。

b. 在车体后端设有通往工作台的车门,便于工作人员通过。

c. 司机室前后端挡风车窗为电热玻璃,满足机车运行瞭望、除霜的需要。

d. 司机室前后窗各设有雨刮器;保证司乘人员在雨雾天气时具有良好的视野。

e. 操纵台上各仪表均有仪表灯,在夜间关闭室内顶灯时在 500 mm 远处能清楚看见仪表显示数据。

f. 在司机室顶部均匀安装 6 盏 DC24 V,16 W 的日光灯,满足工作人员工作生活需要。

(6)电气系统

电气系统主要由电源、控制、保护、检测、照明及通信等部分组成。

①电源

该车的直流电源由4块200 AH的蓄电池经串并联后形成DC24 V直流电源向整车供电，发动机配置一部直流28 V 100 A发电机，发电机工作后由该发电机向全车供电外，同时向蓄电池充电。

②电气控制及仪表显示系统

电气控制包括发动机起、停控制，走行控制，作业台操纵控制等。

发动机起、停机控制和车辆走行控制采用总线控制。发动机控制采用电子控制单元（ECU），提高了燃油利用率效率，降低了废气排放量，并且带有自检，故障自诊断功能。柴油机的各种报警信号是通过ECM控制，采用串形通信形式输出到操纵台仪表板的各报警指示灯上，同时可通过操作操纵台上故障诊断开关及故障翻页开关，查询故障代码方式用来判断发动机的各种故障。

油门无级调速控制采用先进的无极操纵手柄进行油门操纵，可使发动机能平稳的升速和降速，手柄设有最大电压控制值，有效防止发动机飞车。

发动机控制和变速箱走行控制实现前后端操纵互锁，发动机控制和液力变速箱控制数据显示采用液晶屏集中显示。

③电气保护

电气保护包括整车用电保护、发动机运行保护、作业台工作保护等。

电气各回路均设有相应的自动脱扣断路器，作为过载及短路故障保护。

④检测

检测主要包括发动机工作检测，液力变速箱工作检测，平台工作检测。发动机工作检测数据和液力变速箱工作检测监测数据由设在司机台上的液晶屏和检测灯显示。平台监测数据由设在仪表板上的仪表显示。

⑤照明

照明包括行车照明，司机室内照明和作业台照明等。

在驾驶室外前顶部设置有两盏、作业台后部设置有一盏直流24 V真空照明灯（前、后顶大灯），每盏照明灯的功率为200 W；驾驶室外顶部装有行车警示用的旋转警告灯一盏，在驾驶室外前端腰部两侧和后栏杆两侧上各设置有两组直流24 V的行车照明灯（两侧腰灯），每组照明灯的功率为55 W/35 W，其照度能够满足在夜间或隧道内行车时所需的照明要求。

司机室内照明在驾驶室内顶部设置有6盏直流24 V照明灯，每盏灯功率为16 W。

作业平台照明：在作业平台四周护栏上安装有7组双管日光灯，每组灯的功率为40 W，并装有两盏直流24 V,35 W旋转泛光灯具，其照度能够满足在夜间或隧道内作业时所需的照明要求。用于施工作业时照明。

⑥有线通信

在前、后司机台及作业平台操纵箱上均安装有通信联络装置，此装置选用我国铁路系统名牌大型企业生产的机车重联通信装置，具有通话效果好、语音清晰、音量可调、质量可靠、环境适应能力强等优点，驾驶室内适当位置安装无线对讲机座盒。

(7)液压升降回转平台

液压升降回转平台由回转支承、回转机构、制动器、升降柱、升降梯、作业平台等组成。该作业机构采用全液压驱动，立柱为箱型焊接结构，立柱侧面设有上下平台的梯子。升降回转作业平台尺寸(长×宽)4 530 mm×1 600 mm;回转半径为3 530 mm;地板为花纹钢板;栏杆为折叠式,栏杆下部设有200 mm高围板,可防止物件坠落;采用双作用油缸,升降回转作业台可实现左侧120°、右侧120°或左右侧各120°的回转;起升最大高度为5 000 mm;回转中心载重1 000 kg,前端载重300 kg;可同时供六七位施工人员同时在平台上作业。

作业平台操纵设有紧急复位系统:当主液压系统出现故障时,可通过手动机构来实现作业台回转,回转120°所用时间不超过5 min。

平台上设有直流照明灯和两盏旋转泛光灯,可保证在夜间和隧道内作业有足够的照明。

平台操纵在后司机台和作业平台上各设有一套控制装置,并且两套装置实现互锁。

平台远端设有标尺,用于检修时测量接触导线的拉出值,标尺与导线接触部分为尼龙滚筒,以防损伤导线。该装置不用时可倒置,不占平台空间。

平台远端栏杆外侧安装有导线支撑装置,用于放线作业时支撑导线。

立柱上刻有高度指示,可以显示平台地板面距轨面的高度。

液压升降回转平台技术参数:

平台面积(长×宽):4 530 mm×1 600 mm

远端距回转中心距离:3 530 mm

平台地板距轨面最大高度:5 000 mm

平台回转范围:左右各120°

平台前端最大载荷:300 kg

平台回转中心最大载荷:1 000 kg

导线支撑装置长度:1 200 mm

拨线装置拨线力:≥1 500 N

导线拨线范围:±600 mm

(8)作业机构液压系统

作业机构液压系统由作业平台升降回转液压系统及随车起重机液压系统两部分组成。系统的额定压力为12 MPa。

作业平台升降回转液压系统由液压泵、电磁阀、回转马达、制动缸等组成,主要完成升降回转作业台各项动作的操作和控制。整个系统所有阀件均选用国内名牌产品,布置紧凑、合理、维修保养方便。

液压系统中设置有安全溢流阀、单向阀,可防止由于意外状况导致液压系统压力升高对液压油泵、液压控制阀、液压管件的损害;在作业机构液压系统中设置有液控单向阀,用于防止由于管路意外破裂而导致作业机构的失控,可确保作业人员的人身安全。

液压油箱设置有加油滤油器、出油滤油器及回油滤油器,出油滤油器和回油滤油器均安装有油路阻塞自动报警装置,报警显示装置安装在司机操纵台上,可有效地防止液压油污染对液压油泵、液压控制阀的损害,减少液压系统故障发生。

(9)随车起重机

安装有SQ2SA2T型全液压臂式随车起重机,随车起重机由起升卷扬机构、变幅机构、吊臂伸缩机构、回转机构等组成,该起重机操纵灵活,微动性能好,工作可靠,可用于向作业平台吊送各种工具和器材等。其技术参数如下:

型式:全液压伸缩臂式

最大起重力矩:4 t·m

最大起重量:2 000 kg

最大起升高度(距轨面):10 200 mm

最大工作幅度:8 200 mm

最大工作幅度时起重量:250 kg

起重臂最大仰角:76°

回转范围:360°全回转

力矩限制器:超过最大起重力矩时应拒动

(10)其他设备

①空调

司机室顶设置环保型单元式空调机组,空调带有通风系统。操纵台上方设置电风扇。当外界温度为+50 ℃时,保证司机室内环境温度为+16~+27 ℃,为司乘人员提供良好的工作环境。

②发电机组

车体后端安装国际主流发电机组,为室内检测装置、电取暖器、空调提供电源。

柴油发电机组技术参数:

型号:雅马哈 EDL13000TE

额定输出:10 kVA

频率:50 Hz

额定电压:380 V/220 V

发动机型式:四冲程水冷三缸柴油机

外形尺寸:1 020 mm(长)×640 mm(宽)×875 mm(高)

启动方式:电启动

③电取暖器

车内安装4组220 V,1 000 W电取暖器,当外界温度达到-25 ℃时,保证司机室内环境温度为+16~+27 ℃,为司乘人员提供良好的工作环境。

④探照灯

作业车前后端设有头灯、下大灯、信号灯、安全警示灯外,车体顶部还设有旋转探照灯。

4.作业前的检查工作

(1)检查车辆

检查发动机机油、传动箱润滑油、空压机润滑油、燃油箱燃油、防冻液及液压油等是否加注至规定范围,确认油、水质量良好。

①检查机车的燃油管路、机油系统、冷却水管路、空气制动管路、液压管路、传动箱附件等装置是否良好。

②检查蓄电池箱、控制面板上的开关、监控仪表及灯具、雨刮器等是否正常。

③检查接触网作业车空气压缩机皮带的松紧度是否良好。以20~50 N的力压皮带,挠度为20~30 mm。

④检查各部连接螺栓,连接销以及防松用的开口销、保险垫有无松动,检查各黄油孔是否润滑良好。

⑤排除油水分离器内的积水。

⑥检查动力及传动系统、走行部、车体车架、车钩装置、电器系统、制动系统、冷却系统等主要部件等有无异常现象。

⑦检查必备的随车工具、通信设备、安全防护用品等,要求状态齐全,功能良好。

⑧配合设施部检查所属设备性能是否良好。

(2)电器动作试验

①确认前后操纵台上各开关、手柄均在正常位置,闭合操纵台操作端电源总开关。

②闭合主机选择开关,将点火钥匙右旋至1挡,显示器点亮并进行自检,此时整车控制系统通电,确认蓄电池电压在 DC24 V ~ DC28 V 范围内,显示器显示各操纵开关位置正常。

③确认驻车制动操作按钮在制动位。

(3)起机操作

①确认司机控制器手柄在中位,操纵台中位开关打开,右旋至2挡点火位,保持3 ~ 5 s,发动机正常着火后立即松开钥匙开关,钥匙开关自动回转至1挡位。如柴油机一次不能启动,需作第二次启动时,两次启动的时间间隔不小于2 min;当柴油机连续2 ~ 3次不能启动时,应查找原因排除故障后再进行启动。

(注意:当启动成功后,应立即放开点火钥匙,以防止启动齿轮无法从齿合位置退出,而损坏启动机;重联操纵前,必须确认补机的电源总开关在接通位)

②发动机启动之后检查显示器各监控仪表读数是否正常(机油压力、变速箱油温及油压、冷却水温、发动机转速、蓄电池电压),发动机启动后,空压机开始充风,由压力控制器控制风泵的启动和停机。

③确认手动/自动换挡转换开关在"自动"位,断开中位开关,司机控制器手柄向前推为前进挡,向后拉为后退挡,微机控制器根据车速自动换挡。

④检查各照明、雨刷、风扇、喇叭及轴温传感器功能是否正常。

(4)空气制动机性能实验

发动机启动后,空压机即开始充风,自动制动阀(自阀)和单独制动阀(单阀)手柄均置于运转位,对 JZ-7 型空气制动机进行"五步闸"的检查与试验。

①检查各风表指示压力应符合以下规定:

总风缸:700 ~ 800 kPa

均衡风缸:500 kPa

制动管:500 kPa

制动缸:0 kPa

②自阀手柄置最小减压位,减压 50 kPa,制动缸压力为 125 kPa。列车制动管泄漏,每分钟不超过 20 kPa。

③将自动制动阀手柄自最小减压位开始,施行阶段制动,直到最大减压位,在制动区移动 3 ~ 4 次,观察阶段制动是否稳定,减压量与制动缸压力的比例应正确。全制动后,当列车制动管风压在 500 kPa 时,列车制动管减压量为 140 kPa,制动缸压力应为 350 kPa。

④单阀手柄置单独缓解位,缓解良好,通常应能缓解到 50 kPa 以下。

⑤手柄弹簧回位应良好。

⑥自阀手柄置运转位,缓解应良好,均衡风缸及列车制动管风压应为规定风压。

⑦自阀手柄置过减位,列车制动管减压量应为240~260 kPa,制动缸压力应为340~360 kPa,并且不应发生紧急制动。

⑧自阀手柄置最小减压位,均衡风缸压力上升,而列车制动管压力保持不变,总风遮断阀应用良好。

⑨自阀手柄置运转位,缓解应良好。

⑩自阀手柄置手柄取出位,均衡风缸减压量应为240~260 kPa,而且列车制动管不应减压。

⑪自阀手柄置过充位,过充作用应良好。列车管风压比规定压力高30~40 kPa时,过充风缸上的排风孔处应排风。

⑫自阀手柄置运转位,过充压力应在120 s后自动消除,不引起内燃机车自然制动。

⑬自阀手柄置紧急制动位,列车制动管压力能在3 s内降至为0,制动缸压力应能在5~7 s内升到420~450 kPa,均衡风缸减压量为240~260 kPa,自动撒砂作用应良好。

⑭单阀手柄置单独缓解位,放置10~15 s,制动缸压力开始缓解,并逐渐降到0。

⑮单阀手柄复原应良好。

⑯自阀手柄置运转位,自阀缓解应良好。

⑰单独制动阀手柄由运转位逐渐移至全制动位,阶段制动应稳定并作用良好。

⑱单独制动阀手柄由全制动位逐渐移至运转位,检查单阀阶段缓解作用是否良好。

⑲换端操纵并实验以上项目。

(5)启动后的检查

①柴油机启动后,检查柴油机、变速箱等各部及其辅助装置、制动系统等是否工作正常。

②柴油机启动后,检查各风表压力读数是否正常,总风缸风压为700~800 kPa,均衡风缸风压为500 kPa,工作风缸、降压风缸风压为500 kPa,制动缸压力为0 kPa。

③检查制动缸压力应小于(260±10)kPa,若超过(260±10)kPa,应缓解制动缸压力至(260±10)kPa以内,否则将无法提高发动机转速和进行变速箱换挡操作。

④动车前非操纵端操作台的处理:A.所有开关均置正常位。B.JZ-7型空气制动机将自阀手柄置于手柄取出位,并取出手柄;将单阀手柄置于运转位并取出手柄。

(6)车辆操纵

①启动操纵

a.将自阀及单阀手柄置于操纵端制动机上运转位,将停车制动镳至缓解位。

b.将自动/手动换挡开关置"自动"位,向前推动牵引手柄,发动机转速升高,此时变速箱自动进入"1"挡,使车辆启动前行。

c.当选择手动换挡时,将自动/手动换挡开关置"手动"位,操纵手柄进行前进、后退过程中的增减油门,通过换挡开关来进行挡位的变换。

②启动操纵

a.启动前要进行试闸。

b.在启动前不得将车辆的制动力缓解,启动时要做到充满风再起车,拉开钩再加速,根据情况适量撒砂。

③车速控制注意事项

a.车辆运行过程中,可通过司机控制器调节发动机转速,微机控制器根据车速变化和发动机转速变化自动换挡。

b. 运行最高速不得超过 80 km/h,当车速超过 75 km/h 时,微机控制器报警,蜂鸣器响提示超速,司机应及时采取制动措施。西安地铁二号线车辆段及正线施工作业过程中,严格执行信号楼及行调限速标准。

c. 当车速超过 80 km/h 时,微机控制器自动控制车辆进行紧急排风制动,制动压力超过(260±10) kPa 时,柴油机转速降至怠速,变速箱自动回空挡。当车速低于 80 km/h 且制动压力低于(260±10) kPa 时,司机方能恢复操作功能。

④自动换挡时的换向操作

a. 将司机控制器手柄降至中位,使车速降至 0,也可施行制动,使车辆停稳,再将手柄扳至所需方向。

b. 换向操作必须在车辆停稳后或车速低于 3 km/h 且发动机怠速时,方可进行。

⑤换端操作

如当前端为Ⅰ位端:

a. 当前端操纵台上操纵手柄置中位,按下停车制动按钮。

b. 闭合另一端操纵台上主机选择开关,钥匙开关转到 1 挡位。

c. 断开当前端操纵台上主机选择开关,钥匙左转到 0 位。

d. 此时Ⅱ端激活指示灯亮,Ⅱ端操纵台已激活,可进行各种操纵。

e. 做好非操纵端处理,机车换端操纵时必须制动保压后方能换端操纵。

⑥运行作业中操作注意事项

a. 彻底瞭望、确认信号,并鸣笛回示。

b. 运行中检查显示屏动力及传动系统各参数是否正常(有无故障内容)。

c. 出现车轮空转时应适当降低牵引力、并撒砂。

d. 下坡道严禁熄火,严禁做空挡溜放。

e. 行车时应经常注意各仪表读数是否正常。在发动机冷却水温达到 30 ℃,总风缸风压达 500 kPa 以上时,方可起步以中速行驶,水温未达到 70 ℃ 时,不得高速行驶。

f. 遇到特殊情况可直接使用非常制动,并及时检查车辆有无损坏,当发现影响行车安全时应及时处理损坏部件,及时回段报修。

g. 制动后必须先缓解,使制动缸压力回零后方可行车;车辆未全部缓解时,不得加负荷。

h. 车辆在运行中或未停稳前,手动换挡时不允许进行换向操作。

i. 车辆各安全保护装置和监督计量器具不得盲目切(拆)除或任意调整其参数,保护电器装置动作后,在未判明原因前严禁盲目启机或切除各种保护装置。

j. 换端操作时同时对机械间巡视,其中包括发动机、液力变扭器、变速箱、空压机、冷却系统、液压系统、发电机运转状况是否正常及各部件管路的密封情况。

各报警数值:

柴油机启动保护:连续启动时间超过 15 s,系统将切断启动回路。

柴油机超速停机保护:柴油机空载转速超过设定的最高空载转速 2 100 r/min 时,控制系统将使发动机降速至怠速位或停机。

变矩器油温报警:在油温超过 115 ℃ 时报警,超过 120 ℃ 时变速箱将回空挡,发动机将回怠速位;当油温过高时,应及时打开操作台上"液力油开关"及时散热。

柴油机油压、油温及水温报警与显示：当发动机油压、油温及水温超过设定值时系统将发出报警信号，超过设定最高值时使发动机降速至怠速位或停机。

变矩器油压报警与显示：当变矩器油压超过设定值时系统将发出报警信号，超过设定最高值时变速箱将回空挡，发动机将回怠速位。

蓄电池组充放电电流显示与过放、过充保护：系统检测放电电压和电流，在超过达到设定值时报警。

超速保护：当内燃调车机车车速超过 75 km/h 报警，当车速超过 80 km/h 时，微机控制器发出声光报警信号提醒司机进行减速操作，同时使变速箱回空挡并使发动机降速。

⑦天气不良时的机车操纵

a. 严格遵守《渭河车辆段运作办法》中天气不良的调车作业相关规定。

b. 在雨、雪、雾等不良天气时，轨面潮湿容易发生空转，在起车和运行途中司机应随时注意主控制手柄的操纵，应减小油门，同时适时撒砂，以增加黏着力，以防空转和降低牵引力。

c. 制动时防止滑行擦伤车轮；运行中注意信号显示，信号看不清时及早减速，不得因错过制动时机而冒进信号，严禁臆测行车。

d. 遇天气不良时应减少牵引吨位，灵活掌握司控器手柄；瞭望视线不良时应打开头灯和侧灯，适当减速并鸣笛。沙尘天气严重或风大，造成瞭望困难或机车车辆发生摆动时，应根据情况减速运行或就地停车。

⑧JZ-7 制动机的操纵须知

a. 及时排除各风缸、油水分离器和制动管系中的积水油污。

b. 动车前必须对两端制动机进行"五步闸"试验。

c. 车站或车场停车时，自阀、单阀应在制动区制动停车，开车前再缓解，并确认列车制动管风压符合规定。机车车辆停留超过 20 min 时，开车前司机必须进行简略制动机试验。

d. 正常停车时应实行常用制动，准确掌握制动时机和减压量。首先将司控器手柄回中位后进行分次减压，初次减压量为 50 kPa。

需追加减压时一般不超过 2 次，制动追加减压时间间隔为 3 s，每次减压量不得大于初次减压量，最大减压量为 140 kPa，保持均衡地减速，做到停车稳，对位准，无冲动。

e. 在坡道上运行时，严禁机车车辆制动后将自阀手柄推向运转位又立即移回制动区。

f. 自阀排风未止不得再进行追减压；制动停车时，不允许列车停稳后列车管仍在排风；列车制动时，单缓机车制动压力每次不得大于 30 kPa 间隔时间不得少于 3 s。

g. 长大下坡道运行，应随时观察总风缸和列车制动管风压，并在进入长大下坡道之前适当地形进行制动机试验，防止列车超速或放飚；在牵引车辆运行实施常用制动后，应根据坡道大小和长度将车速降至适当范围再缓解，确保车辆有足够的充风和凉闸时间，防止放飚。

h. 遇非常情况施行紧急制动时，立即将司控器手柄回中位，同时迅速将自阀手柄推向紧急制动位，并立即撒砂，以增加制动力，防止擦伤车轮。

i. 机车牵引车辆施行紧急制动后，在车列未停稳时不得缓解，防止车辆缓解较慢而抻断车钩；施行紧急制动后，开车前应检查车辆走行部和基础制动等各部件状态，确认各部良好后方可动车。

j. 在与停留车辆进行连挂作业时，自阀与单阀交替配合使用，根据"三、二、一车"距离信号的显示，严控车速并降至规定范围，停车时实现平稳连挂，特别是在冬季更应适当降低调车速度,防止连挂冲动或挂响钩。

k.当轨面有雨、雪、冰霜时司机应适当降低车速运行,遇线路意外情况需要紧急停车或在停车地点、信号机前,须提前进行制动,防止越出、冒进、脱线或碰撞事故发生。单机运行时尽量减少空气制动机的使用,操纵司控器手柄置调速适当挡位以降低车速。

⑨停机操作

a.将司控器控制手柄置中位,施加制动使车辆停稳。

b.闭合中位开关,在发动机停机前,让发动机怠速运转3~5 min,先关闭励磁电源开关,钥匙开关左旋至0位,发动机停止工作。

c.关闭主机选择开关,其他各开关恢复原位,按压停车制动按钮。

d.断开电源总开关。

⑩无火回送操作

a.司机控制器手柄置中位,手动换挡选择开关置空挡位。

b.自动制动阀手柄置手柄取出位,并取出手柄;单独制动阀手柄置运转位并取出手柄;两端客货车转换阀均置于货车位,开放无动力装置的截断塞门,同时将分配阀的常用限压阀的限制压力调至245 kPa;手动缓解带弹簧的单元制动器。

c.变速箱和车轴齿轮箱润滑油位保持在正常工作高度。

d.断开电源总开关。

【效果评价】

评价表

项目名称	城市轨道交通工程车辆	学生姓名	
任务名称	任务5 认知接触网作业车	分 数	
项 目		分 值	考核得分
1.接触网作业车的图片搜集、整理		10	
2.是否有小组计划		5	
3.接触网作业车的认知情况		70	
4.编制学习汇报报告情况		10	
5.基本素养考核情况		5	
总体得分			
教师简要评语:			
			教师签名:

任务6 认知公铁两用车

【活动场景】

在检修现场教学或用多媒体协助展现。

【任务要求】

1.熟悉公铁两用车的组成及技术参数。

2.掌握公铁两用车的一般操作方法。

【知识准备】

1.公铁两用车组成部分

公铁两用车主要由驱动系统、控制系统、车架及行走系统、导向空气系统、液压系统、制动系统、车钩牵引装置、遥控系统及车体等组成。

图7.18

2.系统设置及主要技术特点

①采用公铁两用走行方式,铁路公路作业转换方便,转线作业可不经道岔,调头时无需转盘或三角线。

②采用电传动方式,以蓄电池为动力,节能环保,工作噪声不大于75 dB,维护量低,传动效率高,采用先进可靠的交流电机,闭环控制系统、无级变速驱动,确保运行安全可靠。

③采用单桥驱动,在调车牵引时,依靠液压电控钢轮导向,对导向正压力实行定值控制,使导向轮始终以不低于给定值的正压力贴靠钢轨。利用橡胶轮胎作为驱动轮,使黏着系数比钢轮牵引车提高2倍左右,使牵引力大大提高,具有良好的牵引性能。

④公铁两用车后端配置高度可调整的半自动端部车钩(即密接式车钩)和半永久牵引杆,以适应不同车型车辆的牵引。半永久牵引杆如有可能也可作为道路牵引挂式连接杆,在道路牵引时可挂拖车。

⑤采用全液压转向方式,全轮转向,操纵轻便、灵活、可靠。

⑥采用电机制动和液压制动复合制动方式,保证了在各种作业状况下,制动安全、可靠,同时定位精度可达±20 mm。

⑦回馈制动功能将电机制动的能量给电池充电,提高了电能利用率,延长电池一次充电的工作时间。

⑧蓄电池使用寿命不少于1 500个充电周期。

⑨具有电池管理系统,实现过充电和过放电保护、过流保护、温度控制、故障诊断等功能。可显示电量(显示器SME),并具有电量低于30%报警功能。

3.各组成部分技术说明

(1)电池及充电系统

主要包括动力环保型铅酸蓄电池组,充电机,电池管理系统。

①蓄电池组

型号:10TTM725

电压:48 V

电容量:1 450 AH

循环充次:1 500 次

2 V 单体尺寸:198 mm×191 mm×725 mm

单体质量(湿重):82.3 kg

单体数:24 个

②充电机

充电机给蓄电池组充电,充电机内部具有开关控制输出是否连接到直流母线,即在需要充电时接通直流母线,同时切断变频器和直流母线的连接;在充电完成后,切断充电机和蓄电池组的连接,接通蓄电池组和变频器的连接。

电源:AC 380 V

额定充电电流:300 A

充电时间:不超过 8 h

充电方式:高频脉冲式

外形尺寸:580 mm×80 mm×320 mm

③电池管理系统

电池管理系统可实现过充电和过放电保护、过流保护、温度控制、故障诊断等功能。可显示电量(显示器 SME),具有低电量保护,电量低于 30% 报警并锁死系统。

④车底盘及走行系统

a. 车底盘

车底盘是安装各总成、部件的基础,它由型钢、钢板组焊成形,具有足够的强度及刚度。

b. 走行系统

走行系统不仅承受车体上部的质量也传递牵引力,还要缓冲来自地面的冲击,公铁两用车的行走系统采用弹性悬挂,使整车具有良好的运行品质。

c. 轮胎

轮胎选用橡胶实心轮胎,具有高弹性、散热强、耐磨性好,使用寿命长、变形率低,具有更好的稳定性能。

TGQD2 型公铁两用车通过控制导轮架可实现铁路公路两种作业走行方式,其采用同一走行装置,四轮走行,驶离/驶入轨道的操作可以在轨道和公路交接处的来实现。在公路运行模式下,通过控制液压油缸将导轮升起,两用车实现其公路走行方式;在铁路运行模式下,通过控制液压油缸将导轮落下,起到导向作用,防止车辆脱轨,橡胶轮胎仍为驱动轮,与钢轨接触。

⑤牵引驱动与传动系统

公铁两用车驱动系统采用交流牵引电机驱动减速器和驱动桥,单桥驱动方式,其牵引力可达 23 kN,满足牵引一列或一辆电动客车的牵引调车作业;电机由变频器调速,变频器由环保型铅酸蓄电池组供电,母线电压 48 V。

a. 交流电机

公铁两用车采用的牵引电机是鼠笼转子交流电机,寿命长,不需要维护;电机具有 0 速输出最大转矩的能力,从而获得最大启动转矩。

型号:MC225

额定功率:16 kW

额定转矩:140 N·m

额定转速:1 500 r/min

峰值转矩:200 N·m

最高转速:3 000 r/min

防护等级:IP20

绝缘等级:F

b.减速器

型号:FA97B

型式:平行轴-斜齿轮减速器

速比:3.4

c.驱动桥

型式:全浮式、铸钢桥

速比:19.156

d.转向桥

两用车转向轮的最大转角可达37.5°,从而达到两用车走行灵活,转向自如,最小转弯半径为3.5 m。

e.传动轴

两用车减速机与驱动桥间设有一根传动轴。

⑥制动系统

公铁两用车采用电磁制动、动力制动及驻车制动3种制动方式,每种制动方式均可独立操纵。

电机具有电磁制动功能,达到刹车平稳无磨损,回馈制动功能将电机制动产生的能量回馈给蓄电池充电,提高了电能利用率,延长电池一次充电的工作时间。

动力制动利用齿轮泵传递的压力油,一路进入制动阀后进入四个车轮制动器的制动分泵产生制动;另一路进入储能器储蓄能量,以供备用(由制动踏板的行程来控制)。

驻车制动主要用于坡道或长时间停车,公铁两用车电机带有制动器,当松开加速踏板时,可将电机输出轴抱死,实现停车。

⑦液压系统

公铁两用车液压系统由导向系统及转向系统组成。通过恒速运行交流电机为车上液压油泵提供运转的动力。

电机型号:MA125-2148/20

油泵:CBD-F310/308DL7S2

⑧导向系统

该系统主要由油泵、油缸、管路、各阀及油箱等组成,油泵的高压油通过前后导轮换向阀进入导向油缸的无杆腔或有杆腔,使油缸活塞伸出或缩回,从而实现导轮的下降和提升,通过泄荷阀和蓄能器系统保证系统压力恒定,并保证系统低压泄荷,减少系统发热、降低功率损失。

⑨转向系统

公铁两用车采用全液压转向系统,其特点是操纵灵活轻便,工作可靠,故障少,结构简单紧凑,安装布置方便,维修保养简单,并在铁路上作业时实现转向轮的锁紧定位。

转向系统由转向器、油泵、油缸、油箱、转向桥、转向轮、各类阀及管路等部件组成。

⑩电气系统

电气系统由辅助电源、DC/DC 变换器及用电设备等组成,负责车辆各种电气设备的上电时序、电气保护、互锁、信号变换等工作。

A. 车辆管理系统(VMU)

车辆管理系统是整车的控制核心部件,主要功能如下:

a. 负责接收遥控器传来的命令信息、电气系统总成传来的控制台信息、传感器/状态开关信息、加速/制动踏板信息,以及电池管理系统传来的电池状态信息。

b. 通过对这些信息和命令的分析、计算和逻辑判断,生成控制信息,进而通过电机驱动控制器控制电机、通过电气系统总成控制加/减速、指示灯/报警器、显示单元/仪表盘,通过电池管理系统和充电机控制电池充电。

c. 把必要的信息通过工况记录仪进行记录,数据保留至少一个月,并可以生成打印报表。

B. 电机驱动控制器

电机驱动控制器接收主令信号,主令信号来自车辆管理系统的加速、制动指令,启动、紧急制动指令,通过 CAN 总线通信向变频器发送转矩、转速指令,控制牵引电机。

C. 变频器

公铁两用车配备的变频器用于控制牵引电机,对电机的控制方式有转矩控制和转速控制2 种,可以根据指令切换;变频器具有丰富的保护功能,包括过流保护、过压保护和过热保护等,保证驱动系统安全可靠运行。

型号:AC L1 48 750

电压:DC 48 V

峰值输出电流:75 A

外形尺寸:210 mm × 190 mm × 91 mm

通信方式:CAN

切换频率:9 kHz

控制模式:转速或转矩控制

运行温度:−40 ~ +40 ℃

防护等级:IP 65

D. 信息显示器

信息显示器通过 CAN 总线通信接收电机驱动控制器的状态信息,显示电池电量、车速、电量报警等信息。

型号:OPT 10

电源电压:24 ~ 80 VDC

电流:90 mA(at 24 VDC 时)

LCD:2 × 20 字符

通信方式:1 条 CAN 总线通道

信号指示:6 个 LED 显示屏分别显示信息/报警/错误信号,1 个蜂鸣器发出报警声音信号

【效果评价】

评 价 表

项目名称	城市轨道交通工程车辆		学生姓名	
任务名称	任务6 认知公铁两用车		分 数	
项 目			分 值	考核得分
1.公铁两用车的图片搜集、整理			10	
2.是否有小组计划			5	
3.公铁两用车的认知情况			70	
4.编制学习汇报报告情况			10	
5.基本素养考核情况			5	
总体得分				
教师简要评语:				
			教师签名:	

任务7 认知平板车及携吊平车

【活动场景】

在检修现场教学或用多媒体协助展现。

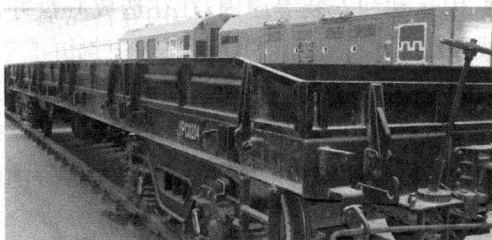 

（a） （b）

图7.19

【任务要求】

1.熟悉平板车及携吊平车的组成及技术参数。

2.掌握平板车及携吊平车的主要技术特点。

【知识准备】

1.平板车

（1）设备主要技术规格及参数

轮径：840 mm

最小过曲线半径：110 m

最高运行速度：120 km/h

载重：30 t

制动方式：空气制动及停车手制动

车钩型式：13 号车钩及 ST 型缓冲器

车钩高度：(880±10)mm

轴重：≤14 t

车架面积：13 000 mm×2 400 mm

外形尺寸：13 930 mm×2 566 mm×1 484 mm

（2）设备组成及系统设置

PC-30 型轨道平车主要由主车架、转向架、制动系统、车钩缓冲装置等组成。

①主车架

由型钢及钢板组焊而成，具有足够的强度和刚度。两侧边梁处设有插杆座和绳钩，以便现场装载、捆绑货物；并安装有活动的全钢侧墙和端墙，车下设有工具箱。

②转向架

采用焊接一体式结构，具有二级刚度的轴箱弹簧悬挂装置和常接触弹性旁承，安装有自润滑性能的球面心盘和利诺尔减振器。整车具有良好的运行稳定性和平稳性。

转向架具有如下结构特点：

a.焊接式转向架构架。由于焊接式转向架构架质量轻，并且本转向架采用轴箱弹簧结构，其簧下质量仅为轮对的质量，运行时对线路的动作用力小。

b.采用球面心盘。因为心盘为球面受力，在转向架与大架之间有摇动时仍接触良好，可以改善心盘的受力，可靠性大大提高，同时，由于采用了自润滑材料，使用寿命延长，维护工作量小。传统的平面心盘由于心盘为平面接触，因运动和安装等原因，往往造成心盘并没有平面接触，所以心盘磨损严重，受力不均，易形成裂纹。

c.半弹性旁承。旁承在弹簧作用下为常接触式，与心盘一起承载，其提供的阻力矩可以抑制转向架的蛇行运动，提高车辆运行稳定性，同时可限制车体的滚摆运动，有利于车辆的抗倾覆安全性，弹性旁承同时可给球面心盘以正位作用；在旁承压缩到一定尺寸后，旁承内的下凸台顶住上凸台，使旁承与车架成为刚性接触，以保证可靠承载。

d.一系轴箱弹簧悬挂和利诺尔减振器。一系轴箱弹簧悬挂方式使得簧下质量最小；利诺尔减振器是一种新型的摩擦减振器，它利用倾斜的吊环，使轴箱弹簧产生一水平的分力，由该水平分力产生摩擦阻力以衰减振动，由于该摩擦力与轴箱弹簧所受的垂向载荷成正比，是变摩擦减振器，并且受磨耗状态影响较小，摩擦力稳定，对垂向和横向的振动均有衰减作用。又由于轴箱与构架之间无间隙，增加了轮对定位刚度，提高了运行稳定性。

与采用橡胶弹簧和液压减震器的悬挂减振方式相比，本悬挂减振方式最大的优点在于没有易损易耗件，几乎是免维护的。

③制动系统

空气制动系统由 120 型分配阀、工作风缸、副风缸、制动缸和空重车调整装置等组成,具有一定范围内制动力不衰减的特性,有利于在长大坡道区段使用,设有链式手制动装置。

④车钩

车辆前后端安装 13 号车钩及 ST 型缓冲器,车体两端配备车钩提钩装置。

2. 携吊平车

(1)设备主要技术规格及参数

轮径:840 mm

最小过曲线半径:110 m

最高运行速度:120 km/h

载重:30 t

制动方式:空气制动及停车手制动

车钩型式:13 号车钩及 ST 型缓冲器

车钩高度:(880±10)mm

轴重:≤14 t

车架面积:13 000 mm×2 400 mm

外形尺寸:13 930 mm×2 566 mm×3 058 mm

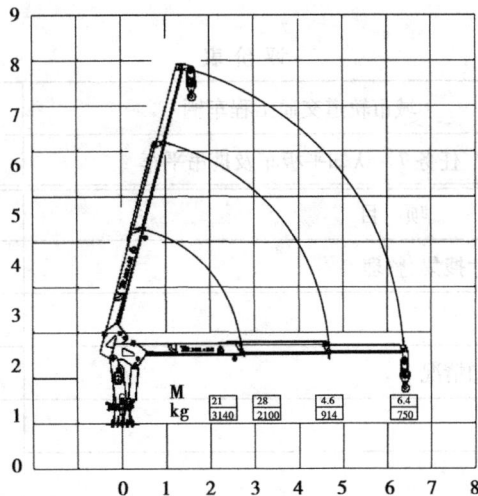

图 7.20

(2)随车起重机主要技术参数

最大起升质量:4 t

最大起重力矩:6.3 t·m

最大工作半径:6.4 m

最大工作幅度时的起质量:0.75 t

最大提升高度(距轨面):8 m

回转范围:360°双向全回转,并可在角度制动

(3)设备组成及系统设置

PC-30 型轨道平车主要由主车架、转向架、制动系统、车钩缓冲装置、随车起重机、动力系

统、抓轨器等组成。

①主车架

由型钢及钢板组焊而成,具有足够的强度和刚度。两侧边梁处设有插杆座和绳钩,以便现场装载、捆绑货物。并安装有活动的全钢侧墙和端墙。车下设有工具箱。

②转向架

焊接一体式结构,采用具有二级刚度的轴箱弹簧悬挂装置和常接触弹性旁承,安装有自润滑性能的球面心盘和利诺尔减振器。整车具有良好的运行稳定性和平稳性。

③制动系统

空气制动系统由120型分配阀、工作风缸、制动缸和空重车调整装置等组成,具有一定范围内制动力不衰减的特性,有利于在长大坡道区段使用,设有链式手制动装置。

④随车起重机

安装SQ3型专用随车起重机,由液压驱动,操纵随车起重机的旋转、伸缩、变幅和吊钩的起落,即可以实现吊装作业。

⑤动力系统

采用柴油机驱动液压油泵方式为起吊作业系统提供液压油。

⑥抓轨器

在车架两侧下部各设有一套抓轨器,以保持起重作业的稳定性。

【效果评价】

评 价 表

项目名称	城市轨道交通工程车辆		学生姓名	
任务名称	任务7 认知平板车及携吊平车		分　数	
项　目			分　值	考核得分
1.平板车及携吊平车的图片搜集、整理			10	
2.是否有小组计划			5	
3.平板车及携吊平车的认知情况			70	
4.编制学习汇报报告情况			10	
5.基本素养考核情况			5	
总体得分				
教师简要评语:　　　教师签名:				

任务8　认知隧道清洗车

【活动场景】

在检修现场教学或用多媒体协助展现。

【任务要求】

1. 熟悉地铁隧道清洗车的组成及技术参数。

2. 掌握地铁隧道清洗车的主要技术特点。

【知识准备】

地铁隧道清洗车主要由主车架、转向架、制动系统、钩缓装置、车体、电气系统、柴油发电机组、水罐、高压水泵单元、轨道清洗装置、隧道清洗装置和水管路等组成。

地铁隧道清洗车的主车架采用中梁承载结构，具有足够的强度和刚度；走行部采用两轴焊接式转

图7.21

向架结构，采用心盘集中承载，车轴轴承箱采用导框定位方式，整车具有良好的运行稳定性、平稳性和动强度；制动系统采用120型控制分配阀，制动性能可靠，控制灵活、灵敏度高，维护工作量小。

1.整车主要技术参数

轨距：1 435 mm

车辆定距：10 500 mm

转向架固定轴距：1 800 mm

轮径：φ840 mm

通过最小曲线半径：100 m

最高运行速度：100 km/h

自重：约34 t

载重：28 t

满载轴重：≤16 t

制动方式：空气制动及停车手制动

制动管标准压力：500 kPa

车钩中心线距轨面高度：(880±10)mm

铁地板上表面距轨面高度：约1 128 mm

底架尺寸(长×宽)：14 200 mm×2 760 mm

外形尺寸(长×宽×高)：15 180 mm×2 760 mm×3 780 mm(实测为准)

2.主要部件的结构

(1)主车架

主车架由中梁、端梁、枕梁和侧梁组成。中梁为型钢及钢板组焊的箱型梁；端梁为钢板组焊成的变截面结构；枕梁为钢板拼焊成的变截面箱型梁结构；侧梁为型钢。

主车架采用中梁承载结构,两枕梁间的中梁和侧梁预留足够上挠度,可装运均布载荷和集中载荷。

(2)转向架

转向架为构架一体式焊接转向架,侧梁、横梁为双腹板结构,采用具有二级刚度的轴箱弹簧悬挂装置、常接触弹性旁承;安装带自润滑材料的球面心盘、变摩擦式利诺尔减振器。

(3)构架

转向架构架采用一体式焊接构架,转向架构架见图7.22。

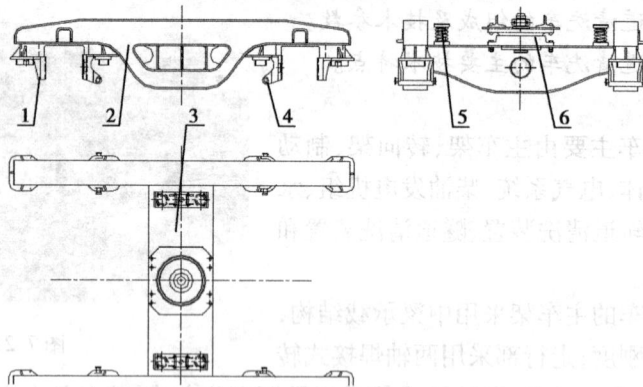

图7.22　隧道清洗车转向架构架
1—轴箱导框;2—侧梁;3—横梁;4—吊耳;5—旁承;6—球面心

利诺尔减振器的结构原理见图7.23所示,主要由导框1、吊耳4、弹簧帽、拉环、顶子和弹簧、磨耗板等零部件组成。车体的垂向载荷通过转向架心盘经构架传至导框,再通过导框上的吊耳4、拉环、弹簧帽传至轴箱弹簧上,最后传至轴箱、轴承和轮对上;另一面,由于拉环的安装具有一个倾斜角,拉环同时给弹簧帽一个纵向水平分力 $F4$, $F4$ 使弹簧帽在纵向压紧顶子使顶子紧贴在轴箱上的磨耗板,同时还使左侧导框与轴箱左侧的磨耗板紧贴。车辆振动时,顶子与磨耗板之间以及轴箱左侧的导框与磨耗板之间便产生衰减振动的摩擦阻力 $F5$。由于 $F4$(即顶子与磨耗板之间的正压力)与外圆弹簧所受的垂向载荷 $F1$ 成正比,故摩擦力与转向架所受载荷成正比,它属于变摩擦减振器,又由于具有二级刚度的轴箱弹簧装置的特殊结构,利诺尔减振器方便地实现了空重车两种不同的相对摩擦系数。利诺尔减振器对垂直和横向振动都有衰减作用,它的性能稳定,摩擦力受外界气候条件及磨耗状态的影响较小,磨耗面平易于修复。由于轴箱与构架间纵向无间隙,增加了轮对的纵向定位刚度,提高了运行稳定性。

由于是靠顶子和轴箱间的摩擦力起减振作用,所以它们的接触面之间严禁涂抹润滑油。顶子磨耗到限检验方法如图7.24所示,当标准线和轴箱导框边缘线完全错开时即为顶子磨耗到限,所有顶子必须全部更换,否则减振器将失效并有可能影响行车安全。

弹性旁承主要由弹簧、上盖板、下盖板、磨耗板及旁承导柱组成,可保证车体在空重车状态下,均具有较好的动力学性能。弹性旁承不仅可承担部分垂向载荷,还可以给转向架提供一定的转动阻力矩以限制其摇头蛇行运动,同时可限制车体的滚摆运动,有利于车辆的抗倾覆安全性。常接触弹性旁承安装有耐磨材料,产品出厂使用过程中严禁涂抹润滑油。旁承结构及耐磨材料到限状态如图7.25所示,到限时须全部更换。

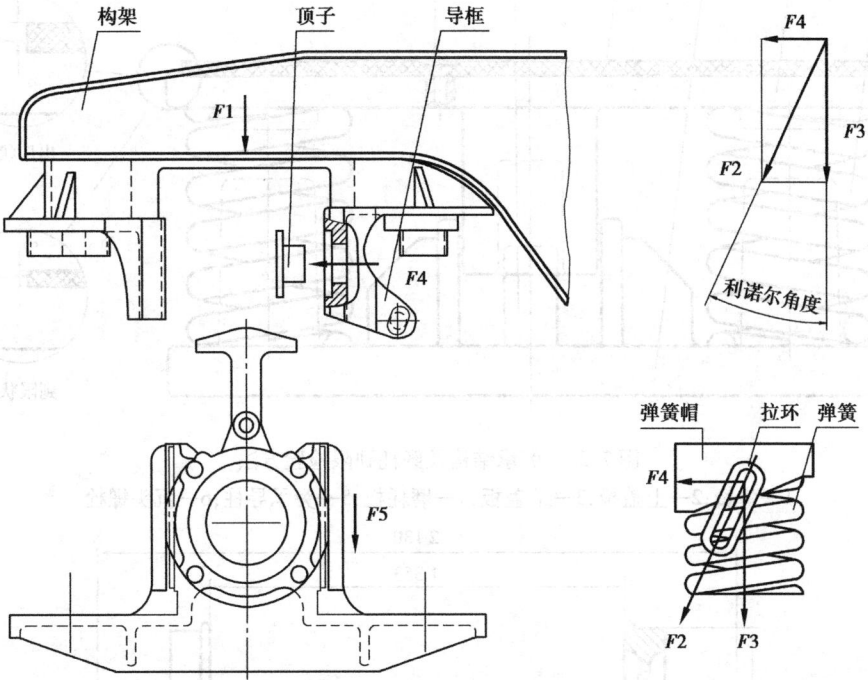

图 7.23　利诺尔减振器原理图

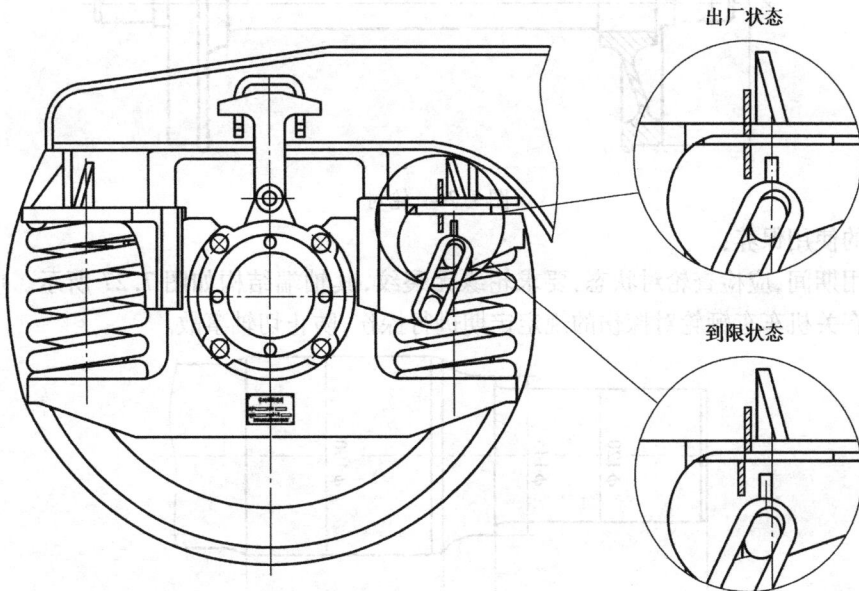

图 7.24　顶子磨耗到限检验方法

（4）轮对

车轮与车轴采用冷压结合的，如图 7.26 所示。其压装方法、要求参照 TB/T 1718《车辆轮对组装技术条件》的有关规定。

229

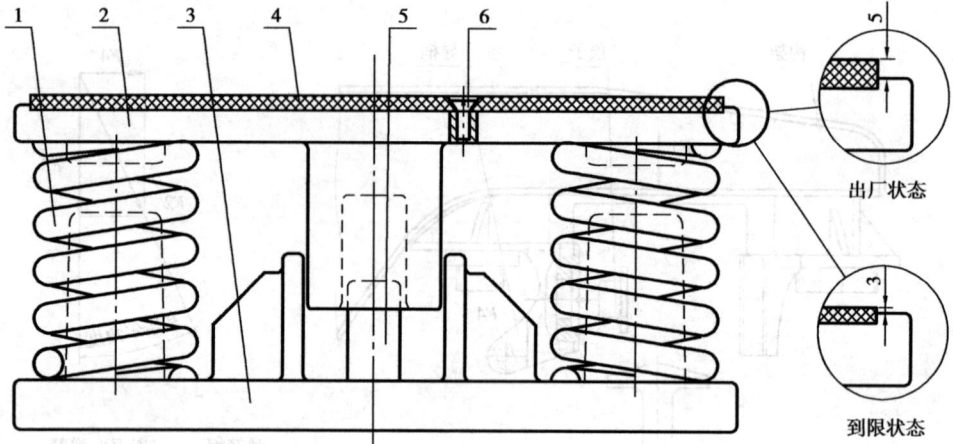

图 7.25　旁承结构及磨耗到限检验方法
1—弹簧;2—上盖板;3—下盖板;4—磨耗板;5—旁承导柱;6—沉头螺栓

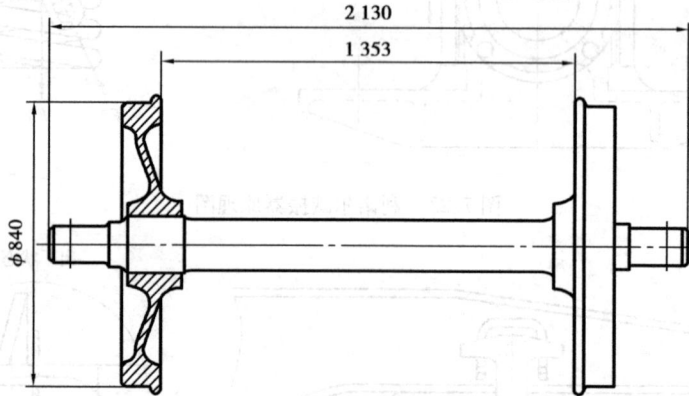

图 7.26　轮对

轮对的使用保养:

在运用期间,应检查轮对状态,要求轮缘无裂纹,其轴端结构如图 7.27 所示。应按当地铁路部门有关机车车辆轮对探伤的规定定期进行探伤,防止切轴事故。

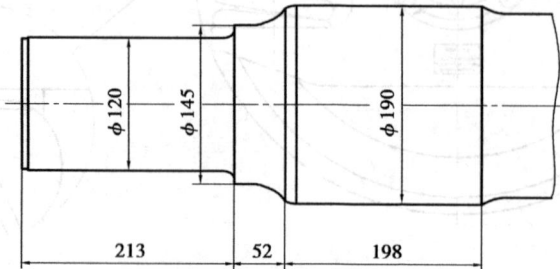

图 7.27　轴端结构

(5)轴箱装置

转向架采用导框式轴箱结构,它主要由圆锥滚子和轴箱体等部件组成。轴箱装置结构如图 7.28 所示。

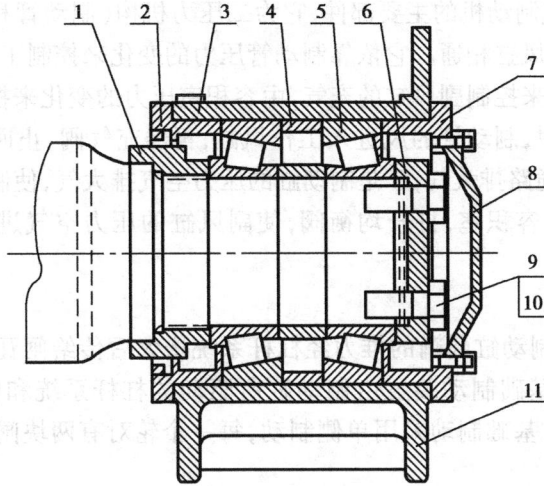

图 7.28 轴箱装置

1—防尘座;2—油封;3—通盖;4—隔套;5—轴承;6—压板;
7—轴箱前盖;8—闷盖;9—螺栓;10—防松片;11—轴箱体

轴箱装置是将轮对和侧架联接在一起的结构,把车辆的质量传给轮对,并润滑轴颈,减少摩擦,防止热轴,降低运行阻力,可有效防止尘土、雨水等异物侵入,保证车辆安全运行。

滚动轴承为圆锥滚子轴承,滚子与轴承转动轴线成一定的倾角,这样结构既能承受径向载荷,又能承受轴向载荷,其结构简单,检修方便。

(6)制动系统

制动系统由空气制动、基础制动装置和手制动机等组成。

(7)空气制动

空气制动由软管连接器、折角塞门、副风缸、集尘器、工作风缸、缓解阀、制动缸、120 型空气分配阀、空重车转换装置等组成,空气制动原理如图 7.29 所示。

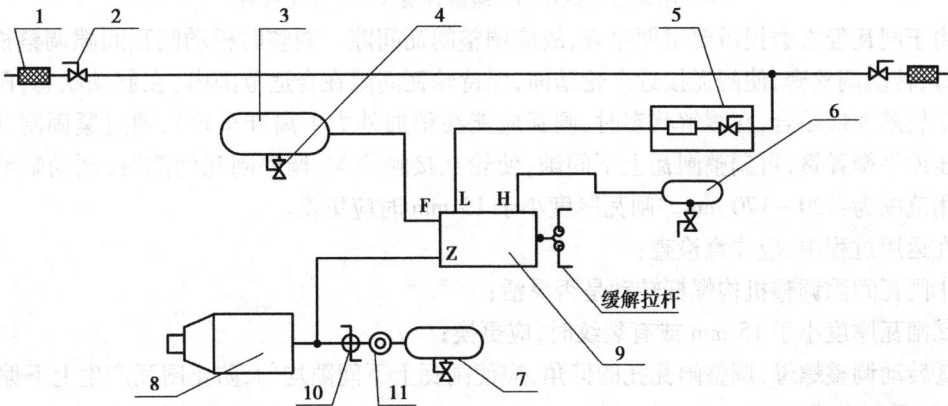

图 7.29 空气制动原理图

1—制动软管连接器;2—折角塞门;3—副风缸;4—截断塞门;5—集尘器;
6—缓解风缸;7—降压风缸;8—GK 型制动缸;9—120 型分配阀;
10—空重车转换塞门;11—空重车安全阀

120 型分配阀是空气制动机的主要部件,它为二压力机构(制动管和工作风缸)间接作用式,与制动管、制动缸、副风缸相通。它依靠制动管压力的变化来控制工作风缸和容积室的压力,再由工作风缸的压力来控制副风缸的充气,由容积室压力的变化来控制制动缸的充气、保压和排气。制动管增压时,制动管的风进入工作风缸,再经充气阀、止回阀进入副风缸,同时容积室压力空气经滑阀通路排大气,于是制动缸的压力空气排大气,使制动机缓解;制动管减压时,工作风缸的风进入容积室,打开均衡阀,使副风缸的压力空气进入制动缸,产生制动作用。

(8)基础制动装置

基础制动装置是将制动缸鞲鞴的推力经杠杆系统增大后传给闸瓦压紧轮箍,通过轮轨的黏着产生制动作用。基础制动装置由制动缸所驱动的杠杆系统和闸瓦组成,如图 7.30所示。闸瓦为高磷闸瓦,基础制动采用单侧制动,每一个轮对有两块闸瓦,安装在左右车轮内侧。

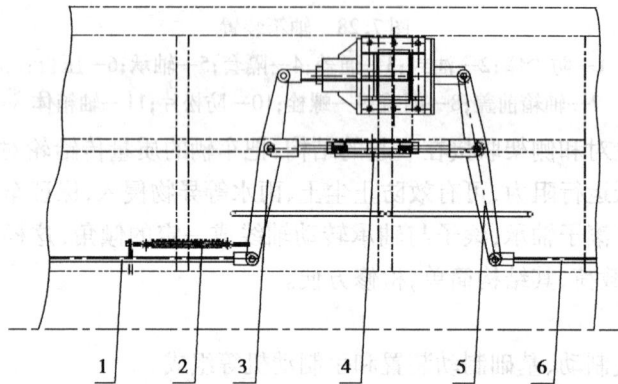

图 7.30 基础制动
1—二位上拉杆;2—制动缸后拉杆;3—闸瓦间隙调整机构;
4—制动缸前拉杆;5—缓解弹簧;6——位上拉杆

由于闸瓦经常磨损需要定期检查,故应调整闸瓦间隙。调整时松动闸瓦间隙调整机构锁紧螺母,转动调整套,使闸瓦接近车轮踏面,保持轮瓦间隙在合适范围内(在制动状态,闸瓦中部与车轮踏面应贴合,在缓解状态时,闸瓦应能在稍加外力下离开车轮),通过紧固闸瓦平衡螺母压缩平衡弹簧,可调整闸瓦上下间隙,使轮瓦接触均匀;调整闸瓦间隙时,制动缸鞲鞴行程运用范围为:120~170 mm。闸瓦厚度小于 15 mm 时应更换。

在运用过程中,应注意检查:

①闸瓦间隙调整机构螺杆转动是否灵活;

②闸瓦厚度小于 15 mm 或有裂纹时,应更换;

③转动调整螺母,调整闸瓦托的仰角,应使闸瓦上下间隙均匀,防止闸瓦产生上下偏磨。

(9)手制动机

手制动装置由 NSW 型手制动机、链条、链轮、拉杆等组成,如图 7.31 所示。在施行制动时,按照手轮上的方向指示,沿顺时针方向转动手轮,可使链条产生并保持制动拉力,按照手轮上的方向指示,沿逆时针方向转动手轮约 40°,手制动机就可缓解。

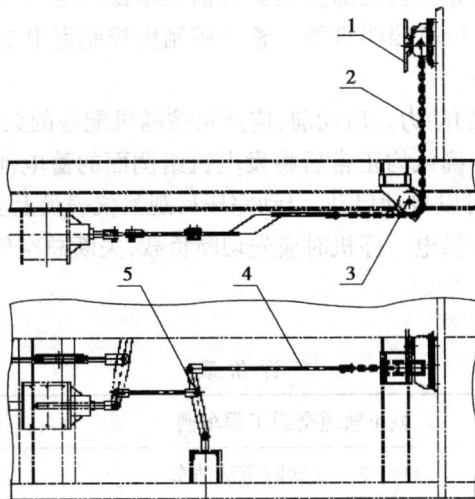

图 7.31　手制动装置

1—手制动机;2—链条;3—链轮;4—制动拉杆;5—制动杠杆

(10)钩缓装置

车辆的前后车端安装有内燃、电力机车用上作用式车钩及 ST 型缓冲器;车钩安装如图 7.32所示。

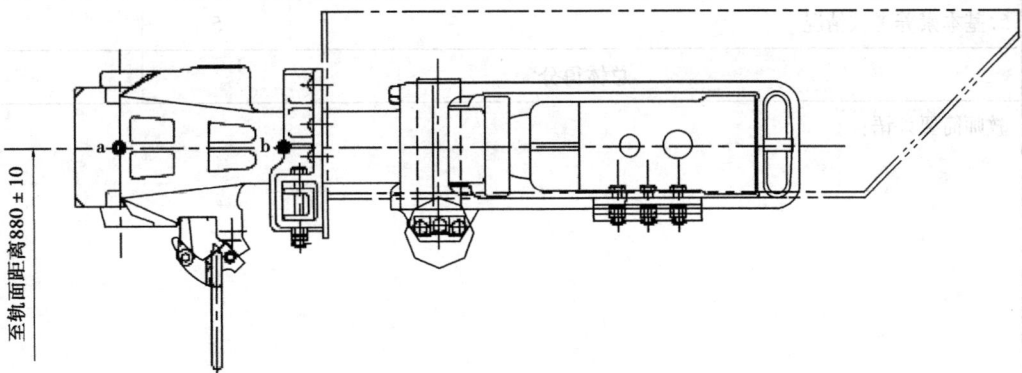

图 7.32　车钩安装示意图

在使用时,应经常检查车钩及各连接螺栓是否紧固,车钩闭锁、开锁、全开的三态作用是否灵活、可靠,以及检查车钩的磨损情况及检查车钩高度。

(11)车体及其他

QX-4 型地铁隧道清洗车的车体由司机室和机器间两部分组成。

司机室内设有手制动机等。

机器间内安装有两套高压水泵单元和电器柜。

(12)电气系统

整车电气系统由交流和直流两部分组成。其中交流部分主要包括柴油发电机组、高压水泵电机、清洁剂泵电机、加压泵电机、加水泵电机、车下喷头处交流照明灯、水罐顶交流照明灯、充电电源、交流插座等。直流部分主要包括主车蓄电池、控制室内顶灯、空调、发电间照明灯、车下踏梯照明灯、行车照明灯等。整个控制由控制室电器柜来完成。

(13)柴油发电机组

柴油发电机组为本车的动力。启动前,应严格按随机配备的柴油发电机组使用说明书要求检查油、水及电池电压。确认均正常后将发电机组侧面的蓄电池总开关闭合,再将钥匙开关扳至"自动"位,机组即可以自动启动,启动完毕后观察仪表盘上显示是否正确,再闭合电源输出总空气开关,即可向外供电。停机时应先切断负载,关断总空气开关,再将钥匙开关扳至"0"位。

【效果评价】

评 价 表

项目名称	城市轨道交通工程车辆		学生姓名	
任务名称	任务8 认知隧道清洁车		分 数	
项 目			分 值	考核得分
1.隧道清洗车的图片搜集、整理			10	
2.是否有小组计划			5	
3.隧道清洗车的认知情况			70	
4.编制学习汇报报告情况			10	
5.基本素养考核情况			5	
总体得分				
教师简要评语: 教师签名:				

项目小结

工程车辆是城市轨道交通的重要组成部分,是保证地铁安全运营不可或缺的设备。通过本项目的学习,了解工程车辆的基本构造、分类和用途并在此基础上学习各类车辆的系统结构、功能参数和故障排除,掌握工程车辆的检查和操作流程,初步了解工程车辆的安装、调试及典型故障应急处置办法。

思考与练习

1. 简述工程车辆的分类、结构组成和基本用途。
2. 简述内燃机车、网轨检测车及接触网作业车的组成、功能及参数。
3. 内燃机车、网轨检测车的常见故障及处理方法有哪些?

项目 **8**
通用设备

【项目描述】

检修用设备的性能状态直接影响城市轨道交通车辆的检修质量,根据车辆检修工作的要求,有通用设备和专用设备两种。通用设备主要包括:起重运输设备、动力设备、充放电设备等。

【学习目标】

通过本项目的学习,要求掌握以下基本知识:

1.了解起重机、空压机、充放电等通用设备在城市轨道交通行业上的应用。

2.熟悉城市轨道交通车辆检修作业开展,所用到的通用工艺设备的性能及使用方式。

3.掌握通用设备的安全操作方式及维修保养方法。

【技能目标】

1.能掌握通用设备的操作使用方法。

2.能掌握通用设备的日常维修保养方法。

图 8.1

任务 1　认知桥式起重机

【活动场景】

在设备的使用现场教学或用多媒体展示起重机的使用与生产。

【任务要求】

通过实习掌握城市轨道交通行业常用起重机的用途、组成、操作及维修保养方面的知识。

【知识准备】

1.设备的用途

桥式起重机是横架于车间、仓库和料场上空进行物料吊运的起重设备。由于它的两端坐落在高大的水泥柱或者金属支架上,形状似桥而得名。桥式起重机的桥架沿铺设在两侧高架上的轨道纵向运行,可以充分利用桥架下面的空间吊运物料,不受地面设备的阻碍,是使用范围最广、数量最多的一种起重机械。桥式起重机是现代工业生产和起重运输中实现生产过程机械化、自动化的重要工具和设备,因此桥式起重机在室内外工矿企业、钢铁化工、铁路交通、港口码头以及物流周转等部门和场所均得到广泛的运用。

2. 设备的分类

桥式起重机的主要类型有:双梁桥式起重机、防爆桥式起重机、绝缘桥式起重机、冶金桥式起重机、电动单梁起重机、电动单梁悬挂起重机、电动葫芦式起重机、防爆梁式起重机等。其中双梁桥式起重机、电动单梁悬挂起重机、防爆梁式起重机为城市轨道交通中车辆检修工作中使用较多的种类。

3. 设备的组成

(1) 双梁桥式起重机

双梁桥式起重机是现代工业生产和起重运输中实现生产过程制动器机械化、自动化的重要工具和设备,因此双梁桥式起重机在室内外工矿企业、钢铁化工、铁路交通、港口码头以及物流周转等部门和场所均得到广泛的运用。

图 8.2　双梁桥式起重机

普通桥式起重机一般由起重小车、桥架运行机构、桥架金属结构组成。起重小车又由起升机构、小车运行机构和小车架 3 部分组成。

起升机构包括电动机、制动器、减速器、卷筒和滑轮组。电动机通过减速器,带动卷筒转动,使钢丝绳绕上卷筒或从卷筒放下,以升降重物。小车架是支托和安装起升机构和小车运行机构等部件的机架,通常为焊接结构。

起重机运行机构的驱动方式可分为两大类:一类为集中驱动,即用一台电动机带动长传动轴驱动两边的主动车轮;另一类为分别驱动,即两边的主动车轮各用一台电动机驱动。中、小型桥式起重机较多采用制动器、减速器和电动机组合成一体的"三合一"驱动方式,大起重量的普通桥式起重机为便于安装和调整,驱动装置常采用万向联轴器。

起重机运行机构一般采用 4 个主动和从动车轮,如果起重量很大,常用增加车轮的办法来降低轮压。当车轮超过 4 个时,必须采用铰接均衡车架装置,使起重机的载荷均匀地分布在各车轮上。

桥架的金属结构由主梁和端梁组成,分为单主梁桥架和双梁桥架两类。单主梁桥架由单根主梁和位于跨度两边的端梁组成,双梁桥架由两根主梁和端梁组成。

主梁与端梁刚性连接,端梁两端装有车轮,用以支承桥架在高架上运行。主梁上焊有轨道,供起重小车运行。桥架主梁的结构类型较多,比较典型的有箱形结构、四桁架结构和空腹桁架结构。

箱形结构又可分为正轨箱形双梁、偏轨箱形双梁、偏轨箱形单主梁等几种。正轨箱形双梁是广泛采用的一种基本形式,主梁由上、下翼缘板和两侧的垂直腹板组成,小车钢轨布置在上翼缘板的中心线上,它的结构简单,制造方便,适于成批生产,但自重较大。

偏轨箱形双梁和偏轨箱形单主梁的截面都是由上、下翼缘板和不等厚的主副腹板组成,小车钢轨布置在主腹板上方,箱体内的短加劲板可以省去,其中偏轨箱形单主梁是由一根宽翼缘箱形主梁代替两根主梁,自重较小,但制造较复杂。

四桁架式结构由4片平面桁架组合成封闭型空间结构,在上水平桁架表面一般铺有走台板,自重轻,刚度大,但与其他结构相比,外形尺寸大,制造较复杂,疲劳强度较低,已较少生产。

空腹桁架结构类似偏轨箱形主梁,由4片钢板组成一封闭结构,除主腹板为实腹工字形梁外,其余3片钢板上按照设计要求切割成许多窗口,形成一个无斜杆的空腹桁架,在上、下水平桁架表面铺有走台板,起重机运行机构及电气设备装在桥架内部,自重较轻,整体刚度大,这是国内现今较为广泛采用的一种型式。

普通桥式起重机主要采用电力驱动,一般是在司机室内操纵,也有远距离控制的。起重量可达500 t,跨度可达60 m。

(2)电动单梁悬挂起重机

简易梁桥式起重机又称梁式起重机,其结构组成与普通桥式起重机类似,起重量、跨度和工作速度均较小。桥架主梁是由工字钢或其他型钢和板钢组成的简单截面梁,用手拉葫芦或电动葫芦配上简易小车作为起重小车,小车一般在工字梁的下翼缘上运行。桥架可以沿高架上的轨道运行,也可沿悬吊在高架下面的轨道运行,故称为悬挂梁式起重机。

图8.3 电动单梁悬挂起重机

(3)防爆梁式起重机

防爆葫芦桥式起重机简称"防爆起重机",是以防爆电动葫芦为起升机构的双梁桥式起重机,符合JB/T 10219—2001《防爆梁式起重机》标准的规定,技术成熟、可靠,结构简单,外形小,质量轻,安装、使用、维修方便。

环境条件:工作电源为三相交流,额定频率50 Hz,额定电压380 V;工作环境温度为−20～40 ℃。室内工作40 ℃时相对湿度不得超过50%,室外工作25 ℃时相对湿度允许短时高达 100% 。安装使用的地点海拔不超过 2 000 m。适用于中轻工作制的机械车间、仓库、料场、水电站的检修和装卸工作,是国内推广使用的起重设备。

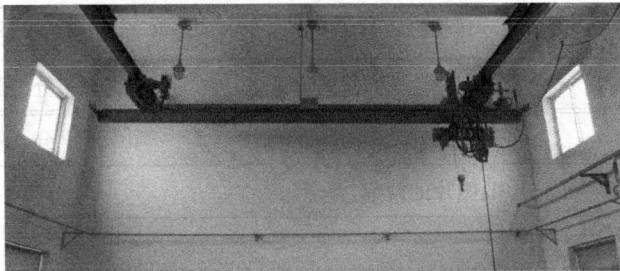

图 8.4　防爆梁式起重机

【任务实施】

以国内典型起重机的结构及技术参数为例,进行剖析。

额定起质量:10 t

跨度:13.5 m

起升高度:10 m

工作制式:A5(中级)

主钩起升速度:8 m/min

大车速度:20 m/min

小车速度:20 m/min

端梁总长:4 000 mm

操作方式:地面操作(操作按钮盒要求防水)

大车轨道:24 kg/m(需要核实,实际测量为:轨顶 60 mm,高 137 mm,底宽 122 mm)

大车受电方式:安全滑触线(提供大车受电装置、安装检修吊篮)

小车受电方式:拖缆滑车

【知识链接】

安全滑触线是一种新型移动供电装置,以其绝缘、安全、耐温、抗振、节能等优越性能逐步替代旧式裸露角铁及铜排滑触线。安全滑触线由填嵌在工程塑料型管或槽板中的光滑平整的 T2 铜排或嵌有耐磨导体的铝型材作为载流体,组合成输电导管,导管下有开口槽以利于集电器运行,并由集电器的高耐磨铜基石墨电刷将电力导向工作电器。

桥式起重机在使用中易断电,有时在输电导管内产生火花,严重时滑触线某放炮,造成集电器更换过于频繁,影响生产。为此,进行了如下改进:

①增大集电器电刷倒角,并打磨光滑。

②增加集电器两相对电刷间弹簧强度、弹性,保证弹簧恢复自如。

③加深、加固集电器中的弹簧座,保证电刷的恢复弹簧在工作中不易"串位"。

④两段安全滑触线连接处连接块要有倒角,保证集电器平滑过渡。同时,为保证安全滑触线的正常使用,行车工的规范操作、维修工的定期保养、定期检查也必不可少。

【效果评价】

评价表

项目名称	城市轨道交通车辆检修工艺设备之通用设备		学生姓名	
任务名称	任务1　认知桥式起重机		分　数	
项　目		分　值		考核得分
1.起重机各组成系统的相关知识、图片的搜集、整理		10		
2.是否有小组计划		5		
3.起重机用途及分类的认知情况		10		
4.起重机设备组成的认知情况		20		
5.编制学习汇报报告情况		50		
6.基本素养考核情况		5		
总体得分				
教师简要评语： 教师签名：				

任务2　认知空压机

【活动场景】

在设备的使用现场教学或用多媒体展示起重机的使用与生产。

【任务要求】

通过实习掌握城市轨道交通行业常用空压机的用途、组成、操作及维修保养方面的知识。

1. 设备的用途

（1）设备简介

空气压缩机是气源装置中的主体，它是将原动机（通常是电动机）的机械能转换成气体压力能的装置，是压缩空气的气压发生装置。

（2）设备用途

①传统的空气动力：风动工具、凿岩机、风镐、气动扳手、气动喷砂；

②仪表控制及自动化装置，如加工中心的刀具更换等；

③车辆制动，门窗启闭；

④喷气织机中用压缩空气吹送纬纱以代替梭子；

图 8.5　空压机

⑤食品、制药工业,利用压缩空气搅拌浆液;

⑥大型船用柴油机的启动;

⑦风洞实验、地下通道换气、金属冶炼;

⑧油井压裂;

⑨高压空气爆破采煤;

⑩武器系统,导弹发射、鱼雷发射;

⑪潜艇沉浮、沉船打捞、海底石油勘探、气垫船;

⑫轮胎充气;

⑬喷漆;

⑭吹瓶机;

⑮空分行业。

2. 设备的分类

空气压缩机的种类很多,按工作原理可分为容积式压缩机、速度式压缩机。容积式压缩机的工作原理是压缩气体的体积,使单位体积内气体分子的密度增加以提高压缩空气的压力;速度式压缩机的工作原理是提高气体分子的运动速度,将气体分子具有的动能转化为气体的压力能,从而提高压缩空气的压力。

目前常用的空气压缩机有活塞式空气压缩机、螺杆式空气压缩机(螺杆空气压缩机又分为双螺杆空气压缩机和单螺杆空气压缩机)、离心式压缩机、滑片式空气压缩机及涡旋式空气压缩机。下面是各种压缩机的定义。

①容积式压缩机——直接依靠改变气体容积来提高气体压力的压缩机。

②往复式压缩机——容积式压缩机,其压缩元件是一个活塞,在汽缸内作往复运动。

③回转式压缩机——容积式压缩机,压缩是由旋转元件的强制运动实现的。

④滑片式压缩机——回转式变容压缩机,其轴向滑片在同圆柱缸体偏心的转子上作径向滑动,截留于滑片之间的空气被压缩后排出。

⑤液体活塞式压缩机——回转容积式压缩机,使用水或其他液体当作活塞来压缩气体,然后将气体排出。

⑥罗茨双转子式压缩机——属回转容积式压缩机,在其中两个罗茨转子互相啮合从而将气体截住,并将其从进气口送到排气口。

⑦螺杆压缩机——回转容积式压缩机,在其中两个带有螺旋形齿轮的转子相互啮合,从而将气体压缩并排出。

⑧速度型压缩机——回转式连续气流压缩机,在其中高速旋转的叶片使通过它的气体加速,从而将速度能转化为压力,这种转化部分发生在旋转叶片上,部分发生在固定的扩压器或回流器挡板上。

⑨离心式压缩机——属速度型压缩机,在其中有一个或多个旋转叶轮(叶片通常在侧面)使气体加速,主气流是径向的。

⑩轴流式压缩机——属速度型压缩机,在其中气体由装有叶片的转子加速,主气流是轴向的。

⑪混合流式压缩机——也属速度型压缩机,其转子的形状结合了离心式和轴流式两者的一些特点。

⑫喷射式压缩机——利用高速气体或蒸汽喷射流带走吸入的气体,然后在扩压器上将混合气体的速度转化为压力。

3.设备的组成

(1)空压机组成

空气压缩机基本组成如下:

①主机(即压缩机)。主要分为离心式,活塞式,双螺杆式,单螺杆式4类,后两种都属于轴流式。

②驱动系统。由电机,内燃机或其他动力机械组成。

③润滑油系统。由油雾器,油水分离器,油冷却器,控制阀等。

④冷却系统。有风冷和水冷两类,冷却高温压缩气体和回油。

⑤电气控制系统。

(2)空压机特点

由电动机直接驱动压缩机,使曲轴产生旋转运动,带动连杆使活塞产生往复运动,引起汽缸容积变化。由于汽缸内压力的变化,通过进气阀使空气经过空气滤清器(消声器)进入汽缸,在压缩行程中,由于汽缸容积的缩小,压缩空气经过排气阀的作用,经排气管,单向阀(止回阀)进入储气罐,当排气压力达到额定压力 0.7 MPa 时由压力开关控制而自动停机。当储气罐压力降至 0.5～0.6 MPa 时压力开关自动联接启动。

(3)空压机选型

空气压缩机的选择主要依据气动系统的工作压力和流量。

①气源的工作压力应比气动系统中的最高工作压力高20%左右,因为要考虑供气管道的沿程损失和局部损失。如果系统中某些地方的工作压力要求较低,可以采用减压阀来供气。空气压缩机的额定排气压力分为低压(0.7～1.0 MPa)、中压(1.0～10 MPa)、高压(10～100 MPa)和超高压(100 MPa 以上),可根据实际需求来选择,常见的使用压力一般为 0.7～1.25 MPa。

②首先按空压机的特性要求选择空压机的类型,再根据气动系统所需要的工作压力和流量两个参数,以确定空压机的输出压力 p_c 和吸入流量 q_c,最终选取空压机的型号。

4.设备的维保

(1)空压机安全操作

①保持油池中润滑油在标尺范围内,操作前应检查注油器内的油量不低于刻度线值。

②检查各运动部位是否灵活,各联接部位是否紧固,润滑系统是否正常,电机及电器控制

设备是否安全可靠。

③空压机操作前应检查防护装置及安全附件是否完好齐全。

④检查排气管路是否畅通。

⑤接通水源,打开各进水阀,使冷却水畅通。

6.2 空压机操作时应注意长期停用后首次启动前,必须盘车检查,注意有无撞击、卡住或响声异常等现象。

6.3 机械必须在无载荷状态下启动,待空载运转情况正常后,再逐步使空气压缩机进入负荷运转。

6.4 空压机操作时,正常运转后应经常注意各种仪表读数,并随时予以调整。

6.5 空压机操作中,还应检查下列情况:

①电动机温度是否正常,各电表读数是否在规定的范围内。

②各机件运行声音是否正常。

③吸气阀盖是否发热,阀的声音是否正常。

④空压机各种安全防护设备是否可靠。

6.6 空压机操作 2 h 后,需将油水分离器、中间冷却器、后冷却器内的油水排放一次,储风桶内油水每班排放一次。

6.7 空压机操作中发现下列情况时,应立即停车,查明原因,并予以排除。

①润滑油中断或冷却水中断。

②水温突然升高或下降。

③排气压力突然升高,安全阀失灵。

④负荷突然超出正常值。

⑤机械响声异常。

⑥电动机或电器设备等出现异常。

6.8 空压机操作完,停车后关闭冷却水进水阀门。

6.9 如因电源中断停车时,应使电动机恢复启动位置,以防恢复供电,由于启动控制器无动作而造成事故。

6.10 空压机操作电动机部分的操作须遵照电动机的有关规定执行。

6.11 空压机操作动力部分须遵照内燃机的有关规定执行。

6.12 空压机操作停车 10 d 以上时,应向各摩擦面注以充分的润滑油。停车一个月以上作长期封存时,除放出各处油水,拆除所有进、排气阀并吹干净外,还应擦净汽缸镜面、活塞顶面,曲轴表面以及所有非配合表面,并进行油封,油封后用盖盖好,以防潮气、灰尘浸入。

6.13 移动式空气压缩机在每次拖行前,应仔细检查走行装置是否完好、紧固,拖行速度一般不超过 20 km/h。

6.14 空压机操作时,所设贮风筒及安全阀、压力表等安全附件必须符合铁道部有关压缩空气贮气筒安全技术的要求。

6.15 空压机的空气滤清器须经常清洗,保持畅通,以减少不必要的动力损失。

6.16 空压机操作喷砂除锈等灰尘较大的工作时,应使机械与喷砂场地保持一定距离,并应采取相应的防尘措施。

（2）空压机维护保养

为了使空压机能够正常可靠地运行,保证机组的使用寿命,须制订详细的维护计划,执行定人操作、定期维护、定期检查保养,使空压机组保持清洁、无油、无污垢。

①保养注意事项

A.按上表维修及更换各部件时必须确定:空压机系统内的压力都已释放,与其他压力源已隔开,主电路上的开关已经断开,且已做好不准合闸的安全标识。

B.压缩机冷却润滑油的更换时间取决于使用环境、湿度、尘埃和空气中是否有酸碱性气体。新购置的空压机首次运行 500 h 须更换新油,以后按正常换油周期每 4 000 h 更换一次,年运行不足 4 000 h 的机器应每年更换一次。

C.油过滤器在第一次开机运行 300~500 h 必须更换,第二次在使用 2 000 h 更换,以后则按正常时间每 2 000 h 更换。

D.维修及更换空气过滤器或进气阀时切记防止任何杂物落入压缩机主机腔内。操作时将主机入口封闭,操作完毕后,要用手按主机转动方向旋转数圈,确定无任何阻碍,才能开机。

E.在机器每运行 2 000 h 左右须检查皮带的松紧度,如果皮带偏松,须调整,直至皮带张紧为止;为了保护皮带,在整个过程中需防止皮带因受油污染而报废。

F.每次换油时,须同时更换油过滤器。

G.更换部件尽量采用生产厂家原装部件,否则如出现匹配问题,供应商不会负责。

②清洁冷却器

空压机每运行 2 000 h 左右,为清除散热表面灰尘,需将风扇支架上的冷却器吹扫孔盖打开,用吹尘气枪对冷却器进行吹扫,直至散热表面灰尘吹扫干净。倘若散热表面污垢严重,难以吹扫干净,可将冷却器卸下,倒出冷却器内的油并将 4 个进出口封闭以防止污物进入,然后用压缩空气吹除两面的灰尘或用水冲洗,最后吹干表面的水渍,装回原位。

切记!勿用铁刷等硬物刮除污物,以免损坏散热器表面。

③排风冷凝水

空气中的水分可能会在油气分离罐中凝结,特别是在潮湿天气,当排气温度低于空气的压力露点或停机冷却时,会有更多的冷凝水析出。油中含有过多的水分将会造成润滑油的乳化,影响机器的安全运行,如:

a.造成压缩机主机润滑不良。

b.油气分离效果变差,油气分离器压差变大。

c.引起机件锈蚀。

因此,应根据湿度情况制订冷凝水排放时间表。

冷凝水的排放方法:

应在机器停机、油气分离罐内无压力、充分冷却、冷凝水得到充分沉淀后进行,如早上开机前。

a.拧出油气分离罐底部的球阀前螺堵。

b.缓慢打开球阀排水,直到有油流出,关闭球阀。

c.拧上球阀前螺堵。

④安全阀维护

安全阀在整机出厂前已调定,供应商不提倡用户私自调整安全阀,如确需调整,则应在当地劳动安全部门或供应商维修人员的指导下进行,以免造成不良后果。

⑤压缩机补油

在运行状态下,压缩机的油位应保持在最低与最高油位之间,油多会影响分离效果,油少则会影响机器润滑及冷却性能,在换油周期内,如果油面低于最低油位,应及时补充润滑油,方法是:

a.停机等内压释放完毕(确认系统无压力),拉下电源总开关。

b.打开油气分离罐上的加油口,补充适量的冷却润滑油。

c.空气压缩机正常运行后的换油时间参见定期维护保养表。

⑥空压机定期保养内容

A.每周:

a.检查机组有无异常声响和泄漏。

b检查仪表读数是否正确。

c.检查温度显示是否显示正常。

B.每月:

a.检查机内是否有锈蚀、松动之处,如有锈蚀则去锈上油或涂漆,松动处上紧。

b.排放冷凝水。

C.每三个月:

a.清除冷却器外表面及风扇罩、扇叶处的灰尘。

b.加注润滑油于电动机轴承上。

c.检查软管有无老化、破裂现象。

d.检查电器元件,清洁电控箱。

【任务实施】

以国内典型空压机的结构及技术参数为例,进行剖析。

压缩机型号/Model:DSR-30A

大气压力(kg/cm²A):1.033

环境温度(℃):46

相对湿度(%):85%

排气压力/Working Pressure(bar):8

排气量/FAD(m³/min):3.5

排气温度(℃):环境温度+15

冷却方式/Cooling:风冷/Air cooled

电机功率 Motor rated power(kW):22

电源/Voltage(V/PH/HZ):380/3/50

启动方式:Y—△

防护等级:IP54

传动方式:皮带

噪音/Noise dB(A):69

含油量(PPM):<2

机组重量/Weight(kg):630

外形尺寸(长×宽×高)(mm):1 000×1 100×1 240

【效果评价】

评 价 表

项目名称	城市轨道交通车辆检修工艺设备之通用设备		学生姓名	
任务名称	任务2　认知空压机		分　数	
项　目			分　值	考核得分
1.空压机各组成系统的相关知识、图片的搜集、整理			10	
2.是否有小组计划			5	
3.空压机用途及分类的认知情况			10	
4.空压机设备组成的认知情况			20	
5.编制学习汇报报告情况			50	
6.基本素养考核情况			5	
总体得分				
教师简要评语： 教师签名：				

任务3　认知叉车

【活动场景】

在设备的使用现场教学或用多媒体展示叉车的使用与生产。

【任务要求】

通过实习掌握城市轨道交通行业叉车的用途、组成、操作及维修保养方面的知识。

【知识准备】

1.设备的用途

（1）设备简介

叉车是工业搬运车辆，是指对成件托盘货物进行装卸、堆垛和短距离运输作业的各种轮式搬运车辆。国际标准化组织 ISO/TC 110 称为工业车辆。

（2）设备用途

叉车常用于仓储大型物件的运输,通常使用燃油机或者电池驱动。

图 8.6　叉车简图

2.设备的分类

叉车通常可以分为 3 大类:内燃叉车、电动叉车和仓储叉车。

（1）内燃叉车

内燃叉车又分为普通内燃叉车、重型叉车、集装箱叉车和侧面叉车。

（2）电动叉车

以电动机为动力,蓄电池为能源。承载能力 0.8~1.0 t,作业通道宽度一般为 3.5~5.0 m。由于没有污染、噪声小,因此广泛应用于室内操作和其他对环境要求较高的工况。

（3）仓储叉车

仓储叉车主要是为仓库内货物搬运而设计的叉车。除了少数仓储叉车(如手动托盘叉车)是采用人力驱动的,其他都是以电动机驱动的,因其车体紧凑、移动灵活、自重轻和环保性能好而在仓储业得到普遍应用。

3.设备的组成

（1）主要组成

叉车结构中一般由 4 个轮组成,叉车支架支承大多数采用水平铰联车架。当车架倾斜碰到挡块时成为四支点,四支点叉车横向稳定性好。

①发动机。它是叉车的动力装置。

②传动装置。包括离合器、变速器、主传动器、差速器、半轴等部分。传动装置的作用是将发动机输出的动力传递给液压泵和驱动车轮,实现叉车的升降、倾斜和行驶。

③操纵装置。包括转向机构和制动系统两部分。基本作用是改变叉车的行驶方向,降低运行速度或迅速停车,以保证装卸作业的安全需要。

④工作装置。包括内外门架、叉架、货叉、提升链条、滚轮、滑轮等部分。其作用是用来叉取、升降或堆码货物。

⑤液压系统。包括油箱、液压泵、分配器、提升液压缸、倾斜液压缸。用以实现货物的升降、倾斜等动作。

⑥电气系统。包括电源部分和用电部分。主要有蓄电池、发电机、启动电动机、点火装置、照明装置和喇叭等。

（2）叉车的主要参数

叉车的技术参数是用来表明叉车的结构特征和工作性能的。其主要技术参数有:额定起重量、载荷中心距、最大起升高度、门架倾角、最大行驶速度、最小转弯半径、最小离地间隙以及轴距、轮距等。

4.设备的维保

（1）叉车安全操作注意事项

①检查车辆

a.叉车作业前,应检查外观,加注燃料、润滑油和冷却水。

b.检查启动、运转及制动性能。

c.检查灯光、音响信号是否齐全有效。

d.叉车运行过程中应检查压力、温度是否正常。

e.叉车运行后还应检查外泄漏情况并及时更换密封件。

f.电瓶叉车除应检查以上内容外,还应按电瓶车的有关检查内容,对电瓶叉车的电路进行检查。

②起步

a.起步前,观察四周,确认无妨碍行车安全的障碍后,先鸣笛,后起步。

b.气压制动的车辆,制动气压表读数须达到规定值才可起步。

c.叉车在载物起步时,驾驶员应先确认所载货物平稳可靠。

d.起步时须缓慢平稳起步。

③行驶

a.行驶时,货叉底端距地面高度应保持300~400 mm,门架须后倾。

b.行驶时不得将货叉升得太高。进出作业现场或行驶途中,要注意上空有无障碍物刮碰。载物行驶时,如货叉又升得太高,还会增加叉车总体重心高度,影响叉车的稳定性。

c.卸货后应先降落货叉至正常的行驶位置后再行驶。

d.转弯时,如附近有行人或车辆,应发出信号、并禁止高速急转弯。高速急转弯会导致车辆失去横向稳定而倾翻。

e.内燃叉车在下坡时严禁熄火滑行。

f.非特殊情况,禁止载物行驶中急刹车。

g.载物行驶在超过7°和用高于1挡的速度上下坡时,非特殊情况不得使用制动器。

h.叉车在运行时要遵守厂内交通规则,必须与前面的车辆保持一定的安全距离。

i.叉车运行时,载荷必须处在不妨碍行驶的最低位置,门架要适当后倾,除堆垛或装车时,不得升高载荷。在搬运庞大物件时,物体挡住驾驶员的视线,此时应倒开叉车。

j.叉车由后轮控制转向,所以必须时刻注意车后的摆幅,避免初学者驾驶时经常出现的转弯过急现象。

k.禁止在坡道上转弯,也不应横跨坡道行驶。

l.叉车载货下坡时,应倒退行驶,以防货物颠落。

④装卸

a.叉载物品时,应按需调整两货叉间距,使两叉负荷均衡,不得偏斜,物品的一面应贴靠挡货架,叉载的质量应符合载荷中心曲线标志牌的规定。

b.载物高度不得遮挡驾驶员的视线。

c.在进行物品的装卸过程中,必须用制动器制动叉车。

d.货叉车接近或撤离物品时,车速应缓慢平稳,注意车轮不要碾压物品、木垫等,以免碾压物飞起伤人。

e.用货叉叉取货物时,货叉应尽可能深地叉入载荷下面,还要注意货叉尖不能碰到其他货物或物件。应采用最小的门架后倾来稳定载荷,以免载荷向后滑动。放下载荷时,可使门架小量前倾,以便于安放载荷和抽出货叉。

f.禁止高速叉取货物和用叉头岙坚硬物体碰撞。

g.叉车作业时,禁止人员站在货叉上。

h.叉车叉物作业,禁止人员站在货叉周围,以免货物倒塌伤人。

i.禁止用货叉举升人员从事高处作业,以免发生高处坠落事故。

j.不准用制动惯性溜放物品。

(2)叉车维保

①日常保养

a.叉车司机必须持有效证件上岗。

b.应熟知叉车的结构、性能及工作原理、掌握相关技术要领。

c.上班前、上班中不准饮酒,应严格遵守各项规章制度。

d.司机应对叉车进行日常维护保养,并作好相关记录。

e.接班前必须对叉车的各种保护进行检查、试验;叉车的闸、灯、喇叭及液压系统是否灵活可靠;检查轮胎充气及螺栓紧固状态,如有异常,检修正常后方可投入使用。

f.叉运前,必须先观察好周围情况,鸣喇叭示警,使其他作业人员远离到安全位置。

g.叉车上除司机外,禁止任何人员搭乘,驾驶时司机要注意瞭望、精神集中,不得超速行驶。

h.叉车叉件时,任何人不得用手扶持所叉物件或站在物件的附近。

i.叉车在搬运阻挡视线的大件时,应设专人在运行方向上引导指挥。

j.叉车在叉不规则物件时,必须采取可靠的固定物件的安全措施。

k.不得在能自动滑行的坡道上停车检修。

l.不得用叉车顶其他车辆。

m.司机离开座位时,要将叉车熄火、断电,防止自由滑行。

n.下班前应对叉车进行检查,并对存在问题及检查情况进行记录。

o.司机要注意行车交通安全,防止碰撞行人或障碍物。

p.司机要经常巡视厂内行车路线,清理废铁块、铁钉,防止扎坏轮胎。

q.必须保证制动系统的灵敏可靠,遇到紧急情况能够有效刹车。

②定期保养

a.检查与调整气门间隙。

b.检查汽缸压力或真空度。

c.检查节温器工作是否正常。

d.检查多路换向阀、升降油缸、倾斜油缸、转向油缸及齿轮泵工作是否正常。

e.检查与调整手、脚制动器的制动片与制动鼓的间隙。

f.检查变速器的换挡工作是否正常。

g.检查发电机及启动电机安装是否牢固,与接线头是否清洁牢固,检查碳刷和整流子有无磨损。

h.更换油底壳内机油,检查曲轴箱通风接管是否完好,清洗机油滤清器和柴油滤清器滤芯。

i.检查风扇皮带松紧程度。

j.检查车轮安装是否牢固,轮胎气压是否符合要求,并清除胎面嵌入的杂物。

k.由于进行保养工作而拆散零部件,当重新装配后要进行叉车路试。

- 不同程度下的制动性能,应无跑偏,蛇行。在陡坡上,手制动拉紧后,能可靠停车。
- 倾听发动机在加速、减速、重载或空载等情况下运转,有无不正常声响。
- 路试一段里程后,应检查制动器、变速器、前桥壳、齿轮泵处有无过热。
- 货叉架升降速度是否正常,有无颤抖。

l.检查柴油箱油进口过滤网有否堵塞破损,并清洗或更换滤网。

【任务实施】

以国内典型空压机的结构及技术参数为例,进行剖析。

额定起重量:2 t

控制类型:坐驾式

提升高度:3 000 mm

轮胎类型:充气式

车体总长:2 500 mm(不含货叉)

车体总宽:1 150 mm

车体总高:2 070 mm

自由提升高度:160

货叉长度:1 220 mm

转弯半径:2 170 mm

空载/满载行驶速度:(20/17)km/h

空载/满载提升下降速度:(600/570)mm/s;(550/450)mm/s

最大牵引力:1 650 kg

最大空载/满载爬坡能力:(20/33)%

门架前后倾角:(6/12)°

最小通道宽度:1 920 mm

转向类型:动力转向

门架/车架最小离地间隙:(110/115)mm

行车制动类型:脚动液压

停车制动类型:手动机械

变速箱:进退各1挡

【效果评价】

评 价 表

项目名称	城市轨道交通车辆检修工艺设备之通用设备		学生姓名	
任务名称	任务 3　认知叉车		分　数	
项　目			分　值	考核得分
1.叉车各组成系统的相关知识、图片的搜集、整理			10	
2.是否有小组计划			5	
3.叉车用途、分类及组成的认知情况			10	
4.叉车维保及使用的认知情况			20	
5.编制学习汇报报告情况			50	
6.基本素养考核情况			5	
总体得分				
教师简要评语:				
			教师签名:	

任务 4　认知电焊机

【活动场景】

在设备的使用现场教学或用多媒体展示电焊机的使用与生产。

【任务要求】

通过实习掌握城市轨道交通行业电焊机的用途、组成、操作及维修保养方面的知识。

【知识准备】

1.设备的用途

(1)设备简介

电焊机实际上就是具有下降外特性的变压器,外特性就是在焊条引燃后电压急剧下降的特性。电焊机一般按输出电源种类可分为两种,一种是交流电源的,另一种是直流电源的。

直流的电焊机可以说也是一个大功率的整流器,分正负极,交流电输入时,经变压器变压后,再由整流器整流,然后输出具有下降外特性的电源,输出端在接通和断开时会产生巨大的电压变化,两极在瞬间短路时引燃电弧,利用产生的电弧来熔化电焊条和焊材,冷却后来达到使它们结合的目的。焊接由于具有灵活方便、牢固可靠,焊接后甚至与母材具有同等强度的优点而广泛应用于各个工业领域,如航空航天、船舶、汽车、容器等。

图 8.7　电焊机

(2)设备特点

①优点

电焊机使用电能源,将电能瞬间转换为热能,适合在干燥的环境下工作,不需要太多要求,因体积小巧,操作简单,使用方便,速度较快,焊接后焊缝结实等优点而广泛应用于各个领域,特别对要求强度很高的制件特别实用,可以瞬间将同种金属材料永久性的连接(也可将异种金属连接,只是焊接方法不同)。焊缝经热处理后,与母材同等强度,密封良好,这为储存气体和液体容器的制造解决了密封和强度的问题。

②缺点

电焊机在使用过程中周围会产生一定的磁场,电弧燃烧时会向周围产生辐射,弧光中有红外线,紫外线等光种,还有金属蒸汽和烟尘等有害物质,所以操作时必须要有足够的防护措施。焊接不适用于高碳钢的焊接,由于焊接焊缝金属结晶和偏析及氧化等过程,对于高碳钢来说焊接性能不良,焊后容易开裂,产生热裂纹和冷裂纹。低碳钢具有良好的焊接性能,但焊接过程中也要操作得当。但在除锈清洁方面较为烦琐,有时焊缝还会出现夹渣裂纹气孔咬边等缺陷,但操作得当会降低缺陷的产生。

(3)电焊机工作原理

电焊机利用正负两极在瞬间短路时产生的高温电弧来熔化电焊条上的焊料和被焊材料,以达到使它们结合的目的。电焊机的结构十分简单,实际上就是一个大功率的变压器,将220 V交流电变为低电压,大电流的电源,可以是直流也可以是交流。电焊变压器自身的特点,就是具有电压急剧下降的特性,在焊条和工件之间施加电压,通过划擦或接触引燃电弧,用电弧的能量熔化焊条和加热母材。

2. 设备的分类

工矿企业主要用的焊机有:交流弧焊机、直流电焊机、氩弧焊机、二氧化碳保护焊机、对焊机、点焊机、埋弧焊机、高频焊缝机、闪光对焊机、压焊机、碰焊机、激光焊机。

①交流焊机一般用于钢结构制造单位或通用机械、农业机械制造单位;直流焊机主要用于制造压力容器锅炉、管道或重要结构制造单位的焊接。

②埋弧焊机的主要应用领域为大型钢结构制造单位,压力容器锅炉制造单位。

③气体保护焊机主要应用于大型钢结构制造单位或通用机械、农用机械,汽车制造厂,防

盗门加工厂,制造压力容器锅炉的单位现在也广泛地应用了气体保护焊机。

④氩弧焊机主要用在管道、压力容器锅炉、不锈钢加工企业。

⑤交流氩弧焊机主要用于铝焊接制造单位,铝制容器制造单位。

3.设备的组成

①电焊机由变压器,机壳,输出,输入接电线路及端子,电流电压控制、反馈器件等部分组成。

②电焊作业主要辅助器具

电焊机辅助器具包括防止操作人员被焊接电弧或其他焊接能源产生的紫外线、红外线或其他射线伤害眼睛的气焊眼镜;电弧焊时保护焊工眼睛、面部和颈部的面罩;白色工作服、焊工手套和护脚等。

③电焊机主要参数

电焊机主要参数包括:焊条直径、额定频率、额定功率、额定电压、额定电流、相数、空载焊接电压、额定焊接直流电流、焊接电压、焊接负载、焊接电流调整范围等。

4.设备的维保

电焊机安全操作注意事项:

①使用前,应检查并确认初、次极线接线正确,输入电压符合电焊机的铭牌规定;接通电源后,严禁接触初级线路的带电部分。

②次级抽头连接铜板应压紧,接线柱应有垫圈;合闸前,应详细检查接线螺帽、螺栓及其他部件并确认齐全、无松动或损坏。

③多台电焊机集中使用时,应分接在三相电源网络上,使三相负载平衡,多台电焊机的接地装置应分别由接地处引接,不得串联。

④移动电焊机时应切断电源,不得用拖拉电缆的方法移动电焊机;当焊接中突然停电时,应立即切断电源。

⑤野外作业时,电焊机应放在避雨、通风较好的地方。

⑥焊接时,不允许用铁板搭接代替电焊机的搭铁。

⑦电焊机外壳必须有良好的接零或接地保护,其电源的装拆应由电工进行;电焊机的一次与二次绕组之间,绕组与铁芯之间,绕组、引线与外壳之间,绝缘电阻均不得低于0.5 MΩ。

⑧电焊机应放在防雨和通风良好的地方,焊接现场不准堆放易燃、易爆物品,使用电焊机必须按规定穿戴防护用品。

⑨交流弧焊机一次电源线长度应不大于5 m,二次线电缆长度应不大于30 m。

⑩焊钳与把线必须绝缘良好、连接牢固,更换焊条时应戴手套,在潮湿地点工作时操作人员应站在绝缘胶板或木板上。

⑪严禁在带压力的容器或管道上施焊,焊接带电的设备时必须先切断设备电源。

⑫焊接储存过易燃、易爆、有毒物品的容器或管道时,必须先将其清除干净,并将所有孔口打开。

⑬在密闭金属容器内施焊时,容器必须可靠接地、通风良好,并应有人监护,严禁向容器内输入氧气。

⑭焊接预热工件时,应有石棉布或挡板等隔热措施。

a. 新的或长久未用的电焊机,常由于受潮使绕组间、绕组与机壳间的绝缘电阻大幅度降低,在开始使用时容易发生短路和接地,造成设备和人身事故。因此在使用前应用摇表检查其绝缘电阻是否合格。

b. 启动新电焊机前,应检查电气系统接触器部分是否良好,认为正常后,可在空载下启动试运行。证明无电气隐患时,方可在负载情况下试运行,最后才能投入正常运行。

c. 直流电焊机应按规定方向旋转,对于带有通风机的要注意风机旋转方向是否正确,应由上方吹出,以达到冷却电焊机的目的。

电焊机维护保养基本项目:

①检查焊机输出接线规范、牢固,并且出线方向向下接近垂直,与水平夹角必须大于70°。

②检查电缆连接处的螺钉紧固,平垫、弹垫齐全,无生锈氧化等不良现象。

③检查接线处电缆裸露长度小于 10 mm。

④检查焊机机壳接地牢靠。

⑤检查焊机电源、母材接地良好、规范。

⑥检查电缆连接处要可靠绝缘,并用胶带包扎好。

⑦电源线、焊接电缆与电焊机的接线处屏护罩是否完好。

⑧焊机冷却风扇转动是否灵活、正常。

⑨电源开关、电源指示灯及调节手柄旋钮是否保持完好,电流表,电压表指针是否灵活、准确,表面清楚无裂纹,表盖完好且开关自如。

⑩检查电机固定和绝缘电圈是否完好。

⑪每周彻底清洁设备表面油污一次。

⑫每半年对电焊机内部用压缩空气(不含水分)清除一次内部的粉尘(一定要切断电源后再清扫)。在去除粉尘时,应将上部及两侧板取下,然后按顺序由上向下吹,附着油脂类用布擦净。

⑬检查各线路及零附件是否完好。

⑭检查保险丝是否符合要求,如发现已氧化,严重过热、变色应更换保险丝。

⑮电流调节装置应符合调节范围的要求。

⑯检查设备各部分润滑情况。

【任务实施】

以国内典型电焊机的结构及技术参数为例,进行剖析。

型号:BX1-500

额定输入电压/频率:1~380 V;50/60 Hz

输出电流范围:500 A

电流调节范围:100~500 A

额定输入容量:38 kVA

额定负载持续率:35%

重量:105 kg

外形尺寸:660 mm×490 mm×780 mm

适用焊丝直径:ϕ2~ϕ5

【效果评价】

评 价 表

项目名称	城市轨道交通车辆检修工艺设备之通用设备	学生姓名	
任务名称	任务4　认知电焊机	分　数	
项　目		分　值	考核得分
1.电焊机各组成系统的相关知识、图片的搜集、整理		10	
2.是否有小组计划		5	
3.电焊机用途、分类及组成的认知情况		10	
4.电焊机维保及使用的认知情况		20	
5.编制学习汇报报告情况		50	
6.基本素养考核情况		5	
总体得分			
教师简要评语: 　教师签名:			

项目小结

通用检修工艺设备主要用于城市轨道交通在运营生产中,进行车辆检修作业的辅助配合工作,本项目内容主要从日常检修生产作业中,经常使用的起重机设备、搬运设备、充放电设备以及动力设备的技术性能、使用情况、维修保养要求等方面进行简要介绍。

思考与练习

1.简述桥式起重机的主要用途及功能。

2.简述叉车的主要用途及功能。

3.简述充放电机的主要用途及功能。

4.简述叉车的主要用途及功能。

5.简要说明通用检修工艺设备维修保养的工作要点。

项目 **9**

架大修设备

【项目描述】

大、架修是地铁车辆检修修程中非常重要的组成部分,其目的是恢复车辆的性能,修复车辆部件的尺寸的重要修程。本项目主要从维修工艺布局的角度,对开展车辆大、架修修程所用到的工艺设备作一简要的介绍。

【学习目标】

通过本项目的学习要求掌握以下基本知识:

1. 了解城市轨道交通车辆大、架修修程所需设备的配置。

2. 掌握城市轨道交通车辆大、架修主要设备的应用及技术参数。

图 9.1

【技能目标】

1. 能掌握车辆大、架修设备的配置原则。

2. 能通过实习认识主要检修用设备的特点、功能,了解其主要技术参数。

任务 1 了解架大修工艺

【活动场景】

多媒体展示车辆大、架修作业的工艺布局及设备配置。

【任务要求】

了解大、架修的主要检修工艺及设备配置情况。

【知识准备】

1. 车辆大、架修工艺简介

地铁车辆是由许多部件和子系统组成的复杂而完整的系统,在投入运营初期由于各部件和子系统之间的磨合,往往会有比较高的故障率,经过一段时间后,一些零部件由于磨损、老化、疲劳、受污染等因素而导致性能下降,可靠性降低,使车辆故障率升高,甚至可能造成安全隐患,一般地铁车辆在运行 5 年或运行里程达到 50 万 km 左右时需进行架修;在运行 10 年或运行里程达到 100 万 km 时左右需进行大修。

架修的检修通常周期在 20 d 左右,大修的周期通常为 30 d 左右。在车辆大修作业中,主要对列车进行架车、解体;转向架构架探伤、整形;轮对的分解、检查;牵引电机分解、检查、更换零件、性能测试;车门门叶整形、更换消耗件;车体重新油漆以及动态调试、静态调试;最终恢复列车的出厂标准。而架修规程一般只规定对车体进行架车、基本解体,对走行部分及牵引电机等主要部件进行检查、测试盒修理。同时,在修程中还要求对车顶、车顶部件和车下部件如受电弓、空调、避雷器、电气箱、转向架及牵引电机等进行外表的清洁,并对转向架、受流器、牵引电机、制动系统、车钩缓冲装置、车门、各种电气控制装置等部件进行分解、检查、检修、呼唤、试验,对仪器仪表进行校验。

2. 车辆大、架修工艺简介

根据车辆检修的主要内容及检修工艺的流程,开展车辆的大、架修工作主要配置的专用检修设备有:

(1)架车、车体分解的工装设备

地坑式架车机组、浅坑式移车台、公铁两用牵引车、液压升降平台、工艺转向架、车钩拆装机、起重机、空调机组及受电弓专用吊具等。

(2)转向架检修的工装设备

转向架升降台、转向架清洗机、转向架试验台、弹簧试验台、减震器试验台、构架测试台、构架翻转台等。

(3)轮对检修及工装设备

轮对压装机、轴承感应加热器、车轴探伤仪、轴承清洗设备、套齿设备。

(4)牵引电机检修的工装设备

电机吹扫清洗设备、直流/交流牵引电机试验台、动平衡机、空气压缩机、电动机试验台等。

(5)制动系统检修的工装设备

空气压缩机试验台、空气阀门试验台、制动单元拆装设备等。

(6)电器部件检修的工装设备

电器部件中和试验台、功率电子试验台、主逆变器试验台、示波器等。

(7)空调检修等工装设备

空调机组织试验台、空调冷媒充放设备、空调检修套装工具、空调焊接专用工具等。

(8)蓄电池检修设备

蓄电池充放电设备、蓄电池拆装工装设备等。

(9)其他部件检修等工装设备

辅助逆变器试验台、车钩试验台、缓冲器试验台、受电弓试验台、门控装置试验台、护指橡胶、安装机等。

(10)静态、动态调试的工装设备

车辆称重装置、静调直流供电柜、八通道示波器、便携式计算机(故障显示诊断)等。

(11)油漆相关设备

喷漆设备、加热恒温设备、通风设备、油污过滤设备等。

（12）动力设备等配置

风、水、电动力设备等。

【任务实施】

地铁车辆架、大修工艺流程如图9.2所示。

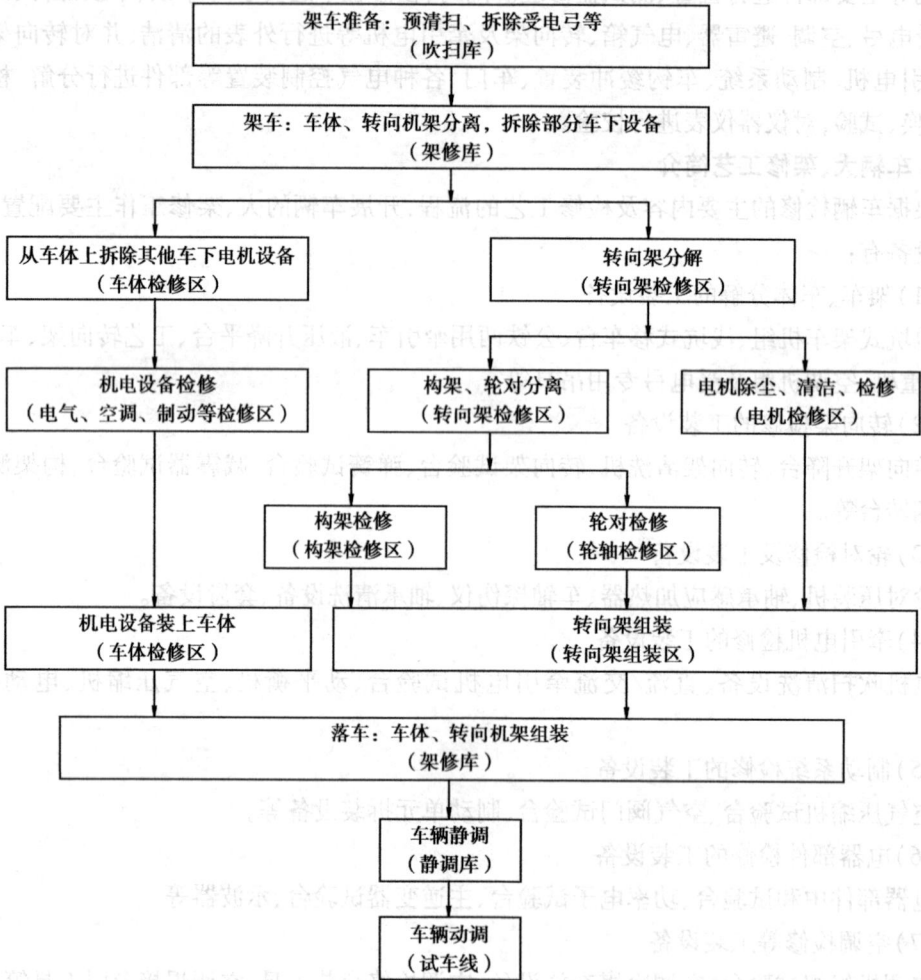

```
┌─────────────────────────────────┐
│  架车准备：预清扫、拆除受电弓等  │
│            （吹扫库）            │
└─────────────────────────────────┘
                 │
┌─────────────────────────────────┐
│ 架车：车体、转向机架分离，拆除部分车下设备 │
│            （架修库）            │
└─────────────────────────────────┘
         │                      │
┌───────────────────┐  ┌───────────────────┐
│从车体上拆除其他车下电机设备│  │    转向架分解     │
│    （车体检修区）   │  │ （转向架检修区）  │
└───────────────────┘  └───────────────────┘
         │              │            │
┌──────────────┐ ┌──────────────┐ ┌──────────────┐
│  机电设备检修 │ │  构架、轮对分离│ │电机除尘、清洁、检修│
│（电气、空调、制动等检修区）│ │（转向架检修区）│ │ （电机检修区）│
└──────────────┘ └──────────────┘ └──────────────┘
                   │            │
          ┌──────────────┐ ┌──────────────┐
          │   构架检修    │ │   轮对检修    │
          │ （构架检修区）│ │ （轮轴检修区）│
          └──────────────┘ └──────────────┘
┌──────────────┐      ┌──────────────┐
│ 机电设备装上车体│      │   转向架组装  │
│ （车体检修区）│      │（转向架组装区）│
└──────────────┘      └──────────────┘
                 │
┌─────────────────────────────────┐
│    落车：车体、转向机架组装       │
│            （架修库）            │
└─────────────────────────────────┘
                 │
          ┌──────────────┐
          │   车辆静调    │
          │  （静调库）   │
          └──────────────┘
                 │
          ┌──────────────┐
          │   车辆动调    │
          │  （试车线）   │
          └──────────────┘
```

图9.2　架、大修工艺流程图

根据车辆大、架修的工艺流程，大、架修库房按照各部件的检修分为架车区、转向架检修区、轮轴检修区、电机检修区、车体检修区、电气检修区、空调检修区、制动/空压机检修区、受电弓（集电靴）检修区和钩缓检修区等，在各检修区的设计中。转向架、电机等部件的检修可采用流水作业工艺流程和部件互换工作制，以提高检修质量和检修能力。

【效果评价】

评 价 表

项目名称	城市轨道交通车辆检修工艺设备之架大修设备		学生姓名	
任务名称	任务1 了解架大修工艺		分 数	
项 目			分 值	考核得分
1.架大修各组成系统的相关知识、图片的搜集、整理			10	
2.是否有小组计划			10	
3.对架大修检修配备设备的认知情况			10	
4.对架大修检修工艺流程的认知情况			20	
5.编制学习汇报报告情况			50	
总体得分				
教师简要评语：				
			教师签名：	

任务2 认知架大修设备

【活动场景】

在车辆架大修作业现场教学及多媒体展示车辆大、架修作业的设备应用。

【任务要求】

掌握大、架修的主要检修工艺及设备的功能、用途、组成及特点。

【知识准备】

1.车体架修线

架车区是整车拆解和组装的场地,车辆进入架车区后,利用固定式架车机进行车体、转向架分离、拆除部分车下设备;车辆各部件检修完成之后也需要送到架车区,通过固定式架车机进行组装。架车区配备的主要设备为固定式架车机或移动式架车机,以及用于车体转向架分解后支撑车体的工艺转向架,其中前两项设备已在前述项目中进行了详细介绍,本项目不再另行介绍。

（1）工艺转向架

工艺转向架用于动车车辆段,适用于对修理过程中分离转向架后代替转向架对车体起支撑、移位、定位作用,并满足车下作业的需求,如图9.3所示。

工艺转向架主要由旁承、轮对轴箱和构架等组成。轴箱采用圆柱轴承,便于装卸,轮对的

259

轴距、轮距及轮径满足车辆使用需要。旁承为圆柱形，其上部与车体接触部位底盘，中心距与转向架两个空气弹簧中心距相同，其表面铺垫橡胶垫防止车体空气弹簧座表面损伤。

构架上应设置车体中心销定位装置，其装置通过微调功能使中心销与工艺转向架定位，传递牵引力和制动力。在构架上通常设置2个机械制动装置，操作方便，以防止车辆停车后溜车。

(2)主要技术参数

承载方式:旁承

载重:25 t

图9.3 工艺转向架

高度:1 600 mm

适用轨距:(1 435 ±2)mm

轮对内侧距:(1 353 ±2)mm

轴距:(2 500 ±1)mm

车轮滚动圆直径:840 mm

最小平面曲线半径:135 m

最大坡度(列车仅在空载 AW0 情况下运行):40‰

2. 转向架检修线

转向架检修区对转向架各部件进行检修;对转向架的焊缝进行探伤、检测。配置的设备主要有:转向架检修升降台、转向架翻转机、转向架清洗机、组装转向架机等。转向架检修区还可完成构架补焊和修理、转向架静载试验等,该区域需设工艺股道供待修及修竣转向架存放。

(1)转向架升降检修台

转向架升降检修台主要适用于对地铁车辆转向架部件进行升高后的检查、拆卸、清洁、组装、测量作业。设备主要由托轮架、托举机构、主滚轮、侧滚轮、升降柱、盖板、支撑架、控制系统等部分组成,如图9.4所示。

图9.4 转向架升降检修台

设备采用全埋入式,顶升部分全部置于地面下,设备顶部与地面同一标高,并与转向架4个轮相接,4个液压缸活塞杆与拖轮正体活动轨相连接,升起与下降时4个液压缸活塞同时动作。4个液压油缸由同步阀控制同步动作,每个液压油缸都设有液压锁。当正体转向架进入工作区内,如果要开始升起时,四轮外轨面都设有自动升起锁定器。当转向架回到轨面高度时锁定器失去作用,可以任意推动转向架。当本机升起时同时有自动填补活动轨道位置缺口的装置。升起后的地面除活塞杆位置处其余部分是平整的,给检修工作创造了宽敞的空间。

主要技术参数:

起重能力:10 t

升降高度:0～1 600 mm

起升速度:200～300 mm/min(可调)

下降速度:400～600 mm/min（可调）

液压站电机:7.5 kW

液压站油泵:GB-F32C-L

液压站油箱容积:370 L

设备总容量:8 kW

(2)转向架冲洗机

转向架冲洗机主要根据车辆转向架大型零部件的检修工艺要求,对转向架的构架、轮对等零部件解体后的清洗作业,也适用于转向架的整体清洗。清洗机采用射流清洗技术,将射流的机械作用、清洗液的热作用和化学作用相结合,清洗效率高,节约能源、污染少,如图9.5所示。

设备对工件进行清洗、漂洗两步工序,两步工序在清洗室内自动完成。被清洗工件装在承载车上,由牵引车送入清洗室内的清洗位置上,移动喷

图9.5　转向架冲洗机

管及摆动喷管组成喷射系统,射流全面覆盖工件表面。机组通过电气及气动元件控制管路系统中各阀,使清洗、漂洗液各自自动闭路循环。清洗、漂洗液经过安装在清洗、漂洗液箱里的过滤筐进行过滤。清洗后能方便地取出过滤筐清除脏物。清洗室两侧墙上设有观察窗,并配有照明灯,随时可观察清洗情况。液温由数显温度指示仪自动显示。

清洗机有两个独立的碳钢焊接结构储液水箱,分别为清洗、漂洗液箱;机组通过电气及气动元件控制管路系统中各阀,使清洗、漂洗液各自闭路循环。清洗时清洗液经过清洗室流到回水池,通过管路至清洗液箱,并通过过滤网进行二级过滤,而且能方便地取出过滤网清除污物;而漂洗时漂洗液也经过清洗室流到回水池,通过管路至漂洗液箱,再通过过滤网进行二级过滤。

主要技术参数:

清洗能力:转向架1件/每次,转向架轮对2对/每次

工件最大尺寸:4 000 mm×2 700 mm×900 mm(长×宽×高)

洗净率:≥95%达到Ⅳ级清洁等级

清、漂洗时间:≤30 min(0～9 999 s可调)

清(漂)洗液温度:常温～60 ℃可调

清(漂)洗液加热方式:电加热

清洗水泵功率:75 kW

漂洗水泵功率:55 kW

过滤泵功率:11 kW

除渣机功率:1.1×2 kW

牵引机构驱动功率功率:3 kW

电加热功率:30×2 kW

回水池有效容积:2 m³

清洗水箱有效容积:3.8 m³

漂洗水箱有效容积:3.8 m³

压缩空气压力:0.4~0.6 MPa

设备自重:18 t

(3)转向架反转工作台

转向架构架翻转工作台用于转向架的制作工厂及维修工厂在制造、装配、检修中实现转向架构架的翻转作业,如图9.6所示。

翻转工作台可由人工任意移动,根据需要在合宜的工作场地进行翻转作业,可以在工作台位实现构架的附件安装。设备的主支座与辅支座可分离,分别移动,停用时可移至工作区以外地点集中存放,以减少占地面积。支座在移动时可由手动液压装置方便地实现支承轮的撑起,使移动省力,到达指定位置后收起支承轮,使支座直

图9.6 转向架反转工作台

接与地面接触受力。升降拖板可由升降机构的丝杠丝母带动,沿机架导轨上下移动,以适应不同高度作业的需要。设备设置了工件转动时的自动调整机构,使回转平稳、克服了工件的偏心卡死现象。

拖板上装有12副滚轮机构使其沿导轨的移动为滚动摩擦,减少摩擦力,各滚轮可方便地实现调整,以保证拖板与机架导轨的间隙合宜。拖板上装有外齿啮合式回转支承,其转动由主支座上的回转驱动机构带动,拖板上还装有两个可调滚轮支承,当构架通过专用夹具装卡后吊落于可调滚轮支承上,在回转驱动带动下即可实现360°回转,并在工作位置实现定位。

主要技术参数:

构架总重:不大于3 t

工件重心偏移量:不大于200 mm

滚轮与机架导轨间隙:不大于0.06 mm

回转重心最大起升高度:2 450 mm

回转重心最小高度:794 mm

回转速度:1.3 r/min

回转电机功率:2.2 kW

升降速度:1.7 m/min

升降电机功率:2×4 kW。

(4)转向架静载试验台

转向架静载试验台用于城市轨道交通车辆转向架静载试验,也可以用作城市轨道转向架的静压试验(压吨试验),配合组装及检测相关尺寸而设计的非标准试验设备。它采用电液伺服加载方式,加载力可以人为设定,以便于模拟车体质量或根据工艺需要对转向架加载。在加载的同时可以检测转向架的轮重和转向架四角高。也可以根据使用需求增设轴距测量装置。用作压吨试验时可以根据用户需要不设称重系统或保留称重系统,如图9.7所示。

静载试验台的配置由龙门主框架、轨道及底座、对中装置(纵向)、称重系统、四角高测量

图 9.7　转向架静载实验台

图 9.8　转向机、轮对转盘

系统、测量控制系统、轴距测量系统组成。用于模拟车体的质量对转向架进行加载,测试轮重(并计算轮重差、轴重差)、测量转向架四角高。具有设置加载负荷值、位移值功能,并能设定加载的保持时间。设定负荷值和位移值能在计算机上直接显示。设备采用微机控制,使用先进的计算机管理系统,通过传感器可对试验过程中的负载变化、位移变化进行监控,并且可以对不合格项目在屏幕上进行提示。

主要技术参数:

二系加载装置加载力:200 kN

加载力精度等级:0.5/1.0

油缸行程:400 mm

位置精度等级:0.5/1.0

四角高度测量范围:800 ~ 1 100 mm

四角高度测量精度:0.5/1.0

轮重测量范围:100 kN

轮重精度等级:0.5

外形尺寸:6 m×4 m×3.5 m

电源电压:380 V ±10%

电源频率:(50 ±1)Hz

环境温度: - 20 ~ +45 ℃;

控制室温度:5 ~25 ℃。

(5)转向架、轮对转盘

转向架转盘分为通过式、非通过式转盘两类,即允许地铁车辆通过和不允许地铁车辆从上面通过。主要适用于车辆转向架的转向,同时允许 2T 叉车在满载的情况下从转盘表面通过,如图 9.8 所示。

设备主要由盖板、转盘架、主动轮装配、从动轮装配、小轮装置、回转支撑装配和定位锁紧装置组成。盖板由防滑花纹钢板及构架组成,与转盘架通过螺栓连接,构成转盘盘面,转盘旋转时,盖板始终保持在同一水平面内,与周边混凝土地坪圆心同心,与地坪高差处无凸台,平滑过渡,方便作业。转盘架由相互垂直的两股轨道(轨距为 1 435 mm)及焊接构架组成。构架由 H 型钢和槽钢焊接而成,整个结构具有足够的承载强度及刚度、过轨的偏载强度和抗冲击强度,保证旋转作业无扇形摆动和轴间晃动,转动方便灵活。

主动轮装配和从动轮装配用以承载以及驱动转盘转动。采用三合一减速电机驱动,能耗低,性能优越,效率高,安全可靠。小轮装配用以承受轮对上下转盘时的偏载。回转支撑装配由回转支承和支撑盘组成,与转盘架连接在一起,使转盘围绕地坑中心旋转。转盘盖板边缘处设置可转动定位板,并与车间的定位装置锁定,防止动车通过时转盘转动。

主要技术参数:

转盘直径:ϕ3 000 mm

转盘地面轨道直径:ϕ2 500 mm

转盘承载:5 t

转盘外圆周与地坪内圆周径向间隙:≤20 mm

钢轨纵向间隙:≤20 mm

轨顶高差:≤2 mm

轨距偏差:≤6 mm

3. 轮对检修线

轮轴检修区可完成车轮和牵引齿轮的拆装、轮对整体探伤(包括车轮、车轴和牵引齿轮)。轮轴检修区主要配备有以下设备:轴承轴箱分解机、轮对除锈清洗机、轮对磁粉探伤机、轮对超声波探伤机、立式数控车床(轮饼镗孔)、轮对试验台、轴承检测等设备。

(1)轮对轴承轴箱分解机

轮对轴承轴箱分解机用于车辆轮对上的轴箱和轴承的无损伤分解工作,可对不同型号的轮对、轴箱进行拆卸分解(轴承内圈留在轮对轴颈上)以及轴箱中滚动轴承的退卸分解。采用液压来完成,动作平稳、安全、可靠,电气系统采用 PLC 程序控制,自动化程度高,并可手动操作,改善了工作环境、提高了工作效率,如图9.9 所示。

设备由机座、轴箱拔出装置、轴承顶出装置、轴承输出装置、轴箱输出装置、转轮机、液压泵站、电控系统 8 个部分组成。机座为焊接结构,中间为轴

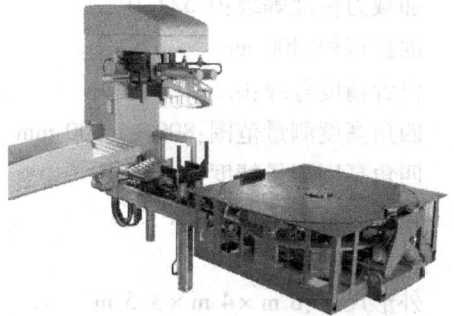

图9.9 轮对轴承轴箱分解机

箱拔出装置,两侧分别设轴承输出装置和轴箱输出装置。轴箱的拔出通过托架纵向运动(由纵向运动油缸控制)及升降运动(由升降油缸控制)来实现。拔轴箱过程中,升降装置对轴箱产生一个预压力,其大小根据轴箱拔出过程中产生的均衡力由"接近开关"与托架底部弹簧的高度来自动调节,将轴箱与轮对分离。为了把轴承从轴箱中顺利顶出,设计了轴箱自动定位装置,使轴箱上下左右定位在中心线上,同时轴承顶盘有万向功能,使其与轴承面能很好地配合运动。轴承由一侧的推出装置推出后,从另一侧的 U 形滑道滚出。为防止两个轴承被油粘住而无法分离,采用上部压轴承装置,使轴承分离滚出。

轴承被顶出轴箱后托架下降,使轴箱坐于滑道与支架之间,托架小车前进,使推轴箱装置运行到指定位置,推轴箱托架上升到轴箱滑道之上,同时辅助推轴箱托架上升,轴箱顺势从滑道中滑到指定位置。由齿条油缸推动齿轮带动转盘转动,可实现180°旋转,设有出轮装置和限轮装置。

主要技术参数:

功率:10 kW

机械手转角:180°

噪声等级:<80 dB

供电方:3 相 5 线　380 V(50 Hz)

(2)轮对清洗除锈机

轮对清洗除锈机用于带齿轮箱轮对的清洗和除锈,也可对不带齿轮箱的轮对清洗和除锈。除锈机靠重力可自动调整刷轮与除锈部位的压力,并能保证刷轮对轮轴压力的稳定,该设备采用 PLC 程序控制,自动化程度高、动作可靠、操作维修方便、清洗除锈质量高,除锈面积达 98% 以上,除锈效率为 100%,如图 9.10 所示。

设备由底座与转轮器、横梁及轴身除锈小车、防尘板座部位除锈小车、齿轮箱根部除锈悬吊机构、液压泵站、封闭式除锈室、喷水系统、电控系统

图 9.10　轮对清洗除锈机

8 个部分组成。以液压传动为主传动,轮对旋转采用摆线减速机驱动。除锈钢丝刷轮采用 4 个油马达驱动。其中两个油马达带动两个刷轮对轴身部位进行除锈,2 个马达带动 2 个刷轮对防尘板座部位进行除锈。所有刷轮与轴身间接触压力大小靠重力来调节,由吊架上的配重根据需要调整,这是本机最大的优点。它保证了在除锈过程中,无论多大直径的轮对,除锈刷轮与轴身的接触点始终保持永恒相同的压力。除锈工作完毕,各控制机构恢复到原位,将轮对推出,完成整个工作过程。

底座用型钢焊接而成,用地脚螺栓固定在基础上,达到平稳牢固。轮对转轮装置采用摆线减速机驱动,无噪声,运行平稳。轴身除锈小车由两部分组成,既可以合成一体,也可以分开以适应不同形式的轮对。吊架上悬挂 2 个油马达带动 2 个刷轮,由升降油缸控制到位,轴向运动由长行程油缸驱动,可在轴身根部短暂停留数秒,进行根部的彻底除锈。防尘板座部位结构形状复杂,且凹入轮对辐板内,为了达到除锈效果,除锈小车由升降、轴向油缸按程序驱动到位。小车吊架上悬挂 2 个油马达带动刷轮除锈。当轮对进、出和工作间隔时,清洗轮对用水由泄荷管路流回水池,以防止电机频繁启动,从而延长电机寿命,节约用水。

主要技术参数:

总功率:25.5 kW

工作效率:4 min/个

油马达额定工作压力:8.5 MPa

钢丝刷轮转速:1 700 r/min

车轮转速:24 r/min

冲洗水压:0.5 MPa

蓄水池容积推荐:>10 m³

(3)轮对荧光磁粉探伤机

轮对荧光磁粉探伤机是车辆检修探伤轮对的主要设备,适用于地铁列车动车、拖车的轮对探伤。利用待探伤的轮对车轴在外加磁场的作用下,车轴表面的周向和纵向磁化由小到大同时达到足够磁化强度再向车轴表面喷洒标准的磁悬液,使其均匀地附着在车轴表面。如果

车轴有裂纹和缺陷,引起导磁率的变化,形成局部磁极而产生聚粉现象。在长波紫外线的作用下由荧光效应而激发出明显的荧光,达到探伤判别的目的,如图 9.11 所示。

主要有暗室、磁化装置、轮对回转机构、轮对搬运机构、挡轮机构、气压系统、磁悬液循环系统、纵向磁场充退磁装置、配电柜及操作台组成。暗室内设有自动开启、关闭的暗幕、换气扇、荧光灯等组成。磁化装置位于暗室内,由磁轭、变压器、磁化线

图 9.11 轮对荧光磁粉探伤机

圈、气动探头组成,轮对加在两探头间进行充磁和退磁。轮对的回转机构通过电机—涡轮减速机—链条—主动托轮,驱动轮对绕自身轴线回转。轮对搬运机构由汽缸、拔杆组成,拔杆将轮对抬起经过轨道上的斜面滚下、进入回转机构。挡轮机构由汽缸、挡杆组成,从搬运机构过来的轮对,首先接触挡杆,然后挡杆缓慢落下,将轮对轻轻地放置于回转机构上。磁悬液循环系统是由储液槽、电泵、管路、截止阀、喷头、导流板组成,工作时喷洒磁悬液,进行探伤。

主要技术参数:

周向最大定值磁化电流(交流):1 500 A

纵向最大定值磁化强度(直流):18 000 安匝

电源电压:AC 380 V ±10% 50 Hz (三相五线制)

风源压力:>5 kg/cm² (干燥空气)

生产能力:2 min/对

最大功率:15 kW

整机尺寸(长×宽×高):2 250 mm ×4 140 mm ×2 700 mm

整机质量:5 t

(4)轮对超声波探伤机

对轮对进行超声波探伤的目的,主要是发现轮座被轮毂包围部分的裂纹、轮座与车轮轮毂孔接触不良及车轴透声不良等故障,还有检查不退轴承或轴承内圈时滚动轴承车轴轴颈卸荷槽部位有无裂纹。由于超声波会被两种介质的界面反射(金属零件内的缺陷,如裂纹、气泡等常存在于金属与空气的界面),根据反射波的情况可确定有无缺陷。利用超声波折射的性质可以确定缺陷与探头的方位关系。各种介质传播超声波有特定的波速,可由超声波反射回来所用的时间确定缺陷与探头的距离。

超声波探伤的基本原理是:用超声波发生器向工件内发射超声波,超声波遇到缺陷时受阻,检测缺陷反射回来的超声波和超声波通过工件后衰减的程度,即可发现缺陷及位置。直探头发射超声波的方向与工件表面垂直,它适合探测工件中与工件表面平行的缺陷;当缺陷表面与工件表面垂直时,则不宜用直探头。

轮对超声波探伤机一般采用多通道数字仪器、计算机技术及当今先进的探伤技术,即扫描数字成像,实时地显示全部通道的探伤波形;以实时色彩纵、横断面图及回波幅度展开图等多种图像方式大信息量地显示裂纹在车轮和轮辋上的位置,轴箱指示长度、回波幅度等信息;可在探伤后回放检验过程中的任何一个探头位置的波形,极大地减轻工人的劳动强度,如图9.12 所示。

（5）轮对加载磨合检测台

磨合机是为车轮、轴箱和轴承组装后进行加载磨合。各种技术质量指标检测由计算机控制，测温、测速、测振、加载和记录各种数据并打印。电控系统中配有计算机、调频器、打印机等是一种科技含量较高的磨合机，如图9.13所示。

加载装置：在轮对两轴箱承载点上部设有2只加载油缸，压头有4个弹性触头，工作时作用在轴

图9.12　轮对超声波探伤机

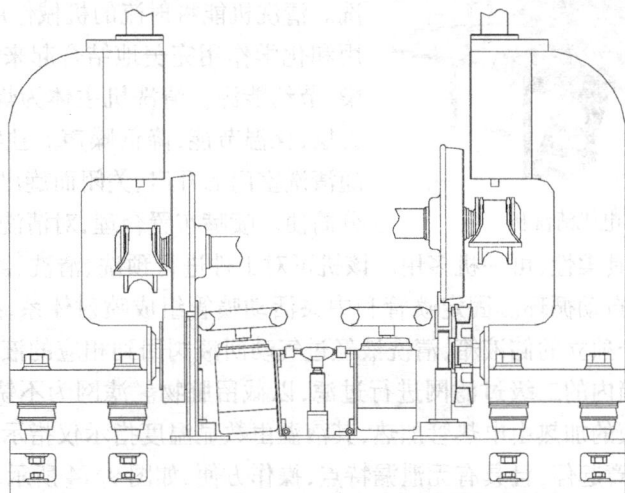

图9.13　轮对加载磨合检测台

箱上部进行加载。

轮对升降装置：当轮对从准轨推到磨合机上部，先由轮对升降装置接承后下降给摩擦轮，磨合后再将轮升至轨面推出。

传动装置：是由主动轴、纵动轴、4只摩擦轮组成。由一台18.5 kW电动机，通过调频器按设定的转速进行传动。

电控系统：操作台上设有手动/自动两种操作方式。手动操作为单步运行，主要为检修用。在两个加载油缸上、分别装有液压锁、保证在加载受力后，油缸不回缩，使加载压力稳定。

主要技术参数：

加载油缸行程：400 mm

加载工作油缸压力：3 678 ~ 17 164 t

调频器调速范围：0 ~ 30 km/h

磨合时间：15 min

磨合速度：30 km/h

两压头中心距离：1 956 mm

外形尺寸（长×宽×高）：3 400 mm×2 260 mm×2 530 mm

整机质量：8 900 kg

电源电压：AC 380 V ±10% ,50 Hz

4. 电机检修线

电机检修区是电机分解、检测,清洗和组装的场地,根据作业需要配备电机拆装设备、带除尘的空气过滤器(电机清扫装置)、电机加热炉、电机零部件清洗设备、相关检测仪器仪表、电机试验装置、牵引电机空转试验台等,以及必要的起重运输设备,其中电机试验间与其电源应毗邻设置,并采取有效的隔噪、隔声措施。

图 9.14　电机清洗机

(1)电机清洗机

电机清洗机适用于牵引电机的定子、转子的清洗,也适用于电机零部件及其他机车零部件的清洗。清洗机能将射流的机械作用、清洗液的热活作用和化学作用完美地结合起来,清洗迅速,减少污染,节约能源。清洗机主体为焊接结构,外设保温夹层,保温节能,降低噪声。独特的旋转工作台可随清洗室门的开启、关闭而旋出、旋入,装卸工件十分简便。喷嘴布置合理,对清洗复杂形状的零件十分有效,而且该机极具柔性,可一机多用。该机可对工件进行预洗、清洗、漂洗,三步工序均在一个清洗室内进行,自动循环。固定喷管和中央活动喷管组成喷射体系,射流全面覆盖工件表面。该机具有 3 个独立的储液箱,清洗液经过气动回液阀回到相应的液箱。清洗液经过安装在清洗室内部液箱内的二级过滤网进行过滤,以截留脏物。滤网为不锈钢丝网,能方便取出清洗脏物。清洗液的加热由电热管加热,其液温由数显温度指示仪指示。水泵具有自吸能力,无需灌泵即可随意起停,且具有无泄漏特点,操作方便,如图 9.14 所示。

主要技术参数:

清洗能力:1 个定子或 3 个转子/每次

工作台承载能力:≤3 000 kg

工作台直径:1 280 mm

工作台转速:4.35 r/min

清洗液温度:70 ~ 80 ℃

加热方式:电加热

预洗液箱容积:2.5 m³

清洗液箱容积:2.5 m³

加热功率:30 kW

压缩空气压力:0.4 ~ 0.6 MPa

自重:约 9 t

(2)电机干燥机

电机干燥机用于电机在检修中解体、清洗后高质量的快速干燥处理,通常与电机清洗机配套使用。本设备由立式真空干燥罐、真空系统、电气测控系统、液压系统等部分组成。

真空干燥罐:用碳钢板制造,包括圆筒形罐体、封头和罐盖等,罐盖的开启由液压系统来完成,罐内底部设有工作支承台,以承载工件。

真空系统:由真空泵、阀门、管道等真空元件组成,真空泵为旋片式真空泵,系统能产生 400 ~ 666 Pa 的工作真空度。

加热系统:真空罐内设有电热管式加热器,由数字显示温度调节仪控制罐内温度,罐体外敷有保温层,并用薄钢板作保温保护层。

电气测控系统:本系统可对设备的运行实现手动、自动控制,具有真空、温度的自动数字显示功能。

液压系统:由油缸和液压站组成。液压站则由泵装置、阀组、油箱和辅助部分组成。对罐盖的开启和关闭实现液压传动控制,如图 9.15 所示。

图 9.15　电机干燥机

主要技术参数:

真空干燥罐尺寸(内径 × 长度):$\phi 1\ 600\ mm \times 900\ mm$

工作真空度:400 ~ 666 Pa

工作温度:40 ~ 70 ℃

干燥时间:2 ~ 3 h

工件支承台尺寸:$\phi 1\ 220\ mm$

工件支承台载质量:3 000 kg

工作台至法兰面距离:1 100 mm

气源压力:0.4 ~ 0.6 MPa

电加热功率:45 kW

真空泵功率:7.5 kW

5. 电气检修线

电气检修区承担逆变器、高速断路器等电器设备的检修、试验,配置的主要设备有逆变器试验台、电器综合试验台、高速断路器试验装置等。

(1)电器综合试验台

电器综合试验台主要用于对各种机车电器件的各基本性能进行试验与测试;该试验台测试方式除满足各机车检修部门对机车电器件测试的工艺要求,也兼顾教学时的直观性能;同时将机务部门各独立的测试装备综合起来使该测试设备具有非常高的性价比,如图 9.16 所示。试验台具有主要特点:

①装置具有完善的保护措施、可有效地保护人身、设备的安全;

②装置采用单元式结构,各功能相互独立,互不影响;

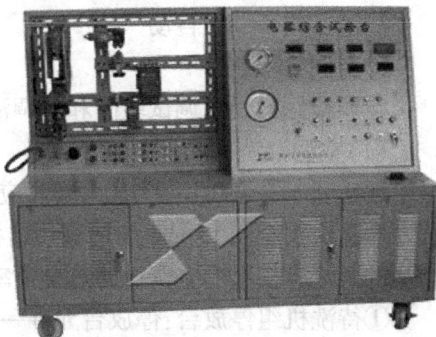

图 9.16　电气综合实验台

③仪表采用工业现场仪表,具有精度高、稳定可靠的特点;

④各操作按钮与指示清晰直观,便于初学者掌握;

⑤各测试连线采用专用的软连线,具有可靠和耐用的特点。

主要技术参数:

输入电源:AC200 V ± 10%　　50 Hz　1 kVA

输入气压(max):1 MPa

交流电压输出:AC0~250 V/1 A

交流电流输出:AC0~100 A/5 V

气压输出:0~0.9 MPa

电阻测量范围:0~20 kΩ(最小 1 μΩ)

时间测试范围:0~99 min(分辨率:0.01 s)

外形尺寸:1 800 mm×650 mm×1 350 mm

使用环境温度:-5~+45 ℃

相对湿度:不大于90%

(2)速度传感器实验台

速度传感器试验台是专门针对各型电力、地铁、轻轨等机车速度传感器、数模转换盒、双(单)针速度表试验而研制的,如图9.17所示。

设备采用先进可靠的工控机、PLC及步进电机作为设备控制系统,能手动或自动测试速度传感器转速、波形、相位差、幅值等参数,操作人员可自主设置机车轮径及运行速度,测试数据及输出波形在显示器上直观显示,具有打印、存储功能。

主要技术参数:

工作电源:AC 220 V ±10% ,50 Hz

额定量程:200 km/h

额定转速:2 000 r/min

测试项目:速度传感器、数模转换盒、单(双)针速度表

测试方式:手动、自动

图9.17 速度传感器实验台

6.空调检修线

空调检修区设空调试验间和空调清洗间,并考虑立体式空调存放架。

(1)空调清洗机

地铁列车空调机组在架、大修前应进行全面清洗,然后做各种指标测试。空调机冷凝器蒸发器是由铜套0.15 mm的铝翅片结构组成。该件形状复杂,结构脆弱,容易变形损坏。洁净度的好坏直接影响空调机的热交换率,超声波清洗是解决该工艺的最佳技术。

①待洗机组停放台:停放台允许一次停放一台待洗机组,由台架与自动挂钩机构组成。

②移动龙门架机组吊装机构:移动龙门架可往复于停放台及清洗池之间。龙门架上设有多组又清洗板,自动完成冷凝器、蒸发器清洗板的定位过程。

③清洗池:由槽钢骨架承受清洗液的全部质量,清洗池外周边设有扫描移动机构、活动端头调正定位机构;池内周边布有移动式换能清洗板;底部设计有污物沉降槽和排水口。

④超声电源发生器:采用IGBT功率模块输出。频率28 kHz。设有过流、短路、过热、频率跟踪等保护电路。电源板设计为互换性高频插接口方式。

⑤超声波换能器清洗板:本设备用13块0.5 W/cm^{2}浸入式清洗板。板功率为2 kW,板盒由不锈钢板焊接而成。

⑥扫描清洗机构:扫描系统是针对空调机周边清洗振板设计的移动机构。采用直流电机驱动,电子调速,链传牵拉清洗板滑动的结构形式。

⑦电控操作系统:电控操作系统以 PLC 为主体,集中为柜式结构,设有触摸屏输入方式,启动清洗时通过触摸屏输入不同的空调机型号。触摸屏可实时显示设备运行情况、工作时间、清洗液温度及多路监控报警功能等。

⑧清水漂洗工位:空调机组进行去污清洗后,需进行清水漂洗,漂洗工位设有吊钩摘挂机构,集水槽,手操作增压水枪等。

⑨供水系统:设有一台 2 kW 水泵,输水管路,电控启停装置。

(2)主要技术参数:

电源电压:380 V ±10%　50 Hz(三相五线制)

换能器谐振频率:28 kHz

清洗池尺寸:4.1 m × 2.7 m ×0.8 m

工作效率:20 min/台

总功率:30 kW

7. 制动系统检修线

制动部件检修实行零部件更换修;检修配置 BCU 模块制动试验台、制动试验台、干燥器试验台、空压机试验台等设备。

(1)制动单元拆卸设备

制动单元拆卸设备用于地铁车辆制动单元分解和组装时,抵压制动单元盖板,缓解弹簧弹力,如图9.18 所示。

制动单元拆卸设备由电动机、齿轮减速机、丝杠机构、导向柱、工作头、底座、电气控制装置等组成。采用电机减速机驱动丝杠机构带动工作头沿两侧导柱进行上下移动,实现工作头抵压或缓解制动单元盖板的作用,完成弹簧的缓慢缓解和压缩,进行制动单元的解体和组装。

工作头配有适用于各种制动单元的胎具,以便根据不同的需求更换不同的胎具,以适用于各种型号的制动单元。电气控制装置包括工作头上下极限位置的保护开关和过载保护功能。

电气操作面板上设有电源显示和开关、上升下降指示灯、自动上升操作按钮、自动下降操作按钮、点动上升操作按钮、点动下降操作按钮,紧急停止操作按钮。

图 9.18　制动单元拆卸设备

主要技术参数:

电源:AC 380 V　50 Hz　4 kVA

减速机型号:TRF98 -Y4 -4P -72.14 -M4

输出转速:20 r/min

行程:620 mm

工作头移动速度:5 mm/s

工作压力:20 kN

外形尺寸:1 000 mm ×1 000 mm ×2 860 mm

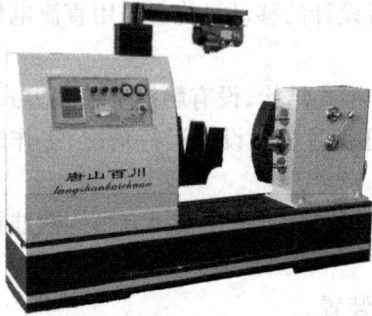

图9.19 单元制动器试验台

（2）单元制动器试验台

单元制动器试验台用于地铁、轻轨车辆的单元制动器和储能制动器进行以下性能的测试：制动时的闸瓦压力；闸缸（制动缸）的密封性；闸瓦间隙自动调节功能；制动一次时闸瓦的最大行程；闸瓦累计行程；最小制动缸压力试验及闸瓦过多间隙调整性能；弹簧停车制动器动作性能。试验数据准确可靠、自动化、效率高，如图9.19所示。

试验台具有自动测试和手动测试功能，可以按检修试验预先设置3种制动时压缩空气的压力，单片机控制自动完成被测制动器的制动和缓解、观察制动缸的气密性、自动调节闸瓦间隙、数字显示闸瓦位移量及制动力的值、检测数据打印输出及网络传输功能等。位移传感器检测闸瓦行程及间隙的自动调节性能、制动与缓解功能、测力传感器检测闸瓦压力以及自动调节踏面相对闸瓦距离。

主要技术参数：

电源：三相交流380 V±10%　50 Hz　1 kVA

气源：0.7 MPa

气管内径：ϕ12

工作压力：0.04～0.8 MPa

压力传感器测量精度：1.5级

输出给被测制动单元的气压：0.04～0.6 MPa，三挡预制、连续可调

闸瓦压力测量：1～70 kN，精度2% Fs

闸瓦行程测量范围：0～125 mm

外形尺寸：2 600 mm×500 mm×1 400 mm

整机质量：1 500 kg

8.受电弓检修线

受电弓检修区主要进行受电弓修理、受电弓特性试验；配置相关的检修、试验设备。

（1）受电弓试验台

受电弓试验台用于地铁、轻轨车辆受电弓检修后的性能试验，可对受电弓进行全面动作特性试验。能够进行单臂双臂受电弓的动作特性试验、接触压力测量（测试静态接触压力、同高压力差、同向压力差）；最大升弓高度、升弓、降弓时间测试；升降弓气压、自动降弓等参数测试，如图9.20所示。

图9.20 受电弓试验台

受电弓试验台采用钢丝拉绳控制被测受电弓匀速升降，以实现相对法测试静态接触压力的功能。通过设定停止位置，可进行任一高度的精细作用力调整。步进驱动跟踪测量受电弓升弓即时高度以及最大高度。采用尼龙编织带限高，光电行程元件测试升、降弓时间和自动降弓时间。

受电弓性能测试系统，选用工控机进行数据采集、分析处理、显示、储存，液晶显示器显示

检测数据,并绘制图形。支持打印与网络数据传输。测量结果以图形、表格方式显示并支持打印和网络数据传送;系统可保存历史检测数据,随时可以查询,实现网络资源共享。

(2)主要技术参数

电源:单相交流 220 V ± 10%　　50 Hz　0.75 kVA

气源压力:≥0.6 MPa

测力范围:20 ~ 200 N

测力精度:1.0 N

综合误差:±1.0 N

高度范围:130 ~ 3 000 mm

位置精度:2 mm

位置误差:±5 mm

采样间隔:25 mm

计时范围:0 ~ 20 s

计时精度:0.1 s

试验平台:2 450 mm × 1 640 mm × 590 mm

整机质量:400 kg

9. 钩缓检修线

钩缓检修主要对车钩、缓冲器进行检测、检修和试验;配置的设备有车钩分解平台、车钩检测仪、压力试验机、车钩连挂试验台等设备。

(1)车钩试验台

车钩试验台用于地铁、轻轨、客车车辆密接式车钩在检修后进行各项功能试验,并可用来完成车钩的解体和组装,按照地铁、轻轨、客车车辆密接式车钩架修、大修规程进行设计,如图 9.21 所示。

车钩试验台主要由固定检修台、移动检修台、气动系统(汽缸、阀类)、电气控制系统等组成。密接式车钩分别安装在固定检修台和移动检修台的车钩安装架上,车钩安装架可横纵向调整,以适应

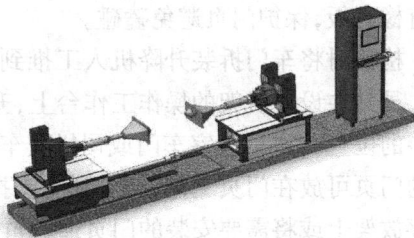

图 9.21　车钩试验台

不同型号的车钩试验,移动检修台由气动系统驱动,沿轨道模拟车辆作直线运动,当两个密接式车钩自动对接后,在未进行解钩的情况下,移动检修台反向运动,以检查车钩的联接性能;通过连挂车钩联结的主风管、风管接头、气动元件等对气路的密封性能进行试验;通过测试接触电阻,检查电器连接箱的导通性能;利用试验台操作解钩缸进行解钩等功能性试验;检测钩头的最大水平摆角和最大垂直摆角、对中装置的自动对中性能。

(2)主要技术参数

电源:AC 380 V　50 Hz　7 kVA

气源:0.5 ~ 0.7 MPa

移动行程:900 mm

车钩连挂速度:0.4 ~ 0.8 km/h

钩头摆角检测范围:水平转角:±50°

垂向转角：±10°

对中复位转角：±20°

垂直方向检测范围：±100 mm

水平方向检测范围：±180 mm

外形尺寸：4 500 mm×900 mm×1 500 mm

设备总重：2 600 kg

外形尺寸：1 300 mm ×600 mm×500 mm

10. 车门检修线

车门检修主要对车门进行检测、检修和试验；配置的设备有车门拆装升降机、车门试验台等设备。

（1）车门拆装升降机

车门拆装升降机用于地铁、轻轨车辆架修或临修时，进行客室车门或司机室车门的门页拆卸和安装作业时，将车门门页通过液压升降装置送于便于车门拆卸或安装的位置，如图9.22所示。

车门拆装升降机主要由机械、液压、电气系统组成。机械系统包括机架、液压驱动升降工作台、可折叠移动的门页支撑架和定位轮等组成；液压系统由电动液压泵和控制阀组成；电气系统包括蓄电池组、充电器和控制装置。升降工作台和门页支撑架底部装有尼龙滚动托轮，支撑面粘有橡胶板，保护门页避免磕碰。

检修时将车门拆装升降机人工推到车辆检修股道，检修人员站在设备机架的操作工作台上，升降工作台升起到车体的适当高度（便于车门拆卸或安装的位置），进行客室车门或司机室车门的门页拆卸和安装，对于拆卸下来或需要安装到车体的门页可放在门页支撑架上，利用支撑架的移动功能，将拆卸下来的门页输送到地面的车门存放架上或将需要安装的门页通过页支撑架从车门存放架输送到升降工作台，并提升到相应高度进行安装。

图9.22 车门拆装升级机

主要技术参数：

充电电源：AC 380 V 50 Hz

升降工作台最大提升高度：2 300 mm

升降工作台尺寸：800 mm×800 mm

门页支撑架尺寸：800 mm×800 mm

升降工作台门页支撑架底部距离地面高度为：150 mm

操作工作台尺寸：1 500 mm×800 mm

护栏高度为：1 000 mm

（2）车门试验台

车门试验台用于地铁、城市轨道交通车辆检修后门机构性能试验，可对车辆客室电动塞拉门单组门机构进行各项性能参数试验测试。车辆客室电动塞拉门的性能测试包括：开/关门时间、关门力、门状态、安全锁定、最小障碍物、防夹保护等项测试。

门机构性能测试系统,采用工控机进行数据采集、分析处理、显示、储存,液晶显示器显示检测数据,并绘制图形。支持打印与网络数据传输。门机构试验台由"可调整标准集成组件门"的试验测试平台、数据采集系统、显示系统等组成;完全模拟车辆的工作状态,由压力传感器、计时器采集数据,屏幕显示数据和图形,满足门系统检测的要求。

主要技术参数:

输入电源:AC50 Hz 220 V 5 A

输出电源:DC 110 V

测力范围:30~500 N

测力精度:1.0 N

计时范围:0~20 s

计时精度:0.1 s

障碍物试棒尺寸:30 mm×60 mm

试验台质量:800 kg

11. 空气弹簧检修线

车门检修主要对空气弹簧进行检测和试验;配置的设备有空气弹簧实验台等设备。

(1)空气弹簧试验台

空气弹簧试验台是用于地铁车辆空气弹簧的气密性试验的专用设备。可试验空气弹簧的气密性和空气弹簧使用的结构强度,如图9.23所示。

空气弹簧试验机主要由床身夹紧机构、传动机构、气动控制系统和电器控制系统4部分组成。工作原理采用把空气弹簧整体浸入水中,充入0.5 MPa压力空气保压3 min,没有气泡出现,并且空气弹簧橡胶囊没有明显的突变,则认为空气弹簧为合格。

(2)主要技术参数

电源电压(三相五线制):AC 380 V±10% 50 Hz

传动机构电动机功率:0.37 kW

空气弹簧试验压力:0.5 MPa

空气弹簧试验时间:5 min

整机外形尺寸:2 060 mm×1 220 mm×2 000 mm

图9.23 空气弹簧试验台

【任务实施】

地铁车辆架、大修检修工艺中,各检修线的工艺及设备使用情况如下:

①车体检修线:配备有固定式架车机、工艺转向架、转向架中心销顶复设备等。

主要检修工艺流程为:架升车辆—拆除中心销—转向架与车体分离—推出转向架—放入工艺转向架—落车—进行车体检修。

②转向架检修线:配备有转向架提升台、转向架冲洗设备、转向架检测设备、转向架检查设备、三维划线平台、配套的平衡吊等设备。

主要检修工艺流程为:转向架电机、单元制动器分解—转向架冲洗—转向架探伤—转向架检测—转向架组装。

③轮对检修线:配备有转向架转盘、轮对轴承退卸设备、轮对磁粉探伤机、轮对超声波探

伤机、轮对退卸设备、车轴车床、立式车床、车轮车床、轮对压装设备、轮对跑和试验设备等。

主要检修工艺流程为:退卸轴承—轮对磁粉探伤—轮对超声波探伤—压装轴承—跑和试验。

④电机检修线:配备有干燥设备、清洗设备、电机试验设备等。

主要检修工艺流程为:电机分解—吹扫—清洗、检查、更换不良元件—烘干—组装—试验。

⑤电器、空气簧及空压机检修线:配备有耐压试验设备、高速断路器试验设备、电流、电压、传感器试验设备、电器综合试验设备、综合仪表试验设备、司机控制器试验设备、弹簧拉压试验设备、多种电器试验设备、速度传感器试验设备、空气弹簧试验设备、空压机试验设备等。

主要检修工艺流程为:分解—除尘—检测—装车。

⑥空调检修线:配备有空调机组综合性能试验台、空调存放台等设备。

主要检修工艺流程为:拆除空调—试验—检修—装车。

⑦车门检修线:配备的主要设备有车门拆分设备、车门试验设备等。

主要检修工艺流程为:拆除车门—检修—试验—装车。

⑧车钩检修线:配备有车钩拆分设备、钩缓分解组装设备、钩缓试验设备。

主要检修工艺流程为:拆除车钩—检修、更换橡胶件—试验—装车。

⑨制动检修线:配备有制动阀类试验台、单元制动器试验台、水压试验设备等。

主要检修工艺流程为:拆除制动元件—清洗—检修—试验—装车。

⑩出车线:配备有车辆称重设备。主要是用来对车辆检修后的质量进行检测。

【效果评价】

评 价 表

项目名称	城市轨道交通车辆检修工艺设备之架大修设备		学生姓名	
任务名称	任务2　认知架大修设备		分　　数	
项　　目			分值	考核得分
1.架大修配置检修工艺设备的相关知识、图片的搜集、整理			10	
2.是否有小组计划			10	
3.对架大修检修设备技术要求及用途的认知情况			20	
4.对架大修各检修线的工艺及设备使用情况的认知情况			10	
5.编制学习汇报报告情况			50	
总体得分				
教师简要评语:				
			教师签名:	

项目小结

地铁车辆大、架修作业需对车辆进行全面(大修)、较大范围(架修)的解体、清洗,检测、修复、试验、组装、调试和油漆等工作,具体的范围是根据车辆生产厂家提供的维修手册,决定哪些零部件需要维修及维修的深度。其工艺涉及的主要内容为车辆各类设备使用的频率及范围均不相同,互相配合和补充,完成车辆检修的各级修程需要。

思考与练习

1.简述城市轨道交通车辆架、大修工艺的流程。
2.简述车辆架、大修工艺设备的分类,以及各自的特点。
3.试画出车辆架修的工艺流程图。
4.简述架车线的工艺流程及用到的设备工装设备。
5.简述转向机检修的工艺流程及需配备的工装设备。
6.简述轮对检修的工艺流程及需配备的工装设备。

【知识扩展】
从互联网上了解世界上各国城市轨道交通架、大修作业开展的现状及设备配置情况。

参考文献

[1] 何霖. 城市轨道交通运营筹备与组织[M]. 北京: 中国劳动社保保障出版社, 2008.

[2] 何宗华, 汪松滋, 何其光. 城市轨道交通运营组织[M]. 北京: 中国建筑工业出版社, 2003.

[3] 孙有望, 李云清. 城市轨道交通概论[M]. 北京: 中国铁道出版社, 2000.

[4] 毛保华. 城市轨道交通系统运营管理[M]. 北京: 人民交通出版社, 2006.

[5] 褚延辉, 康鹏. 城市轨道交通车辆结构与维修[M]. 北京: 机械工业出版社, 2012.